Schwerpunkte Beulke · Klausurenkurs im Strafrecht II

Klausurenkurs im Strafrecht II

Ein Fall- und Repetitionsbuch für Fortgeschrittene

von

Dr. Werner Beulke

em. Professor an der Universität Passau

3., neu bearbeitete und erweiterte Auflage

C.F. Müller

CFM

Zitiervorschlag: Beulke, Klausurenkurs II [Fall Nr] Rn

Bibliografische Informationen der Deutschen Nationalbibliothek
Die Deutsche Nationalbibliothek verzeichnet diese Publikation in der Deutschen Nationalbibliografie; detaillierte bibliografische Daten sind im Internet über <http://dnb.d-nb.de> abrufbar.

Bei der Herstellung des Werkes haben wir uns zukunftsbewusst für umweltverträgliche und wiederverwertbare Materialien entschieden. Der Inhalt ist auf elementar chlorfreies Papier gedruckt.

ISBN 978-3-8114-9318-6

E-Mail: kundenservice@hjr-verlag.de
Telefon: +49 6221/489-555
Telefax: +49 6221/489-410

www.cfmueller-campus.de
www.hjr-verlag.de

Satz: Gottemeyer, Rot
Druck: Kessler Druck + Medien, Bobingen

Vorwort

Der vorliegende Klausurenkurs II schließt die Lücke zwischen dem Klausurenkurs I für Anfänger (derzeit 6. Auflage) und dem Klausurenkurs III für Examenskandidaten (inzwischen 4. Auflage). Er wendet sich vorrangig an Teilnehmer der Übungen im Strafrecht für Fortgeschrittene, also an Studenten, die sich üblicherweise im 2. bis 4. Fachsemester befinden. Da Fortgeschrittenenfälle dem Grundsatz nach nicht anders gelöst werden müssen als Anfänger- oder Examensaufgaben, ergibt sich die Berechtigung eines dritten Werkes im Wesentlichen aus dem Bestreben, dem Studenten im Laufe der Beschäftigung mit dem Strafrecht das richtige Gefühl für die sinnvolle Schwerpunktsetzung im jeweiligen Studienabschnitt zu vermitteln. Relativ schnell muss er sich vom Rechtsanwender ohne jedes Spezialwissen zu einem sicheren Kenner der Dogmatik des Strafrechts und schließlich zu einem Experten auch spezieller strafrechtlicher und strafprozessualer Probleme entwickeln. Die drei Klausurenkurse helfen ihm, die jeweils angestrebte Hürde (Anfänger-, Fortgeschrittenenübung, Examen) mit Bravour zu meistern. Sie sind nach dem Baukastensystem konzipiert, wobei Teilüberschneidungen nicht nur akzeptiert, sondern gezielt als besonders gute Repetitionsmöglichkeit genutzt werden. Dennoch ist aber jedes der Bücher in sich völlig selbstständig, auch wenn es sich natürlich empfiehlt, vor dem Klausurenkurs II zunächst den Klausurenkurs I durchzuarbeiten, denn der Fortgeschrittene braucht auch das Anfängerwissen, um seinen Fortgeschrittenenschein mühelos zu schaffen.

Alle Fälle sind in den letzten 33 Jahren in meinen eigenen Lehrveranstaltungen getestet worden. Erstmals habe ich auch eine Fortgeschrittenenhausarbeit eingefügt. Die Fälle und Lösungen des Klausurenkurses II weisen ein für Fortgeschrittene recht hohes Niveau auf. Der Student sollte sich nicht entmutigen lassen, wenn er selbst eine solche Lösung, die in den allerhöchsten Notenbereichen anzusiedeln wäre, auf Anhieb noch nicht geschafft hätte. Meiner Erfahrung nach werden in den Universitätsübungen Klausur- und Hausarbeitslösungen schon dann sehr positiv benotet, wenn sie ein weit geringeres Niveau aufweisen. Bei der Arbeit mit diesem Buch sollte es für den Studenten vorrangig sein, eine gute Aufbautechnik zu erlernen und sich immer wieder an Hand von konkreten Fällen in dieser Technik zu üben. Dann wird er auch im Ernstfall gute Noten erzielen.

Wie schon meine anderen Klausurenkurse bietet auch der Klausurenkurs II durch die Gestaltung der Falllösungen zugleich die Möglichkeit zur Repetition. Die Hauptprobleme in den einzelnen Fällen werden zu diesem Zweck ausführlich in einem jeweils eigenen Problemkasten dargestellt, sodass der Leser auf einfache Weise später noch einmal kontrollieren kann, ob er diese Probleme, die unbedingt beherrscht werden müssen, im Griff hat. Es handelt sich um

- 16 Probleme (55 zusammen mit Klausurenkurs I) aus dem Allgemeinen Teil und um
- 41 Probleme (46 zusammen mit Klausurenkurs I) aus dem Besonderen Teil.

Ratsam ist auch, die nach jeder Lösung abgedruckten besonders wichtigen Definitionen auswendig zu lernen (zusammen mit Klausurenkurs I insgesamt 138 Definitionen).

Für die ausgezeichnete und sehr engagierte Mithilfe an diesem Werk bedanke ich mich bei meinen Mitarbeiterinnen *Annika Kunesch* und *Hannah Stoffer* sowie meinem Mitarbeiter *Dr. Tobias Witzigmann*. Großer Dank geht auch an meine langjährige Mitarbeiterin *Verena Huber*. Sehr engagiert mitgewirkt haben ferner *Lilly Beutler*, *Frauke Hansper*, *Markus Haberkamm*, *Lisa Pytel*, *Christoph Riess*, *Raphael Stärk* und *Olga Kuhls*.

Die Erfahrung lehrt, dass sich trotz vielfacher Erprobung der vorliegenden Klausuren und trotz intensiven Korrekturlesens immer wieder (hoffentlich nur kleinere) Fehler einschleichen. Inzwischen habe ich bei allen bisher publizierten Klausurenkursen große Hilfe durch viele aufmerksame Leser erfahren, die mir eine Fülle von Anregungen und Verbesserungsvorschlägen unterbreitet haben. Dafür möchte ich mich an dieser Stelle nochmals ganz herzlich bedanken und hoffe auf eine Fortsetzung des Dialogs auch jetzt im Rahmen der 3. Auflage des Klausurenkurses II (E-mail: beulke@uni-passau.de).

Passau, im März 2014 *Werner Beulke*

Aus dem Vorwort zur ersten Auflage

Für die Erstellung der Endfassung des Klausurenkurses II bedanke ich mich vor allem bei meiner wissenschaftlichen Mitarbeiterin *Inka Lüdke* und meiner studentischen Hilfskraft *Verena Huber*. Beide haben Großartiges geleistet. Für die Mitarbeit an diesem Buch, das über viele Jahre entstanden ist, danke ich ferner dem jeweils wechselnden Lehrstuhlteam. Besondere Hilfe habe ich erfahren durch meine ehemaligen wissenschaftlichen Assistenten *Professor Dr. Helmut Satzger* und *Professor Dr. Christian Fahl*. Wesentlich mitgewirkt hat des Weiteren meine wissenschaftliche Assistentin *Dr. Sabine Swoboda*. In die Erstellung der vorliegenden Endfassung sind ferner eingebunden gewesen meine wissenschaftlichen Mitarbeiterinnen und Mitarbeiter *Kai-Thorsten Barisch*, *Sibylle von Coelln*, *Max Foerster*, LL.M. eur., *Florian Meininghaus*, *Stephanie Pommer*, *Felix Ruhmannseder*, *Martin Strunz* und *Gisella Victoria Villeda* sowie meine studentischen Hilfskräfte *Helen Grimm*, *Helen Loose*, *Hannah Stoffer* und *Anita Würflingsdobler*. Schließlich danke ich herzlich meiner immer freundlichen und hilfsbereiten Sekretärin *Ursula Kuba*.

Auch bei den Arbeiten an diesem Klausurenkurs II konnte ich auf die besondere Mithilfe von Hörerinnen und Hörern meiner Lehrveranstaltungen zurückgreifen, die das Buch Probe gelesen haben. Viele ihrer Anregungen und Verbesserungsvorschläge sind von mir aufgegriffen worden. Gedankt sei deshalb den Studentinnen und Studenten *Christina Armbrüster*, *Anja Brugger*, *Johanna Dittmann*, *Benedikt Edlbauer*, *Michael Hain*, *Markus Hippe*, *Stefanie Irrgang*, *Katharina Klett*, *Heike Leichsenring*, *Karin Lobinger*, *Hans Reichhart*, *Fabio Sali*, *Cornelia Schnelle*, *Nadja Schrader*, *Bettina Skudelny*, *Gregor Stöcklhuber*, *Evelyn-Maria Wiggert* und *Sabrina Zappe*.

Passau, im Januar 2007 *Werner Beulke*

Wichtige Hinweise für die Arbeit mit dem Fallbuch

Die Kombination von Fall- und Repetitionsbuch setzt beim Leser ein erhöhtes Mitdenken voraus:

- Allgemeine Lösungshinweise zu strafrechtlichen Fällen finden sich zunächst bei *Wessels/Beulke/Satzger*, AT Rn 853 ff sowie bei *Beulke*, Klausurenkurs I Rn 1 ff. Hierauf bauen die folgenden Erörterungen auf.
- Die in den Klausuren eingefügten umrandeten, grau schraffierten Problemkästen sind stets abstrakt gehalten, sodass sie sich auch für eine losgelöste, schnelle Stoffwiederholung eignen. Im Rahmen der Falllösung kann man sie auch überspringen und es verbleibt sodann noch immer eine mustergültige, auf den konkreten Fall bezogene Klausurlösung. Im „Ernstfall" sind die Problemkästen wegzulassen und von ihrem Inhalt ist nur so viel wiederzugeben, wie der Student an abstraktem Wissen parat hat.
- Literatur und Rechtsprechung werden nur minimal zitiert, damit der Leser Einstiegsmöglichkeiten in das vertiefte Studium erhält. Auch in diesem Klausurenkurs steht also der jeweilige Hinweis auf die entsprechenden Passagen in den „Schwerpunktbüchern" im Vordergrund. Es ist daher sinnvoll, das Fallrepetitorium in Kombination mit den „*Wessels*-Bänden" zu benutzen.
- Alle kursiv gedruckten weiterführenden Hinweise bzw Verweisungen sind für eine Klausurlösung im „Ernstfall" wegzulassen. Das betrifft auch die kursiv gedruckten Aufbauhinweise, die niemals in eine abgegebene Lösung aufgenommen werden dürfen, denn der richtige Aufbau muss sich von selbst ergeben.
- Die Problemschwerpunkte können selbstverständlich auch nicht alle Bereiche abdecken, die bei den jeweiligen Studienleistungen (hier: Fortgeschrittenenübung) beherrscht werden müssen. Wegen der Begrenzung auf das absolut Notwendige enthalten diese Klausuren also nur einen Bruchteil der in den „*Wessels*-Bänden" angesprochenen Probleme. Es handelt sich aber um den Kernbestand des Wissens, der nach Einschätzung des Verfassers etwa 60–80% aller einschlägigen Klausuren aus der Fortgeschrittenenübung abdeckt.
- Innerhalb der Problemkästen werden wiederum nur die wichtigsten Lösungsansätze erörtert. Für umfassendere Informationen, speziell über die Hauptprobleme, stehen die „*Wessels*-Bände" sowie die Problemübersichten von *Hillenkamp* (32 Probleme aus dem Strafrecht AT und 40 Probleme aus dem Strafrecht BT) zur Verfügung, im Übrigen die anderen bekannten Lehrbücher und Kommentare.
- Wer Anregungen für weitere Klausuren sucht, findet im Anschluss an jeden Fall einen Hinweis auf andere Musterklausuren, in denen die Hauptprobleme ebenfalls fallbezogen abgehandelt werden. Es handelt sich nur um eine Auswahl besonders gelungener Arbeiten.

- Zwecks leichterer Repetitionsmöglichkeit werden im 3. Kapitel nochmals zusammengestellt:
  - die behandelten Problemschwerpunkte (Rn 330)
  - die wichtigsten Definitionen (Rn 331)
  - verkürzte Aufbauschemata (Rn 332 ff)

  Für diejenigen Leser, die bereits mit meinem Klausurenkurs I gearbeitet haben, sind die dort abgehandelten Problemschwerpunkte und Definitionen im kursiven Kleindruck mit aufgelistet. Alles zusammen gehört zum Kernwissen, das im Rahmen von Fortgeschrittenenübungen seitens der Aufgabensteller vorausgesetzt wird.
- Im 3. Kapitel findet sich schließlich ein Überblick über die derzeit aktuellen Fallanleitungsbücher sowie über die in den letzten Jahren in Fachzeitschriften abgedruckten Klausuren – bezogen auf die Zielgruppe der Teilnehmer an der Fortgeschrittenenübung (Rn 337 f).
- Das vorliegende Buch wendet sich an Teilnehmer der Fortgeschrittenenübung. Das bedeutet aber nicht, dass Anfänger mit ihm überhaupt nichts anfangen können. Sie müssen nur wissen, dass es sich aus ihrer Perspektive etwa um neun leichte Hausarbeiten handelt, bei denen BT-Probleme im Vordergrund stehen. Die Art der Lösungstechnik ist selbstverständlich für Anfänger, Fortgeschrittene und Examenskandidaten im Grundsatz die gleiche. Lediglich die Schwerpunktbildung muss bei Teilnehmern der Fortgeschrittenenübung zum Teil etwas anders ausfallen. Schließlich können auch Examenskandidaten mit diesem Buch arbeiten. Es dient dann als Vorbereitung auf den Klausurenkurs III. Wer später alle drei Klausurenkurse durchgearbeitet haben sollte, kann sich als uneingeschränkt examensfit einstufen.

Inhaltsverzeichnis

Abkürzungsverzeichnis

aA	andere(r) Ansicht
Abs	Absatz
Abschn	Abschnitt
aE	am Ende
aF	alte Fassung
Alt	Alternative
Anm	Anmerkung
Art	Artikel
AT	Allgemeiner Teil
Aufl	Auflage
BAK	Blutalkoholkonzentration
BayObLG	Bayerisches Oberstes Landesgericht
Bespr	Besprechung
Bd	Band
Beck OK	Beck'scher Online-Kommentar *(-Bearbeiter)*
BGB	Bürgerliches Gesetzbuch
BGBl	Bundesgesetzblatt
BGH	Bundesgerichtshof
BGHSt	Entscheidungen des Bundesgerichtshofes in Strafsachen
Bsp	Beispiel
BT	Besonderer Teil
BtMG	Betäubungsmittelgesetz
BVerfG	Bundesverfassungsgericht
BVerfGE	Entscheidungen des Bundesverfassungsgerichts
bzgl	bezüglich
bzw	beziehungsweise
ca	circa
ders	derselbe
dh	das heißt
dies	dieselbe
dto	dito (dasselbe)
etc	et cetera
evtl	eventuell
f	folgende(r/s)
ff	folgende (Plural)
Fn	Fußnote
FS	Festschrift
GA	Goltdammer's Archiv für Strafrecht
gem	gemäß
GG	Grundgesetz für die Bundesrepublik Deutschland
ggf	gegebenenfalls
ggü	gegenüber
GrS	Großer Senat für Strafsachen
GS	Gedächtnisschrift

hA	herrschende Ansicht
hL	herrschende Lehre
hM	herrschende Meinung
hrsg	herausgegeben
Hrsg	Herausgeber
HS	Halbsatz
idF	in der Fassung
idR	in der Regel
iE	im Ergebnis
iHv	in Höhe von
inkl	inklusive
insbes	insbesondere
iRd/iRe	im Rahmen der/des/eines
iRv	im Rahmen von
iS	im Sinne
iSd	im Sinne der/des
iSv	im Sinne von
iÜ	im Übrigen
iVm	in Verbindung mit
JA	Juristische Arbeitsblätter
JK	Jura-Karteikarten
JR	Juristische Rundschau
Jura	Juristische Ausbildung
JuS	Juristische Schulung
JZ	Juristenzeitung
Kap	Kapitel
KG	Kammergericht
KK	Klausurenkurs *(Beulke)*
krit	kritisch
L	Lernbogen der Juristischen Schulung (JuS)
LG	Landgericht
LK	Leipziger Kommentar zum Strafgesetzbuch *(-Bearbeiter)*
LPK	Lehr- und Praxiskommentar *(-Bearbeiter)*
m	mit
MDR	Monatsschrift für Deutsches Recht
mE	meines Erachtens
mind	mindestens
MK	Münchener Kommentar *(-Bearbeiter)*
mwN	mit weiteren Nachweisen
nF	neue Fassung
NJW	Neue Juristische Wochenschrift
NK	Nomos-Kommentar zum Strafgesetzbuch *(-Bearbeiter)*
Nr	Nummer
NStZ	Neue Zeitschrift für Strafrecht
NStZ-RR	Neue Zeitschrift für Strafrecht – Rechtsprechungs-Report
NZV	Neue Zeitschrift für Verkehrsrecht

o	oben
OLG	Oberlandesgericht
OWiG	Gesetz über Ordnungswidrigkeiten
PdW	Prüfe dein Wissen
RG	Reichsgericht
RGSt	Entscheidungen des Reichsgerichts in Strafsachen
Rn	Randnummer
Rspr	Rechtsprechung
s	siehe
S	Satz, Seite
SK	Systematischer Kommentar zum Strafgesetzbuch *(-Bearbeiter)*
s o	siehe oben
sog	sogenannte(r/s)
S/S	Schönke/Schröder, Strafgesetzbuch *(-Bearbeiter)*
S/S/W	Satzger/Schmitt/Widmaier, Strafgesetzbuch *(-Bearbeiter)*
StGB	Strafgesetzbuch
St-K	Studienkommentar *(Joecks)*
StPO	Strafprozessordnung
str	strittig
StraFO	Strafverteidiger – Forum
StrRG	Gesetz zur Reform des Strafrechts
StudZR	Studentische Zeitschrift für Rechtswissenschaften Heidelberg
StV	Strafverteidiger
StVG	Straßenverkehrsgesetz
s u	siehe unten
TB	Tatbestand
u	unten, und
ua	unter anderem, und andere
usw	und so weiter
uU	unter Umständen
v	von/vom
va	vor allem
Var	Variante
vert	vertiefend
vgl	vergleiche
Vor	Vorbemerkung
VVG	Gesetz über den Versicherungsvertrag
wistra	Zeitschrift für Wirtschafts- und Steuerstrafrecht
zB	zum Beispiel
Ziff	Ziffer
zit	zitiert
ZPO	Zivilprozessordnung
ZStW	Zeitschrift für die gesamte Strafrechtswissenschaft
zT	zum Teil
zust	zustimmend

Literaturverzeichnis

Arzt	Die Strafrechtsklausur, 7. Aufl 2006
Arzt/Weber/Heinrich/ Hilgendorf	Strafrecht, Besonderer Teil, 2. Aufl 2009 (zit: *Arzt/Weber/Heinrich/Hilgendorf*, BT § Rn)
Barton/Jost (Hrsg)	Anwaltsorientierung im rechtswissenschaftlichen Studium, Fälle und Lösungen in Ausbildung und Prüfung, 2002
Baumann/Arzt/Weber	Strafrechtsfälle und Lösungen, 6. Aufl 1986 (zit: *Baumann/Arzt/Weber*, [Fall Nr] S)
Baumann/Weber/Mitsch	Strafrecht, Allgemeiner Teil, 11. Aufl 2003 (zit: *Baumann/Weber/Mitsch,* AT § Rn)
Beck'scher Online-Kommentar	StGB, von *Heintschel-Heinegg* (Hrsg), Edition 22 Stand: 1.3.2013 (zit: Beck OK-*Bearbeiter*)
Beling	Die Lehre vom Verbrechen, 1906
Beulke	Klausurenkurs im Strafrecht I, 6. Aufl 2013 (zit: *Beulke*, Klausurenkurs I [Fall Nr] Rn)
Beulke	Klausurenkurs im Strafrecht III, 4. Aufl 2013 (zit: *Beulke*, Klausurenkurs III [Fall Nr] Rn)
Beulke	Strafprozessrecht, 12. Aufl 2012 (zit: *Beulke*, StPO Rn)
Bock	Wiederholungs- und Vertiefungskurs Strafrecht, Allgemeiner Teil, 2013 (zit: *Bock*, WuV AT [Fall Nr] S)
Bock	Wiederholungs- und Vertiefungskurs Strafrecht, Besonderer Teil – Nichtvermögensdelikte, 2013 (zit: *Bock*, WuV BT1 [Fall Nr] S)
Bock	Wiederholungs- und Vertiefungskurs Strafrecht, Besonderer Teil – Vermögensdelikte, 2013 (zit: *Bock*, WuV BT2 [Fall Nr] S)
Bringewat	Methodik der juristischen Fallbearbeitung, 2. Aufl 2012
Chowdhury/Meier/Schröder	Standardfälle Strafrecht für Fortgeschrittene, 3. Aufl 2011 (zit: *Chowdhury/Meier/Schröder* [Fall Nr] S)
Coester-Waltjen ua (Hrsg)	Examensklausurenkurs, 1. Aufl 2000 (zit: *Bearbeiter*, in: *Coester-Waltjen* ua (Hrsg), Examensklausurenkurs I, S)
Coester-Waltjen ua (Hrsg)	Examensklausurenkurs, 2. Aufl 2004 (zit: *Bearbeiter*, in: *Coester-Waltjen* ua (Hrsg), Examensklausurenkurs II, S)
Coester-Waltjen ua (Hrsg)	Examensklausurenkurs, 3. Aufl 2008 (zit: *Bearbeiter*, in: *Coester-Waltjen* ua (Hrsg), Examensklausurenkurs III, S)
Coester-Waltjen ua (Hrsg)	Zwischenprüfung, 2004 (zit: *Bearbeiter*, in: *Coester-Waltjen* ua (Hrsg), Zwischenprüfung, S)
Dencker	30 Klausuren aus dem Strafrecht, 3. Aufl 1994 (zit: *Dencker*, [Fall Nr] S)
Dölling/Duttge/Rössner (Hrsg)	Gesamtes Strafrecht, StGB/StPO/Nebengesetze, Handkommentar, 3. Aufl 2013 (zit: HK-GS-*Bearbeiter*)
Ebert	Strafrecht, Allgemeiner Teil, 16 Fälle mit Lösungen, 2. Aufl 2008 (zit: Ebert-*Bearbeiter*, Fälle [Fall Nr] S)
Eisele	Strafrecht – Besonderer Teil I, Straftaten gegen die Person und die Allgemeinheit, 2. Aufl 2012 (zit: *Eisele*, BT1 Rn)
Eisele	Strafrecht – Besonderer Teil II, Eigentumsdelikte und Vermögensdelikte, 2. Aufl 2012 (zit: *Eisele*, BT2 Rn)

Eser/Burkhardt	Juristischer Studienkurs, Strafrecht I, 4. Aufl 1992, II, 3. Aufl 1980
Eser	Juristischer Studienkurs, Strafrecht IV, 4. Aufl 1983
Fahse/Hansen	Übungen für Anfänger im Zivil- und Strafrecht, 9. Aufl 2000
Fischer	Strafgesetzbuch, 61. Aufl 2014 (zit: *Fischer*, § Rn)
Freund	Strafrecht, Allgemeiner Teil, 2. Aufl 2009 (zit: *Freund*, AT § Rn)
Frister	Die strafrechtliche Klausur, 1998 (zit: *Frister*, [Fall Nr] S)
Frister	Strafrecht, Allgemeiner Teil, 6. Aufl 2013 (zit: *Frister*, AT Kap Rn)
Frister/Lindemann/Peters	Arztstrafrecht, 2011 (zit: *Frister/Lindemann/Peters*, Kap Rn)
Gössel	Strafrecht, Besonderer Teil 2, 1996 (zit: *Gössel*, BT2 § Rn)
Gössel	Strafrecht mit Anleitungen zur Fallbearbeitung und zur Subsumtion, 8. Aufl 2001 (zit: *Gössel*, [Fall Nr] S)
Gössel/Dölling	Strafrecht, Besonderer Teil 1, 2. Aufl 2004 (zit: *Gössel/Dölling*, BT1 § Rn)
Gropp	Strafrecht, Allgemeiner Teil, 3. Aufl 2005 (zit: *Gropp*, AT § Rn)
Gropp/Küpper/Mitsch	Fallsammlung zum Strafrecht, Juristische Examensklausuren, 2003 (zit: *Gropp/Küpper/Mitsch*, [Fall Nr] S)
Haft	Strafrecht, Allgemeiner Teil, 9. Aufl 2004 (zit: *Haft*, AT S)
Haft/Hilgendorf	Strafrecht, Besonderer Teil I, 9. Aufl 2009 (zit: *Haft/Hilgendorf*, BT1 S)
Haft	Strafrecht, Fallrepetitorium zum Allgemeinen und Besonderen Teil, 5. Aufl 2004
Hauf	Strafrecht, Besonderer Teil I, Vermögensdelikte, 2. Aufl 2002 (zit: *Hauf*, BT1 S)
Hauf	Strafrecht, Besonderer Teil II, Straftaten gegen die Persönlichkeitswerte, 1997 (zit: *Hauf*, BT2 S)
Heghmanns	Strafrecht für alle Semester, Besonderer Teil, 2009 (zit: *Heghmanns*, BT Rn)
Heinrich, B.	Strafrecht, Allgemeiner Teil, 3. Aufl 2012 (zit: *B. Heinrich*, AT Rn)
v. Heintschel-Heinegg	Prüfungstraining Strafrecht, Bd 1 und 2, 1992 (zit: *v. Heintschel-Heinegg*, [Fall Nr] S)
Hellmann/Beckemper	Fälle zum Wirtschaftsstrafrecht, 2. Aufl 2010
Hentschel/König/Dauer	Straßenverkehrsrecht, 42. Aufl 2013 (zit: Hentschel/König/Dauer-*Bearbeiter*, Straßenverkehrsrecht, § Rn)
Hentschel	Trunkenheit, Fahrerlaubnisentziehung, Fahrverbot, 10. Aufl 2006 (zit: *Hentschel*, Trunkenheit, Rn)
Hilgendorf	Fallsammlung zum Strafrecht, 5. Aufl 2008 (zit: *Hilgendorf*, Fallsammlung [Fall Nr] S)
Hilgendorf	Fälle zum Strafrecht für Anfänger, Klausurenkurs I, 2. Aufl 2013 (zit: *Hilgendorf*, Klausurenkurs I [Fall Nr] Rn)
Hilgendorf	Fälle zum Strafrecht für Fortgeschrittene, Klausurenkurs II, 2010 (zit: *Hilgendorf*, Klausurenkurs II [Fall Nr] Rn)
Hilgendorf	Fälle zum Strafrecht für Examenskandidaten, Klausurenkurs III, 2010 (zit: *Hilgendorf*, Klausurenkurs III [Fall Nr] Rn)
Hilgendorf/Valerius	Strafrecht Allgemeiner Teil, 2013 (zit: *Hilgendorf/Valerius*, AT § Rn)
Hillenkamp	32 Probleme aus dem Strafrecht Allgemeiner Teil, 14. Aufl 2012 (zit: *Hillenkamp*, AT Problem S)

Hillenkamp	40 Probleme aus dem Strafrecht Besonderer Teil, 12. Aufl 2013 (zit: *Hillenkamp*, BT Problem S)
Höfling	Eine rechtliche Beurteilung der Sterbebegleitung unter besonderer Berücksichtigung der Kodifizierung der Patientenverfügung, 2013 (zit: *Höfling*, S)
Hoerr	Passive Sterbehilfe und betreuungsrechtliche Kontrolle, Die Strafbarkeit von Arzt und Betreuer beim Behandlungsabbruch an einwilligungsunfähigen Patienten, 2011 (zit: *Hoerr*, S)
Hoffmann-Holland	Strafrecht Allgemeiner Teil, 2. Aufl 2011 (zit: *Hoffmann-Holland*, AT §)
Hohmann/Sander	Strafrecht Besonderer Teil I, 3. Aufl 2011 (zit: *Hohmann/Sander*, BT1 § Rn)
Ingelfinger	Grundlagen und Grenzbereiche des Tötungsverbots, 2004 (zitiert: *Ingelfinger*, S)
Jäger	Examens-Repetitorium Strafrecht Allgemeiner Teil, 6. Aufl 2013 (zit: *Jäger*, AT Rn)
Jäger	Examens-Repetitorium Strafrecht Besonderer Teil, 5. Aufl 2013 (zit: *Jäger*, BT Rn)
Jakobs	Strafrecht, Allgemeiner Teil, 3. Aufl 1993 (zit: *Jakobs*, AT Abschn Rn)
Jescheck	Fälle und Lösungen, 3. Aufl 1996
Jescheck/Weigend	Lehrbuch des Strafrechts, Allgemeiner Teil, 5. Aufl 1996 (zit: *Jescheck/Weigend*, AT § Rn)
Joecks	Studienkommentar StGB, 10. Aufl 2012 (zit: *Joecks*, St-K, § Rn)
Jung/Müller-Dietz	Anleitung zur Bearbeitung von Strafrechtsfällen, 1983
Jura-Karteikarten	Aktuelle Rechtsprechung in der JURA-Kartei (zit: *Bearbeiter*, JK [Monat/Jahr], StGB §/Kartennummer)
Kargl	Strafrecht, 1987 (zit: *Kargl*, S)
Kern/Langer	Anleitung zur Bearbeitung von Strafrechtsfällen, 8. Aufl 1985
Kienapfel	Strafrechtsfälle, 9. Aufl 1989 (zit: *Kienapfel*, [Fall Nr] S)
Kindhäuser	Strafgesetzbuch, Lehr- und Praxiskommentar, 5. Aufl 2013 (zit: *Kindhäuser*, LPK § Rn)
Kindhäuser	Strafrecht, Allgemeiner Teil, 6. Aufl 2013 (zit: *Kindhäuser*, AT § Rn)
Kindhäuser	Strafrecht, Besonderer Teil I, 5. Aufl 2012 (zit: *Kindhäuser*, BT1 § Rn)
Kindhäuser	Strafrecht, Besonderer Teil II, 7. Aufl 2012 (zit: *Kindhäuser*, BT2 § Rn)
Kindhäuser	Strafrechtsrepetitorium, Besonderer Teil I, 2. Aufl 2003
Kindhäuser/Schumann/Lubig	Klausurtraining Strafrecht, 2. Auflage 2012 (zit: *Kindhäuser/Schumann/Lubig*, Klausurtraining [Fall Nr] S)
Kleinbauer/Schröder/Voigt	Standardfälle Strafrecht für Anfänger, Band 1, 3. Aufl 2011 (zit: *Kleinbauer/Schröder/Voigt*, [Fall Nr] S))
Kosman	Wie schreibe ich juristische Hausarbeiten?, 2. Aufl 1997
Kraatz	Arztstrafrecht, 2013 (zit: *Kraatz*, Rn)
Krey/Esser	Deutsches Strafrecht, Allgemeiner Teil, 5. Aufl 2012 (zit: *Krey/Esser*, AT Rn)
Krey/Hellmann/Heinrich, M.	Strafrecht, Besonderer Teil, Bd 1, 15. Aufl 2012 (zit: *Krey/Hellmann/M. Heinrich*, BT1 Rn)

Krey/Hellmann/Heinrich, M.	Strafrecht, Besonderer Teil, Bd 2, 16. Aufl 2012 (zit: *Krey/Hellmann/M. Heinrich*, BT2 Rn)
Kudlich	Fälle mit Lösungen im Strafrecht, Allgemeiner Teil, 2011 (zit: *Kudlich*, Fälle AT [Fall Nr] S)
Kudlich	Prüfe Dein Wissen, Rechtsfälle in Frage und Antwort, Strafrecht, Allgemeiner Teil, 4. Aufl 2013 (zit: *Kudlich*, PdW AT S)
Kudlich	Prüfe Dein Wissen, Rechtsfälle in Frage und Antwort, Strafrecht, Besonderer Teil I, Vermögensdelikte, 3. Aufl 2013 (zit: *Kudlich*, PdW BT1 S)
Kudlich	Prüfe Dein Wissen, Rechtsfälle in Frage und Antwort, Strafrecht, Besonderer Teil II, Delikte gegen die Person und die Allgemeinheit, 3. Aufl 2013 (zit: *Kudlich*, PdW BT2 S)
Kühl	Strafrecht, Allgemeiner Teil, 7. Aufl 2012 (zit: *Kühl*, AT § Rn)
Küper	Strafrecht, Besonderer Teil, Definitionen mit Erläuterungen, 8. Aufl 2012 (zit: *Küper*, BT S)
Küpper	Strafrecht, Besonderer Teil 1, 3. Aufl 2007 (zit: *Küpper*, BT1 § Rn)
Lackner/Kühl	Strafgesetzbuch mit Erläuterungen, 27. Aufl 2011 (zit: *Lackner/Kühl*, § Rn)
Lagodny	Gesetzestexte suchen, verstehen und in der Klausur anwenden, 2008
Lange	Jurastudium erfolgreich, 5. Aufl 2009
Leipziger Kommentar	Strafgesetzbuch, 12. Aufl 2006 ff; teilweise auch 11. Aufl (zit: LK-*Bearbeiter*, § Rn)
Marxen	Kompaktkurs Strafrecht, Allgemeiner Teil, 2003
Marxen	Kompaktkurs Strafrecht, Besonderer Teil, 2004 (zit: *Marxen*, BT [Fall Nr] S)
Matt/Renzikowski (Hrsg)	Strafgesetzbuch, 2013 (zit. Matt/Renzikowski-*Bearbeiter*, § Rn)
Maurach/Gössel/Zipf	Strafrecht, Allgemeiner Teil, Teilband 2, 7. Aufl 1989 (zit: *Maurach/Gössel/Zipf*, AT2 § Rn)
Maurach/Schroeder/Maiwald	Strafrecht, Besonderer Teil, Teilband 1, 10. Aufl 2009 (zit: *Maurach/Schroeder/Maiwald*, BT1 § Rn)
Merten	20 Standardfälle Strafrecht: Zur gezielten Vorbereitung auf die Übung für Anfänger, 3. Aufl 2006 (zit: *Merten*, [Fall Nr] S)
Meurer/Kahle/Dietmeier	Übungskriminalität für Einsteiger, 2000 (zit: *Meurer/Kahle/Dietmeier*, [Fall Nr] S)
Mitsch	Strafrecht, Besonderer Teil 2, Teilband 1, 2. Aufl 2003 (zit: *Mitsch*, BT2/1 § Rn)
Münchener Kommentar	Strafgesetzbuch, 2. Aufl 2011 (zit: MK-*Bearbeiter*, § Rn)
Murmann	Grundkurs Strafrecht, 2. Aufl 2013 (zit: *Murmann*, GK § Rn)
Niederle	20 Standardfälle Strafrecht: Zur gezielten Vorbereitung auf die Übung für Fortgeschrittene, 2. Aufl 2004 (zit: *Niederle*, [Fall Nr] S)
Nomos-Kommentar	Strafgesetzbuch, herausgegeben von *Kindhäuser/Neumann/Paeffgen*, 4. Aufl 2013 (zit: NK-*Bearbeiter,* § Rn)
Oelmüller/Peters	Die erste Strafrechtshausarbeit, 6. Aufl 2009
Otto	Grundkurs Strafrecht, Allgemeine Strafrechtslehre, 7. Aufl 2004 (zit: *Otto*, AT § Rn)
Otto	Grundkurs Strafrecht, Die einzelnen Delikte, 8. Aufl 2009 (zit: *Otto*, BT § Rn)

Otto/Bosch — Übungen im Strafrecht, 7. Aufl 2010 (zit: *Otto/Bosch*, [Fall Nr] S)

Preis/Prütting/Sachs/Weigend — Die Examensklausur, 5. Aufl 2013 (zit: *Preis ua*, [Fall Nr] S)

Priebe — Fälle zum Strafrecht – mit prozessualen Zusatzfragen, 2. Aufl 2005 (zit: *Priebe*, [Fall Nr] S)

Priebe — Fallrepetitorium Strafrecht Allgemeiner Teil, 2005

Puppe — Strafrecht, Allgemeiner Teil im Spiegel der Rechtsprechung, 2. Aufl 2011 (zit: *Puppe*, AT § Rn)

Putzke — Juristische Arbeiten erfolgreich schreiben, 4. Aufl 2012

Rengier — Strafrecht, Allgemeiner Teil, 5. Aufl 2013 (zit: *Rengier*, AT § Rn)

Rengier — Strafrecht, Besonderer Teil I, Vermögensdelikte, 15. Aufl 2013 (zit: *Rengier*, BT1 § Rn)

Rengier — Strafrecht, Besonderer Teil II, Delikte gegen die Person und die Allgemeinheit, 14. Aufl 2013 (zit: *Rengier*, BT2 § Rn)

Rieger — Die mutmaßliche Einwilligung in den Behandlungsabbruch, 1998 (zit: *Rieger*, S)

Rotsch — Strafrechtliche Klausurenlehre, 2013 (zit: *Rotsch*, Klausurenlehre Rn)

Rotsch/Nolte/Peifer/Weitemeyer — Die Klausur im Ersten Staatsexamen, 2003 (zit: *Rotsch/Nolte/Peifer/Weitemeyer*, [Fall Nr] S)

Roxin — Strafrecht, Allgemeiner Teil, Bd 1, Grundlagen, Aufbau der Verbrechenslehre, 4. Aufl 2006 (zit: *Roxin*, AT1 § Rn)

Roxin — Strafrecht, Allgemeiner Teil, Bd 2, Besondere Erscheinungsformen der Straftat, 2003 (zit: *Roxin*, AT2 § Rn)

Roxin — Täterschaft und Tatherrschaft, 8. Aufl 2006 (zit: *Roxin*, Täterschaft S)

Roxin/Schroth (Hrsg) — Handbuch des Medizinstrafrechts, 4. Aufl 2010 (zit: Roxin/Schroth-*Bearbeiter*, S)

Roxin/Schünemann/Haffke — Strafrechtliche Klausurenlehre, 4. Aufl 1982 (zit: *Roxin/Schünemann/Haffke*, [Fall Nr] S)

Rudolphi — Fälle zum Strafrecht, Allgemeiner Teil, 5. Aufl 2000 (zit: *Rudolphi*, [Fall Nr] S)

Samson — Strafrecht I, 7. Aufl 1988 (zit: *Samson*, St1 [Fall Nr] S)

Samson — Strafrecht II, 5. Aufl 1985 (zit: *Samson*, St2 [Fall Nr] S)

Satzger/Schmitt/Widmaier — StGB-Strafgesetzbuch, 2009 (zit: S/S/W-StGB-*Bearbeiter*, § Rn)

Schimmel — Juristische Klausuren und Hausarbeiten richtig formulieren, 10. Aufl 2012

Schlüter/Niehaus/Schröder (Hrsg) — Examensklausurenkurs im Zivil-, Straf- und Öffentlichen Recht, 2009 (zit: Schlüter-*Bearbeiter*, [Fall Nr] S)

Schmidhäuser — Strafrecht Allgemeiner Teil, 2. Aufl 1984 (zit: *Schmidhäuser*, AT Kap Rn)

Schmidt — Strafrecht, Allgemeiner Teil, Grundlagen der Strafbarkeit, Aufbau des strafrechtlichen Gutachtens, 12. Aufl 2013 (zit: *Schmidt*, AT Rn)

Schmidt/Priebe — Strafrecht, Besonderer Teil I, Straftaten gegen die Person und die Allgemeinheit, 12. Aufl 2013 (zit: *Schmidt/Priebe*, BT1 Rn)

Schmidt/Priebe — Strafrecht, Besonderer Teil II, Straftaten gegen das Vermögen, 12. Aufl 2013 (zit: *Schmidt/Priebe*, BT2 Rn)

Schneider — Tun und Unterlassen beim Abbruch lebenserhaltender medizinischer Behandlung, 1997

Schönke/Schröder	Strafgesetzbuch, 28. Aufl 2010, fortgeführt von *Lenckner*, *Cramer*, *Eser*, *Stree*, *Heine*, *Perron*, *Sternberg-Lieben*, *Eisele*, *Bosch*, *Hecker* und *Kinzig* (zit: S/S-*Bearbeiter*, § Rn)
Scholz/Wohlers	Klausuren und Hausarbeiten im Strafrecht, 3. Aufl 2003
Schroth	Strafrecht, Besonderer Teil, 5. Aufl 2010 (zit: *Schroth*, BT S)
Schwabe	Lernen mit Fällen, Strafrecht Besonderer Teil 1, Nichtvermögensdelikte, 5. Aufl 2011 (zit: *Schwabe*, BT1 [Fall Nr] S)
Schwabe	Lernen mit Fällen, Strafrecht, Besonderer Teil 2, Vermögensdelikte, 6. Aufl 2011 (zit: *Schwabe*, BT2 [Fall Nr] S)
Schwind/Franke/Winter	Übungen im Strafrecht für Anfänger, 5. Aufl 2000 (zit: *Schwind/Franke/Winter*, [Fall Nr] S)
Schwind/Nawratil/Nawratil	Strafrecht leicht gemacht. Kleiner Strafrechtsschein, 16. Aufl 2011
Seelmann	Grundfälle zu den Eigentums- und Vermögensdelikten, 1988
Sonnen/Mitto/Nugel	Strafrecht, Besonderer Teil – Fälle, 2006
Steinberg	Angewandte juristische Methodenlehre für Anfänger, 2006
Stoffers	Behandlungsabbruch zwischen Betreuungsrecht und Strafrecht, Zur (straf-)rechtlichen Bedeutung der vormundschaftsgerichtlichen Genehmigung i.S.d. § 1904, 2011 (zit: *Stoffers*, S)
Stratenwerth/Kuhlen	Strafrecht, Allgemeiner Teil I, 6. Aufl 2011 (zit: *Stratenwerth/Kuhlen*, AT § Rn)
Strauß	Strafrecht, Fälle und Lösungen, 3. Aufl 1998 (zit: *Strauß*, [Fall Nr] S)
Systematischer Kommentar	Strafgesetzbuch, 7., teilweise 8. Aufl, von *Rudolphi*, *Horn*, *Samson*, *Günther*, *Hoyer*, *Wolters*, *Rogall*, *Stein* und *Wolter*, Stand: August 2013 (zit: SK-*Bearbeiter*, § Rn)
Tag	Der Körperverletzungstatbestand im Spannungsfeld zwischen Patientenautonomie und Lex artis, 2000 (zit: *Tag*, S)
Tiedemann	Die Anfängerübung im Strafrecht, 4. Aufl 1999 (zit: *Tiedemann*, [Fall Nr] S)
Ulsenheimer	Arztstrafrecht in der Praxis, 5. Aufl 2014 (zit: *Ulsenheimer*, Rn)
Valerius	Einführung in den Gutachtenstil, 3. Aufl 2009
Wagner	Fälle zum Strafrecht, Besonderer Teil, 4. Aufl 1998 (zit: *Wagner*, [Fall Nr] S)
Walter	Kleine Stilkunde für Juristen, 2. Aufl 2009
Wessels	Strafrecht, Allgemeiner Teil, Die Straftat und ihr Aufbau, 21. Aufl 1997 (zit: *Wessels*, AT Rn)
Wessels/Beulke/Satzger	Strafrecht, Allgemeiner Teil, Die Straftat und ihr Aufbau, 43. Aufl 2013 (zit: *Wessels/Beulke/Satzger*, AT Rn)
Wessels/Hettinger	Strafrecht, Besonderer Teil/1, Straftaten gegen Persönlichkeits- und Gemeinschaftswerte, 37. Aufl 2013 (zit: *Wessels/Hettinger*, BT1 Rn)
Wessels/Hillenkamp	Strafrecht, Besonderer Teil/2, Straftaten gegen Vermögenswerte, 36. Aufl 2013 (zit: *Wessels/Hillenkamp*, BT2 Rn)
Wolters	Fälle mit Lösungen für Fortgeschrittene im Strafrecht, 2. Aufl 2006 (zit: *Wolters*, [Fall Nr] S)
Zieschang	Strafrecht, Allgemeiner Teil, 3. Aufl 2012 (zit: *Zieschang*, AT Rn)

Festschriftenverzeichnis

Karl Engisch	Frankfurt a.M. 1969
Wilhelm Gallas	Berlin, New York 1973
Karl Heinz Gössel	Heidelberg 2002
Rolf Dietrich Herzberg	Tübingen 2008
Hans Joachim Hirsch	Berlin, New York 1999
Kristian Kühl	München 2014
Hans-Heiner Kühne	Heidelberg 2013
Karl Lackner	Berlin 1987
Ernst-Joachim Lampe	Berlin 2003
Hellmuth Mayer	Beiträge zur gesamten Strafrechtswissenschaft; Berlin 1996
Dieter Meurer	Gedächtnisschrift; Berlin 2002
Dietrich Oehler	Köln, München 1985
Harro Otto	Berlin, New York 2007
Rainer Paulus	Festgabe, Würzburg 2009
Ruth Rissing-van-Saan	Berlin 2011
Klaus F. Röhl	Recht, Gesellschaft, Kommunikation; Baden-Baden 2003
Claus Roxin	Berlin 2011 (zum 80. Geburtstag, zitiert: Roxin-II-FS)
Hans-Joachim Rudolphi	Neuwied 2004
Hans Ludwig Schreiber	Heidelberg 2003

1. Kapitel

Klausuren aus der Fortgeschrittenenübung

Fall 1

Die schwangere Apothekerin

Die verheiratete und von ihrem Ehemann vernachlässigte Apothekerin A führt einen leichtsinnigen außerehelichen Lebenswandel. Eines Tages ist sie von ihrem Liebhaber F schwanger. Als sie dies im siebten Monat der Schwangerschaft ihrer Freundin V unter dem Siegel der Verschwiegenheit schildert, regt die V an, das Kind „abzutreiben". A dankt der V spontan für diese gute Idee, weil auf diesem Wege ihr Ehemann, dem die Schwangerschaft bisher noch nicht aufgefallen ist, nichts von der Liebschaft erfährt und sie ihren aufregenden Lebenswandel fortsetzen kann. Sie nimmt deshalb im Ruheraum der Apotheke ein neuartiges Medikament ein, von dem sie gelesen hat, es führe zum Tod der Leibesfrucht, ohne das Leben der Schwangeren zu gefährden. Der A wird sehr übel und es setzen aufgrund des Medikaments die Wehen ein, jedoch kommt ein gesundes und dauerhaft lebensfähiges Kind zur Welt. Als A dies erkennt, beschließt sie, nun dem Schicksal seinen Lauf zu lassen und nichts weiter zu unternehmen. 1

Kurz vorher hatte A dem F eine SMS geschickt und dringend um sein Erscheinen bei ihr gebeten, ohne genauere Einzelheiten zu offenbaren. Als F die Mitteilung liest, eilt er in die Apotheke und erscheint dort in der Sekunde, in der das Kind das Licht der Welt erblickt. Auch die Mitinhaberin der Apotheke, die M, stürmt wegen der Geräusche herbei und erfasst nach kurzer Rückfrage sofort die gesamte Situation einschließlich der Motivationslage der A. Da die M befürchtet, eine Mutterschaft der A könnte dazu führen, dass die A sich aus der Apotheke zurückzieht und ihr (der M) dadurch finanzielle Einbußen entstehen, bestürmt sie die A, das Kind zu töten. Die A denkt daraufhin erneut an die Verlockung ihrer außerehelichen Eskapaden und erstickt, damit ihr Ehemann von alldem nichts erfährt, das Kind mit einem Wattebausch. Der daneben stehende F hat zwar alles beobachtet, schreitet jedoch nicht ein. Dabei kennt er die Tatmotive der A nicht, möchte aber selbst jeder Unterhaltspflicht entkommen.

Wie haben sich die Beteiligten strafbar gemacht?

Es sind nur Vorschriften des StGB zu prüfen. Evtl erforderliche Strafanträge sind gestellt.

Gedankliche Strukturierung des Falles (Kurzlösung)

2 **A. Die Medikamenteneinnahme**

I. Strafbarkeit der A

1. § 218 I 1 (–)

a) Objektiver Tatbestand (–)
- Abbrechen der Schwangerschaft (–)

b) Ergebnis

2. §§ 218 I 1, IV 1, 22, 23 I Alt 2 (–)

a) Vorprüfung (+)
- keine Tatvollendung (+)
- Strafbarkeit des Versuchs, § 218 IV 1 (+)

b) Tatentschluss (+)
- Vorsatz bzgl § 218 I (+)

c) Unmittelbares Ansetzen (+)

Problem Nr 1: Abgrenzung Vorbereitungshandlung – Versuch (Rn 5)

d) Rechtswidrigkeit (+)
- § 218 a II, III (–)

e) Schuld (+)

f) Rücktritt, § 24 II (–)

g) Persönlicher Strafausschließungsgrund, § 218 IV 2 (+)

h) Ergebnis

3. § 223 I (–)
- Verletzung eines anderen (–)

4. § 221 I Nr 1 (–)
- Mensch (–)

5. Ergebnis für A im Tatkomplex A

A ist straflos.

II. Strafbarkeit der V

1. §§ 218 I 1, 26 (–)
- vollendete vorsätzliche rechtswidrige Haupttat (–)

2. §§ 218 I 1, IV, 22, 23 I Alt 2, 26 (+)

a) Objektiver Tatbestand (+)
- vorsätzliche rechtswidrige Haupttat (+)
- Anstiftungshandlung (+)

b) Subjektiver Tatbestand (+)
- Vorsatz bzgl Haupttat (+)
- Vorsatz bzgl Anstiftungshandlung (+)

c) Rechtswidrigkeit und Schuld (+)

d) Akzessorietätslockerung, § 28 II (+)
- V fehlt privilegierender Umstand der Schwangerschaft

e) Strafzumessung, § 218 II 2 Nr 2 (–)

f) Ergebnis

3. Ergebnis für V im Tatkomplex A

V hat sich gem §§ 218 I 1, IV 1, 22, 23 I Alt 2, 26, 28 II strafbar gemacht.

B. Ersticken des Neugeborenen

I. Strafbarkeit der A

1. § 218 I, III (–)

a) Objektiver Tatbestand (–)

Problem Nr 2: Vollendeter Schwangerschaftsabbruch durch Tötung des Kindes nach fehlgeschlagener Abtötung der Leibesfrucht? (Rn 10)

b) Ergebnis

2. § 212 I (+)

3. § 211 (+)

a) Heimtücke (–)

b) Grausam (–)

c) Habgier (–)

d) Sonstige niedrige Beweggründe (+)

e) Strafzumessung und Gesamtabwägung
- § 213 ist auf § 211 nicht anwendbar.

Problem Nr 3: Allgemeine Verwerflichkeitsprüfung bei Mord (Rn 15)

f) Konkurrenz
- § 211 verdrängt § 212 I.

4. § 223 I (+)
- aber subsidiär

5. § 224 I Nr 2 Alt 2 (+), Nr 3 (–), Nr 4 (–), Nr 5 (+)

a) Tatbestand (+)
- Nr 2 Alt 2 (gefährliches Werkzeug) (+)
- Nr 3 (hinterlistiger Überfall) (–)
- Nr 4 (gemeinschaftlich) (–)
- Nr 5 (Leben gefährdende Behandlung) (+)

b) Konkurrenz
- § 224 wird durch § 211 verdrängt.

6. § 225 I (–)

a) Objektiver Tatbestand
- quälen (–)
- roh misshandeln (–)
- schädigen an der Gesundheit (–)

b) Ergebnis

7. Ergebnis für A im Tatkomplex B

A hat sich nach § 211 strafbar gemacht.

II. Strafbarkeit der M

1. §§ 212 I, 25 II (–)

a) Objektiver Tatbestand (–)
- Totschlagshandlung durch M (–)
- Totschlagshandlung durch A, § 25 II (–)

Problem Nr 4: Abgrenzung Täterschaft – Teilnahme bei Beteiligung an einem Begehungsdelikt durch positives Tun (Rn 20)

b) **Ergebnis**
2. **§§ 212 I, 13 (–)**
3. **§§ 212 I, 26 (+)**
   a) **Objektiver Tatbestand (+)**
      - vorsätzliche rechtswidrige Haupttat (+)
      - Anstiftungshandlung (+)
   b) **Subjektiver Tatbestand (+)**
      - Vorsatz bzgl Haupttat (+)
      - Vorsatz bzgl Anstiftungshandlung (+)
   c) **Rechtswidrigkeit und Schuld (+)**
   d) **Ergebnis**
4. **§§ 211, 26 (+)**
   a) **Objektiver Tatbestand (+)**
      - vorsätzliche rechtswidrige Haupttat (+)
      - Anstiftungshandlung (+)
   b) **Subjektiver Tatbestand (+)**
      - Vorsatz bzgl Haupttat (+)
      - Vorsatz bzgl Anstiftungshandlung (+)
   c) **Akzessorietätslockerung (+)**
      - Mordmerkmale in der Person der M:
        – niedrige Beweggründe (–)
        – Habgier (+)
      - Mordmerkmal in der Person der A:
        – niedrige Beweggründe (+)

Problem Nr 5: Wie ist das Verhältnis von § 212 zu § 211? Ist § 28 I oder II oder § 29 anwendbar? (Rn 24)

d) **Ergebnis**
5. **§§ 223 I, 224 I Nr 2 Alt 2 (+), Nr 5 (+), 26 (+)**
   - aber subsidiär
6. **Ergebnis für M im Tatkomplex B**
   M ist strafbar gem §§ 211, 26, 29.
   (Rspr: §§ 211, 26; hL: §§ 211, 26, 28 II)

III. Strafbarkeit des F
1. **§§ 212 I, 25 II (–)**
   - gemeinsamer Tatplan (–)
2. **§§ 212 I, 13 (–)**
   a) **Objektiver Tatbestand (–)**
      - Unterlassen (+)
      - Erfolg des § 212 (+)
      - Nichtvornahme der gebotenen Handlung trotz physisch-realer Abwehrmöglichkeit (+)
      - Kausalität (+)
      - Garantenstellung (+)
      - Täterschaft (–)

Problem Nr 6: Abgrenzung Täterschaft – Teilnahme bei Beteiligung an einem Begehungsdelikt durch Unterlassen (Rn 29)

b) **Ergebnis**
3. **§§ 212 I, 27, 13 (+)**
   a) **Objektiver Tatbestand (+)**
      - vorsätzliche rechtswidrige Haupttat (+)
      - Beihilfehandlung (+)
   b) **Subjektiver Tatbestand (+)**
      - Vorsatz bzgl Haupttat (+)
      - Vorsatz bzgl Beihilfehandlung (+)
   c) **Rechtswidrigkeit und Schuld (+)**
   d) **Ergebnis**
4. **§§ 211, 27, 13 (+)**
   - vorsätzliche rechtswidrige Haupttat (+)
   - Beihilfehandlung (+)
   - Vorsatz bzgl Haupttat (Mordmerkmale) (–)
   - Akzessorietätslockerung (+)
5. **§§ 223 I, 224 I, 27, 13 (+)**
   - aber subsidiär
6. **§ 323c (+)**
   - aber subsidiär
7. **Ergebnis für F im Tatkomplex B**
   F ist strafbar gem §§ 211, 27, 13, 29.
   (Rspr: §§ 212 I, 27, 13; hL: §§ 211, 27, 13, 28 II)

IV. Strafbarkeit der V
1. **§§ 212, 26 (–)**
2. **Ergebnis für V im Tatkomplex B**
   V ist straflos.

C. Gesamtergebnis

A: § 211
F: §§ 211, 27, 13, 29
M: §§ 211, 26, 29
V: §§ 218 I 1, IV, 22, 23 I Alt 2, 26, 28 II

Ausführliche Lösung von Fall 1

A. Die Medikamenteneinnahme

I. Strafbarkeit der A

1. § 218 I 1

3 Indem A ein Medikament einnahm, dadurch Wehen auslöste und ein Kind zur Welt brachte, könnte sie sich wegen Schwangerschaftsabbruches strafbar gemacht haben.

a) Objektiver Tatbestand

Unter einem Abbruch der Schwangerschaft iSv § 218 I versteht man die Vornahme eines Eingriffs, der die Abtötung der Leibesfrucht bezweckt oder in Kauf nimmt. A handelte zu einem Zeitpunkt, in dem die Eröffnungswehen noch nicht eingesetzt hatten. Das Objekt ihrer Tat war mithin noch kein Mensch iSd Strafrechts, sondern eine Leibesfrucht und folglich ein für § 218 taugliches Tatobjekt. Mit der Medikamenteneinnahme bezweckte A die Beendigung ihrer Schwangerschaft durch Abtötung der Leibesfrucht. Ihre Handlung war zudem für die Frühgeburt kausal.

Fraglich ist allerdings, ob ein Schwangerschaftsabbruch iSd § 218 auch die Fälle erfasst, in denen ein lebendes und lebensfähiges Kind zur Welt gebracht wird. Der Taterfolg des § 218 liegt im Absterben der Leibesfrucht infolge der Tathandlung, wobei es ausreicht, dass der Täter auf die Leibesfrucht bereits vor der Geburt einwirkt, der Tod des Kindes aber erst nach dessen Geburt eintritt[1]. Das zu früh geborene Kind der A starb jedoch nicht infolge der Medikamenteneinnahme. Zumindest zu diesem Zeitpunkt scheidet somit mangels Taterfolges ein vollendeter Schwangerschaftsabbruch aus.

Der Tod des Kindes durch Ersticken wird hier zunächst noch ausgeblendet und erst bei der nächsten Tathandlung relevant. Man kann aber auch nur einen Tatkomplex bilden und die spätere Tötung sofort mit in die Betrachtung einbeziehen (hier unter Rn 9).

b) Ergebnis

A ist nicht gem § 218 I 1 strafbar.

2. §§ 218 I 1, IV 1, 22, 23 I Alt 2

A könnte aber einen versuchten Schwangerschaftsabbruch begangen haben.

a) Vorprüfung

4 Der Schwangerschaftsabbruch wurde nicht vollendet *(s o Rn 3)*. Die Strafbarkeit des versuchten Schwangerschaftsabbruches ergibt sich aus §§ 218 IV 1, 23 I Alt 2.

---

1 BGH NStZ 2008, 393; *Joecks*, St-K, § 218 Rn 2; *Wessels/Hettinger*, BT1 Rn 225; *Fischer*, § 218 Rn 5; S/S-*Eser*, § 218 Rn 19; *Lackner/Kühl*, § 218 Rn 4.

b) Tatentschluss

A wollte durch die Medikamenteneinnahme das Absterben der Leibesfrucht durch eine Frühgeburt herbeiführen. Sie handelte mithin vorsätzlich bezüglich der objektiven Tatbestandsmerkmale des § 218 I 1. Ein Tatbestandsausschluss nach § 218a I (sog Fristenlösung) kommt nicht in Betracht.

c) Unmittelbares Ansetzen

Fraglich ist, ob A bereits unmittelbar zur Tatbestandsverwirklichung iSd § 22 angesetzt hat oder ob sie die Tat nur vorbereitet hat. Wie die straflose Vorbereitungshandlung vom strafbaren Versuch abzugrenzen ist, ist umstritten.

Problem Nr 1: Abgrenzung Vorbereitungshandlung – Versuch 5

(1) Die (heute nicht mehr vertretene) **formal-objektive Theorie** ließ als Anfang der Tatausführung nur den Beginn der „tatbestandsmäßigen Handlung" genügen (RGSt 70, 151, 157).

(2) Demgegenüber wollte die (bedenklich weite) **subjektive Theorie** allein auf das subjektive Vorstellungsbild des Täters abstellen (RGSt 72, 66; BGHSt 6, 302).

(3) Nach der dem Gesetz (vgl § 22: „nach seiner Vorstellung von der Tat unmittelbar ansetzt") am besten entsprechenden herrschenden sog **„gemischt subjektiv-objektiven" Theorie** ist zweierlei erforderlich:
- dass der Täter die Schwelle zum **„Jetzt-geht's-los"** überschritten hat und
- dass das Rechtsgut bereits in dem Sinne angegriffen wird, dass das Geschehen bei ungestörtem Fortgang **ohne weitere wesentliche Zwischenschritte** unmittelbar in die Tatbestandsverwirklichung einmündet, mit der Folge, dass aus der Sicht des Täters das Angriffsobjekt schon **konkret gefährdet** erscheint (BGH NJW 1993, 2125; BGH wistra 2002, 263; 2008, 105, 106; Beck OK-*Beckemper*, § 22 Rn 31 ff; *Fischer*, § 22 Rn 10; MK-*Herzberg/Hoffmann-Holland*, § 22 Rn 111).

Zur Vertiefung: Wessels/Beulke/Satzger, AT Rn 599 ff; Beulke, Klausurenkurs I [4] Rn 178; Jäger, AT Rn 294 ff.

Indem A das Medikament einnahm, hat sie bereits die tatbestandliche Ausführungshandlung selbst vorgenommen und daher nach allen zum Problem der Abgrenzung zwischen Vorbereitung und Versuch vertretenen Ansichten unmittelbar zur Verwirklichung des Tatbestandes angesetzt. 6

d) Rechtswidrigkeit

Da der versuchte Schwangerschaftsabbruch nicht von einem Arzt vorgenommen wurde, ist A weder gem § 218a II noch gem § 218a III gerechtfertigt. Auch sonstige Rechtfertigungsgründe sind nicht ersichtlich.

e) Schuld

A handelte schuldhaft.

f) Rücktritt, § 24 II

A verwirklichte den versuchten Schwangerschaftsabbruch zwar als unmittelbare Täterin. An der Straftat war aber noch V als Mittäterin oder Teilnehmerin beteiligt. In diesem Fall richten sich die Rücktrittsvoraussetzungen nach § 24 II[2].

Da der durch die Medikamenteneinnahme beabsichtigte Erfolg nicht eingetreten und nach der Geburt eines Kindes und der damit verbundenen Wandelung der Leibesfrucht zum Menschen iSd Strafrechts auch nicht mehr möglich ist, ist der Versuch fehlgeschlagen. A konnte somit nicht mehr strafbefreiend zurücktreten.

g) Persönlicher Strafausschließungsgrund, § 218 IV 2

Gem § 218 IV 2 kann A als Schwangere nicht wegen Versuchs bestraft werden.

Da die Strafe gem § 218 IV 2 ausgeschlossen ist, muss auf mögliche Strafschärfungs- bzw Strafmilderungsgründe (§ 218 II, III) nicht mehr eingegangen werden. Auch der Strafausschließungsgrund des § 218a IV 1 braucht nicht mehr geprüft zu werden.

h) Ergebnis

A ist nicht gem §§ 218 I 1, IV, 22, 23 I Alt 2 strafbar.

3. § 223 I

7 A hat durch die Medikamenteneinnahme möglicherweise sowohl sich selbst als auch die Leibesfrucht verletzt. Die Selbstverletzung fällt aber von vornherein nicht unter den Tatbestand des § 223 I, weil es sich nicht um einen „anderen" Menschen handelt. Auch die Beeinträchtigung der Leibesfrucht wäre tatbestandslos, weil kein „Mensch" verletzt worden wäre. A kann daher nicht gem § 223 I bestraft werden.

4. § 221 I Nr 1

A könnte die Leibesfrucht in eine hilflose Lage versetzt haben. Da auch der Tatbestand der Aussetzung aber voraussetzt, dass das Opfer Menschqualität hat, scheidet § 221 I Nr 1 aus.

5. Ergebnis für A im Tatkomplex A

A ist straflos.

2 *Wessels/Beulke/Satzger*, AT Rn 648 ff; *Beulke*, Klausurenkurs I [4] Rn 184, [11] Rn 367.

II. Strafbarkeit der V

1. §§ 218 I 1, 26

Da A den Schwangerschaftsabbruch nicht vollendet hat *(s o Rn 3)*, scheidet eine Bestrafung wegen Anstiftung zum Schwangerschaftsabbruch mangels vollendeter vorsätzlicher Haupttat aus. **8**

2. §§ 218 I 1, IV 1, 22, 23 I Alt 2, 26

Dadurch, dass V die A dazu anregte, eine Fehlgeburt herbeizuführen („abzutreiben"), könnte sie sich wegen Anstiftung zum versuchten Schwangerschaftsabbruch strafbar gemacht haben.

Ein (versuchter) Schwangerschaftsabbruch in mittelbarer Täterschaft (§ 25 I Alt 2) kommt hingegen nicht in Betracht, da A volldeliktisch, dh tatbestandsmäßig, rechtswidrig und schuldhaft handelte und ihre Straflosigkeit lediglich aufgrund des persönlichen Strafausschließungsgrundes des § 218 IV 2 eintritt. A ist mithin nicht als Werkzeug anzusehen, wie es für die mittelbare Täterschaft der V erforderlich wäre. Dies ist so eindeutig, dass es keiner ausdrücklichen Hervorhebung im ausformulierten Text bedarf.

a) Objektiver Tatbestand

A hat den Schwangerschaftsabbruch versucht *(s o Rn 4)*. Eine vorsätzliche und rechtswidrige Haupttat ist folglich gegeben.

V müsste die A zu dieser Tat bestimmt haben. „Bestimmen" iSd § 26 bedeutet Hervorrufen des Tatentschlusses durch eine Willensbeeinflussung im Wege des offenen geistigen Kontakts[3]. Durch ihre Anregung hat V bei A den Tatentschluss hervorgerufen.

b) Subjektiver Tatbestand

Sowohl hinsichtlich der vorsätzlichen rechtswidrigen Haupttat der A als auch hinsichtlich der eigenen Anstiftungshandlung handelte V vorsätzlich (doppelter Anstiftungsvorsatz).

c) Rechtswidrigkeit und Schuld

V handelte rechtswidrig und schuldhaft.

In einfachen Fällen kann mE die Prüfung von „Rechtswidrigkeit und Schuld" unter einer einheitlichen Ziffer erfolgen. Der Bearbeiter muss aber wissen, dass es Prüfer gibt, die zumindest im Rahmen der Prüfung des ersten Straftatbestandes bei dem jeweiligen Beteiligten die Punkte „Rechtswidrigkeit" und „Schuld" getrennt ausgewiesen wissen möchten. Im späteren Fortlauf der Prüfung werden sie – sofern nicht relevant – gänzlich weggelassen (Einzelheiten s Beulke, Klausurenkurs I, Rn 67–70).

---

3 Im vorliegenden Fall liegt sogar ein „Unrechtspakt" iSv *Puppe*, GA 1984, 101 vor, sodass auch nach der engsten Ansicht eine Anstiftung zu bejahen ist; zu den verschiedenen Ansichten vgl *Wessels/Beulke/Satzger*, AT Rn 568; *Beulke*, Klausurenkurs I [3] Rn 161.

d) Akzessorietätslockerung, § 28 II

Der persönliche Strafausschließungsgrund des § 218 IV 2 sowie der persönliche Strafmilderungsgrund des § 218 III kommen nur der Schwangeren selbst, nicht aber einem Teilnehmer zugute, § 28 II. Daher ist die Strafe für V weder ausgeschlossen noch zu mildern.

e) Strafzumessung, § 218 II 2 Nr 2

Eine Strafschärfung nach § 218 II 2 Nr 2 scheidet von vornherein aus, da sich aus dem Sachverhalt ergibt, dass A nur ein Medikament einnehmen wollte, das für sie keine Lebensgefahr birgt.

f) Ergebnis

V hat sich gem §§ 218 I 1, IV 1, 22, 23 I Alt 2, 26, 28 II strafbar gemacht.

3. Ergebnis für V im Tatkomplex A

Im Tatkomplex A ist folglich eine Strafbarkeit gem §§ 218 I 1, IV, 22, 23 I Alt 2, 26, 28 II gegeben.

B. Ersticken des Neugeborenen

I. Strafbarkeit der A

1. § 218 I 1, III

9 Trotz Erfolglosigkeit des ersten Teils des Schwangerschaftsabbruchs (Medikamenteneinnahme) könnte sich A dadurch, dass sie das Neugeborene erstickte, doch noch wegen vollendeten Schwangerschaftsabbruchs strafbar gemacht haben.

a) Objektiver Tatbestand

Der Tod der Leibesfrucht ist eingetreten und ein iSd conditio-sine-qua-non-Formel (Äquivalenztheorie) kausaler Zusammenhang mit der vorhergehenden Medikamenteneinnahme, die, wie bereits dargelegt, als (zumindest versuchter) Schwangerschaftsabbruch iSv § 218 I einzustufen ist, besteht. Zur Vollendung des § 218 I 1 muss die Leibesfrucht nicht im Mutterleib abgetötet werden. Ein Abbruch der Schwangerschaft liegt auch vor, wenn der Tod außerhalb des Mutterleibes eintritt, aber wegen mangelnder Ausreifung des Kindes Kausalität zwischen der Abbruchhandlung und dem Tod gegeben ist[4].

Hier trat der Tod jedoch nicht direkt aufgrund einer Einwirkung auf die Leibesfrucht ein – es kam ein Kind zur Welt –, sondern durch das Ersticken des lebenden Kindes mit dem

4 BGH NStZ 2008, 393.

Wattebausch. Ob in derartigen Fällen die vorsätzliche Tötungshandlung zugleich als letzter Teilakt eines Schwangerschaftsabbruchs angesehen werden kann, ist zweifelhaft.

Problem Nr 2: Vollendeter Schwangerschaftsabbruch durch Tötung des Kindes nach fehlgeschlagener Abtötung der Leibesfrucht? 10

(1) Die **Rechtsprechung** (BGHSt 10, 291; krit: BGH GA 1963, 15) differenziert nach der Lebensfähigkeit des Kindes:

- Wird ein lebensfähiges Kind geboren, das ohne die erneute Tötungshandlung weitergelebt hätte, und hat der Täter dies auch erkannt, dann liegt neben dem vollendeten Tötungsdelikt nur ein versuchter Schwangerschaftsabbruch vor (BGHSt 13, 21).
- War das lebend geborene und nachfolgend vom Täter getötete Kind dagegen lebensunfähig, kann § 218 auch durch eine spätere vorsätzliche Tötungshandlung vollendet werden.

Argument: Die Leibesfrucht kann auch außerhalb des Mutterleibes abgetötet werden. Wird das lebend geborene Kind „alsbald" nach der Geburt umgebracht, so wäre diese Tötungshandlung nicht ohne die vorherige Abbruchhandlung möglich gewesen. Dass die unmittelbare Todesursache in einem neuen, vorsätzlich ausgeführten Angriff auf das Leben besteht, beseitigt nicht die ursächliche Wirkung des Schwangerschaftsabbruchs, sodass Vollendung des § 218 zu bejahen ist.

Wird dagegen ein lebensfähiges Kind geboren, so ist dieser Ursachenzusammenhang aufgehoben, da der Schwangerschaftsabbruch damit endgültig misslungen ist und sich der spätere Tod des Kindes rechtlich gesehen nicht mehr als Folge des Abbruchs, sondern eines neuen Angriffs auf das Kind darstellt.

(2) Nach der überzeugenden **herrschenden Meinung in der Literatur** (*Gössel/Dölling*, BT1 § 9 Rn 7; *Lackner/Kühl*, § 218 Rn 4; MK-*Gropp*, § 218 Rn 60; *Roxin*, JA 1981, 542, 545; S/S/W-StGB-*Momsen*, Vor §§ 211 ff Rn 11; *Wessels/Hettinger*, BT1 Rn 240) liegt neben dem vollendeten Tötungsdelikt immer nur ein versuchter Schwangerschaftsabbruch vor.

Argument: Der tödliche Erfolg wird nicht durch den Schwangerschaftsabbruch, sondern durch die darauf folgende Tötungshandlung herbeigeführt. Außerdem kann ein einziger realer Todeserfolg nicht zweimal bei der Tatvollendung berücksichtigt werden (§§ 212 und 218), sondern nur bei dem Delikt, dessen Objektqualität das Opfer im Einwirkungszeitpunkt aufweist.

Die Lebensfähigkeit des Kindes hingegen ist als Differenzierungskriterium untauglich, da der Tötungserfolg unabhängig davon eingetreten ist, ob das Kind später weitergelebt hätte. Wegen der Grundsätze der überholenden Kausalität oder zumindest wegen wesentlicher Abweichung vom vorgestellten Kausalverlauf kann keine vollendete Tat vorliegen. Vor allem aber dürfen im Fall des lebensunfähigen Kindes keine hypothetischen Kausalverläufe hinzugedacht werden. Selbst wenn das Kind zwangsläufig hätte sterben müssen, hat es den Tod doch tatsächlich nicht infolge der mangelnden Lebensfähigkeit, sondern aufgrund einer selbstständigen Tötungshandlung gefunden, bevor es zum Eintritt des unter § 218 fallenden Abtötungserfolges gekommen ist.

Zur Vertiefung: Wessels/Hettinger, BT1 Rn 240 f.

Nach einhelliger Meinung in Rechtsprechung und Schrifttum kann der Schwangerschaftsabbruch nicht mehr vollendet werden, wenn ein lebensfähiges Kind zur Welt gekommen ist. Es liegt dann trotz des späteren Todeserfolges lediglich ein gescheiterter Schwangerschaftsabbruch vor. Da im vorliegenden Fall ein lebensfähiges Kind geboren wurde, kann der Meinungsstreit, wie im Falle der Geburt eines lebensunfähigen Kindes zu entscheiden wäre, hier dahinstehen. 11

Es bleibt somit bei dem bereits im Tatkomplex A bejahten (für A straflosen) fehlgeschlagenen Versuch des § 218 I 1.

b) Ergebnis

A hat sich nicht nach § 218 I 1, III strafbar gemacht.

2. § 212 I

12 *Steht eine Strafbarkeit gem §§ 211/212 im Raume, so rate ich, mit § 212 zu beginnen, und zwar auch dann, wenn man § 211 für einen selbstständigen Sondertatbestand hält. Auch die Rspr bestreitet nicht, dass § 212 in § 211 „steckt" (wie § 242 im Sondertatbestand des § 249). Niemals sollte der Aufbau unter Hinweis auf das Verhältnis von § 211 zu § 212 erläutert werden (Einzelheiten auch bzgl des Aufbaus streitig, vgl Wessels/Beulke/Satzger, AT Rn 863; Beulke, Klausurenkurs I Rn 55, [3] Rn 152).*

Wer §§ 211, 212 zusammen prüft, sollte im Rahmen der Prüfung der Mordmerkmale nach objektiven und subjektiven Mordmerkmalen differenzieren. Bei Zugrundelegung der hA (Anwendung des § 28 auf die Mordmerkmale) sollte dann folgender Aufbau gewählt werden:

Strafbarkeit gem §§ 212, 211

1. *Objektiver Tatbestand*
   a. *Tötung eines anderen Menschen*
   b. *tatbezogene Mordmerkmale: Heimtücke, Grausamkeit, gemeingefährliche Mittel (§ 211 II 2. Gruppe)*
2. *Subjektiver Tatbestand*
   a. *Vorsatz bzgl Totschlag*
   b. *Vorsatz bzgl*
      aa. *tatbezogener (objektiver) Mordmerkmale*
      bb. *täterbezogener Mordmerkmale*
         - *Mordlust, zur Befriedigung des Geschlechtstriebs, Habgier oder sonstige niedrige Beweggründe (§ 211 II 1. Gruppe)*
         - *um eine andere Straftat zu ermöglichen oder zu verdecken (§ 211 II 3. Gruppe)*
3. *Akzessorietätslockerung bei täterbezogenen Mordmerkmalen, § 28 II (hM)*
4. *Rechtswidrigkeit*
5. *Schuld (nach der von Wessels/Beulke/Satzger vertretenen Anwendbarkeit des § 29 auf die Mordmerkmale werden die täterbezogenen Mordmerkmale des § 211 II 1. und 3. Gruppe hier geprüft)*
6. *Strafmilderung bei täterbezogenen Mordmerkmalen, § 28 I (Rspr)*

Zum Aufbau: Wessels/Hettinger BT1 Rn 137; Kudlich, JuS 2004, 1017.

13 Mit Beginn der Geburt hat das Kind Menschqualität erlangt. A hat es vorsätzlich, rechtswidrig und schuldhaft durch Ersticken getötet. Sie hat sich gem § 212 I strafbar gemacht.

Denkbar erscheint es, die Besonderheit, dass die Tat von einer Frau begangen worden ist, die gerade das Kind zur Welt gebracht hat, unter Heranziehung des Rechtsgedankens des inzwischen aufgehobenen § 217 aF[5] strafmildernd zu berücksichtigen. Die psychische Ausnahmesituation einer Mutter, die ihr (eheliches oder nichteheliches) Kind während oder gleich nach der Geburt tötet, kann – jedenfalls im Rahmen des Totschlags nach § 212 – als sonstiger minder schwerer Fall iSd § 213 Alt 2 eingestuft werden[6]. Angesichts der besonderen Motivationslage der A (Fortsetzung ihres außerehelichen Verhältnisses) ist allerdings die Angemessenheit einer solchen Strafmilderung hier zweifelhaft.

3. § 211

Fraglich ist, ob die Tötungshandlung der A eines oder mehrere Mordmerkmale erfüllt. 14

a) Heimtücke

Heimtücke iSv § 211 ist die bewusste Ausnutzung der Arg- und Wehrlosigkeit des Opfers in feindlicher Willensrichtung.

Arglos ist, wer sich im Zeitpunkt der Tat keines tätlichen Angriffs auf seine körperliche Unversehrtheit oder sein Leben versieht. Wehrlos ist, wer infolge seiner Arglosigkeit zur Verteidigung außerstande oder in seiner Verteidigung stark eingeschränkt ist. Die Arg- und Wehrlosigkeit nutzt der Täter aus, wenn er die von ihm herbeigeführte oder vorgefundene Lage der Arg- und Wehrlosigkeit im Wege des listigen, hinterhältigen oder planmäßig berechnenden Vorgehens bewusst zu einem Überraschungsangriff benutzt und das Opfer so daran hindert, sich zu verteidigen, zu fliehen, Hilfe herbeizurufen, dem Anschlag auf sein Leben in sonstiger Form zu begegnen oder dessen Durchführung wenigstens zu erschweren.

Dem neugeborenen Kind fehlte noch die Fähigkeit zum Argwohn. Es konnte weder die böse Absicht des Täters erkennen noch diesem wirksam entgegentreten; ein Kleinkind ist „konstitutionell arglos"[7]. A handelte mithin nicht heimtückisch.

b) Grausam

Grausam tötet, wer dem Opfer im Rahmen der Tötungshandlung aus gefühlloser, unbarmherziger Gesinnung (subjektives Element) durch Dauer, Stärke oder Wiederholung der Schmerzverursachung besonders schwere Qualen körperlicher oder seelischer Art zufügt (objektives Element). Jenseits des eigentlichen Erstickungsvorgangs sind hier dem Opfer keine besonderen Qualen oder ein gesteigertes Maß an Schmerzen zugefügt worden. Die Tötungshandlung der A erfüllt daher nicht das Merkmal „grausam".

Objektive Mordmerkmale wurden von A also nicht verwirklicht.

---

5 § 217 aF enthielt eine Strafmilderung für die Tötung des nichtehelichen Kindes im Zusammenhang mit der Geburt. Die Vorschrift wurde durch das 6. StrRG (mit Wirkung vom 1.4.1998) aufgehoben, da sie nicht mehr zeitgemäß ist.

6 BGH NStZ-RR 2004, 80; *Wessels/Hettinger*, BT1 Rn 167.

7 BGHSt 8, 216, 218; dazu auch *Jahn*, JuS 2013, 364; *Kaspar*, JA 2007, 699 f; *Kudlich*, PdW BT2 S 14 f; Matt/Renzikowski-*Safferling*, § 211 Rn 44; *Mitsch*, JuS 2013, 783.

c) Habgier

Aus Habgier tötet, wer aus übersteigertem Gewinnstreben eines wirtschaftlichen Vorteils wegen handelt. Habgier bedeutet also rücksichtsloses Streben nach Gewinn um jeden Preis. A tötete das Neugeborene, um ihre außereheliche Beziehung zu F ungestört fortsetzen zu können; auf einen wirtschaftlichen Vorteil kam es ihr jedoch nicht an. Sie handelte mithin nicht habgierig.

d) Sonstige niedrige Beweggründe

Niedrige Beweggründe sind solche Tatantriebe, die sittlich auf tiefster Stufe stehen und nach allgemein anerkannten Wertmaßstäben besonders verwerflich und geradezu verachtenswert sind. Die Niedrigkeit der Beweggründe für eine Tötung ergibt sich dabei nicht schon aus der fehlenden moralischen Rechtfertigung der Tat. Gerade nach Aufhebung des früher existierenden Straftatbestandes der Kindestötung (§ 217 aF), der diejenige Mutter privilegierte, die ein nichteheliches Kind gleich nach der Geburt tötete, liegt es nahe, heute in den Fällen der Tötung eines Kindes durch die Mutter unmittelbar nach der Geburt niedrige Beweggründe auszuschließen. Wenn jedoch die Tat von besonders krasser Selbstsucht geprägt ist, muss das nicht gelten[8].

Einziges Motiv für die Tötungshandlung bei A war die Fortsetzung ihres Verhältnisses mit F. Sie hat ihre sexuellen Bedürfnisse über das Leben eines neugeborenen Menschen gestellt. Dies ist Ausdruck grenzenloser und hemmungsloser Eigensucht und daher besonders verwerflich. A handelte somit aus niedrigen Beweggründen.

e) Strafzumessung und Gesamtabwägung

Die Strafe der A könnte gemildert sein, da ein sonstiger minder schwerer Fall des Totschlags gem § 213 Alt 2 *(s o Rn 13)* vorliegt. Fraglich ist jedoch, ob § 213 auf § 211 anwendbar ist. Dagegen spricht, dass der Wortlaut („Totschläger") und die Überschrift („Totschlag") sich eindeutig und ausschließlich auf § 212 beziehen. Nach ganz herrschender Ansicht[9] verbietet sich daher im Falle des Mordes ein direkter Rückgriff auf § 213. § 213 ist vielmehr als Absatz 3 des § 212 zu lesen[10].

In Betracht kommt allerdings, die mildernden Umstände im Rahmen einer Gesamtwürdigung der Tat zu berücksichtigen. Dies setzt jedoch voraus, dass die Mordmerkmale nicht abschließend sind, sodass Raum für eine allgemeine Verwerflichkeitsprüfung bei Mord gegeben ist.

15 **Problem Nr 3: Allgemeine Verwerflichkeitsprüfung bei Mord**

Das **BVerfG** (BVerfGE 45, 187) fordert aufgrund der lebenslänglichen Freiheitsstrafe eine restriktive Handhabung des § 211. Taten, denen die mordtypische Verwerflichkeit nicht anhaftet, dürfen nicht mit unverhältnismäßig hohen Strafen belegt werden, sondern der Richter muss im Einzelfall die Möglichkeit haben, dem Grundsatz der schuldangemessenen Strafe Rechnung

8 BGH NStZ 2009, 210.
9 BGHSt 11, 139; *Lackner/Kühl*, Vor § 211 Rn 23; MK-*Schneider*, § 213 Rn 2; S/S-*Eser*, § 213 Rn 3.
10 *Hettinger*, JuS 1997, L 43; *Wessels/Hettinger*, BT1 Rn 171.

zu tragen. Auf welchem Weg die Einzelfallkorrektur zu erfolgen hat, hat das BVerfG offen gelassen.

(1) Nach **einer Ansicht** (*Jakobs*, JZ 1984, 996, 997 f; *Rengier*, NStZ 2004, 233, 234) muss zur Bejahung eines Mordes immer die Verwerflichkeit der Tat positiv festgestellt werden **(positive Typenkorrektur)**.

Argument: Da die besondere Verwerflichkeit der Tötung den Grund für die Strafschärfung (§ 211) darstellt, kann die Tat nur dann als Mord bestraft werden, wenn diese Verwerflichkeit positiv nachgewiesen ist.

(2) Nach **anderer Ansicht** (Beck OK-*Eschelbach*, § 211 Rn 3 f; S/S-*Eser*, § 211 Rn 10; SK-*Sinn*, § 211 Rn 8) haben die Mordmerkmale nur indizielle Bedeutung, dh ihr Vorliegen begründet nicht zwingend einen Mord, sondern es kann bei bestimmten Tatumständen die besondere Verwerflichkeit und damit die Bestrafung nach § 211 entfallen **(negative Typenkorrektur)**. Notwendig ist somit eine umfassende Gesamtabwägung, in die auch Aspekte des § 213 (und des abgeschafften § 217) einfließen (S/S-*Eser*, § 213 Rn 3, 15).

Argument: Einzelfallgerechtigkeit ist durch Vornahme einer Gesamtwürdigung der Tat am besten zu gewährleisten. Außerdem wird dem Verwerflichkeitsgedanken, auf dem die Qualifikation zum Mord basiert, Rechnung getragen, ohne jedoch ein ungeschriebenes Tatbestandsmerkmal (s o Ansicht (1)) einzuführen.

(3) Die **Rechtsprechung** (BGHSt 3, 186; 9, 389; 11, 143; 30, 105 [GrS]) und ein **großer Teil der Rechtslehre** (*Krey/Hellmann/M. Heinrich*, BT1 Rn 56; LK-*Jähnke* [11. Aufl], Vor § 211 Rn 37 f; NK-*Neumann*, Vor § 211 Rn 163, § 211 Rn 1; *Fischer*, § 211 Rn 3) vertreten die Auffassung, dass die Mordmerkmale in § 211 II **abschließend** umschrieben sind. Die Vornahme einer Gesamtabwägung (positive oder negative Typenkorrektur) verbietet sich daher.

Argument: Die Ansichten (1) und (2) sind mit dem Wortlaut des § 211 nicht vereinbar, da sie (zumindest in Ausnahmefällen) eine Verwerflichkeitsprüfung einführen, die das Gesetz nicht kennt. Zudem verlangt das Gebot der Rechtssicherheit, dass man den Katalog der Mordmerkmale als abschließend erachtet.

(a) In erster Linie wird einem möglichen Verstoß gegen den Verhältnismäßigkeitsgrundsatz durch eine **restriktive** – verfassungskonforme – **Auslegung der Mordmerkmale** entgegengewirkt, insbes der Heimtücke (BGHSt 9, 385, 390; *Kargl*, Jura 2004, 189, 192 ff; *Mitsch*, JuS 1996, 121 f; *Lackner*, NStZ 1981, 348, 350; *Spendel*, JR 1983, 269, 271 f; *Wessels/Hettinger*, BT1 Rn 133).

Argument: Die Methode einer verfassungskonformen Auslegung ist in allen Rechtsgebieten anerkannt und ebenso zielführend wie eine Gesamtwürdigung.

(b) In ganz ungewöhnlichen Fällen hält die **Rechtsprechung** (GrS BGHSt 30, 105) allerdings eine Abmilderung der Rechtsfolge (Strafmilderung gem § 49 I Nr 1) für zulässig und geboten. Diese **Rechtsfolgenlösung** ist bisher nur bzgl Heimtücke angewandt worden. Obwohl sie im Grunde zwar verallgemeinerungsfähig ist (dafür MK-*Schneider*, § 211 Rn 39 ff; *Gössel/Dölling*, BT1 § 4 Rn 12), scheint die Rechtsprechung sie nicht für andere Mordmerkmale übernehmen zu wollen, sondern will sie auf Extremfälle der Heimtücke beschränkt wissen (BGH NStZ 2003, 482).

Zur Vertiefung: S/S/W-StGB-Momsen, § 211 Rn 4 ff; von Heintschel-Heinegg, JA 2007, 386 ff; Köhne, Jura 2009, 748.

Für eine Gesamtabwägung der Tat bei Mord spricht zwar, dass so dem Grundsatz der schuldangemessenen Strafe Rechnung getragen werden kann. Der Wortlaut des § 211 II **16** legt aber ein abschließendes Verständnis der Mordmerkmale nahe. Folglich ist die Tatsache, dass A im vorliegenden Fall ein nichteheliches Kind getötet hat, nicht noch einmal in eine Gesamtabwägung einzubringen. Außerdem kann eine Korrektur der Strafe im Einzelfall ebenso gut über eine restriktive Auslegung der Mordmerkmale erfolgen. Im Falle der Kindstötung, die früher über § 217 aF privilegiert wurde, erscheint eine Herausnahme der Mutter eines nichtehelichen Kindes aus dem Täterkreis des Mordes aber nur dann denkbar, wenn sie vornehmlich aus Gründen handelte, auf denen früher der geringe Strafrahmen basierte, nämlich aus Sorge um die Zukunft des Kindes und die mögliche Schande ihrer Familie. Wenn hingegen – wie im vorliegenden Fall – der Wunsch nach außerehelichen Eskapaden im Vordergrund steht, verbietet sich eine restriktive Auslegung des Mordmerkmals der niedrigen Beweggründe.

f) Konkurrenz

§ 211 verdrängt als qualifiziertes Delikt bzw als Sondertatbestand den § 212 I. Im Ergebnis herrscht Einigkeit: § 211 ist lex specialis gegenüber § 212 I[11].

Die Einzelheiten des Streits über die Rechtsnatur des § 211 (s u Rn 24) werden hier mangels Relevanz für das Ergebnis nicht erörtert. Ich würde es bei den hier gemachten Andeutungen belassen, weil dieser Streit den Korrektoren auf Anhieb geläufig sein dürfte und es sich bei der Konkurrenzentscheidung sowieso nur um einen „Nebenkriegsschauplatz" handelt.

4. § 223 I

17 A hat durch die Tötung des Kindes dieses auch körperlich misshandelt und dessen Gesundheit geschädigt. Der objektive Tatbestand des § 223 I ist erfüllt. A handelte auch vorsätzlich, denn nach der herrschenden Einheitstheorie ist in jedem Tötungsvorsatz zwangsläufig der Vorsatz, eine Körperverletzung als notwendiges Durchgangsstadium zur Tötung zu begehen, enthalten[12]. Jedoch ist § 223 I subsidiär gegenüber § 211.

5. § 224 I Nr 2 Alt 2, Nr 3, Nr 4, Nr 5

A könnte dadurch, dass sie das Kind mit dem Wattebausch erstickte, zudem eine gefährliche Körperverletzung begangen haben.

a) Tatbestand

Gefährliches Werkzeug iSv § 224 I Nr 2 Alt 2 ist jeder – nach bisher hM bewegliche – Gegenstand, der nach seiner objektiven Beschaffenheit und der Art seiner Verwendung im konkreten Fall geeignet ist, erhebliche Verletzungen zuzufügen. A hat den Wattebausch auf das Gesicht des Neugeborenen gedrückt und es dadurch erstickt. Die konkrete Verwendung des Wattebauschs war damit geeignet, erhebliche Verletzungen (hier sogar den Tod) herbeizuführen. Da A diesbezüglich auch vorsätzlich handelte, hat sie den Qualifikationstatbestand des § 224 I Nr 2 Alt 2 erfüllt.

11 BGHSt 36, 235; *Otto*, Jura 1994, 193; *Timpe*, JZ 1990, 98; *Wessels/Hettinger*, BT1 Rn 69.
12 RGSt 28, 212; BGHSt 16, 122; *Hirsch*, ZStW 1969, 928 ff; S/S-*Eser*, § 212 Rn 17.

Ein Überfall iSv § 224 I Nr 3 ist jeder plötzliche, unerwartete Angriff auf einen Ahnungslosen. Hinterlistig ist der Überfall, wenn der Täter seine wahre Absicht planmäßig berechnend verdeckt, um gerade dadurch dem Angegriffenen die Abwehr zu erschweren. Das bloße Ausnutzen des Überraschungsmomentes genügt für sich genommen jedoch nicht[13]. Vielmehr muss der Täter zur Verschleierung des geplanten Angriffs zuvor weitere Vorkehrungen getroffen haben. Daran mangelt es hier.

A könnte die Körperverletzung mit einem anderen Beteiligten gemeinschaftlich begangen haben, § 224 I Nr 4. Die Auslegung des Merkmals „mit einem anderen Beteiligten gemeinschaftlich" ist nicht unproblematisch. Einerseits könnte das Wort „Beteiligter" dafür sprechen, dass Mittäterschaft nicht vorausgesetzt wird[14], vgl § 28 II. Andererseits impliziert der Begriff „gemeinschaftlich" aus § 25 II, der die Mittäterschaft regelt, dass es einer mittäterschaftlichen Begehung bedarf[15]. Unstreitig ist jedenfalls, dass § 224 I Nr 4 voraussetzt, dass mindestens zwei Personen unmittelbar am Tatort als Angreifer „zusammenwirken", da sich daraus gerade die erhöhte Gefährlichkeit ergibt. Hier befand sich A zwar zusammen mit M und F am Tatort, sie wurde jedoch allein als Angreiferin tätig, während M und F das Geschehen lediglich beobachteten. § 224 I Nr 4 ist daher nicht erfüllt.

Eine Körperverletzung ist mittels einer das Leben gefährdenden Behandlung iSv § 224 I Nr 5 begangen, wenn die Verletzungshandlung den konkreten Umständen nach objektiv geeignet ist, das Leben des Opfers in Gefahr zu bringen. Hier ist sogar der Tod des Opfers eingetreten. Da A diesbezüglich vorsätzlich handelte, hat sie auch den Qualifikationstatbestand des § 224 I Nr 5 erfüllt.

Eine gefährliche Körperverletzung gem §§ 224 I Nr 2 und 5 ist daher zu bejahen.

b) Konkurrenz

§ 224 I ist subsidiär gegenüber § 211.

Wegen der offensichtlichen Subsidiarität können die Ausführungen zu § 224 auch wegfallen. Manche Prüfer verlangen dies sogar kategorisch. Wer sich für eine Erörterung entscheidet, sollte diese zumindest ganz knapp ausfallen lassen. Im obigen Text sind die Ausführungen nur aus Gründen der Wiederholung des Stoffes so ausführlich. Es handelt sich um das Maximum dessen, was überhaupt zulässig ist.

6. § 225 I

a) Objektiver Tatbestand

A könnte sich zudem der Misshandlung von Schutzbefohlenen strafbar gemacht haben. **18**
Ihr neugeborenes Kind ist eine Person unter achtzehn Jahren, die ihrer Fürsorge und

13 BGH StV 2009, 187.
14 Dafür BGH NStZ-RR 2009, 10; MK-*Hardtung*, § 224 Rn 31; *Kretschmer*, Jura 2008, 916; *Wessels/Hettinger*, BT1 Rn 281.
15 Dafür *Schroth*, NJW 1998, 2861; Einzelheiten zu dem völlig unübersichtlichen – hier aber angesichts der Subsidiarität des § 224 gegenüber § 211 sicherlich nicht zu vertiefenden – Streitstand vgl S/S-*Stree/Sternberg-Lieben*, § 224 Rn 11.

Obhut iSd § 225 I Nr 1 untersteht. A müsste das Neugeborene gequält, roh misshandelt oder durch böswillige Vernachlässigung ihrer Sorgepflicht an der Gesundheit geschädigt haben. Quälen bedeutet das Verursachen länger dauernder oder sich wiederholender Schmerzen oder Leiden und trifft im vorliegenden Fall einer in kurzer Zeit durchgeführten Erstickung nicht zu. Eine Misshandlung liegt zwar vor *(s o Rn 17)*, doch müsste diese „roh" sein, dh einer gefühllosen, fremde Leiden missachtenden Gesinnung entspringen. A tötet hingegen, weil sie ihre Liebschaft mit F vor ihrem Ehemann geheim halten will und keinen anderen Ausweg weiß, als ihr Kind zu beseitigen. Ihr Verhalten ist also eher ein Zeichen ihrer Schwäche. Deshalb liegt auch keine „böswillige" Vernachlässigung der Sorgepflicht vor, die nämlich verlangte, dass der Täter aus besonders verwerflichen Gründen wie Hass, Bosheit, Geiz oder rücksichtslosem Egoismus handelt.

b) Ergebnis

A erfüllt keine der Tathandlungen des § 225 I, sodass eine Strafbarkeit wegen Misshandlung Schutzbefohlener ausscheidet.

7. Ergebnis für A im Tatkomplex B

A hat sich gem § 211 strafbar gemacht.

II. Strafbarkeit der M

1. §§ 212 I, 25 II

19 M könnte sich dadurch, dass sie die A bestürmte, das Kind zu töten, wegen Totschlags strafbar gemacht haben.

a) Objektiver Tatbestand

Da M selbst kein objektives Tatbestandsmerkmal des § 212 I erfüllt hat, ist zu klären, ob sie sich das Verhalten der A gegenüber dem Kind gem § 25 II als Mittäterin zurechnen lassen muss. Mittäterschaft ist die gemeinschaftliche Begehung einer Straftat durch bewusstes und gewolltes Zusammenwirken. Erforderlich sind also ein gemeinsamer Tatplan und eine gemeinsame Tatausführung. Problematisch ist hier schon der gemeinsame Tatentschluss. Selbst wenn man aber diesen annimmt, spricht vieles gegen eine Mittäterschaft.

20 **Problem Nr 4: Abgrenzung Täterschaft – Teilnahme bei Beteiligung an einem Begehungsdelikt durch positives Tun**

(1) Nach der älteren **formal-objektiven Theorie** konnte nur Täter sein, wer die Ausführungshandlung ganz oder teilweise selbst vornahm (ua *Beling*, Die Lehre vom Verbrechen, S 408 ff; *Freund*, AT § 10 Rn 35).

Argument: Die formal-objektive Theorie ermöglicht eine klare Abgrenzung zwischen Täterschaft und Teilnahme, da sie an gesetzlich fixierte Kriterien anknüpft. Wertende Betrachtungsweisen werden vermieden, wodurch eine größtmögliche Rechtssicherheit erreicht wird.

(2) Die überwiegend von der **Rechtsprechung** (ua RGSt 2, 160; BGHSt 2, 150 ff; BGH StV 2000, 261; NJW 2004, 3051; NStZ 2008, 273; 2009, 25; aber auch *Fischer*, Vor § 25 Rn 2 ff) vertretene **subjektive Theorie** grenzt Täterschaft und Teilnahme vor allem nach der Willensrichtung des Beteiligten ab. Bei Täterwillen (animus auctoris) wird der Beteiligte als Täter bestraft, wobei allerdings für die Beurteilung der Willensrichtung auch die Maßstäbe der Tatherrschaftslehre angeführt werden. Wer hingegen die Tat „als fremde" will, handelt mit bloßem Teilnehmerwillen (animus socii) und kann auch nur als solcher strafbar sein. In einer wertenden Betrachtung werden dabei alle von der Vorstellung der Beteiligten umfassten Umstände herangezogen. Wesentliche Anhaltspunkte für diese Wertung sind das eigene Interesse am Taterfolg, der Umfang der Tatbeteiligung und die Tatherrschaft bzw der Wille hierzu. Auch ein lediglich im Vorbereitungsstadium mit Täterwillen erbrachter Tatbeitrag kann nach der subjektiven Theorie Mittäterschaft begründen (BGH NStZ 1999, 609).

Argument: Die soziale Bedeutung eines Verhaltens kann nur dann adäquat beurteilt werden, wenn man den Willen des Handelnden mit berücksichtigt. Nur wer den geistigen Beitrag ins Zentrum der Betrachtung rückt, läuft nicht Gefahr, einerseits infolge einer Überbewertung der „Eigenhändigkeit" den bloßen Handlanger als Täter einzustufen und andererseits infolge einer Unterbewertung der geistigen Leistung den Hintermann zu entlasten.

(3) Die **herrschende Meinung** (grundlegend *Roxin*, Täterschaft und Tatherrschaft; s ua ferner *Wessels/Beulke/Satzger*, AT Rn 518; *Jäger*, AT Rn 227; *Joecks*, St-K, § 25 Rn 7 f; Beck OK-*Kudlich*, § 25 Rn 15; *Kühl*, AT § 20 Rn 25 ff; *Lackner/Kühl*, Vor § 25 Rn 6; *Rengier*, AT § 41 Rn 10 ff; S/S/W-StGB-*Murmann*, Vor §§ 25 ff Rn 7, § 25 Rn 4, 41; MK-*Joecks*, § 25 Rn 32 ff; *Maurach/Gössel/Zipf*, AT2 § 47 Rn 84 ff) sieht zu Recht in Anlehnung an den Wortlaut des § 25 I Alt 1 in der **Tatherrschaft** das Leitprinzip der Abgrenzung. Im Fall der Mittäterschaft kommt es auf die „funktionelle Tatherrschaft" an. Tatherrschaft meint „das vom Vorsatz umfasste In-den-Händen-Halten des Geschehensablaufs". Täter ist, wer das Geschehen planvoll lenkt und mitgestaltet, Teilnehmer hingegen, wer die Tat nur als Randfigur veranlasst oder auf irgendeine Weise fördert.

Argument: Gegen die oben unter (1) dargestellte Ansicht spricht, dass nach ihr mittelbare Täterschaft nur selten möglich wäre. Zudem kann die gesamte Banden- und Organisationskriminalität mit dieser Konzeption nicht erfasst werden. *(Die Theorie oben (1) wird deshalb heute nicht mehr vertreten. Sie muss daher auch nicht unbedingt erwähnt werden. Auch in den folgenden Ausführungen wird nicht mehr auf sie eingegangen.)*

Die subjektive Theorie – oben (2) – lässt Täter und Teilnehmer als nahezu beliebig austauschbar erscheinen. Selbst wer alle Merkmale des gesetzlichen Tatbestandes in seiner Person erfüllt, kann nach ihr bloßer Gehilfe sein (RGSt 74, 84 [„Badewannenfall"]).

Der objektive Ansatz der Tatherrschaftstheorie trägt demgegenüber zur Rechtssicherheit bei. Das Abstellen auf die objektive und subjektive Beherrschung des Tatgeschehens gewährleistet durch die Anknüpfung an den objektiven Tatbeitrag und seine Einordnung in das Gesamtgeschehen im Vergleich zur subjektiven Theorie wesentlich bestimmtere und berechenbarere Ergebnisse.

Zur Vertiefung: Wessels/Beulke/Satzger, AT Rn 510 ff, 529; Beulke, Klausurenkurs I [3] Rn 159; Joecks, St-K, § 25 Rn 3 ff; Hillenkamp, AT 19. Problem S 145 ff.

Auf dem Boden der Tatherrschaftslehre kann keine Täterschaft bejaht werden. M hat nur **21**
im Vorfeld der Tat auf A eingewirkt, die Tat überhaupt auszuführen. Sie hat den eigentlichen Ablauf weder geplant noch aktiv mitgestaltet, sondern überließ die nähere Tatausführung ganz der A. Folglich hatte sie keine Planungs- oder Organisationshoheit, so-

dass ihr Beteiligungsminus bei der realen Tatausführung nicht durch das Gewicht der mitgestaltenden Deliktsplanung ausgeglichen wird.

Zu einer Täterschaft könnte allenfalls die subjektive Theorie kommen. Die Tatsache, dass M ein starkes Eigeninteresse am Erfolg hatte, spricht insoweit für ihre Täterschaft. Jedoch sind ihr geringer aktiver Tatbeitrag sowie ihre völlige Untätigkeit während der eigentlichen Tatausführung starke Indizien für einen animus socii und widersprechen damit einer Einordnung als Mittäterin. Außerdem fehlte ihr der Wille zur Tatherrschaft. M ist daher auch nach der subjektiven Theorie nur als Teilnehmerin einzustufen.

Nach allen Theorien scheidet eine mittäterschaftliche Begehungsweise aus. Der Meinungsstreit kann daher dahinstehen. M ist nicht Mittäterin.

b) Ergebnis

M hat sich nicht gem §§ 212 I, 25 II strafbar gemacht.

Wer die Ablehnung der Mittäterschaft für eindeutig hält, kann diesen Abschnitt auch sehr viel kürzer fassen.

2. §§ 212 I, 13

22 Da der Schwerpunkt der Vorwerfbarkeit auf einem aktiven Tun der M liegt (sie „bestürmt" A, das Kind zu töten), darf zur Bewertung der einheitlichen Unrechtshandlung der M nicht an deren nachfolgendes Untätigbleiben angeknüpft werden. Das anschließende Zuschauen beim Ersticken stellt keine andere Tat als das Bestürmen der A dar, da die beiden Verhaltensweisen weder zeitlich noch räumlich voneinander abzugrenzen sind.

3. §§ 212 I, 26

a) Objektiver Tatbestand

Die vorsätzliche rechtswidrige Haupttat liegt in Gestalt des von A begangenen Totschlags (§ 212 I, *s o Rn 12*) vor.

Indem M die A bedrängte, das Kind zu töten, hat sie diese zu der Tat bestimmt. A hatte sich zwischenzeitlich mit ihrer Mutterrolle abgefunden, dh sich gegen die Herbeiführung des Todes entschieden. Sie war daher zur konkreten Tat noch nicht fest entschlossen (keine omnimodo factura). M konnte die A mithin noch anstiften.

b) Subjektiver Tatbestand

Sowohl hinsichtlich der vorsätzlichen rechtswidrigen Haupttat der A als auch hinsichtlich der eigenen Anstiftungshandlung handelte M vorsätzlich. Der geforderte „doppelte Anstiftervorsatz" liegt somit vor.

c) Rechtswidrigkeit und Schuld

M handelte rechtswidrig und schuldhaft.

d) Ergebnis

M hat sich nach §§ 212 I, 26 strafbar gemacht.

4. §§ 211, 26

a) Objektiver Tatbestand

Die Haupttäterin A beging einen Mord unter Erfüllung des Mordmerkmals der „sonstigen niedrigen Beweggründe“ *(s o Rn 14 ff)*. 23

M hat bei A objektiv diesen Tatentschluss hervorgerufen.

b) Subjektiver Tatbestand

M war das Motiv der niedrigen Beweggründe der A bekannt.

Bzgl der Anstiftungshandlung handelte M ebenfalls vorsätzlich.

c) Akzessorietätslockerung

M befürchtete, dass ihre Einkünfte aus der Apotheke infolge der Mutterschaft der A verloren gehen könnten. Aus diesem Grund wollte sie das Neugeborene beseitigt sehen. Sie handelte daher aus übersteigertem Gewinnstreben eines wirtschaftlichen Vorteils wegen. M hat damit in ihrer Person das Mordmerkmal der Habgier erfüllt. Andere Mordmerkmale sind bei ihr nicht ersichtlich.

Da A ihrerseits aus niedrigen Beweggründen tötete, diese bei M aber fehlen, stellt sich die Frage, wie sich dies auf die Bestrafung der M auswirkt.

Problem Nr 5: Wie ist das Verhältnis von § 212 zu § 211? Ist § 28 I oder II oder § 29 anwendbar? 24

(1) Nach Ansicht der **Rechtsprechung** sind die täterbezogenen Merkmale des § 211 – das sind die der 1. und 3. Gruppe des § 211 – besondere persönliche Merkmale iSv § 28. Weiterhin sieht die Rechtsprechung § 211 und § 212 I als **selbstständige, voneinander unabhängige Sondertatbestände** an, die in einem Exklusivitätsverhältnis stehen (BGHSt 1, 368, 370; 6, 329, 330; 22, 375, 377; BGH NJW 2005, 996 m Bspr *Kudlich*, JuS 2005, 1051 u *Valerius*, JA 2005, 682; grundsätzlich auch anerkannt von BGHSt GrS 30, 105 ff). Die Mordmerkmale begründen deshalb die Strafe und verschärfen sie nicht lediglich, sodass nur **§ 28 I** anwendbar ist, falls das vom Haupttäter verwirklichte Mordmerkmal in der Person des Teilnehmers fehlt und auch nicht durch ein gleichwertiges anderes Mordmerkmal ersetzt wird (= sog **„gekreuzte Mordmerkmale“**). Im Ergebnis ist im Fall der täterbezogenen besonderen persönlichen Merkmale für den Teilnehmer die Strafe zu mildern, wenn bei ihm dieses Merkmal fehlt.

Argument: Zur Begründung wird vor allem die Systematik des Gesetzes angeführt (Mord [§ 211] vor Totschlag [§ 212]). Außerdem ergibt sich aus dem Wortlaut des § 212 I („ohne Mörder zu sein“), dass ein Mörder gerade kein Totschläger ist. Schließlich zieht die Rechtsprechung eine Parallele zu § 249: Obwohl § 249 den § 242 enthält, ist § 249 ein selbstständiger Tatbestand.

(2) Auch die **herrschende Lehre** hält die Mordmerkmale der 1. und 3. Gruppe des § 211 für besondere persönliche Merkmale iSv § 28, sieht jedoch § 212 I als **Grundtatbestand** und

§ 211 als (dazu unselbstständige) **Qualifikation** an (S/S-*Eser*, Vor § 211 Rn 5; *Lackner/Kühl*, Vor § 211 Rn 22; *Krey/Hellmann/M. Heinrich*, BT1 Rn 18 ff; *Rengier*, BT2 § 5 Rn 9 ff; HK-GS-*Rössner/Wenkel*, Vor § 211 ff Rn 5 sowie § 211 Rn 40 ff; MK-*Schneider*, Vorbem zu §§ 211 ff Rn 183). Die Mordmerkmale modifizieren die Strafe nur. Deshalb ist **§ 28 II** anwendbar mit der Folge, dass bei den täterbezogenen Mordmerkmalen des § 211 auf das Vorhandensein dieses Merkmals beim jeweiligen Beteiligten abzustellen ist. Das Verhältnis der Tötungsdelikte kann danach mit allgemeinen Konkurrenzregeln begründet werden. Die §§ 211 und 216 enthalten jeweils den Grundtatbestand des § 212 I und knüpfen zusätzlich wenigstens an ein Merkmal an, das die Strafe schärft bzw mildert.

Argument: § 212 I und § 211 dienen beide dem Schutz des gleichen Rechtsgutes „Leben" und erfassen mit der Tötung die gleiche Beeinträchtigung, sodass die Annahme artverschiedener, selbstständiger Delikte nicht überzeugend ist. Auch spricht die Gesetzessystematik eher für die Annahme eines Stufenverhältnisses bei den Tötungsdelikten (Grundtatbestand, Privilegierung, Qualifikation). Der Umstand, dass hier die Qualifikation (§ 211) vor dem Grunddelikt (§ 212 I) geregelt wird, erklärt sich aus der überragenden Schwere des Mordvorwurfs. Erfüllt der Teilnehmer ein besonderes persönliches Merkmal, das beim Täter, der nur einen Totschlag begangen hat, nicht vorliegt, kommt es nach Ansicht der Rechtsprechung – oben Meinung (1) – grundsätzlich nicht zu einer Tatbestandsverschiebung. Der Teilnehmer kann nur wegen Teilnahme am Totschlag bestraft werden. Die Akzessoritätslockerung des § 28 I greift lediglich beim **Fehlen** eines täterbezogenen Mordmerkmals ein, nicht aber beim **Hinzukommen** eines solchen Merkmals nur beim Teilnehmer. Dies ist jedoch ein unbilliges Ergebnis. Die Korrekturen, die der BGH teilweise vornimmt (insbes die Konstruktion der „gekreuzten Mordmerkmale"), entbehren jeder gesetzlichen Grundlage und sind als bloße Billigkeitsrechtsprechung abzulehnen.

Die Ansicht der Rechtsprechung führt schließlich zu Ungereimtheiten bei der Strafrahmenbestimmung im Falle eines Teilnehmers, der seinerseits kein täterbezogenes Mordmerkmal erfüllt. Hier stellt sie z.B. den Anstifter zum Mord besser als den Anstifter zum Totschlag: Liegt nämlich beim Täter ein täterbezogenes Mordmerkmal und beim Anstifter kein solches vor, so ergibt sich für den Anstifter gem §§ 211, 26, 28 I, 49 I ein Strafrahmen von 3-15 Jahren Freiheitsstrafe. Macht sich hingegen der Täter nur wegen eines Totschlag strafbar, so beträgt der Strafrahmen des Anstifters gem §§ 212, 26 5-15 Jahre und zwar unabhängig davon, ob bei ihm ein täterbezogenes Mordmerkmal vorliegt oder nicht. Dieses ungerechte Ergebnis (Mindeststrafe 2 Jahre geringer!) versucht der BGH im Falle der Anstiftung zum Mord durch eine „Sperrwirkung" des § 212 zu umgehen (BGH NStZ 2006, 288), dh es gilt also auch für den Anstifter zum Mord, der seinerseits kein täterbezogenes Mordmerkmal erfüllt, ein Strafrahmen von 5-15 Jahren. Dieser Hilfskonstruktion bedarf es jedoch nicht. Mit der herrschenden Ansicht (oben 1) gelangt man für den Anstifter ohne eigenes täterbezogenes Mordmerkmal sowohl bei der Anstiftung zum Mord als auch bei der Anstiftung zum Totschlag zu einem Strafrahmen von 5-15 Jahren.

Neuerdings wird auch vereinzelt behauptet (NK-*Neumann*, Vorbem § 211 Rn 115; SK-*Sinn*, § 211 Rn 3 aE), selbst wenn man – wie die Rechtsprechung – grundsätzlich von der Selbständigkeit des § 211 ausginge, sei eine Anwendung des § 28 II auf die täterbezogenen Merkmale denkbar, weil man den Anwendungsbereich des § 28 I auf die echten Sonderdelikte beschränken müsse.

(3) Nach einer **dritten Ansicht** (*Wessels/Beulke/Satzger*, AT Rn 422, 559) bilden die täterbezogenen Mordmerkmale **spezielle Schuldmerkmale iSd § 29**. Jeder Beteiligte wird danach bestraft, ob gerade in seiner Person ein (täterbezogenes) Mordmerkmal erfüllt ist.

Argument: Die täterbezogenen Mordmerkmale sind nicht lediglich als Reflex des Unrechts zu charakterisieren, sondern prägen unmittelbar und ausschließlich den Gesinnungsunwert des Täters. Einschlägig ist deshalb weder § 28 I noch § 28 II, sondern § 29.

Zur Vertiefung: Wessels/Beulke/Satzger, AT Rn 422, 559; Wessels/Hettinger, BT1 Rn 139 ff; Beulke, Klausurenkurs I [3] Rn 165; Engländer, JA 2004, 410; Geppert, Jura 2008, 34; Hillenkamp, BT 1. Problem S 1 ff; Jäger, BT Rn 6 ff; Mitsch, JuS 1996, 26 ff; Küper, JZ 2006, 1157; NK-Neumann, Vorbem zu § 211 Rn 142; SK-Sinn, § 211 Rn 3.

Bei dem Mordmerkmal der niedrigen Beweggründe, das A erfüllt hat, handelt es sich nach Ansicht der Rechtsprechung um ein besonderes persönliches Merkmal iSd § 28 I. Da M das Mordmerkmal der niedrigen Beweggründe nicht verwirklicht hat, müsste ihre Strafe eigentlich gem § 28 I gemildert werden. Weil M jedoch habgierig handelte und die Habgier mit dem Mordmerkmal der A (niedrige Beweggründe) vergleichbar ist, liegt nach Ansicht der Rechtsprechung auf der Basis der Konstruktion der „gekreuzten Mordmerkmale" eine Anstiftung zum Mord (§§ 211, 26) ohne Strafmilderungsmöglichkeit nach § 28 I vor. **25**

Nach der herrschenden Ansicht im Schrifttum, die für täterbezogene Mordmerkmale § 28 II anwendet, hat M zu einem Mord angestiftet (§§ 211, 26), weil sie das täterbezogene Mordmerkmal der Habgier selbst verwirklicht hat und dieses besondere persönliche Merkmal die Strafe gegenüber § 212 schärft.

Zum selben Ergebnis gelangt die vorzugswürdige Ansicht, welche in den Mordmerkmalen Schuldmerkmale sieht und deshalb § 29 anwendet. M wird nach ihrer Schuld (Habgier) gem §§ 211, 26 bestraft.

Weil alle drei Ansichten zum selben Ergebnis führen, kann die Entscheidung des Meinungsstreits auch hier dahinstehen.

Zur Zulässigkeit, einen Streit dahingestellt sein zu lassen, wenn alle Meinungen zu demselben Ergebnis gelangen, siehe Beulke, Klausurenkurs I Rn 19, 108 und 360.

d) Ergebnis

M ist strafbar gem §§ 211, 26, 29 *(Rspr: §§ 211, 26; hM: §§ 211, 26, 28 II).*

5. §§ 223 I, 224 I Nr 2 Alt 2, Nr 5, 26

M hat auch den Tatbestand der Anstiftung zur gefährlichen Körperverletzung vorsätzlich (Einheitstheorie) erfüllt. Jedoch treten die §§ 223 I, 224 I Nr 2 Alt 2, Nr 5, 26 auf Konkurrenzebene aufgrund Subsidiarität hinter §§ 211, 26 zurück. **26**

6. Ergebnis für M im Tatkomplex B

M ist strafbar gem §§ 211, 26, 29 *(Rspr: §§ 211, 26; hM: §§ 211, 26, 28 II).*

III. Strafbarkeit des F

1. §§ 212 I, 25 II

F könnte sich dadurch, dass er das Geschehen teilnahmslos beobachtete, wegen Totschlags strafbar gemacht haben. **27**

F selbst hat die Tötungshandlung nicht vorgenommen. Möglicherweise muss er sich den Totschlag der A an dem Kind gem § 25 II als Mittäter zurechnen lassen. Hierfür ist zunächst ein gemeinsamer Tatplan erforderlich. F und A haben jedoch das dafür erforderliche Einvernehmen weder ausdrücklich noch stillschweigend hergestellt. F kann daher die Tat der A nicht über § 25 II zugerechnet werden.

Er hat sich nicht gem §§ 212 I, 25 II strafbar gemacht.

2. §§ 212 I, 13

28 Dadurch, dass er nicht gegen die Tötungshandlung der A einschritt, könnte sich F jedoch wegen Totschlags durch Unterlassen strafbar gemacht haben.

a) Objektiver Tatbestand

Ein anderer Mensch ist getötet worden. F schritt dagegen nicht ein, sondern beobachtete das Geschehen nur teilnahmslos. Es ist daher von einem Unterlassen auszugehen. F hatte die physisch-reale Möglichkeit, die zur Abwehr dieses Erfolges objektiv gebotene Handlung vorzunehmen, nämlich gegen das Ersticken des Kindes einzuschreiten.

Fraglich ist, ob F's Verhalten für den Erfolg kausal geworden ist. Kausal iSd Strafrechts ist jede Bedingung für einen Erfolg, die nicht hinweggedacht werden kann, ohne dass der Erfolg in seiner konkreten Gestalt entfiele (conditio sine qua non = sog Äquivalenztheorie). Speziell bei Unterlassungsdelikten bedeutet Kausalität, dass die rechtlich erwartete Handlung nicht hinzugedacht werden kann, ohne dass der tatbestandsmäßige Erfolg mit an Sicherheit grenzender Wahrscheinlichkeit entfiele (sog Quasi-Kausalität). Ein Einschreiten des F – zB durch Festhalten der A – hätte den Erfolg des § 212 I (die Tötung des Neugeborenen) verhindert. Die Kausalität ist somit gegeben.

F müsste zudem eine Garantenpflicht iSv § 13 obliegen. F ist der biologische Vater des Kindes und könnte damit Garant kraft verwandtschaftlicher Beziehung (§ 1626 I BGB) sein. Die genetische Vaterschaft ist allerdings von der Vaterschaft im Rechtssinne (§ 1592 BGB) zu unterscheiden. Letztere kann für den Bestand und die Reichweite einer strafrechtlichen Garantenstellung iSd § 13 nicht das ausschlaggebende Kriterium sein. Hier muss es vielmehr auf eine mit dem Wortlaut des Gesetzes vereinbare, lebensnahe Betrachtung ankommen, die das Schutzniveau des jeweiligen Rechtsguts wahrt. Vertretbar erscheint es, lediglich auf die leibliche Vaterschaft an sich abzustellen, die die Garantenpflicht begründet[16]. Um einer Ausuferung der Garantenpflicht vorzubeugen könnte auch verlangt werden, dass der nicht-eheliche Vater Mitinhaber des Sorgerechts ist, also eine Sorgeerklärung iSd § 1626a I Nr 1 BGB abgegeben hat[17]. Oder aber man stellt darauf ab, ob zwischen dem Vater und dem minderjährigen Kind – ungeachtet bestehender Unterhaltspflichten – ein tatsächliches Obhutsverhältnis besteht[18].

16 Beck OK-*Heuchemer*, § 13 Rn 40; *Lackner/Kühl*, § 13 Rn 10; S/S-*Stree/Bosch*, § 13 Rn 18.
17 LK-*Weigend*, § 13 Rn 26.
18 MK-*Freund*, § 13 Rn 179; *Kühl*, AT § 18 Rn 53; SK-*Rudolphi/Stein*, § 13 Rn 48; NK-*Wohlers/Gaede*, § 13 Rn 60.

Vorzugswürdig erscheint letzlich eine differenzierende Lösung: Jedenfalls in Fällen akuter Gefahr für Leben, Leib oder Freiheit des Kindes erzwingt der Gleichheitssatz dem ehelichen und dem nicht-ehelichen Kind parallelen Schutz zu gewähren[19]. Im Wege einer verfassungskonformen Auslegung des § 13 ist also angesichts der Lebensgefahr für das Kind die Garantenpflicht des F hinsichtlich einer Verhinderung dieses Todes zu bejahen.

Fraglich erscheint allein, ob F Täter (oder nur Teilnehmer) des Totschlags ist.

Problem Nr 6: Abgrenzung Täterschaft – Teilnahme bei Beteiligung an einem Begehungsdelikt durch Unterlassen 29

(1) Nach der **Rechtsprechung** (BGH NJW 1966, 1763 [„Schamhaarfall"]; NStZ 2009, 321) sowie einer **Mindermeinung** (*Baumann/Weber/Mitsch*, AT § 29 Rn 59 ff) ist wie bei allen Abgrenzungsfällen zwischen Täterschaft und Teilnahme auch bei der Mitwirkung am Begehungsdelikt durch Unterlassen auf den Täter- bzw Teilnehmerwillen **(subjektive Theorie)** abzustellen.

Argument: Es bereitet gerade im Unterlassensbereich besonders große Schwierigkeiten, zwischen Täterschaft und Teilnahme nach objektiven Kriterien zu unterscheiden. Das darf aber nicht dazu führen, gegen die vom Gesetz allgemein angeordnete Differenzierung zwischen Täterschaft und Teilnahme zu verstoßen.

(2) Einige Stimmen in der **Literatur** meinen, die Unterlassungsdelikte sind Pflichtdelikte, bei denen **jeder Täter** ist, der die ihm obliegende Garantenpflicht verletzt (*Roxin*, AT2 § 31 Rn 140 ff; *Stratenwerth/Kuhlen*, AT § 14 Rn 13; iE auch *Frister*, AT 26/33).

Argument: Der Lehre von der generellen Täterschaft des Erfolgsabwendungspflichtigen ist durch die Fassung des § 13 ausdrücklich Raum gegeben worden. Der Gesetzgeber hat auf die Formulierung, dass der Unterlassungsdelinquent „als Täter oder Teilnehmer" strafbar sei, bewusst verzichtet.

(3) Eine dritte Ansicht vertritt den Standpunkt, dass ein unterlassender Garant neben einem vorsätzlichen Begehungstäter **grundsätzlich nur Gehilfe** sein kann *(B. Heinrich*, AT Rn 1216; Beck OK-*Kudlich*, § 25 Rn 17; *Jescheck/Weigend*, § 64 III 5; *Kühl*, AT § 20 Rn 230).

Argument: Der Handelnde beherrscht als Tatnäherer den Tatverlauf und verstellt dem Unterlassenden den unmittelbaren Zugang zum Erfolg. Der Unterlassende ist nur „mittelbar" beteiligt und hat nur eine dienende Rolle.

(4) Nach einer weiteren Ansicht kommt es für die Abgrenzung zwischen Täterschaft und Teilnahme bei Beteiligung an einem Begehungsdelikt durch Unterlassen entscheidend auf den Inhalt und die Qualität der Garantenpflicht an. Der **Beschützergarant** ist danach **stets Täter**, der **Überwachungsgarant** lediglich **Teilnehmer** (*Gropp*, AT § 10 Rn 151; *Kindhäuser*, AT § 38 Rn 71 ff; *Krey/Esser*, AT Rn 1176 ff; S/S-*Heine*, Vor §§ 25 ff Rn 103 ff).

Argument: Der Beschützergarant muss das Rechtsgut vor Schaden jeden Ursprungs bewahren, während der Überwachungsgarant nur für eine bestimmte Gefahrenquelle verantwortlich ist. Im Gegensatz zum Beschützergaranten steht der Überwachungsgarant grundsätzlich dem aktiven Gehilfen näher als dem tatbeherrschenden Begehungstäter.

19 So auch *Krey/Esser*, AT Rn 1155.

(5) Kaum weniger formal bejaht eine Ansicht Täterschaft nur bei **Unterlassung im Ausführungsstadium** der Begehungstat, wohingegen eine Unterlassung im **Vorbereitungsstadium** Beihilfe begründe (LK-*Schünemann*, § 25 Rn 211).

Argument: Nur im Ausführungsstadium entspreche die Verantwortung für das Geschehen des Unterlassenden dem des Begehungstäters (sog „Schalterstellung" der Garantenpflicht).

(6) Vorzugswürdig erscheint es, auf die auch sonst geltenden Regeln, nämlich die der **Tatherrschaftslehre** abzustellen (*Joecks*, St-K, § 13 Rn 82 ff; MK-*Joecks*, § 25 Rn 270; *Maurach/Gössel/Zipf*, AT2 § 50 Rn 72; *Rengier*, AT § 51 Rn 18; *Wessels/Beulke/Satzger*, AT Rn 734).

Argument: Die im Bereich der Begehungsdelikte vorzugswürdige Tatherrschaftstheorie bietet auch im Unterlassensbereich ein vernünftiges Abgrenzungskriterium: Tatherrschaft erschöpft sich nicht in der Möglichkeit der Erfolgsverhinderung, sondern weist strengere materielle Voraussetzungen auf, sodass sie auch im Unterlassensbereich eine Unterscheidung ermöglicht.

Die subjektive Theorie – oben (1) – führt wie bei den Begehungsdelikten auch im Bereich der Unterlassungsdelikte zu erheblicher Rechtsunsicherheit, weil sie mit ihren beliebig ausfüllbaren, formelhaften Wendungen die Abgrenzung dem unüberprüfbaren Ermessen des Richters überlässt.

Wer ausschließlich Täterschaftsregeln anwendet – so die oben unter (2) dargestellte Meinung – verzichtet auf den Beteiligten begünstigende Differenzierungen und befürwortet damit eine nicht zu rechtfertigende strengere Behandlung im Bereich der Unterlassungsdelikte.

Die „Gehilfentheorie" – oben (3) – übersieht, dass der pflichtwidrig Unterlassende die Zentralgestalt des Gebotstatbestandes ist. Die nach § 27 obligatorische Strafmilderung ist keineswegs in allen der in Betracht kommenden Fälle gerechtfertigt.

Schließlich lässt sich die Einteilung nach täterschaftsbegründenden und nur Beihilfe begründenden Garantenstellungen – so die unter (4) dargestellte Meinung – und zwar in allen Stadien der Haupttat, nicht mit hinreichender Bestimmtheit durchführen. Entweder besteht für den Unterlassenden die Rechtspflicht zum Einschreiten oder sie besteht nicht. Dasselbe gilt für die Differenzierung nach Ausführungs- oder im Vorbereitungsstadium – so die unter (5) dargestellte Meinung. Zudem ist eine unterschiedliche Behandlung der Garanten je nach Art der Garantenpflicht oder nach dem Stadium der Begehungstat im Gesetz nicht angelegt.

Zur Vertiefung: Wessels/Beulke/Satzger, AT Rn 734; Hillenkamp, AT 20. Problem S 154 ff.

30 Nach der subjektiven Theorie ist F als Täter anzusehen, da er jahrelange Alimentezahlungen vermeiden wollte und damit ein starkes Eigeninteresse am Taterfolg hatte. Die subjektive Theorie ist jedoch aus denselben Gründen abzulehnen, die auch gegen ihre Anwendung im Rahmen der Abgrenzung zwischen Täterschaft und Teilnahme bei Beteiligung an einem Begehungsdelikt durch positives Tun sprechen.

Die „Tätertheorie" erklärt F zum Täter, nach der „Gehilfentheorie" ist er bloßer Gehilfe. Gegen diese beiden Theorien spricht, dass sie nicht genügend zwischen den im Gesetz genannten Beteiligungsformen unterscheiden, sondern eine zu strenge bzw zu milde Behandlung des Garanten befürworten.

Nach der Ansicht, welche nach der Art der Garantenstellung differenziert, ist F Täter, da er als Vater Beschützergarant ist. Gegen diese Theorie spricht, dass sie keine Stütze im Gesetz findet.

Abzustellen ist daher darauf, ob F Tatherrschaft hatte. Allein die Tatsache, dass F durch ein Einschreiten während der Tatausführung der A den Todeserfolg hätte verhindern können, begründet keine Tatherrschaft. Diese Möglichkeit ist vielmehr Grundvoraussetzung für das Entstehen jeder Erfolgsabwendungspflicht. F hätte die Tat wohl nicht ohne Weiteres verhindern können, sondern hätte tätlich eingreifen müssen, um die A von ihrem Vorhaben abzubringen. Bei A lag die maßgebliche Entschließung zur Tat, sie beherrschte die Tat, während F nur dabeistand. Damit ist F nach der überzeugenden Tatherrschaftstheorie kein Täter.

b) Ergebnis

F hat sich nicht gem §§ 212 I, 13 strafbar gemacht.

3. §§ 212 I, 27, 13 I

F könnte aber eine Beihilfe durch Unterlassen begangen haben. **31**

a) Objektiver Tatbestand

Die vorsätzlich begangene rechtswidrige Haupttat liegt in Gestalt des von A begangenen Totschlags vor *(s o Rn 12)*.

F müsste zu dieser Tat „Hilfe geleistet" haben. Darunter versteht man jedes Erleichtern, Unterstützen oder Fördern der Haupttat. Wie sich bereits im Rahmen der Prüfung der täterschaftlichen Begehung *(s o Rn 28)* gezeigt hat, ist das Unterlassen des F für die Erfolgsherbeiführung kausal geworden, sodass auch die Kausalität der Beihilfehandlung, soweit man sie voraussetzt, gegeben ist. Durch das Unterlassen seitens des F ist also die Haupttat gefördert worden. Da F auch eine Garantenpflicht traf und Tatherrschaft ausscheidet, liegt eine Beihilfehandlung durch Unterlassen vor.

b) Subjektiver Tatbestand

F hatte Vorsatz sowohl hinsichtlich der Haupttat als auch in Bezug auf seine Beihilfehandlung.

c) Rechtswidrigkeit und Schuld

Rechtswidrigkeit und Schuld sind gegeben.

d) Ergebnis

F hat sich gem §§ 212 I, 27, 13 I strafbar gemacht.

4. §§ 211, 27, 13

F könnte darüber hinaus eine Beihilfe zum Mord durch Unterlassen begangen haben. **32**

A hat einen Mord aus niedrigen Beweggründen begangen *(s o Rn 14 ff)*; eine vorsätzliche rechtswidrige Haupttat ist mithin gegeben. F hat durch sein Untätigbleiben auch zu dieser Tat Beihilfe geleistet.

Jedoch kannte F die Tatmotive der A nicht. Es fehlte ihm mithin der Vorsatz bzgl der Haupttat (Mord). Bei strenger Akzessorietät könnte er deshalb nicht wegen Beihilfe zum Mord bestraft werden.

In Betracht kommt aber eine Akzessorietätslockerung. F selbst wollte jahrelangen Alimentezahlungen entgehen. Er handelte habgierig, dh aus ungezügeltem und rücksichtslosem Streben nach Gewinn um jeden Preis, denn Habgier umfasst auch die Vermeidung von Aufwendungen als unmittelbare Folge der Tötungshandlung[20].

Es ist umstritten, wie diese Konstellation, in welcher Haupttäter und Teilnehmer jeweils ein anderes Mordmerkmal erfüllen und der Teilnehmer zudem keine Kenntnis vom Mordmerkmal des Haupttäters hat, zu behandeln ist.

Die Rechtsprechung wendet, da sie §§ 212, 211 als eigenständige Delikte ansieht, auch hier § 28 I an *(s o Rn 24)*. Das hat zur Konsequenz, dass F nur wegen Beihilfe zum Totschlag durch Unterlassen (§§ 212 I, 27, 13) bestraft werden kann, weil sein Gehilfenvorsatz das von A erfüllte Mordmerkmal der niedrigen Beweggründe nicht umfasste (§ 16 I, II). Die Konstruktion der „gekreuzten" Mordmerkmale, welche die Strafmilderung bei grundsätzlichem Eingreifen des § 28 I kompensieren soll *(s o Rn 25)*, ist in dieser Konstellation nicht anwendbar, da F bezüglich des Mordmerkmals der A nicht vorsätzlich gehandelt hat, für eine „Kreuzung" somit das subjektive Bindeglied fehlt. Das eigene Mordmerkmal ist dann nur noch im Rahmen der Strafzumessung zu berücksichtigen[21]. Gegen die Ansicht der Rechtsprechung spricht jedoch, dass sie generell das Verhältnis der Tötungsdelikte zueinander verkennt. Mord und Totschlag sind gerade keine eigenständigen Delikte, vielmehr ist § 211 als Qualifikation zu § 212 einzustufen.

Nach der in der Literatur herrschenden Ansicht gelangt § 28 II zur Anwendung *(s o Rn 24)*. Danach ist nicht die Kenntnis des F von den Beweggründen der A maßgebend, sondern es kommt allein darauf an, ob F als Teilnehmer in eigener Person ein besonderes persönliches Merkmal der 1. oder 3. Gruppe des § 211 erfüllt. Weil F habgierig gehandelt hat, findet gem § 28 II eine Tatbestandsverschiebung statt. F ist daher nach §§ 211, 27, 13, 28 II zu bestrafen.

Zu demselben Ergebnis (Strafbarkeit wegen Beihilfe zum Mord durch Unterlassen) kommt die Auffassung, welche die Mordmerkmale der 1. und der 3. Gruppe des § 211 als Schuldmerkmale ansieht *(s o Rn 24)*. Gem § 29 findet nach dieser vorzugswürdigen Meinung eine Schuldsteigerung statt.

F hat sich demnach gem §§ 211, 27, 13, 29 strafbar gemacht.

5. §§ 223 I, 224 I, 27, 13

33 Die mitverwirklichten §§ 223 I, 224 I, 27, 13 treten im Wege der Subsidiarität zurück.

20 BGHSt 10, 399; *Wessels*/Hettinger, BT1 Rn 94b.
21 Vgl BGH NJW 2005, 996.

6. § 323c

F hat sich zudem wegen unterlassener Hilfeleistung strafbar gemacht. § 323c tritt jedoch ebenfalls im Wege der Subsidiarität zurück.

7. Ergebnis für F im Tatkomplex B

F ist strafbar gem §§ 211, 27, 13, 29 *(Rspr: §§ 212 I, 27, 13; hL: §§ 211, 27, 13, 28 II).*

IV. Strafbarkeit der V

1. §§ 212 I, 26

V hat nur zum Schwangerschaftsabbruch durch Medikamenteneinnahme angestiftet, nicht jedoch zu einer nachträglichen Tötung durch Ersticken. V hat sich nicht gem §§ 212 I, 26 strafbar gemacht. 34

2. Ergebnis für V im Tatkomplex B

V ist straflos.

C. Gesamtergebnis

A: § 211 35
F: §§ 211, 27, 13, 29
M: §§ 211, 26, 29
V: §§ 218 I 1, IV, 22, 23 I Alt 2, 26, 28 II

Definitionen zum Auswendiglernen

Kausal	iSd Strafrechts ist jede Bedingung für einen Erfolg, die nicht hinweggedacht werden kann, ohne dass der Erfolg in seiner konkreten Gestalt entfiele (conditio sine qua non = sog Äquivalenztheorie, *Wessels/Beulke/Satzger, AT Rn 156*).
Unterlassenskausalität	ist gegeben, wenn die rechtlich erwartete Handlung nicht hinzugedacht werden kann, ohne dass der tatbestandsmäßige Erfolg mit an Sicherheit grenzender Wahrscheinlichkeit entfiele *(BGHSt 6, 1, 2; 37, 106, 126; Wessels/Beulke/Satzger, AT Rn 711).*
Unmittelbares Ansetzen	als objektives Unrechtselement des Versuchs ist gegeben, wenn der Täter objektiv Handlungen vornimmt, die unmittelbar ohne wesentliche Zwischenakte in die Tatbestandsverwirklichung einmünden sollen, und er subjektiv die Schwelle zum „Jetzt-geht's-los" überschreitet *(Wessels/Beulke/Satzger, AT Rn 601).*

Tatherrschaft	bedeutet das vom Vorsatz umfasste In-den-Händen-Halten des tatbestandsmäßigen Geschehensablaufs *(Wessels/Beulke/Satzger, AT Rn 512).*
Mittäterschaft	iSv **§ 25 II** ist die gemeinschaftliche Begehung einer Straftat durch bewusstes und gewolltes Zusammenwirken *(Wessels/Beulke/Satzger, AT Rn 524).* Erforderlich sind also ein gemeinsamer Tatplan und eine gemeinsame Tatausführung.
Anstifter	ist gem **§ 26**, wer vorsätzlich einen anderen zu dessen vorsätzlich begangener rechtswidriger Tat bestimmt *(vgl Gesetzestext).*
Bestimmen	iSd **§ 26** bedeutet Hervorrufen des Tatentschlusses durch eine Willensbeeinflussung im Wege des offenen geistigen Kontakts *(Wessels/Beulke/Satzger, AT Rn 568).*
Omnimodo facturus	ist ein zur konkreten Tat schon fest Entschlossener, der nicht mehr angestiftet werden kann *(Wessels/Beulke/Satzger, AT Rn 569).*
Gehilfe	ist gem **§ 27**, wer vorsätzlich einem anderen zu dessen vorsätzlich begangener rechtswidriger Tat Hilfe leistet *(vgl Gesetzestext).*
Hilfeleisten	iSv **§ 27** liegt in jedem Tatbeitrag, der die Haupttat ermöglicht oder erleichtert oder die vom Täter begangene Rechtsgutsverletzung verstärkt *(Wessels/Beulke/Satzger, AT Rn 582).*
Grausam	iSv **§ 211** tötet, wer dem Opfer im Rahmen der Tötungshandlung aus gefühlloser, unbarmherziger Gesinnung durch Dauer, Stärke oder Wiederholung der Schmerzverursachung besonders schwere Qualen körperlicher oder seelischer Art zufügt *(Wessels/Hettinger, BT1 Rn 102).*
Habgier	iSv **§ 211** ist ein ungezügeltes und rücksichtsloses Streben nach Gewinn um jeden Preis, gleichgültig, ob es dabei um einen Vermögenszuwachs oder um die Vermeidung von Aufwendungen als unmittelbare Folge der Tötungshandlung geht *(Wessels/Hettinger, BT1 Rn 94b).*
Heimtücke	iSv **§ 211** ist die bewusste Ausnutzung der Arg- und Wehrlosigkeit des Opfers in feindlicher Willensrichtung *(Wessels/Hettinger, BT1 Rn 107).*
Arglos	iSv **§ 211** ist, wer sich im Zeitpunkt der Tat keines tätlichen Angriffs auf seine körperliche Unversehrtheit oder sein Leben versieht *(Wessels/Hettinger, BT1 Rn 110).*
Wehrlos	iSv **§ 211** ist, wer infolge seiner Arglosigkeit zur Verteidigung außerstande oder in seiner Verteidigung stark eingeschränkt ist *(Wessels/Hettinger, BT1 Rn 112).*
Ausnutzen	der Arg- und Wehrlosigkeit iSv **§ 211** ist gegeben, wenn der Täter die von ihm herbeigeführte oder vorgefundene Lage der Arg- und Wehrlosigkeit im Wege des listigen, hinterhältigen oder planmäßig berechnenden Vorgehens bewusst zu einem Überraschungsangriff benutzt und das Opfer so daran hindert, sich zu verteidigen, zu fliehen, Hilfe herbeizurufen, dem Anschlag auf sein Leben in sonstiger Form zu begegnen oder dessen Durchführung wenigstens zu erschweren *(Wessels/Hettinger, BT1 Rn 114).*
Sonstige niedrige Beweggründe	iSv **§ 211** sind alle Tatantriebe, die nach allgemeiner rechtlich-sittlicher Wertung auf tiefster Stufe stehen, durch hemmungslose Eigensucht bestimmt und deshalb besonders verachtenswert sind *(Wessels/Hettinger, BT1 Rn 95).*

Abbrechen der Schwangerschaft	iSv **§ 218 I** ist die Vornahme eines Eingriffs, der die Abtötung der Leibesfrucht bezweckt oder in Kauf nimmt. Der Taterfolg liegt im Absterben der Leibesfrucht *(Wessels/Hettinger, BT1 Rn 225).*
Gefährliches Werkzeug	iSd **§ 224 I Nr 2 Alt 2** ist jeder – nach bisher hM bewegliche – Gegenstand, der nach seiner objektiven Beschaffenheit und der Art seiner Verwendung im konkreten Fall geeignet ist, erhebliche Verletzungen zuzufügen *(vgl Wessels/Hettinger, BT1 Rn 275).*
Überfall	iSd **§ 224 I Nr 3** ist jeder plötzliche, unerwartete Angriff auf einen Ahnungslosen *(Wessels/Hettinger, BT1 Rn 279).*
Hinterlistig	iSd **§ 224 I Nr 3** ist ein Überfall, wenn der Täter seine wahre Absicht planmäßig berechnend verdeckt, um gerade dadurch dem Angegriffenen die Abwehr zu erschweren *(Wessels/Hettinger, BT1 Rn 279).*
Mit einem anderen Beteiligten gemeinschaftlich	iSd **§ 224 I Nr 4** verlangt, dass bei der Körperverletzung mindestens zwei Personen unmittelbar am Tatort als Angreifer einverständlich zusammenwirken, sei es in Form der Mittäterschaft, sei es in Form von Täterschaft und Teilnahme *(Wessels/Hettinger, BT1 Rn 281).*
Eine das Leben gefährdende Behandlung	iSv **§ 224 I Nr 5** liegt vor, wenn die Verletzungshandlung den konkreten Umständen nach objektiv geeignet ist, das Leben des Opfers in Gefahr zu bringen; die tatsächlich erlittene Verletzung braucht dabei nicht lebensgefährlich zu sein *(Wessels/Hettinger, BT1 Rn 282).*
Quälen	iSv **§ 225 I** ist das Zufügen länger dauernder oder sich wiederholender Schmerzen oder Leiden körperlicher oder seelischer Art *(Wessels/Hettinger, BT1 Rn 313).*
Roh	iSv **§ 225 I** ist eine Misshandlung, die einer gefühllosen, fremde Leiden missachtenden Gesinnung entspringt und sich in Handlungsfolgen von erheblichem Gewicht für das körperliche Wohlbefinden des Opfers äußert *(Wessels/Hettinger, BT1 Rn 313).*
Böswillig	iSd **§ 225 I** handelt, wer die ihm obliegende Sorgfaltspflicht aus besonders verwerflichen Gründen verletzt, wie etwa aus Hass, Bosheit, Geiz oder rücksichtslosem Egoismus *(Wessels/Hettinger, BT1 Rn 313).*

Weitere einschlägige Musterklausuren

Zum Problem der Abgrenzung Vorbereitung – Versuch:

Beulke, Klausurenkurs II [1] 5; *ders*, Klausurenkurs III [3] 109; *Christmann*, in: *Coester-Waltjen* ua (Hrsg), Zwischenprüfung, S 38; *Dessecker*, Jura 2000, 596; Ebert-*Ebert*, Fälle, [3] S 56; Ebert-*Uehling*, Fälle, [9] S 149 und [10] S 157; Ebert-*Bruckauf*, Fälle, [15] S 225; *El-Ghazi*, JA 2014, 26; *Ellbogen*, Jura 1998, 483; *ders*, JuS 2002, 151; *Engelmann*, JA 2010, 185; *Geppert*, in: *Coester-Waltjen* ua (Hrsg), Zwischenprüfung, S 42; *Gropengießer/Kohler*, Jura 2003, 280; *Grunewald*, in: *Coester-Waltjen* ua (Hrsg), Examensklausurenkurs II, S 51; *Heghmanns/Kusnik*, Ad Legendum 2010, 275; *Herrmann/Heyer*, JA 2012, 190; *Hertel*, Jura 2011, 391; *Hilgendorf*, Klausurenkurs III [11] S 132; *Hohmann*, Jura 1993, 321; *Jäger*, AT § 3 Rn 89 und § 7 Rn 299; *Keiser*, JA 2002, 871; *Kindhäuser/Schumann/Lubig*, Klausurtraining [5] S 137; *Kinzing/Luczak*, Jura 2002, 493; *Knauer*, JuS 2002, 53; *Kudlich*, Fälle AT [1] S 1, [7] S 95; *ders*, JuS 2002, 27; *ders*, JuS 2003, 34; *Langer*, JuS 1987, 896; *ders*, Jura 2003, 136; *Otto/Bosch*, Übungen [3] S 94; *Rotsch*, Klausurenlehre Rn 185; *Rotsch/Nolte/Peifer/Wiedemann*, Klausur [23] S 354; *Safferling*, Jura 2004, 66; *ders*, JuS 2005, 138; *ders*, JA 2007, 183; *Sternberg-Lieben/von Ardenne*, Jura 2007, 149;

Scholz/Wohlers, Klausuren und Hausarbeiten S 115; *Schwabe*, AT [15] S 192; *Tausch*, JuS 1995, 614; *Thoss*, Jura 2005, 129; *Walter/Schneider*, JA 2008, 262; *Wolter*, JA 2008, 605; s auch *Blank*, AT2 Rn 96

Zum Problem der Vollendung des Schwangerschaftsabbruchs durch Tötung des Kindes nach fehlgeschlagener Abtötung der Leibesfrucht:

Baumann/Arzt/Weber, [6] S 29

Zum Problem der Einschränkung des Mordtatbestands:

Bock, WuV BT1 [1] S 1; *Borchert/Hellmann*, Jura 1982, 658; *Buttel/Rotsch*, JuS 1995, 1096; *Dohmen*, Jura 2006, 143; *Dreher*, JA 2005, 789; *Ellbogen*, Jura 1998, 483; *Gropp/Küper/Mitsch*, [7] S 132; *Haverkamp/Kaspar*, JuS 2006, 895; *Hilgendorf*, Fallsammlung [5] S 25, [7] S 41; *ders*, Klausurenkurs III [13] Rn 51; *Hirschmann*, Jura 2001, 711; *Hohmann*, JuS 1995, 135; *Hussels*, Jura 2005, 877; *Käßner/Seibert*, JuS 2006, 810; *Krahl*, JuS 2003, 57; *Meurer/Kahle/Dietmeier*, [3] S 23, [5] S 77, [6] S 103; *Otto/Ströber*, Jura 1989, 426; *Perron/Bott/Gutfleisch*, Jura 2006, 706; *Petrovic/Hillenkamp*, StudZR 2006, 521; *Rotsch*, Klausurenlehre Rn 984; *Roxin/Schünemann/Haffke*, [6] S 119; *Saliger*, JuS 1995, 1004; *Samson*, St1 [37] S 191; *Schwabe*, BT1 [1] S 14; *Schwind/Franke/Winter*, [3. Hausarbeit] S 131; *Sowada*, Jura 1994, 37; *Stoffers*, JuS 1994, 948; *Tiedemann*, [4] S 179, [8] S 202; *Wagemann*, Jura 2006, 867; *Wolters*, [1] S 1

Zum Problem der Abgrenzung Täterschaft – Teilnahme bei Beteiligung an einem Begehungsdelikt durch positives Tun:

Ambos, JuS 2000, 465; *ders*, Jura 2004, 492; *Bakowitz/Bülte*, StudZR 2009, 149; *Bergmann/Rensch*, Jura 2012, 553; *Berkl*, JA 2006, 276; *Beulke*, Klausurenkurs I [3] Rn 150; *ders*, Klausurenkurs III [7] Rn 278; *Bock*, WuV AT [4] S 115, [11] S 325; *Bottke*, JuS 1983, 377; *Brunhöber*, JuS 2011, 229; *Drenkhahn*, Jura 2011, 63; *Ensenbach*, Jura 2011, 787; *Ernst*, ZJS 2011, 382; *Fahl*, JA 2011, 836; *Füllkrug*, Jura 1988, 320; *Gaede*, JuS 2003, 774; *Geerds*, Jura 1986, 438; *Heinrich/Reinbacher*, JA 2007, 264; *Hilgendorf*, Klausurenkurs I [17] S 156; *ders*, Klausurenkurs III [5] S 49, [7] S 77, [14] S 177; *Ingelfinger*, JuS 1998, 531; *Kargl*, Strafrecht, S 130 f; *Kauerhof*, Jura 2005, 790; *Kindhäuser/Schumann/Lubig* [5] S 137; *Kinzig/Luczak*, Jura 2002, 493; *Kudlich*, Fälle AT [6] S 73; *ders*, JA 2008, 703; *Kühl/Kneba*, JA 2011, 426; *Küper/Dratvova*, StudZR 2008, 57; *Kunz*, JuS 1997, 242; *Meier/Momberg*, JuS 1983, 699; *Merten*, [15] S 45, [16] S 49; *Meurer/Kahle/Dietmeier*, [3] S 23; *Mitsch*, JuS 2004, 323; *Petermann*, JuS 2009, 1119; *Petrovic/Hillenkamp*, StudZR 2006, 521; *Preis ua*, [17] S 285; *Reschke*, JuS 2011, 50; *Rotsch*, Klausurenlehre Rn 1; *Roxin/Schünemann/Haffke*, [6] S 119; *Rudolphi*, [7] S 77, [8] S 89; *Safferling*, Jura 2004, 64; *ders*, JuS 2005, 135; *Samson*, St1 [39] S 209; *Schwind/Franke/Winter*, [3. Hausarbeit] S 129; *dies*, StudZR 2008, 78; *Seher*, JuS 2007, 132; *Seibert*, JA 2008; 31; *Seier*, JA 1992, 206; *Sievert/Kalkofen*, JA 2012, 107; *Stoffers*, JuS 1994, 948; *Tiedemann*, [7] S 196; *Wagemann*, Jura 2006, 867; *Wolters*, [2] S 27, [5] S 121

Zum Problem des Verhältnisses von § 212 zu § 211 und der Anwendbarkeit von § 28 I oder II oder § 29:

Beulke, Klausurenkurs I [3] Rn 150; *ders*, Klausurenkurs III [2] Rn 59; *Brand/Kanzler*, JA 2012, 37; *Brunhöber*, JuS 2011, 229; *Cornelius*, JA 2009, 425; *Dittrich/Pintaske*, ZJS 2011, 157; *Ebert*, Fälle, [15] 224; *Englmann*, JA 2010, 185; *Frister*, [3] S 51; *Esser/Röhling*, Jura 2009, 866; *Geppert*, Jura 2002, 278; *Gössel*, [4] S 77; *Gropp/Küpper/Mitsch*, [7] S 133; *Hilgendorf*, Klausurenkurs I [15] Rn 34; *ders*, Klausurenkurs II [6] 23; *ders*, Klausurenkurs III [13] Rn 66; *Hohmann*, JuS 1995, 135; *Hohmann/König*, Jura 1990, 200; *Ihring/Noak*, Jura 2007, 790; *Käßner/Seibert*, JuS 2006, 810; *Kargl*, Strafrecht, S 139 ff; *Kindhäuser/Schumann/Lubig*, Klausurtraining [6] S 162; *Kühl/Hinderer*, JuS 2010, 697; *Kühl/Kneba*, JA 2011, 426; *Lotz*, JuS 2010, 985; *Meurer/Kahle/Dietmeier*, [3] S 23; *Niehaus*, ZJS 2010, 396; *Otto/Bosch*, [6] S 153; *Petrovic/Hillenkamp*, StudZR

2006, 521; *dies*, StudZR 2008, 65; *Preis ua*, [18] S 302; *Ranft*, Jura 1994, 660; *Rengier*, JuS 1991, 938; *Roxin/Schünemann/Haffke*, [6] S 119; *Rudolphi*, [7] S 77; *Samson*, St1 [37] S 191, [38] S 205; *Schmidt/Priebe*, Fälle I [1] Rn 70; *Scholz/Wohlers*, S 97; *Selter*, Ad Legendum 2012, 278; *Sievert/Kalkofen*, JA 2012, 107; *Sonnen/Mitto/Nugel*, [1] S 13; *Steinberg/Blumenthal*, ZJS 2011, 81; *Strauß*, [7] S 61; *Tiedemann*, [9] S 222; *Wagemann*, Jura 2006, 867; *F. Walter*, Jura 2014, 117; *Weißer*, JuS 2009, 135; *Wolters*, [2] S 27; *Zöller*, Jura 2007, 305

Zum Problem der Abgrenzung Täterschaft – Teilnahme bei Beteiligung an einem Begehungsdelikt durch Unterlassen:

Baumann/Arzt/Weber, [9] S 45, [21] S 124; *Beulke*, Klausurenkurs III [3] Rn 106; *Brunhöber*, JuS 2011, 229; *Eiden/Köpferl*, Jura 2010, 780; *Ernst*, ZJS 2012, 654; *Kargl*, Strafrecht, S 141; *Kühl/Hinderer*, JuS 2009, 919; *Lindheim/Uhl*, JA 2009, 783; *Mitsch*, Jura 1988, 203; *ders*, JA 2006, 509; *Putzke*, ZJS 2011, 522; *Rotsch*, Klausurenlehre Rn 2548; *Roxin/Schünemann/Haffke*, [8] S 149; *Rudolphi*, [13] S 148; *Samson*, St1 [42] S 239; *Scholderer*, JuS 1989, 918; *Tiedemann*, [9] S 222; *Tiedemann/Vogel*, JuS 1988, 295; *Tiedemann/Walter*, Jura 2002, 708; *Vornbaum*, Jura 2010, 861

Fall 2

Regentropfen, die ans Fenster klopfen

36 Herr A und seine Frau U verleben einige Wochen im Bayerischen Wald. A ist von Beruf beamteter Bundeswehroffizier. Von Anfang an herrscht Dauerregen, sodass das Ehepaar die Urlaubstage zumeist recht deprimiert in seiner Pension Edelweiß (Holzweg 13) verbringt.

Eines Tages äußert U im Pensionsgastzimmer den Wunsch auf eine Tafel Schokolade, die A bei einer im Ortszentrum gelegenen Süßwarenhandlung kaufen solle. Das Geschäft ist mittels eines Fußmarsches von ca 25 Minuten (Hin- und Rückweg) erreichbar. Trotz strömenden Regens will A gerne dem Wunsch seiner lieben Frau nachkommen. Er hat jedoch gerade weder Regenkleidung noch Schirm zur Hand. Im Flur sieht er einen „Knirps" liegen, der dem Pensionseigentümer E gehört. Auf die Frage des A, ob er sich den Schirm für eine halbe Stunde ausleihen könne, antwortet E, der sich schon seit Tagen über das einfältige Dauergeschwätz des A ärgert, nein, das sei nicht möglich, da er selbst gerade zu Fuß in einen anderen Ortsteil müsse, um dort einen dringenden Termin wahrzunehmen. Vorsichtshalber ergreift E sofort den Schirm. Die etwas patzige Antwort des E lässt bei dem extrem cholerischen A die „Sicherungen durchbrennen". Verärgert über so viel Unfreundlichkeit dem eigenen Feriengast gegenüber und in der Absicht, sich den Schirm notfalls gegen den Widerstand des E zu beschaffen, versetzt A mit seiner geballten Faust dem E einen Kinnhaken, der ihn benommen macht und dessen Nachwirkungen E noch mehrere Minuten verspürt. Sodann entreißt A dem E den Schirm und begibt sich im Sturmschritt in das Ortszentrum. Etwa zwanzig Minuten später ist A wieder in der Pension eingetroffen und gibt E den Schirm unversehrt zurück, wie er es von Anfang an vorhatte.

Zutiefst gekränkt möchte sich E an A und U rächen. Er begibt sich deshalb in den mit A und U sowie mit anderen Urlaubern voll besetzten Aufenthaltsraum und ruft: „Alle Soldaten sind Mordbestien!" Die nicht auf den Mund gefallene U antwortet sofort: „Seien Sie ganz ruhig, Sie Steuerflüchtling!" Dabei spielt sie darauf an, dass sie wenige Minuten vorher in der örtlichen Tageszeitung gelesen hat, dass seitens der Steuerbehörde durchgesickert sei, E stehe in Verdacht, „Schwarzgeld" am Finanzamt vorbei in die Schweiz transferiert zu haben. Tatsächlich ist E unschuldig. U ist aber aufgrund des schlechten Eindrucks, den sie von E gewonnen hat, fest davon überzeugt, dass E den Steuerstraftatbestand erfüllt hat.

Wie haben sich A, E und U strafbar gemacht?

Evtl erforderliche Strafanträge sind gestellt.

Gedankliche Strukturierung des Falles (Kurzlösung)

37

A. Wegreißen des Schirms (Strafbarkeit des A)

1. § 223 I (+)
2. § 224 I Nr 2 Alt 2, Nr 3 (–)

Problem Nr 7: Körperteile als gefährliche Werkzeuge (Rn 39)

3. § 340 I (–)
4. § 249 I (–)
a) Objektiver Tatbestand (+)
- fremde bewegliche Sache (+)
- Wegnahme (+)
- Gewalt (+)

Problem Nr 8: Der strafrechtliche Gewaltbegriff (Rn 42)

b) Subjektiver Tatbestand (–)
- Vorsatz (+)
- Zueignungsabsicht (–)

Problem Nr 9: Enteignung – Aneignung (Rn 44)

c) Ergebnis
5. §§ 253 I, 255 (–)
a) Objektiver Tatbestand (+)
- Gewalt gegen Person (+)
- Vermögensverfügung (–)

Problem Nr 10: Erforderlichkeit einer Vermögensverfügung iRd §§ 253, 255 (Rn 47)

b) Ergebnis
6. § 240 I, II (+)
7. § 242 I (–)
- Zueignungsabsicht (–)

8. Konkurrenzen
- § 240 – § 223 I

9. Ergebnis für A im Tatkomplex A
A hat sich gem § 240 – § 52 – § 223 I strafbar gemacht.
(Rspr und Mindermeinung: § 255 – § 52 – § 223 I)

B. Soldaten sind „Mordbestien" (Strafbarkeit des E)

1. § 186 Alt 1 (–)

Problem Nr 11: Die Systematik der Beleidigungsdelikte (§§ 185-187) (Rn 52)

- Tatsachenbehauptung (–)

Problem Nr 12: Abgrenzung Tatsachenbehauptung – Werturteil bei §§ 185 ff (Rn 54)

2. § 185 (+)
a) Objektiver Tatbestand (+)
- Beleidigung (+)

Problem Nr 13: Beleidigung von Personengemeinschaften – Beleidigung unter einer Kollektivbezeichnung (Rn 57)

b) Subjektiver Tatbestand (+)
c) Rechtswidrigkeit (+)

Problem Nr 14: § 193 bei Meinungsäußerungen (Rn 59)

d) Schuld (+)
e) Ergebnis
3. Ergebnis für E im Tatkomplex B
E ist strafbar gem § 185.

C. „Sie Steuerflüchtling" (Strafbarkeit der U)

1. § 185 (–)
2. § 186 Alt 1 (+)
a) Objektiver Tatbestand (+)
- Tatsachenbehauptung (+)
- ehrenrührig (+)
- Drittbezug (+)

b) Subjektiver Tatbestand (+)
- Vorsatz (+)

c) Objektive Bedingung der Strafbarkeit (+)

Problem Nr 15: Behandlung der Nichterweislichkeit der Wahrheit der ehrenrührigen Tatsache iRd § 186 (Rn 63)

d) Rechtswidrigkeit (+)
aa) Nothilfe, § 32 (–)
bb) Notstandshilfe, § 34 (–)
cc) Wahrnehmung berechtigter Interessen, § 193 (–)
e) Schuld (+)
f) Ergebnis
3. § 186 Alt 2 (+)
4. § 187 (–)
- Vorsatz (–)

5. § 188 (–)
6. Ergebnis für U im Tatkomplex C
U hat sich strafbar gemacht gem § 186 Alt 2.

D. Straffreierklärung, § 199

E. Gesamtergebnis

A: § 240 – § 52 – § 223 I
(Rspr und Mindermeinung: § 255 – § 52 – § 223 I)
E: § 185
U: § 186 Alt 2

Ausführliche Lösung von Fall 2

A. Wegreißen des Schirms (Strafbarkeit des A)

1. § 223 I

38 A könnte dadurch, dass er dem E einen Kinnhaken versetzte, eine Körperverletzung (§ 223 I) begangen haben. A hat den E durch eine üble und unangemessene Behandlung in seinem körperlichen Wohlbefinden nicht nur unerheblich beeinträchtigt, dh ihn körperlich misshandelt. Ein Schmerz von einigen Minuten kann außerdem als pathologischer Zustand eingestuft werden, der hier von A hervorgerufen wurde, sodass auch eine Gesundheitsschädigung vorliegt. Dabei handelte A vorsätzlich, rechtswidrig und schuldhaft.

A hat sich gem § 223 I strafbar gemacht.

In der Regel soll die Prüfung mit den schwersten Delikten begonnen werden (Beulke, Klausurenkurs I, Rn 51). Davon abzuweichen erscheint zwar nicht im Einzelfall zwingend, hier aber doch sinnvoll, weil sich mit der Bejahung der Körperverletzung die Gewalt iSv § 249 besonders leicht begründen lässt.

Angesichts der geringen Schmerzdauer kann die Gesundheitsschädigung auch abgelehnt werden.

2. § 224 I Nr 2 Alt 2, Nr 3

A könnte zudem eine gefährliche Körperverletzung begangen haben, wenn es sich bei der geballten Faust um ein anderes gefährliches Werkzeug iSv § 224 I Nr 2 Alt 2 handeln sollte.

39 **Problem Nr 7: Körperteile als gefährliche Werkzeuge**

(1) Nach einer wieder aufgetretenen **Mindermeinung** (*Hilgendorf*, ZStW 112 [2000], 811, 822; *Maurach/Schroeder/Maiwald*, BT1 § 9 Rn 15 [Karateschlag]) können auch Körperteile des Täters, wie etwa die Faust und das zum Stoßen benutzte Knie, Werkzeuge iSd § 224 I Nr 2 Alt 2 sein.

Argument: Der Werkzeugbegriff hat sich im Laufe der Jahrzehnte durch extensive Auslegung sowieso vom ursprünglichen Begriffskern entfernt, zB durch Einbeziehung des „beschuhten Fußes" (BGHSt 30, 375 [zu § 250 I Nr 2 aF]). Bei einem normalen Schuh oder Turnschuh kommt es nach herrschender Meinung auf Wucht, Heftigkeit und Art des betroffenen Körperteils sowie Konstitution des Opfers an (BGH NStZ 1999, 616).

Auch bei der mittelbaren Täterschaft (zB durch Einschaltung einer schuldlos handelnden Person) spricht man von einem „menschlichen Werkzeug".

(2) Nach ganz **herrschender** und überzeugender **Ansicht** (BGH GA 1984, 124; OLG Köln StV 1994, 247; *Heghmanns*, BT Rn 410; Beck OK-*Eschelbach*, § 224 Rn 30; *Lackner/Kühl*, § 224 Rn 3; LK-*Lilie*, [11. Aufl] § 224 Rn 22; Matt/Renzikowski-*Engländer*, § 224 Rn 6; *Rengier*, BT2 § 14 Rn 36; *Schmidt/Priebe*, BT1 Rn 320; MK-*Hardtung*, § 224 Rn 14; *Wessels/Hettinger*, BT1 Rn 276) scheiden Körperteile als gefährliche Werkzeuge aus.

Argument: Dies verbietet bereits der Wortlaut (Werkzeuge = Gegenstände), sodass die Einbeziehung von Körperteilen in die gefährlichen „Werkzeuge" gegen das Analogieverbot (Art 103 II GG, § 1 StGB, vert *Wessels/Beulke/Satzger*, AT Rn 52 ff) verstößt.

Ein gefährliches Werkzeug ist ein – nach hA beweglicher – Gegenstand, der nach seiner 40
objektiven Beschaffenheit und der Art seiner Verwendung im konkreten Fall geeignet ist, erhebliche Verletzungen zuzufügen. A hat nur seine Faust eingesetzt. Die Einbeziehung von menschlichen Körperteilen in den Kreis der gefährlichen „Werkzeuge" ist entgegen einer im Schrifttum wieder vertretenen Mindermeinung, die auf die ohnehin bestehenden Tendenzen einer extensiven Auslegung des Werkzeugbegriffs verweist, mit dem Wortlaut des § 224 I Nr 2 unvereinbar (Analogieverbot), sodass dieser Qualifikationstatbestand im vorliegenden Fall nicht erfüllt ist.

Da A im Affekt handelte, liegt mangels planmäßig berechnender Vorgehensweise auch kein hinterlistiger Überfall iSv § 224 I Nr 3 vor. Eine gefährliche Körperverletzung scheidet somit aus.

3. § 340 I

A ist als beamteter Bundeswehroffizier zwar Amtsträger gem § 11 I Nr 2a, er befindet sich jedoch im Urlaub, sodass er die Körperverletzung nicht während der Ausübung seines Dienstes oder mit Bezug auf seinen Dienst begangen hat.

4. § 249 I

A könnte dadurch, dass er dem E einen Kinnhaken versetzte und ihm den Schirm ent- 41
riss, einen Raub begangen haben.

a) Objektiver Tatbestand

Der im Eigentum des E stehende Schirm ist eine für A fremde bewegliche Sache – dh ein körperlicher Gegenstand –, die A unter Anwendung von Gewalt gegen die Person des E weggenommen haben könnte.

Wegnahme bedeutet Bruch fremden und Begründung neuen (nicht notwendig eigenen) Gewahrsams. Als A dem E den Schirm gegen dessen Willen entriss und mit diesem ergriffenen Gegenstand die Pension verließ, brach er den Gewahrsam des E, dh die von seinem natürlichen Herrschaftswillen getragene tatsächliche Sachherrschaft, und begründete eigenen Gewahrsam. Eine Wegnahmehandlung liegt also vor.

Fraglich erscheint, ob A mit Gewalt gegen eine Person gehandelt hat. Die Gewaltausübung könnte hier im Versetzen des Kinnhakens und im Entreißen des Schirms selbst zu sehen sein.

Problem Nr 8: Der strafrechtliche Gewaltbegriff 42

Der moderne strafrechtliche Gewaltbegriff wurde hauptsächlich anhand des Nötigungstatbestandes (§ 240) entwickelt.

(1) Das **Reichsgericht** (RGSt 56, 87) vertrat ursprünglich einen **körperlich-dynamischen Gewaltbegriff**. Gewalt als Zwangsmittel war danach die durch körperliche Kraft erfolgende Einwirkung auf einen anderen zur Überwindung eines geleisteten oder erwarteten Widerstandes.

(2) Der **BGH** (BGHSt 23, 46, 54) hat das Erfordernis der durch körperliche Kraft erfolgten Einwirkung früh aufgegeben und in immer stärkerem Maße auf die beim Opfer auftretende **Zwangswirkung** abgestellt. Selbst psychischer Zwang sollte genügen.

(3) Eine derartige „erweiternde Auslegung" des Gewaltbegriffes hat das **BVerfG** (BVerfGE 92, 1, 18) mittlerweile wegen Unvereinbarkeit mit Art 103 II GG für **verfassungswidrig** erklärt. Rein psychisch wirkender Zwang, wie er zB von einer Sitzblockade ausgeht, ist danach keine Gewalt. Nach dem derzeitigen Stand der Rechtsprechung des BGH (BGHSt 41, 182; 41, 231) ist Gewalt iSd § 240 nur der **körperlich wirkende Zwang** durch die **Entfaltung von Kraft** oder durch eine **physische Einwirkung** sonstiger Art, die als gegenwärtige Übelszufügung nach ihrer Zielrichtung, Intensität und Wirkungsweise dazu bestimmt und geeignet ist, die Freiheit der Willensentschließung oder Willensbetätigung eines anderen aufzuheben oder zu beeinträchtigen.

(4) Im **jüngsten Schrifttum** (*Wessels/Hettinger*, BT1 Rn 383; Beck OK-*Valerius*, § 240 Rn 21 f; MK-*Gropp/Sinn*, § 240 Rn 62) wird aber zu Recht vielfach der von der neueren Rechtsprechung (wieder) geforderte besondere Kraftaufwand als nicht sachgerecht eingestuft. Maßgebend kann nicht die vom Täter entwickelte körperliche Kraftentfaltung sein, sondern nur die beim Opfer erzielte Zwangswirkung. Gewalt gegen eine Person ist deshalb der **körperlich wirkende Zwang** durch eine unmittelbare oder mittelbare Einwirkung auf einen anderen, die nach der Vorstellung des Täters dazu bestimmt und geeignet ist, einen tatsächlich geleisteten oder erwarteten Widerstand zu überwinden oder unmöglich zu machen. Bei §§ 249, 252, 253 muss es sich um eine erhebliche Beeinträchtigung handeln.

Zur Vertiefung: Sinn, JuS 2009, 577 ff; Wessels/Hettinger, BT1 Rn 383 ff; Wessels/Hillenkamp, BT2 Rn 347; Küper, BT S 171 ff.

43 Hier hat A sowohl beim Niederschlagen des E als auch beim Entreißen des Schirms zum Zwecke der Wegnahme (Finalzusammenhang) und zur Überwindung des von E dagegen geleisteten Widerstandes gehandelt.

Bezüglich des Kinnhakens ist eine körperliche Einwirkung auf das Opfer und damit ein physisch vermittelter Zwang iSd § 249 I problemlos zu bejahen. Ob dabei vis absoluta oder vis compulsiva angewandt wurde, kann im Rahmen des Raubtatbestandes, der jedenfalls beide Gewaltformen erfasst, offen bleiben. Es handelt sich auch nicht lediglich um eine ganz geringfügige und vorübergehende körperbezogene Beeinträchtigung.

Ob auch bzgl des Entreißens des Regenschirms eine Gewaltanwendung iSd § 249 (Gewalt gegen eine Person) vorliegt, erscheint hingegen zweifelhaft. Wenn der Überfallene an dem Gegenstand derart festhält, dass dieser nur mittels erheblicher Kraftentfaltung entrissen werden kann (zB Umklammern der Tragegurte einer Tasche), muss die Überwindung eines tatsächlich geleisteten oder erwarteten Widerstandes und damit auch eine körperliche Zwangswirkung beim Opfer bejaht werden[1]. Fehlt dagegen diese enge Beziehung und führt nur die Schnelligkeit der Tatausführung zum Erfolg, liegt eine bloße Gewaltausübung gegenüber einer Sache und damit keine gewaltsame Wegnahme iSv

1 Vgl BGH StV 1990, 262.

§ 249 vor, sodass nur § 242 in Betracht kommt[2]. Im vorliegenden Fall braucht die Grenzziehung aber nicht näher problematisiert zu werden, weil das Entreißen des Schirms mit dem Kinnhaken zusammen eine Einheit bildet, die wegen ihrer Erheblichkeit insgesamt als Gewalt gegen eine Person einzustufen ist.

b) Subjektiver Tatbestand

A handelte mit Wissen und Wollen der Tatbestandsverwirklichung, also vorsätzlich. Ihm könnte aber die für § 249 I erforderliche Zueignungsabsicht fehlen, dh die Absicht, sich unter Verstoß gegen die Rechtsordnung eine eigentümerähnliche Verfügungsgewalt an der fremden Sache anzumaßen, gepaart mit dem Vorsatz, den Eigentümer zu enteignen.

Zwei Komponenten sind zu unterscheiden: die Enteignung des Berechtigten und die Aneignung der Sache durch den Täter bzw einen Dritten.

Problem Nr 9: Enteignung – Aneignung 44

(1) Enteignung bedeutet die endgültige Ausschließung bzw Verdrängung des Eigentümers aus seiner wirtschaftlichen Position. Sie muss auf Dauer angelegt sein. Hier gilt es, den Diebstahl abzugrenzen von der bloßen Gebrauchsanmaßung, dh der nur vorübergehenden Nutzung der Sache mit dem Ziel, sie dem Eigentümer nach Nutzung zurückzugeben, welche für eine dauernde Enteignung nicht ausreicht. Hinsichtlich der Enteignungskomponente der geplanten Zueignung genügt dolus eventualis.

(2) Aneignung ist das – zumindest vorübergehende – Einverleiben der Sache selbst oder des in ihr verkörperten Sachwertes in das Vermögen des Täters oder eines Dritten. Im Rahmen dieses Merkmals muss der Diebstahl von der Sachbeschädigung, der Sachentziehung und von eigenmächtigen Verfügungen zugunsten des Sacheigentümers abgegrenzt werden. Wer fremde Sachen wegnimmt, um sie ohne vorherigen Eigengebrauch sofort zu zerstören oder wegzuwerfen, begeht nur eine Sachbeschädigung iSv § 303 bzw uU einen Verwahrungsbruch (§ 133) oder eine Urkundenunterdrückung (§ 274 I Nr 1). Hinsichtlich der Aneignungskomponente der Zueignungsabsicht ist Absicht im technischen Sinne erforderlich, dh dem Täter muss es gerade darauf ankommen, den Sachwert oder die Sache selbst seinem Vermögen oder dem des Dritten einzuverleiben.

Zur Vertiefung: Kudlich/Oğlakcıoğlu, JA 2012, 321; Wessels/Hillenkamp, BT2 Rn 150 ff.

A hat den Schirm für zwanzig Minuten seinem eigenen Vermögen einverleibt. Auf diesen Erfolg kam es ihm auch gerade an, womit die Aneignungskomponente der Zueignungsabsicht zu bejahen ist. Jedoch sollte E nicht auf Dauer von der Verfügungsgewalt über seinen Regenschirm ausgeschlossen werden, sondern A wollte ihm nach seiner Rückkehr den Schirm zurückgeben. Eine nur vorübergehende Verdrängung des Berechtigten aus der Eigentümerposition durch einen Täter mit Rückgabewillen genügt dem Enteignungsbegriff, der eine endgültige Entziehung des Eigentums voraussetzt, nicht. Vielmehr handelt es sich um eine bloße Gebrauchsanmaßung durch A. 45

c) Ergebnis

Folglich hat sich A mangels Zueignungsabsicht nicht gem § 249 I strafbar gemacht.

2 *Küper*, BT S 178; *Wessels/Hillenkamp*, BT2 Rn 348.

5. §§ 253 I, 255

A könnte gegenüber E allerdings eine räuberische Erpressung begangen haben.

a) Objektiver Tatbestand

46 Der Kinnhaken in Verbindung mit dem Entreißen des Regenschirms (= Gewalt gegen eine Person, *s o Rn 43*) machte eine freie Willensentschließung des E bezüglich einer Herausgabe der Sache unmöglich. Es handelte sich damit um vis absoluta.

Ob von den §§ 253 I, 255 auch die vis absoluta erfasst wird, ist streitig. Nach der im Schrifttum herrschenden Ansicht[3] meint Gewalt iSd §§ 253 I, 255 nur die vis compulsiva, dh das Hervorrufen eines bestimmten Willensentschlusses durch Gewalt, weil diese Bestimmungen die Freiheit der Willensentschließung schützen wollen. Abgenötigt werden muss dem Opfer eine Vermögensverfügung, dh ein tatsächliches Handeln, Dulden oder Unterlassen des Opfers, das bei diesem selbst oder bei einem Dritten unmittelbar zu einer Vermögensminderung im wirtschaftlichen Sinne führt. Diese Vermögensverfügung muss auch im Rahmen der §§ 253 I, 255 einen Rest an „Freiwilligkeit" aufweisen, dh der Wille des Genötigten darf nur gebeugt, eine Willensentschließung aber nicht gänzlich unmöglich gemacht werden. Demgegenüber lassen die Rechtsprechung[4] sowie eine Mindermeinung[5] im Schrifttum, die bei §§ 253 I, 255 auf das Merkmal der Vermögensverfügung verzichten, auch das durch vis absoluta erzwungene Opferverhalten für die Erpressung genügen. Bei Lichte betrachtet zeigt sich, dass es bei diesem Streit also nicht um die Auslegung des Gewaltmerkmals geht, dessen Erfüllung mit Ausübung der Körperverletzung problemlos bejaht werden könnte, sondern allein um die Frage, ob bei den §§ 253 I, 255 auf der Opferseite eine Vermögensverfügung verlangt werden muss.

Zu klären ist, ob das Verhalten auf der Opferseite den Anforderungen der §§ 253 I, 255 genügt. Nach dem Gesetzeswortlaut muss der Betroffene „zu einer Handlung, Duldung oder Unterlassung" genötigt werden.

47 **Problem Nr 10: Erforderlichkeit einer Vermögensverfügung iRd §§ 253, 255**

(1) Nach **Ansicht der Rechtsprechung** (BGHSt 7, 252; 14, 386; 25, 224; 32, 88; 41, 123; 42, 196) und **Teilen des Schrifttums** (*Erb*, Herzberg-FS, S 711; *Hecker*, JA 1998, 305; *Kindhäuser*, BT2 § 17 Rn 27 ff; *Kretschmer, B.*, Jura 2006, 221; *Krey/Hellmann/M. Heinrich*, BT2 Rn 425 ff; *Mitsch*, JA 1997, 664; SK-*Sinn*, § 253 Rn 16, Vor § 249 Rn 13; *Schroth*, BT S 254 ff) verlangen die §§ 253, 255 auf der Opferseite keine Vermögensverfügung, sondern es genügt jedes Opferverhalten.

Argument: Der Gesetzeswortlaut erzwingt keine andere Auslegung. Durch diese Lösung ist zwar jeder Raub (§ 249) zugleich auch eine räuberische Erpressung (§§ 253, 255). Dies ist jedoch sinnvoll: Im Regelfall geht § 249 den §§ 253, 255 als lex specialis vor. Entfällt hingegen eine Strafbarkeit gem § 249 mangels Zueignungsabsicht, so kann über §§ 253, 255 die durch Gewalt gegen eine Person verübte vermögensschädigende Handlung als Verbrechen erfasst werden. Wenn die Gegenansicht in dieser Konstellation die Gewaltanwendung allein über

3 *Lackner/Kühl*, § 253 Rn 2; S/S-*Eser/Bosch*, § 253 Rn 3; *Fischer*, § 253 Rn 5.
4 BGHSt 7, 252; 42, 196; BGH NStZ-RR 1999, 103.
5 *Gössel*, BT2 § 31 Rn 18 ff; *Lüderssen*, GA 1968, 257; SK-*Sinn*, Vor § 249 Rn 13 ff.

§ 240 ahnden möchte, so wird sie der bei gewaltsamer Gebrauchsanmaßung gesteigerten Unrechtsdimension nicht gerecht.

Auf der Basis dieser Ansicht erübrigt sich auch die Unterscheidung zwischen vis compulsiva und vis absoluta, denn selbst der Täter, der die vermögensschädigende Handlung selbst vornimmt (typischer Fall der Wegnahme) wird vom Tatbestand der §§ 253, 255 erfasst.

Deswegen kann die Abgrenzung zwischen § 249 und §§ 253, 255 problemlos nach dem äußeren Erscheinungsbild der Tat (**§ 249: Wegnahme** [§ 253 ist jetzt subsidiär] – **§§ 253, 255: Hingabe**) erfolgen und es müssen keine komplizierten Prüfungen vorgenommen werden.

(2) Die in der **Literatur herrschende Ansicht** (*Arzt/Weber/Heinrich/Hilgendorf*, BT § 18 Rn 25; Beck OK-*Wittig*, § 253 Rn 5; *Haft*, BT1 S 47 f; *Lackner/Kühl*, § 253 Rn 3; *Maurach/ Schroeder/Maiwald*, BT1 § 42 Rn 6 ff; MK-*Sander*, § 253 Rn 16 f; *Otto*, BT § 53 Rn 4; *Rengier*, BT1 § 11 Rn 13 u 25 ff; S/S-*Eser/Bosch*, § 253 Rn 3 u 8; *Wessels/Hillenkamp*, BT2 Rn 709 ff) verlangt zu Recht eine Vermögensverfügung des Genötigten, da §§ 253, 255 von ihrem Charakter her – wie der Betrugstatbestand (§ 263) – Selbstschädigungsdelikte sind, die von § 249 als Fremdschädigungsdelikt abzugrenzen sind.

Argument: Das Exklusivitätsverhältnis von §§ 253, 255 und § 249 zeigt sich zum einen in der Überschrift des zwanzigsten Abschnitts („Raub und Erpressung"), zum anderen in der **Systematik des Gesetzes**. Wäre § 249 Spezialnorm zu §§ 253, 255, wie es die Rechtsprechung annimmt, so müsste die Generalnorm systematisch vor der lex specialis stehen, nicht aber umgekehrt wie bei § 249 und §§ 253, 255. Auch die Ausnahme von dieser Regel, die systematische Stellung der §§ 211, 212, rechtfertigt kein anderes Ergebnis, denn dort steht die Spezialregelung des § 211 nur wegen ihrer besonderen historischen Bedeutung an erster Stelle im Gesetz.

§ 263 weist zu § 253 I eine **parallele Struktur** auf. Beides sind **Selbstschädigungsdelikte**. Die Delikte unterscheiden sich nur dadurch, dass die vermögensschädigende Verfügung (Selbstschädigung) dort durch eine Täuschung erschlichen und hier durch Nötigung erzwungen wird.

Vor allem darf die Entscheidung des Gesetzgebers, die bloße **Gebrauchsanmaßung** iRd § 249 mangels Zueignungsabsicht straflos zu lassen, nicht durch eine Anwendung der §§ 253, 255 **unterlaufen** und der Täter letztlich doch „gleich einem Räuber" (§ 255) bestraft werden. Dass dieses Verhalten nicht von den herkömmlichen Eigentums- und Vermögensdelikten erfasst werden soll, beweist schon die Existenz des § 248b, der als Sondertatbestand in Bezug auf Fahrzeuge die Gebrauchsanmaßung ausnahmsweise unter Strafe stellt. Das über die Gebrauchsanmaßung hinausgehende Element der Gewalttätigkeit kann vollumfänglich durch § 240 abgedeckt werden.

Zur Vertiefung: Wessels/Hillenkamp, BT2 Rn 709 ff; Brand, JuS 2009, 899; Hillenkamp, BT 33. Problem S 179 ff; Rönnau, JuS 2012, 888.

Auf der Basis der Meinung, die den §§ 253, 255 nicht das Erfordernis der Vermögensverfügung entnimmt, sondern auf der Opferseite jeden vermögensschädigenden Vorgang genügen lässt und damit § 249 als lex specialis gegenüber § 253 einstuft, sind im vorliegenden Fall einer gewaltsamen Gebrauchsanmaßung des dem E gehörenden Schirms durch A (Schaden in Form der Besitzentziehung) die §§ 253, 255 erfüllt. Für das geforderte Opferverhalten reicht die Duldung der Wegnahme aus. **48**

Nach der herrschenden Ansicht im Schrifttum, welche den §§ 253, 255 und § 263 zu Recht schon aus Gründen der Gesetzessystematik eine parallele Struktur entnimmt und jeweils auf der Opferseite eine Vermögensverfügung fordert, hat A mangels Vermögensverfügung des E keine Erpressung begangen. Diese Ansicht ist auch deshalb vorzugswürdig, weil ansonsten die gewaltsame Gebrauchsanmaßung, die in § 249 absichtlich nicht erfasst wird, auf dem Umweg über §§ 253, 255 zum Verbrechen heraufgestuft würde. Dem § 248b ist zu entnehmen, dass der Gesetzgeber gerade dieses Ergebnis nicht für sachgerecht hält.

Die Tatbestandsvoraussetzungen der §§ 253 I, 255 sind also im Hinblick auf das geforderte Opferverhalten nicht erfüllt.

b) Ergebnis

A hat sich nicht gem §§ 253 I, 255 strafbar gemacht.

6. § 240 I, II

49 Gewalt iSd § 240 I ist körperlich wirkender Zwang durch die Entfaltung von Kraft oder durch eine physische Einwirkung sonstiger Art, die nach ihrer Zielrichtung, Intensität und Wirkungsweise dazu bestimmt und geeignet ist, die Freiheit der Willensentschließung oder Willensbetätigung eines anderen aufzuheben oder zu beeinträchtigen. Im Gegensatz zu § 255 genügt für § 240 I sogar die Gewalt gegen eine Sache. A hat dem E unter Anwendung von Gewalt ein dessen Willen widerstrebendes Verhalten (Duldung des Besitzentzuges) aufgezwungen *(s o Rn 43)* und ihn damit genötigt.

Dabei handelte er vorsätzlich und iSd § 240 II unter Anwendung eines verwerflichen Nötigungsmittels (Körperverletzung *[s o Rn 38]*) sowie zur Erreichung eines verwerflichen Zwecks (nicht gestatteter Sachgebrauch). Eines Rückgriffs auf die hier ebenfalls nicht problematische Verwerflichkeit der Mittel-Zweck-Relation bedarf es somit nicht mehr.

A handelte rechtswidrig und schuldhaft.

§ 240 I, II ist erfüllt.

7. § 242 I

Ein Diebstahl ist mangels Zueignungsabsicht des A nicht gegeben.

8. Konkurrenzen

50 Die Körperverletzung (§ 223 I) sowie die Nötigung (§ 240) werden durch ein und dieselbe Handlung verwirklicht. Beide Straftatbestände bringen jeweils ein gesondertes Unrecht zum Ausdruck. Es besteht deshalb Idealkonkurrenz, § 52.

9. Ergebnis für A im Tatkomplex A

A hat sich gem § 240 – § 52 – § 223 I strafbar gemacht.

B. Soldaten sind „Mordbestien" (Strafbarkeit des E)

1. § 186 Alt 1

E könnte mit dem Ausruf „Alle Soldaten sind Mordbestien" ein Beleidigungsdelikt begangen haben. In Betracht kommt zunächst eine üble Nachrede, § 186. 51

Problem Nr 11: Die Systematik der Beleidigungsdelikte (§§ 185–187) 52

	Werturteil	**Tatsachenbehauptung** (*Beachte jeweils § 192!*)
ggü dem Betroffenen:	**§ 185**	**§ 185** Unwahrheit ist ungeschriebenes Tatbestandsmerkmal (*Wessels/Hettinger*, BT1 Rn 513)
ggü Dritten:	**§ 185**	**§ 186** Nichterweislichkeit der behaupteten Tatsache ist objektive Bedingung der Strafbarkeit **§ 187** Unwahrheit ist Tatbestandsmerkmal

Zur Vertiefung: Wessels/Hettinger, BT1 Rn 489 ff; Geppert, Jura 2002, 820 ff; Eppner/Hahn, JA 2006, 702 ff, 860 ff; Heghmanns, BT Rn 733.

Eine üble Nachrede setzt voraus, dass E eine ehrenrührige Tatsachenbehauptung in Bezug auf einen anderen (hier A) aufgestellt hat, welche geeignet ist, den A verächtlich zu machen. 53

Sollte es sich hingegen bei der von E kundgetanen Äußerung lediglich um ein Werturteil handeln, so kann sie nur als Beleidigung gem § 185 eingestuft werden.

Problem Nr 12: Abgrenzung Tatsachenbehauptung – Werturteil bei §§ 185 ff 54

Tatsachen sind konkrete Vorgänge oder Zustände der Vergangenheit oder Gegenwart, die wahrnehmbar in die Wirklichkeit getreten und infolgedessen dem Beweis zugänglich sind.

Werturteile hingegen sind lediglich subjektive Meinungen, die nicht von Tatsachen belegt werden. Die Grenze zwischen Tatsachenbehauptung und Werturteil ist nicht immer eindeutig festlegbar. Auch „innere" Tatsachen können § 186 unterfallen, soweit sie zu bestimmten äußeren Geschehnissen in Beziehung gesetzt werden können. Ebenso können Werturteile von § 186 erfasst werden, unter der Voraussetzung, dass sie durch Tatsachen unterlegt werden oder einen Tatsachenkern enthalten.

§ 185 greift hingegen bei Äußerungen ein, deren Schwerpunkt auf dem Werturteil liegt, und zwar auch dann, wenn dieses Werturteil durch Tatsachen gestützt wird, aber diese sich gerade nicht auf Handlungen des Beleidigten beziehen. Beispiele hierfür sind insbesondere politische Äußerungen sowie idR die Bewertung künftiger Ereignisse.

Entscheidend ist das Merkmal der Beweisbarkeit. Nur dem Beweis zugängliche Sachverhalte unterfallen § 186.

Zur Vertiefung: Wessels/Hettinger, BT1 Rn 492 f, 504 f.

Dass Soldaten „Mordbestien" sein sollen, ist für sich kein beweisbarer Umstand. Tatsache in der von E aufgestellten Behauptung ist allenfalls, dass zur Ausübung der Militärberufe im Kriegsfall oder in ähnlichen Krisensituationen auch das Töten anderer 55

Menschen gehört. Der Schwerpunkt der Äußerung liegt hier aber auf der grundsätzlichen Bewertung dieser Gegebenheiten als „Mord“ und auf der Einstufung der Soldaten als „Bestien“. Diese Beurteilungen enthalten keinen beweisbaren Tatsachenkern und auch keine Tatsachenbezüge. Es handelt sich folglich nicht um eine Tatsachenbehauptung, sondern um ein Werturteil.

E hat sich nicht nach § 186 Alt 1 strafbar gemacht.

2. § 185

a) Objektiver Tatbestand

56 Mit der Äußerung des fraglichen Werturteils könnte E den A beleidigt haben.

Beleidigung iSv § 185 meint einen Angriff auf die Ehre des Betroffenen durch Kundgabe von Missachtung oder Nichtachtung, wobei „Ehre“ die inneren Werte bzw die Würde des Verletzten sowie die „äußere“ Ehre, dh seine Geltung oder seinen Ruf innerhalb der Gesellschaft umfasst. Die Bezeichnung „Mordbestien“ stellt die Betroffenen als jeder menschlichen Regung bar und als schlimmste Verbrecher dar. Damit werden ihre charakterlichen Werte und ihre „äußere“ Ehre in den Augen anderer herabgewürdigt.

Besonderer Würdigung bedarf allerdings noch der Aspekt, wen E hier konkret beleidigte, weil er in seinem Mordvorwurf nicht speziell den A, sondern vielmehr „alle Soldaten“ ansprach.

57 **Problem Nr 13: Beleidigung von Personengemeinschaften – Beleidigung unter einer Kollektivbezeichnung**

(1) Auch **Personengesamtheiten** können im Einzelfall beleidigungsfähig sein. Für Behörden und politische Körperschaften ergibt sich das ausdrücklich aus § 194 III und IV. Die **herrschende Meinung** billigt darüber hinaus anderen Personengesamtheiten unabhängig von ihrer Rechtsform einen strafrechtlichen Ehrenschutz zu, sofern sie eine **rechtlich anerkannte soziale Funktion** erfüllen und einen **einheitlichen Willen** bilden können. Als entsprechende Personengesamtheiten gelten zB politische Parteien, Gewerkschaften, das Deutsche Rote Kreuz, Fakultäten, Religions-und Ordensgemeinschaften sowie die Bundeswehr.

Argument: Dem § 194 III und IV ist eindeutig zu entnehmen, dass nicht nur natürliche Personen beleidigungsfähig sind.

(2) Abzugrenzen ist die Beleidigung der Personengesamtheit als Ganzes von der **Beleidigung** aller oder auch nur einzelner Mitglieder der Personenmehrheit **unter einer Kollektivbezeichnung**. Hier wird nicht die Ehre der Gesamtheit, sondern die **Ehre jedes Einzelnen** oder auch nur einer bestimmten Einzelperson angegriffen.

Zu unterscheiden sind folgende Fallgruppen:

(a) Die ehrverletzende Äußerung kann sich gegen **alle Mitglieder** einer bestimmten Gruppe richten, wenn der Täter nur den Personenkreis nennt, auf den er sich bezieht. Aus dieser Gruppe ist jeder Einzelne in seiner Ehre verletzt und strafantragsberechtigt (§ 194 I), sofern die **Kollektivbezeichnung den Kreis der Betroffenen so scharf kennzeichnet, dass er deutlich von der Gemeinschaft abgegrenzt** werden kann (s dazu aktuell OLG Karlsruhe, Urteil v 19.7.2012 – 1 (8) Ss 64/12 – Ak 40/12 m Anm *Zöller*, ZJS 2013, 102, 105). Als ausreichend gekennzeichnet idS wurden angesehen: „die GSG 9“, „der preußische Richterstand“, „die heute in Deutschland lebenden Juden" sowie „die Soldaten der Bundeswehr" (BGHSt 36, 83). Grundsätzlich gilt hierbei: Je größer das Kollektiv, desto schwächer die persönliche Betroffenheit. Bei Überschaubarkeit und klarem Hervortreten der Gruppe aus der Allgemeinheit ist es hingegen möglich, alle Mitglieder einer Gruppe durch eine Kollektivbezeichnung zu beleidigen.

(b) Verwendet der Täter erkennbar die ehrverletzende Kollektivbehauptung, um nur ein **einzelnes Mitglied** aus der Gruppe zu beleidigen, so ist auch nur dieses Mitglied in seiner Ehre verletzt. Auszugehen ist dabei vom objektiven Erklärungswert und den Umständen des Einzelfalles.

Zur Vertiefung: Wessels/Hettinger, BT1 Rn 468 ff.

Da E von „Soldaten" gesprochen hat, ist dem Sachverhalt nicht zu entnehmen, dass E die Bundeswehr als solche beleidigen wollte. Alle Soldaten der Welt wären dagegen gar kein beleidigungsfähiges Kollektiv, weil sie überhaupt nicht in der Lage sind, einen einheitlichen Willen zu bilden. **58**

In der konkreten Auseinandersetzung ging es dem E vielmehr um eine Herabwürdigung des Achtungsanspruchs des A. Da er, obwohl er von „allen Soldaten" gesprochen hat, offensichtlich nur anwesende Bundeswehrangehörige angreifen wollte, ist der Kreis der Betroffenen scharf umrissen und deutlich von der Gemeinschaft abgrenzbar. Es liegt eine Beleidigung (des A) unter einer Kollektivbezeichnung vor.

Diese hat E auch so kundgetan, dass die Adressaten der Erklärung – A, U und die übrigen Gäste – es als Beleidigung auffassen mussten. Unbeachtlich ist dabei, dass A in ziviler Kleidung für die übrigen Gäste möglicherweise gar nicht als Soldat erkennbar war. Im Gegensatz zu § 186 verzichtet § 185 gerade auf die Notwendigkeit einer Wahrnehmung durch Dritte. Es hätte auch genügt, wenn sich E nur im Beisein von A derart geäußert hätte. Objektiv liegt eine Beleidigung des A vor.

b) Subjektiver Tatbestand

E handelte vorsätzlich, dh mit dem Bewusstsein und dem Willen, dass die Äußerung ihrem objektiven Sinn nach eine Missachtung des A darstellen sollte und von diesem auch so wahrgenommen werden würde. Eine besondere Beleidigungsabsicht (animus iniurandi) ist nicht erforderlich.

c) Rechtswidrigkeit

Fraglich ist, ob E durch Wahrnehmung berechtigter Interessen iSd § 193 zur Tätigung der Äußerung berechtigt war.

Problem Nr 14: § 193 bei Meinungsäußerungen **59**

Neben den allgemeinen Rechtfertigungsgründen kommt im Bereich der Ehrdelikte auch die Rechtfertigung aus § 193 bei **Wahrnehmung berechtigter Interessen** in Betracht. Ihren Ursprung findet diese Norm letztlich in Art 5 I GG, weshalb § 193 entsprechend verfassungskonform, also im Lichte der Meinungsfreiheit auszulegen ist. Das BVerfG (so schon BVerfGE 7, 208 [Lüth-Urteil]) nimmt dabei gem seiner **„Wechselwirkungslehre"** eine Abwägung zwischen der Meinungsfreiheit und dem Recht auf Ehre vor, um festzustellen, welchem Recht im Einzelfall der Vorrang gebührt.

§ 193 ist grundsätzlich auf alle Ehrverletzungsdelikte mit Ausnahme der Verleumdung (§ 187) anwendbar. **Voraussetzungen** für eine Rechtfertigung sind dabei:

1. Der Täter muss mit der Äußerung objektiv und subjektiv **berechtigte Interessen** verfolgen. Berechtigt sind die Interessen des Einzelnen oder der Allgemeinheit, die dem Recht und den guten Sitten nicht zuwiderlaufen.
2. Die Äußerung muss zur Wahrnehmung dieser Interessen **geeignet** und **erforderlich** sein.
3. Bei Abwägung aller widerstreitenden Interessen und der im Einzelfall tangierten Grundrechte muss die Äußerung ein **angemessenes Mittel** zur Erreichung des berechtigten Zwecks darstellen.

Die Herleitung dieses Rechtfertigungsgrundes aus Art 5 I GG bedingt des Weiteren bei Auslegung des § 193, dass nicht gerechtfertigt ist, wer leichtfertig Behauptungen oder haltlose Vermutungen unter Verletzung seiner Informations- und Nachforschungspflicht aufstellt.

Art 5 I GG dient dem Schutz des kritischen Meinungskampfes, nicht persönlichen Kränkungen. Zumindest ist die Formalbeleidigung schon nicht mehr „angemessenes" Mittel der Interessenvertretung. Ähnliches gilt für Schmähkritik (persönliche Kränkungen) und Angriffe auf die Menschenwürde des Betroffenen. Auch sie unterfallen nicht mehr dem von Art 5 I GG und § 193 geschützten kritischen, aber sachlichen Meinungskampf.

Zur Vertiefung: Wessels/Hettinger, BT1 Rn 517 ff.

60 Zwar ist § 193 – außer im Fall einer Formalbeleidigung iSd §§ 192, 185 – grundsätzlich auch auf ein iRd § 185 getätigtes Werturteil anwendbar, jedoch kann sich E nur dann auf diesen Rechtfertigungsgrund berufen, wenn er mit dieser Ehrverletzung ein objektiv berechtigtes Interesse hat wahrnehmen wollen und dabei in einer geeigneten, erforderlichen und dem Erreichen dieses Zieles angemessenen Weise vorgegangen ist. Rache ist schon objektiv kein anerkennenswertes Interesse. Vielmehr legen die Umstände der Äußerung des E eine Schmähkritik nahe, welche generell nicht nach § 193 gerechtfertigt ist. Selbst wenn E hier tatsächlich eine eigene Meinung vertreten hat, was zweifelhaft ist, so hat er schon rein äußerlich nicht Kritik am Soldatenhandwerk im Allgemeinen äußern wollen, sondern erkennbar nur die persönliche Bloßstellung des A beabsichtigt.

Unter Würdigung der Gesamtumstände ist eine Rechtfertigung des E aus § 193 ausgeschlossen.

d) Schuld

E handelte schuldhaft.

e) Ergebnis

§ 185 ist also erfüllt.

3. Ergebnis für E im Tatkomplex B

E hat sich nach § 185 strafbar gemacht.

Der gem § 194 I erforderliche Strafantrag ist gestellt. Ein Fall des § 194 III 1 (Antragsrecht des Dienstvorgesetzten) ist nicht gegeben, da E den A nur persönlich, nicht aber in Bezug auf dessen Dienst verletzt hat.

C. „Sie Steuerflüchtling" (Strafbarkeit der U)

1. § 185

Indem U dem E antwortete „Seien Sie ganz ruhig, Sie Steuerflüchtling!", könnte auch sie sich wegen Beleidigung strafbar gemacht haben. **61**

§ 185 erfasst sowohl herabwürdigende Werturteile als auch gegenüber dem Betroffenen ausgesprochene unwahre, ehrenrührige Tatsachenbehauptungen *(s o Problem Nr 11 Rn 52)*. Tatsachen sind Umstände, die dem Beweis zugänglich sind. Die Erfüllung des Straftatbestandes der Steuerhinterziehung ist beweisbar und die Verdächtigung daher eine Tatsachenbehauptung. Ehrenrührig ist eine Tatsache, die geeignet ist, den Betroffenen verächtlich zu machen und ihn in der öffentlichen Meinung herabzuwürdigen. Da der Vorwurf der Steuerhinterziehung geeignet ist, die Gesetzestreue und Ehrlichkeit des E in Frage zu stellen, ist von einer ehrverletzenden Wirkung bei Unwahrheit derartiger Behauptungen auszugehen. E hat die Steuerstraftat nicht begangen, also ist die Behauptung unwahr. Dem in der Formulierung „Steuerflüchtling" mitschwingenden herabwürdigenden Werturteil kommt gegenüber der Tatsachenbehauptung keine selbstständige Bedeutung zu[6].

Die Tatsachenbehauptung ist allerdings auch gegenüber Dritten erklärt worden, nämlich gegenüber den im Aufenthaltsraum anwesenden übrigen Personen. Ob dann lediglich der Anwendungsbereich des § 186 (üble Nachrede) eröffnet oder ob auch der objektive Tatbestand des (dann ggf subsidiären) § 185 erfüllt ist, kann jedoch dahingestellt bleiben, denn zumindest entfällt bei U der subjektive Tatbestand des § 185 mangels Vorsatzes. Im Gegensatz zu § 186 muss bei § 185 auch die Unwahrheit der behaupteten Tatsache vom Vorsatz des Täters umfasst sein[7]. U hat aber keine ernsthaften Zweifel an der Wahrheit der Zeitungsberichte gehegt und auf den Wahrheitsgehalt dieser Informationen vertraut, sodass selbst dolus eventualis ausscheidet[8].

U hat sich also nicht gem § 185 strafbar gemacht.

Kenner der Systematik der §§ 185 ff können in diesem Fall der Behauptung einer ehrenrührigen Tatsache über einen anderen in Anwesenheit von Dritten die Prüfung des § 185 ganz weglassen und sogleich § 186 erörtern (dementsprechend wurde auch oben bei der Strafbarkeit des E mit § 186 begonnen, s Rn 51).

---

6 Vgl S/S-*Lenckner/Eisele*, § 186 Rn 4.
7 *Wessels/Hettinger*, BT1 Rn 513.
8 Zur Abgrenzung Vorsatz – Fahrlässigkeit: *Wessels/Beulke/Satzger*, AT Rn 216 ff; *Beulke*, Klausurenkurs I [1] Rn 107.

2. § 186 Alt 1

a) Objektiver Tatbestand

62 Wie bereits dargelegt, handelt es sich bei der Bezichtigung „Seien Sie ganz ruhig, Sie Steuerflüchtling!" aufgrund des Bezuges zum entsprechenden Zeitungsartikel desselben Tages um eine Tatsachenbehauptung. Diese stellt E als Straftäter hin und ist somit geeignet, ihn verächtlich zu machen und in der öffentlichen Meinung herabzuwürdigen.

U hat diese ehrenrührige Behauptung, dass E ein Steuerflüchtling sei, in einem voll besetzten Aufenthaltsraum geäußert, sodass Dritte unschwer davon Kenntnis nehmen konnten. Dabei war die ehrverletzende Aussage den übrigen Gästen auch als solche eindeutig erkennbar. U hat daher den objektiven Tatbestand der üblen Nachrede erfüllt.

b) Subjektiver Tatbestand

U handelte bezüglich der Tatsachenbehauptung, ihrer ehrverletzenden Wirkung und der Wahrnehmung durch Dritte bzw durch die Öffentlichkeit mit Vorsatz. Eine Beleidigungsabsicht ist nicht erforderlich *(s o Rn 58)*.

c) Objektive Bedingung der Strafbarkeit

Eine Strafbarkeit aus § 186 entfällt, wenn der Wahrheitsbeweis bezüglich der Äußerung erbracht wird.

63 **Problem Nr 15: Behandlung der Nichterweislichkeit der Wahrheit der ehrenrührigen Tatsache iRd § 186**

(1) Einer im Vordringen befindlichen **Mindermeinung** (MK-*Regge/Pegel*, § 186 Rn 29; *Wessels/Hettinger*, BT1 Rn 501) zufolge muss der Täter hinsichtlich der Unwahrheit der von ihm behaupteten oder verbreiteten ehrenrührigen Tatsache **wenigstens sorgfaltspflichtwidrig** handeln.

Argument: Die gegenteilige herrschende Ansicht stellt an das tatbestandliche Unrecht zu geringe Anforderungen und wird so dem Schuldprinzip nicht gerecht.

(2) Nach zutreffender **herrschender Ansicht** (BGHSt 11, 273; *Rengier*, BT2 § 29 Rn 9) muss der Täter hinsichtlich der Nichterweislichkeit der Wahrheit der Tatsache keinen Vorsatz haben. Die Nichterweislichkeit ist nicht Tatbestandsmerkmal, sondern nur **objektive Bedingung der Strafbarkeit**, die generell nicht vom Vorsatz umfasst sein muss und die auch keinen Fahrlässigkeitsvorwurf verlangt.

Argument: Die oben unter (1) dargestellte Meinung öffnet Schutzbehauptungen Tür und Tor. Ebenso bewirkt sie eine Einschränkung des Opferschutzes gegen üble Nachrede.

Nicht das Opfer, sondern den Täter muss das Risiko einer ergebnislosen Wahrheitsforschung treffen. Zweifel gehen zulasten des Täters. Wer nicht beweisen kann, dass eine für einen anderen ehrenrührige Tatsachenbehauptung wahr ist, soll sie nicht aussprechen. Dies verlangt der Achtungsanspruch mündiger Bürger. Auf den Grundsatz „in dubio pro reo" soll sich der „Beleidiger" deshalb nicht zurückziehen können.

Zur Vertiefung: Wessels/Hettinger, BT1 Rn 499 ff.

64 U kann den Wahrheitsbeweis nicht führen. E ist unschuldig. Der Opferschutz gebietet, dass der nicht eindeutig einer Straftat Überführte auch nicht als Straftäter in den Augen

anderer dastehen darf, und zwar unabhängig davon, ob den bzgl der Unwahrheit der Tatsachenbehauptung unvorsätzlich handelnden Täter seinerseits ein Fahrlässigkeitsvorwurf trifft oder nicht. Das Risiko der Unwahrheit der geäußerten Tatsache geht also voll zulasten der U.

U hat den Tatbestand der üblen Nachrede erfüllt.

d) Rechtswidrigkeit

aa) Nothilfe, § 32

U könnte wegen Nothilfe gem § 32 gerechtfertigt sein.

Die von E ausgesprochene Beleidigung ihres Ehemannes *(s o Rn 56 ff)* stellte einen Angriff, dh eine durch menschliches Verhalten drohende Verletzung rechtlich geschützter Güter oder Interessen dar. Dieser war auch rechtswidrig, da er den Bewertungsnormen des Rechts objektiv zuwiderlief und nicht durch einen Erlaubnissatz gedeckt war. Allerdings ist zweifelhaft, ob dieser Angriff nach Abschluss der Äußerung des E noch gegenwärtig war. Ein Angriff ist nämlich nur dann gegenwärtig, wenn er unmittelbar bevorsteht, begonnen hat oder zumindest noch fortdauert. Jedenfalls war die Gegenbeleidigung nicht geeignet, geschweige denn erforderlich oder geboten, um diesen Angriff abzuwehren oder zu neutralisieren.

U ist nicht durch Nothilfe iSd § 32 gerechtfertigt.

Eine derart ausführliche Prüfung der Nothilfe kann auch unterbleiben. Ausreichend erscheint die bloße Feststellung des hier unproblematischen Ergebnisses, dass Nothilfe mangels Gegenwärtigkeit des Angriffes oder Geeignetheit des Gegenmittels ausscheidet.

bb) Notstandshilfe, § 34

Es müsste eine Notstandslage bestanden haben, dh eine gegenwärtige Gefahr für ein notstandsfähiges Rechtsgut, die nicht anders abgewendet werden kann als durch Einwirkung auf ebenfalls rechtlich anerkannte Interessen. Gegenwärtige Gefahr ist dabei ein Zustand, dessen Weiterentwicklung den Eintritt oder die Intensivierung eines Schadens ernstlich befürchten lässt, sofern nicht alsbald Abwehrmaßnahmen ergriffen werden.

Zwar ist die Ehre des A grundsätzlich ein notstandsfähiges Rechtsgut. Nach beendeter Äußerung des E bestand jedoch schon keine gegenwärtige Gefahr mehr für dieses Rechtsgut. Zudem war die Gegenbeleidigung der U zur Gefahrenabwendung weder geeignet noch erforderlich.

U ist auch nicht durch Notstandshilfe iSd § 34 gerechtfertigt.

Die Erörterung der Notstandshilfe kann auch ganz unterbleiben.

cc) Wahrnehmung berechtigter Interessen, § 193

Denkbar bleibt allein eine Rechtfertigung gem § 193. Jedoch fehlt es hier schon an einem objektiv berechtigten Interesse, das U bei der Äußerung hätte wahrnehmen wollen.

Zwar ist die Allgemeinheit an einer Aufklärung von Steuerstraftaten interessiert, hier bestand aber das hinter der Bezichtigung der U erkennbare Ziel nicht in einer öffentlichen Aufklärung, sondern in der Bloßstellung des E. U ist somit gar nicht mit dem Willen zur Wahrnehmung berechtigter Interessen tätig geworden, wie es § 193 voraussetzt.

Eine Rechtfertigung der U scheidet unter allen Gesichtspunkten aus.

e) Schuld

U handelte schuldhaft.

f) Ergebnis

U hat sich gem § 186 Alt 1 strafbar gemacht.

3. § 186 Alt 2

65 Da die ehrenrührige Tatsache im voll besetzten Aufenthaltsraum ausgesprochen wurde, könnte die Tat öffentlich begangen worden sein. Öffentlich ist eine Behauptung, wenn sie unabhängig von der Öffentlichkeit des fraglichen Ortes von einem größeren, individuell nicht begrenzten und durch nähere Beziehung nicht verbundenen Personenkreis unmittelbar wahrgenommen werden kann. Bei der Vielzahl von untereinander möglicherweise nicht bekannten Pensionsgästen ist dieses Merkmal zu bejahen. U handelte auch insoweit vorsätzlich. Sie hat sich folglich gem § 186 Alt 2 strafbar gemacht.

§ 186 Alt 2 ist eine Qualifikation[9], welche der Alt 1 der Vorschrift als lex specialis vorgeht.

4. § 187

66 U hat eine unwahre ehrenrührige Tatsache in Bezug auf E gegenüber Dritten geäußert. Das tat sie allerdings nicht „wider besseres Wissen", wie es § 187 voraussetzt. U hat sich folglich nicht wegen Verleumdung nach § 187 strafbar gemacht.

5. § 188

E ist keine im politischen Leben des Volkes stehende Person. Eine Strafbarkeit der U nach § 188 scheidet mithin aus.

6. Ergebnis für U im Tatkomplex C

U hat sich gem § 186 Alt 2 strafbar gemacht.

---

9 S/S-*Lenckner/Eisele*, § 186 Rn 8.

D. Straffreierklärung, § 199

In einem Gerichtsverfahren könnte der Richter die von E und U wechselseitig begangenen Beleidigungsdelikte für straffrei erklären, § 199.

E. Gesamtergebnis

A: § 240 – § 52 – § 223 I *(Rspr und Mindermeinung: § 255 – § 52 – § 223 I)* **67**
E: § 185
U: § 186 Alt 2

Definitionen zum Auswendiglernen

Angriff	iSv **§ 32** ist jede durch menschliches Verhalten drohende Verletzung rechtlich geschützter Güter oder Interessen *(Wessels/Beulke/Satzger, AT Rn 325)*.
Gegenwärtig	iSv **§ 32** ist der Angriff, der unmittelbar bevorsteht, begonnen hat oder noch fortdauert *(Wessels/Beulke/Satzger, AT Rn 328)*.
Rechtswidrig	iSv **§ 32** ist jeder Angriff, der den Bewertungsnormen des Rechts objektiv zuwiderläuft und nicht durch einen Erlaubnissatz gedeckt ist *(Wessels/Beulke/Satzger, AT Rn 331)*.
Notstandslage	iSv **§ 34** ist eine gegenwärtige Gefahr für Leben, Leib, Freiheit, Ehre, Eigentum oder ein anderes Rechtsgut, die nicht anders abgewendet werden kann als durch Einwirkung auf ebenfalls rechtlich anerkannte Interessen *(Wessels/Beulke/Satzger, AT Rn 299)*.
Gegenwärtige Gefahr	iSv **§ 34** ist ein Zustand, dessen Weiterentwicklung den Eintritt oder die Intensivierung eines Schadens ernstlich befürchten lässt, sofern nicht alsbald Abwehrmaßnahmen ergriffen werden *(Wessels/Beulke/Satzger, AT Rn 303)*.
Beleidigen	iSd **§ 185** ist die Kundgabe von Missachtung oder Nichtachtung *(Wessels/Hettinger, BT1 Rn 508)*.
Tatsachen	iSv **§§ 185 ff** sind konkrete Vorgänge oder Zustände der Vergangenheit oder Gegenwart, die wahrnehmbar in die Wirklichkeit getreten und infolgedessen dem Beweis zugänglich sind *(Wessels/Hettinger, BT1 Rn 492)*.
Werturteile	iSv **§ 185** sind lediglich subjektive Meinungen, die nicht von Tatsachen belegt werden *(Wessels/Hettinger, BT1 Rn 504)*.
Ehrenrührig	iSv **§§ 185 ff** ist eine Tatsache, wenn sie geeignet ist, den Betroffenen verächtlich zu machen oder ihn in der öffentlichen Meinung herabzuwürdigen *(Wessels/Hettinger, BT1 Rn 493)*.
Öffentlich	iSv **§ 186 Alt 2** ist eine Behauptung, wenn sie unabhängig von der Öffentlichkeit des fraglichen Ortes von einem größeren, individuell nicht begrenzten und durch nähere Beziehung nicht verbundenen Per-

	sonenkreis unmittelbar wahrgenommen werden kann *(S/S-Lenckner/ Eisele, § 186 Rn 19).*
Gewalt	iSd **§ 240 I** ist der körperlich wirkende Zwang durch die Entfaltung von Kraft oder durch eine physische Einwirkung sonstiger Art, die nach ihrer Zielrichtung, Intensität und Wirkungsweise dazu bestimmt und geeignet ist, die Freiheit der Willensentschließung oder Willensbetätigung eines anderen aufzuheben oder zu beeinträchtigen *(vgl BGHSt 41, 182, 183; Wessels/Hettinger, BT1 Rn 383).*
Nötigen	iSv **§ 240 I** heißt, dem Betroffenen ein seinem Willen widerstrebendes Verhalten (Handeln, Dulden oder Unterlassen) aufzuzwingen *(Wessels/Hettinger, BT1 Rn 380).*
Sachen	iSd **§§ 242 ff, 303** sind alle körperlichen Gegenstände ohne Rücksicht auf ihren wirtschaftlichen Wert *(Wessels/Hillenkamp, BT2 Rn 18 f, 74).*
Wegnahme	iSv **§§ 242 ff** ist der Bruch fremden Allein- oder Mitgewahrsams und die Begründung neuen, nicht notwendig, aber regelmäßig eigenen Gewahrsams *(Wessels/Hillenkamp, BT2 Rn 82).*
Gewahrsam	iSv **§§ 242 ff** ist die tatsächliche Sachherrschaft eines Menschen über eine Sache, die von einem natürlichen Herrschaftswillen getragen und deren Reichweite von der Verkehrsauffassung bestimmt wird *(Wessels/ Hillenkamp, BT2 Rn 85 mit der Forderung nach verstärkter Einbeziehung sozial-normativer Komponenten).*
Gewahrsamsbruch	iSd **§§ 242 ff** liegt vor, wenn die Sachherrschaft des bisherigen Gewahrsamsinhabers gegen seinen Willen oder zumindest ohne sein Einverständnis aufgehoben wird *(Wessels/Hillenkamp, BT2 Rn 115).*
Zueignungsabsicht	iSd **§§ 242 ff** ist die Absicht, sich oder einem Dritten die fremde Sache oder den in ihr verkörperten Sachwert anzueignen, gepaart mit dem Vorsatz, den Eigentümer zu enteignen *(Wessels/Hillenkamp, BT2 Rn 163 ff).*
Aneignung	iSd **§§ 242 ff** ist das – wenn auch nur vorübergehende – Einverleiben der fremden Sache selbst oder des in ihr verkörperten Sachwertes in das Vermögen des Täters oder eines Dritten *(Wessels/Hillenkamp, BT2 Rn 150 ff).*
Enteignung	iSd **§§ 242 ff** bedeutet die endgültige Ausschließung bzw Verdrängung des Eigentümers aus seiner wirtschaftlichen Position. Sie muss auf Dauer angelegt sein *(Wessels/Hillenkamp, BT2 Rn 150, 156 ff).*
Gebrauchsanmaßung	iSv **§ 248b** ist die nur vorübergehende Nutzung einer fremden Sache mit dem Ziel, sie dem Eigentümer nach der Nutzung zurückzugeben *(Wessels/Hillenkamp, BT2 Rn 157).*
Gewalt gegen eine Person	iSv **§ 249 I** ist die Ausübung körperlich wirkenden Zwanges durch eine unmittelbare oder mittelbare Einwirkung auf einen anderen, die nach der Vorstellung des Täters dazu bestimmt und geeignet ist, einen tatsächlich geleisteten oder erwarteten Widerstand zu überwinden oder unmöglich zu machen *(Wessels/Hillenkamp, BT2 Rn 347).*
Vis absoluta	iSv **§ 249 I** ist das Ausschalten der Willensbildung oder das Unmöglichmachen der Willensbetätigung durch Gewalt *(Wessels/Hettinger, BT1 Rn 396).*
Vis compulsiva	iSv **§ 249 I** ist das Hervorrufen eines bestimmten Willensentschlusses durch Gewalt *(Wessels/Hettinger, BT1 Rn 396).*

Vermögensverfügung	iSv **§ 253** [Tatbestandsvoraussetzung nach hL] umfasst jedes bewusste und willensgetragene Verhalten des Genötigten, das bei diesem selbst oder bei einem Dritten unmittelbar zu einer Vermögensminderung im wirtschaftlichen Sinne führt *(Wessels/Hillenkamp, BT2 Rn 714).*

Weitere einschlägige Musterklausuren

Zum Problem des Gewaltbegriffes:

Bock, WuV BT1 [2] S 59; *Böse/Keiser*, JuS 2005, 440; *Britz*, JuS 1997, 146; *Britz/Müller-Dietz*, Jura 1997, 313; *Gössel*, [1] S 33; *Gropp/Küpper/Mitsch*, [11] S 203; *Hartmann*, JA 1998, 946; *Hilgendorf*, Klausurenkurs II [1] Rn 3; *ders*, Klausurenkurs III [7] Rn 45; *Ingelfinger*, JuS 1998, 531; *Krahl*, JuS 2003, 1187; *Krüger/Steinhilper*, Jura 1981, 660; *Kudlich/Roy/Tyszkiewicz*, JA 2006, 779; *Meurer/Dietmeier*, Jura 1999, 643; *Müller/Schmoll*, JA 2013, 756; *Niederle*, [19] S 68; *Perron/Bott/Gutfleisch*, Jura 2006, 706; *Rosenau/Witteck*, Jura 2002, 781; *Rudolphi*, [5] S 52; *Rüping/Kamp*, JuS 1976, 660; *Samson*, St1 [11] S 63; *Schott*, Jura 2001, 854; *Wittig*, in: *Coester-Waltjen* ua (Hrsg), Examensklausurenkurs I, S 45

Zum Problem der Aneignung und Enteignung iRd Zueignungsabsicht:

Berkl, JA 2006, 276; *Beulke*, Klausurenkurs III [9] Rn 399; *Börner*, Jura 2003, 855; *Esser/Scharnberg*, JuS 2012, 809; *Fahl*, JA 2012, 906; *Gössel*, [9] S 154; *Graul*, JuS 1999, 562; *Kudlich/Roy/Tyszkiewicz*, JA 2006, 779; *Kunz*, Jura 1997, 152; *Meurer/Dietmeier*, Jura 1999, 643; *Poller/Härtl*, JuS 2004, 1075; *Rotsch*, Jura 2004, 777; *Rotsch*, Klausurenlehre Rn 1353; *Roxin/Schünemann/Haffke*, [9] S 175; *Theiß/Winkler*, JuS 2006, 1083; *Wolters*, [4] S 85

Zum Problem der Abgrenzung Raub – Erpressung:

Berkl, JA 2006, 276; *Beulke*, Klausurenkurs III [9] Rn 399; *Berz*, JA 1990, 246; *Bock*, WuV AT [3] S 59, [10] S 281; *ders*, WuV BT2 [5] S 120, [6] S 155; *Böse/Keiser*, JuS 2005, 440; *Borsci*, JA 2013, 187; *Chowdhury/Meier/Schröder*, [5] S 107; *Eifert*, JuS 1993, 1032; *Ensenbach*, Jura 2011, 787; *Esser*, Jura 2004, 273; *Frister*, [2] S 25; *Gössel*, [6] S 108, [14] S 229; *Graul*, Jura 2000, 204; *dies*, JuS 1999, 562; *Grebing*, Jura 1980, 91; *v. Heintschel-Heinegg*, [16] S 218; *Helmrich*, JA 2006, 351; *Hilgendorf*, Klausurenkurs II [12] Rn 23; *Hohmann*, JuS 1994, 860; *Ingelfinger*, JuS 1998, 531; *Jäger*, JA 2007, 604; *Käßner/Seibert*, JuS 2006, 810; *Kaspar*, JuS 2012, 628; *Krehl*, Jura 1989, 646; *Kretschmer*, Jura 2006, 219; *Kudlich/Roy/Tyszkiewicz*, JA 2006, 779; *Kühl/Schramm*, JuS 2003, 681; *Küper*, Jura 1983, 206; *Ladiges/Kneba*, JuS 2013, 622; *Laubenthal*, Jura 1989, 99; *Mitsch*, JA 1997, 655; *ders*, JuS 2007, 555; *Morgenstern*, Jura 2008, 627; *Namavicius*, JA 2007, 190; *Niederle*, [7] S 29; *Otto*, Jura 2008, 954; *Puschke*, ZJS 2013, 285; *Radtke/Matula*, JA 2012, 265; *Ranft*, Jura 1993, 487; *ders*, JuS 1993, 856; *Rotsch*, Klausurenlehre Rn 1897; *Rudolphi*, [1] S 1; *Schmitt*, Jura 1986, 492; *Schulz/Richter*, JuS 1985, 798; *Schwabe*, BT2 [8] S 124, [9] S 136; *Sonnen/Mitto/Nugel*, [11] S 106; *Sternberg-Lieben/Sternberg-Lieben*, JuS 2002, 576; *Strauß*, [16] S 117, [19] S 137; *Swoboda*, Jura 2007, 224; *Tag*, JuS 1996, 904; *Weber*, JuS 1988, 885; *Werner, K.*, JuS 1991, 576; *Werner, S.*, Jura 1990, 599; *Wolter*, JA 2008, 605; *Wolters*, [4] S 85

Zum Problem der Beleidigungsdelikte (§§ 185–187):

Bock, WuV BT1 [3] S 93; *Esser/Krickl*, JA 2008, 787; *Hilgendorf*, Fallsammlung [10] S 70; *ders*, Klausurenkurs II [3] Rn 11; *Kaspar*, JuS 2005, 526; *Krahl*, JuS 2003, 1187; *Meyer*, JuS 1988, 554; *Morgenstern*, JuS 2006, 251; *Müller/Raschke*, Jura 2011, 305; *Roxin/Schünemann/Haffke*, [11] S 205; *Samson*, St1 [12] S 69; Schlüter-*Niehaus*, [21] S 295; *Schwind/Franke/Winter*, [2. Hausarbeit] S 63; *Steinberg/Blumenthal*, ZJS 2011, 81; *Wagner*, [12] S 122

Zum Problem der Abgrenzung Tatsachenbehauptung – Werturteil bei §§ 185 ff:

Hilgendorf, Klausurenkurs II [8] Rn 2; *Kaspar*, JuS 2005, 526; *Meyer*, JuS 1988, 554; *Rüping/Kamp*, JuS 1976, 660; *Welp*, JuS 1983, 865

Zum Problem der Beleidigung von Personengemeinschaften und Beleidigung unter einer Kollektivbezeichnung:

Bock, WuV BT1 [3] S 93; *Chowdhury/Meier/Schröder*, [8] S 189; *Gössel*, [1] S 33; *Hilgendorf*, Klausurenkurs II [8] Rn 25; *Kaspar*, JuS 2005, 526; *Reinbacher*, Jura 2007, 382; *Reinhardt*, ZJS 2013, 493; *Schmitt*, JuS 1968, 468

Zum Problem des § 193 bei Meinungsäußerungen:

Dreher, JuS 2007, 459; *Ellbogen/Richter*, JuS 2002, 1192; *Hilgendorf*, Klausurenkurs II [8] Rn 19; *Kaspar*, JuS 2005, 526; *Meyer*, JuS 1988, 554; *Schmitt*, JuS 1968, 468; *Swoboda*, Jura 2007, 224; *Welp*, JuS 1983, 865

Zum Problem der Behandlung der Nichterweislichkeit der Wahrheit der ehrenrührigen Tatsache iRd § 186:

Fabricius/Zurwonne, Ad Legendum 2012, 201; *Gülzow*, Jura 1983, 102; *Kaspar*, JuS 2005, 526; *Meyer*, JuS 1988, 554; *Welp*, JuS 1983, 865

Fall 3

Frühstück bei Tiffany

Der finanzschwache A logiert im Hotel Garni „Tiffany“ zum Übernachtungspreis von 40 € inklusive Frühstück. Versehen mit einem Barvermögen von 250 € und einigen wertlosen Habseligkeiten (Schlafanzug, Waschzeug, etc) erklärt er beim Eintreffen dem Wirt W, er wolle vier Tage bleiben. Obwohl A bei seinem ersten nächtlichen Streifzug durch die Altstadt sein gesamtes Bargeld verjubelt, verbleibt er die gebuchten vier Nächte im „Tiffany“, wo er auch jeweils das opulente Frühstück zu sich nimmt. Am vierten Tag verlässt A ohne zu bezahlen mit seinen Habseligkeiten das Haus, während sich W gerade im Frühstücksraum zu schaffen macht. **68**

Wenige Wochen später entdeckt W zufällig den A als Mitferiengast auf Norderney. Als A sein erstes Surftraining absolviert, begibt sich W zu den am Strand liegenden Sachen des A und entnimmt dessen Brieftasche einen 50-Euro-Schein. Ferner findet er noch ein Goldkettchen des A im Werte von etwa 100 €, das er ebenfalls einsteckt. W ist der festen Ansicht, dass ihm das Bargeld zustehe. Wegen der gegen A bestehenden Forderung gehöre ihm de facto der 50-Euro-Schein. Bezüglich des Kettchens ist er zwar über die Rechtslage unsicher, er hält sein Verhalten aber zumindest für moralisch gerechtfertigt. Während dieses Geschehens hat F, die Freundin des A, die alles mitbekommen hat, ihre Arbeiten am Bau einer Sandburg fortgesetzt.

Wie haben sich die Beteiligten strafbar gemacht?

Evtl erforderliche Strafanträge sind gestellt.

Gedankliche Strukturierung des Falles (Kurzlösung)

69 **A. Das Einbuchen im „Tiffany" (Strafbarkeit des A)**

1. § 263 I (A ggü W, zulasten des W, zugunsten des A) (–)
- Täuschungshandlung (–)

2. Ergebnis für A im Tatkomplex A
A ist straflos.

B. Inanspruchnahme der Hotelleistungen nach Zahlungsunfähigkeit (Strafbarkeit des A)

1. § 263 I (A ggü W, zulasten des W, zugunsten des A) (–)

a) Objektiver Tatbestand (–)
- Täuschungshandlung durch schlüssiges Verhalten/Unterlassen (–)

Problem Nr 16: Täuschungshandlung und Aufklärungspflicht bei nachträglich eingetretener Leistungsunfähigkeit im Rahmen von Austauschverträgen (Rn 72)

b) Ergebnis

2. § 242 I (–)

3. § 246 I (–)

4. § 123 I (–)

5. Ergebnis für A im Tatkomplex B
A ist straflos.

C. Die Abreise (Strafbarkeit des A)

1. § 263 I (A ggü W, zulasten des W, zugunsten des A) (–)
- Täuschungshandlung (–)

2. § 289 I (–)
- eigene Sachen (+)
- Pfandgläubiger (–)

3. Ergebnis für A im Tatkomplex C
A ist straflos.

D. Der 50-Euro-Schein (Strafbarkeit des W)

1. § 242 I (–)

a) Objektiver Tatbestand (+)
- fremde bewegliche Sache (+)
- Wegnahme (+)

Problem Nr 17: Beobachtete Wegnahme (Rn 79)

b) Subjektiver Tatbestand (–)
- Vorsatz (+)
- Zueignungsabsicht (+)
- Rechtswidrigkeit der geplanten Zueignung (–)

Problem Nr 18: Rechtswidrigkeit der Zueignung bei fälligem Anspruch auf die Geldsumme (Rn 81)

Problem Nr 19: Irrtum über die Rechtswidrigkeit der Zueignung (Abgrenzung von Tatbestands- und Verbotsirrtum) (Rn 83)

c) Ergebnis

2. § 246 I Alt 1 (–)
- Tatbestandsirrtum, § 16 I 1 (+)

3. Ergebnis für W im Tatkomplex D
W ist straflos.

E. Das Goldkettchen

I. Strafbarkeit des W

1. § 242 I (+)

a) Objektiver Tatbestand (+)
- fremde bewegliche Sache (+)
- Wegnahme (+)

b) Subjektiver Tatbestand (+)
- Vorsatz (+)
- Zueignungsabsicht (+)
- Rechtswidrigkeit der geplanten Zueignung (+)
- Tatbestandsirrtum, § 16 I 1 (–)

c) Rechtswidrigkeit (+)

d) Schuld (+)
- Verbotsirrtum, § 17 (+)
  - unvermeidbarer Verbotsirrtum, § 17 S 1 (–)
  - vermeidbarer Verbotsirrtum mit fakultativer Strafmilderung, § 17 S 2 (+)

e) Ergebnis

2. § 246 I (+)
- aber subsidiär

3. Ergebnis für W im Tatkomplex E
W hat sich gem §§ 242 I, 17 S 2, 49 I strafbar gemacht.

II. Strafbarkeit der F

1. §§ 242 I, 13 I (–)
- Schwerpunkt auf Unterlassen (+)
- Erfolg des § 242 I (+)
- Nichtvornahme der gebotenen Handlung trotz physisch-realer Abwehrmöglichkeit (+)
- Kausalität (+)
- Garantenpflicht (–)

2. Ergebnis für F im Tatkomplex E
F ist straflos.

F. Gesamtergebnis

A: straflos
F: straflos
W: §§ 242 I, 17 S 2, 49 I

Ausführliche Lösung von Fall 3

A. Das Einbuchen im „Tiffany“ (Strafbarkeit des A)

1. § 263 I (A gegenüber W, zulasten des W, zugunsten des A)

Wird ein Betrug geprüft, sollte wegen der Möglichkeit des Auseinanderfallens von Getäuschtem, Geschädigtem und Bereichertem bei Dreieckskonstellationen bereits in der Überschrift angezeigt werden, gegenüber wem, zu wessen Lasten und zu wessen Gunsten der Betrug erfolgt sein könnte. **70**

Man könnte auch mit § 242 beginnen und dann im Rahmen der Prüfung der Wegnahme darlegen, dass keine Wegnahme, sondern eine Vermögensverfügung iSv § 263 vorliegt.

A könnte sich dadurch, dass er erklärte, er wolle vier Tage lang im Hotel Garni „Tiffany“ logieren, wegen Betruges strafbar gemacht haben.

A müsste den W über Tatsachen getäuscht haben. Tatsachen sind konkrete Vorgänge oder Zustände der Vergangenheit oder Gegenwart, die dem Beweis zugänglich sind, wobei Tatsachen sowohl zum Bereich der Außenwelt als auch zum Bereich der Innenwelt gehören können. Zukünftige Ereignisse fallen hingegen nicht unter den Begriff der Tatsache. Eine Täuschung begeht, wer falsche Tatsachen vorspiegelt oder wahre Tatsachen entstellt oder unterdrückt.

Mit der Eingehung einer vertraglichen Verpflichtung ist in der Regel die stillschweigende Erklärung des Schuldners verbunden, dass der Vertrag auch erfüllt wird.[1] Indem A sich für vier Tage im Hotel einbuchte, erklärte er also konkludent, zahlungsfähig und -willig zu sein. Die Zahlungsfähigkeit und -willigkeit im Zeitpunkt des Vertragsschlusses sind dem Beweis zugängliche Zustände, wobei die momentane Zahlungsfähigkeit eine äußere Tatsache, die Zahlungswilligkeit dagegen eine innere Tatsache darstellt. Im Zeitpunkt der Erklärung war A jedoch zahlungsfähig und -willig, sodass er keine der Wirklichkeit nicht entsprechenden Tatsachen vorgetäuscht hat. Seine spätere Zahlungsunfähigkeit ist ein zukünftiges Ereignis, das vom Begriff der Tatsache nicht umfasst ist.

A hat sich daher durch die Erklärung bei seiner Ankunft nicht wegen Betruges strafbar gemacht.

2. Ergebnis für A im Tatkomplex A

A ist straflos.

1 Ausführlich zum Ausmaß stillschweigender Erklärungen BGHSt 51, 165, 168 ff [Fall „Hoyzer“].

B. Inanspruchnahme der Hotelleistungen nach Zahlungsunfähigkeit (Strafbarkeit des A)

Die Aufteilung in die Tatkomplexe „Einbuchen" und „Bleiben" hat den Vorteil, dass die Täuschungshandlung und das Vorsatzproblem besonders klar herausgearbeitet werden können. Selbstverständlich ist es auch zulässig, beide Handlungen in einem einheitlichen Tatkomplex (das Geschehen im Hotel) zusammenzufassen.

1. § 263 I (A gegenüber W, zulasten des W, zugunsten des A)

71 A könnte einen Betrug begangen haben, indem er den W nicht über seine nachträglich eingetretene Zahlungsunfähigkeit aufklärte und weiterhin die Hotelleistungen in Anspruch nahm.

a) Objektiver Tatbestand

Zu prüfen ist, ob A eine Täuschungshandlung begangen hat. Das wäre der Fall, wenn der weiteren Inanspruchnahme der Hotelleistungen die unwahre Behauptung zu entnehmen war, er, A, sei weiterhin zahlungsfähig und -willig.

72 **Problem Nr 16: Täuschungshandlung und Aufklärungspflicht bei nachträglich eingetretener Leistungsunfähigkeit im Rahmen von Austauschverträgen**

(1) Nach einer **Mindermeinung im Schrifttum** (*Hirsch*, NJW 1969, 853; *Maurach/Schroeder/Maiwald*, BT1 § 41 Rn 42) ist der Entgegennahme weiterer Vorleistungen die **schlüssige Erklärung** zu entnehmen, weiterhin zur Zahlung in der Lage und bereit zu sein. Wenn der Vertragspartner tatsächlich inzwischen in Vermögensverfall geraten ist, liegt also eine Täuschung durch positives Tun über den Fortbestand der Leistungsfähigkeit und -bereitschaft vor.

Argument: Der Wirtschaftsverkehr weist bei langen Dauerschuldverhältnissen den Partnern Offenbarungspflichten über die Zahlungsfähigkeit zu, sodass der objektive Erklärungsinhalt im Zeitpunkt der Entgegennahme über ein bloßes Unterlassen der Aufklärung über wirtschaftliche Schwierigkeiten hinausgeht.

(2) Die **frühere Rechtsprechung** des BGH (BGHSt 6, 198) ging zwar davon aus, dass die Entgegennahme der Leistung keine schlüssige Erklärung über das Bestehen der Zahlungsfähigkeit enthält, dass vielmehr von einem **Unterlassen** auszugehen ist. Im Einzelfall kann sich jedoch auch ohne ausdrückliche Spezialregelung im Vertrag eine **Pflicht** ergeben, den vorleistungspflichtigen Vertragspartner über die eigene Leistungsunfähigkeit **aufzuklären**.

Argument: Bei sehr hohen Vorleistungswerten stellt es einen Verstoß gegen Treu und Glauben (§ 242 BGB) dar, den Vertragspartner weiterhin erfüllen zu lassen, obwohl er keinen Gegenwert erhalten wird. Dies ist eine ungeschriebene Nebenpflicht aus dem Vertrag.

Ferner ergibt sich eine Aufklärungspflicht aus vorangegangenem Tun: Der Vertragsschluss bildet die Ursache für das Vertrauen des Vertragspartners, dass die ursprünglich richtige Vorstellung von der Leistungsfähigkeit des Vertragsgegners auch berechtigt bleibt.

(3) Nach **heute ganz herrschender Lehre** (*Kindhäuser*, BT2 § 27 Rn 24 ff; *Krey/Hellmann/M. Heinrich*, BT2 Rn 507 ff, 519; *Küper*, BT S 288; *Lackner/Kühl*, § 263 Rn 9; LK-*Tiedemann*, [11. Aufl] § 263 Rn 39; MK-*Hefendehl*, § 263 Rn 190; *Rengier*, BT1 § 13 Rn 26; *Wessels/Hillenkamp*, BT2 Rn 498, 505 ff), der sich inzwischen auch die **Rechtsprechung** (BGHSt 46,

196, 202) angeschlossen hat, ist – im Gegensatz zur Rechtslage bei Abschluss des Vertrages bei der BGHSt 51, 165, 173 im Zweifel positives Tun annimmt – von einem **Unterlassen** auszugehen, das idR keine Täuschungshandlung iSd § 263 darstellt, weil für den Leistungsempfänger keine Offenbarungspflicht besteht. Eine Rechtspflicht zur Aufklärung ist nur in Ausnahmefällen anzuerkennen, nämlich dann, wenn sie sich auf Umstände bezieht, die für die Willensentschließung des anderen erkennbar von wesentlicher Bedeutung sind, **und** wenn im Einzelfall Besonderheiten vorliegen, die ein Verschweigen dieser Umstände als eine nach Sozialüblichkeit und Gepflogenheit des redlichen Geschäftsverkehrs unzulässige Überbürdung des Geschäfts- und Orientierungsrisikos erscheinen lassen. Dafür ist die Gefahr eines besonders großen Schadens, eines übereilten Entschlusses durch einen geschäftlich ganz Unerfahrenen oder gar das Bestehen besonderer Beziehungen im zwischenmenschlichen Bereich jeweils für sich **kein** hinreichender Grund. Offenbarungspflichten kommen jedoch dann in Betracht, wenn die Vertragsanbahnung erkennbar mit der **Erwartung einer fachkundigen Beratung** verbunden ist oder wenn das Vertragsverhältnis gerade dem **Zweck** dient, den anderen Teil **vor Schaden zu bewahren**.

Der Sache nach kann man auch mit der Frage beginnen, ob eine **konkludente Erklärung** vorliegt, eine solche dann aber nur bejahen, wenn eine Aufklärungspflicht besteht. Sofern das nicht der Fall ist – wie zB bei der bloßen Entgegennahme früher vereinbarter Leistungen –, entfällt auch auf diesem Weg die Täuschungshandlung iSv § 263 (vgl BGH NStZ 2002, 144; LK-*Lackner* [10. Aufl], § 263 Rn 28 ff).

Argument: Es widerspricht dem Bestimmtheitsgebot (Art 20 III GG), wenn die unter (1) dargestellte Ansicht jede Vertragsbeziehung als ausreichende Grundlage für die Bejahung von Aufklärungspflichten ansieht oder aus § 242 BGB eine generelle Offenbarungspflicht ableitet. Nicht jede schlichte zivilrechtliche Vertragswidrigkeit ist ein Betrug iSd § 263 StGB, weil sonst weite Teile des Wirtschaftsverkehrs ohne Notwendigkeit pönalisiert würden. Dies liefe dem ultima-ratio-Gedanken des Strafrechts zuwider. Die zivilrechtlichen Schutzmöglichkeiten reichen aus, um die Interessen des Geschäftspartners zu wahren (insbes durch Eigentumsvorbehalt). Derjenige, der Verträge schließt, bei denen jeder Teil seine Interessen und seinen Vorteil zu wahren sucht, darf nicht erwarten, dass sein Partner ihm das verkehrsübliche Geschäfts- und Orientierungsrisiko durch Aufdeckung all dessen abnimmt, was sich für ihn ungünstig auswirken könnte.

Zur Vertiefung: Wessels/Hillenkamp, BT2 Rn 505 ff; Hillenkamp, BT 28. Problem S 149 ff.

Hält man den Vertragspartner, der Vorleistungen empfängt, für verpflichtet, über eine nachträglich eingetretene Leistungsunfähigkeit aufzuklären, hat A eine Täuschungshandlung entweder durch schlüssiges Verhalten oder durch pflichtwidriges Unterlassen der gebotenen Aufklärung begangen. A könnte mithin – vorausgesetzt, die übrigen Tatbestandsmerkmale sind erfüllt – aus § 263 I bestraft werden. Diese Meinung, die eine generelle Aufklärungspflicht annimmt, geht jedoch zu weit, da nicht jede zivilrechtliche Vertragswidrigkeit einen Betrug darstellt (Strafrecht als ultima ratio). Eine Aufklärungspflicht lässt sich nur aus besonderen Umständen herleiten, nicht jedoch aus jedem Vertrag alltäglicher Art. Das Geschäfts- und Orientierungsrisiko wird vom Vorleistenden freiwillig übernommen und kann nur in Ausnahmefällen auf den anderen Vertragspartner verlagert werden. Da eine generelle Aufklärungspflicht somit abzulehnen ist und bei einem Beherbergungsvertrag über wenige Tage keine Besonderheiten ersichtlich sind, welche eine Ausnahme rechtfertigen würden[2], ist mit der überzeugenden herrschenden 73

2 OLG Hamburg NJW 1969, 335.

Meinung davon auszugehen, dass A rechtlich nicht verpflichtet war, den Irrtum des W über die fortbestehende Zahlungsfähigkeit durch einen Hinweis zu beseitigen. Mangels Aufklärungspflicht kann dem weiteren Verbleib im Hotel deshalb kein Aussagewert über die Leistungsfähigkeit entnommen werden. Dementsprechend liegt weder eine Täuschung durch schlüssiges Verhalten noch eine Täuschung durch pflichtwidriges Unterlassen vor.

Bei dieser Lösung wird offen gelassen, ob von einem Tun oder einem Unterlassen auszugehen ist. Selbstverständlich könnte auch zunächst dargelegt werden, dass ein Unterlassen vorliegt (Schwerpunkt des Verhaltens liegt in der Nichtoffenbarung des Vermögensverfalls), für eine Strafbarkeit jedoch die Garantenpflicht fehlt.

b) Ergebnis

A hat sich nicht gem § 263 I strafbar gemacht.

2. § 242 I

74 Durch die Inanspruchnahme der Hotelleistungen, insbes des Frühstücks, könnte sich A wegen Diebstahls strafbar gemacht haben.

Bis zur Entgegennahme der Speisen und Getränke handelt es sich zwar für A noch um fremde Sachen. W hat den Gewahrsam an den Speisen und Getränken aber freiwillig auf A übertragen. Es liegt daher ein tatbestandsausschließendes Einverständnis vor. Ein Irrtum des W über die fortbestehende Zahlungsfähigkeit ist dabei irrelevant.

Deshalb scheitert der Diebstahl am Merkmal der Wegnahme.

3. § 246 I

Die Entgegennahme der Speisen und Getränke durch A erfolgte aufgrund eines wirksamen Beherbergungs- bzw Bewirtungsvertrages. Daher liegt im Zeitpunkt der Entgegennahme keine rechtswidrige Zueignung vor.

Eine Unterschlagung durch den Verzehr scheidet aus, weil es sich bei den Speisen und Getränken dann nicht mehr um fremde Sachen und damit um taugliche Unterschlagungsobjekte handelte. Mit dem Servieren bzw Bereitstellen des Frühstücks hat W an seinen Gast ein Übereignungsangebot abgegeben, das dieser (konkludent) angenommen hat.

A hat sich nicht gem § 246 I strafbar gemacht.

4. § 123 I

75 Indem A im Hotel wohnte, ohne zahlungsfähig zu sein, könnte er einen Hausfriedensbruch begangen haben. Die Räume des Hotels gehören zum Schutzbereich des § 123 I. A müsste ohne oder gegen den Willen des Hausrechtsinhabers das Hotel betreten haben oder darin verblieben sein. Dies ist jedoch nicht der Fall, da W damit einverstanden war, dass A das Hotel betreten hatte und noch darin verweilte (tatbestandsausschließendes

Einverständnis). Ein Irrtum des W über die fortbestehende Zahlungsfähigkeit des A ist auch insoweit irrelevant.

Eine Strafbarkeit nach § 123 I entfällt.

5. Ergebnis für A im Tatkomplex B

A hat sich im Tatkomplex B nicht strafbar gemacht.

C. Die Abreise (Strafbarkeit des A)

1. § 263 I (A gegenüber W, zulasten des W, zugunsten des A)

Indem A am vierten Tag das Hotel ohne zu bezahlen verließ, könnte er sich wegen Betrugs strafbar gemacht haben. 76

Dazu müsste er den W getäuscht haben. Die Täuschung setzt jedoch schon begrifflich die Einwirkung auf die Vorstellung eines anderen voraus. A blieb hingegen unbemerkt, als er sich aus dem Haus schlich, sodass er gerade nicht auf die Vorstellung des W einwirkte.

Genauso wenig bestand für A die Rechtspflicht, den W über die falsche Vorstellung, A werde sich noch weiterhin im Hotel aufhalten, aufzuklären *(vgl o Rn 72 f)*. A hat folglich auch nicht durch Unterlassen getäuscht.

A hat sich nicht gem § 263 I strafbar gemacht.

2. § 289 I

Das Verlassen des Hotels könnte eine Pfandkehr iSv § 289 I darstellen. Die Habseligkeiten, mit denen A das Hotel verließ, sind eigene bewegliche Sachen iSd § 289 I. 77
A könnte diese Sachen dem W weggenommen haben. Dieses Merkmal ist hier – anders als beim Diebstahl (§ 242 I) – in einem sehr weit gefassten Sinn zu verstehen. Es setzt nur die räumliche Entfernung der Sache aus dem tatsächlichen Macht- und Zugriffsbereich des Rechtsinhabers voraus[3]. A hat die Sachen aus dem Macht- und Zugriffsbereich des W entfernt.

W müsste Inhaber eines der in § 289 I genannten Rechte gewesen sein. Gemäß § 704 S 1 BGB hat W als Gastwirt ein Pfandrecht an den eingebrachten Sachen des A. Allerdings verweist § 704 S 2 BGB auf § 562 I 2 BGB. Danach erstreckt sich das Pfandrecht nicht auf Sachen, die der Pfändung nicht unterworfen sind. Die Habseligkeiten des A sind von geringem Wert und dienen seinem persönlichen Gebrauch. Damit sind sie gem § 811 I Nr 1 ZPO unpfändbar. W hatte daher kein Pfandrecht an diesen Gegenständen.

Eine Pfandkehr ist somit nicht gegeben.

3 *Geppert*, Jura 1987, 433 f; *Lackner/Kühl*, § 289 Rn 3; Matt/Renzikowski-*Wietz*, § 289 Rn 3; aA: *Joecks*, St-K, § 289 Rn 3; S/S-*Heine*, § 289 Rn 8.

3. Ergebnis für A im Tatkomplex C

A hat sich im Tatkomplex C nicht strafbar gemacht.

D. Der 50-Euro-Schein (Strafbarkeit des W)

1. § 242 I

78 Indem W der Brieftasche des A den 50-Euro-Schein entnahm, könnte er sich wegen Diebstahls strafbar gemacht haben.

a) Objektiver Tatbestand

W müsste den Geldschein, eine für ihn fremde bewegliche Sache, weggenommen haben. Wegnahme bedeutet Bruch fremden und Begründung neuen Gewahrsams. Gewahrsam bezeichnet die tatsächliche, von einem Herrschaftswillen getragene Sachherrschaft eines Menschen über eine Sache. Dabei ist für die Beurteilung der Gewahrsamsverhältnisse nicht die körperliche Nähe zur Sache entscheidend, sondern maßgebend sind vielmehr die Anschauungen des täglichen Lebens[4]. Danach hebt eine vorübergehende Verhinderung der Ausübung tatsächlicher Gewalt den einmal begründeten Gewahrsam nicht auf, sondern lockert ihn lediglich. A hatte vor dem Surftraining die tatsächliche Sachherrschaft über den 50-Euro-Schein inne. Während des Surftrainings war er zwar nicht in der Lage, seine Sachherrschaft wirksam durchzusetzen. Aufgrund dieser vorübergehenden Verhinderung hat er seinen Gewahrsam jedoch nicht verloren, sondern seine Herrschaftsbeziehung war nur gelockert. Indem W den Geldschein an sich nahm, brach er den Gewahrsam des A und begründete mit der Verbringung des Scheins in seine körperliche Nahsphäre zugleich neuen eigenen Gewahrsam. Fraglich ist, welche Auswirkung die Tatsache hat, dass F den Vorgang bemerkte.

79 **Problem Nr 17: Beobachtete Wegnahme**

(1) Nach einer **Mindermeinung** (OLG Hamm NJW 1954, 523; ähnlich OLG Hamburg NJW 1960, 1920) begründet eine beobachtete Wegnahme nur einen Versuch.

Argument: Von Gewahrsamsbruch kann keine Rede sein, wenn ein eingriffsbereiter Dritter die Wegnahme „geschehen" lässt (vgl das Problem der Diebesfalle, hierzu ua LG Gera StraFo 2000, 358).

(2) Nach **überzeugender herrschender Ansicht** in Rechtsprechung und Schrifttum (BGHSt 16, 271; weiter BGH NStZ 2008, 624; OLG Düsseldorf NJW 1990, 1492; BayObLG NJW 1997, 3326; sowie *Wessels/Hillenkamp*, BT2 Rn 126; Beck OK-*Wittig*, § 242 Rn 25; MK-*Schmitz*, § 242 Rn 80) ist bei einem beobachteten Diebstahl wegen Vollendung zu bestrafen.

Argument: Diebstahl ist kein „heimliches Delikt". Die Gegenansicht führt zu der merkwürdigen und vom Gesetzgeber nicht gewollten Konsequenz, dass bei körperlicher Überlegenheit des eingriffsbereiten Dritten wegen Versuchs zu bestrafen ist, wegen Vollendung dagegen, wenn der Beobachtende gelähmt ist.

Zur Vertiefung: Wessels/Hillenkamp, BT2 Rn 126; Hillenkamp, BT 20. Problem S 99 ff.

---

4 OLG Karlsruhe NStZ-RR 2005, 140.

Falls F als eingriffsbereite Dritte einzustufen ist, was hier zweifelhaft ist, weil F unbekümmert den Bau ihrer Sandburg fortsetzte, verneint eine Mindermeinung die vollendete Wegnahme und bestraft nur wegen Versuchs. Diese Ansicht vermag jedoch nicht zu überzeugen, da Diebstahl kein „heimliches Delikt" ist. Richtiger Ansicht nach hat die Beobachtung eines Dritten keinen Einfluss auf die Vollendung der Wegnahme. Folglich hat W den Geldschein weggenommen. **80**

b) Subjektiver Tatbestand

W handelte vorsätzlich. Ferner hatte er Zueignungsabsicht, denn er wollte die Sache dem A auf Dauer entziehen und sich zumindest vorübergehend aneignen *(vgl Fall 2 Problem Nr 9 Rn 44)*. Fraglich ist, ob er auch in Bezug auf die Rechtswidrigkeit der Zueignung vorsätzlich handelte.

Merke: Die Rechtswidrigkeit der geplanten Zueignung ist ein Merkmal des objektiven Tatbestandes. Dementsprechend reicht insoweit jede Form von Vorsatz. Trotz des objektiven Charakters der Rechtswidrigkeit der Zueignung wird sie üblicherweise erst im Rahmen des subjektiven Tatbestandes geprüft, weil § 242 im objektiven Tatbestand gerade keine Zueignung verlangt und diese vielmehr nur als Bestandteil des subjektiven Tatbestandes (Zueignungsabsicht) ausgestaltet ist (überschießende Innentendenz). Es würde künstlich wirken im Rahmen des objektiven Tatbestandes schon einmal vorweg die „hypothetische" Frage anzusprechen, ob eine Zueignung rechtswidrig wäre, sofern der Täter sie (was erst im subjektiven Tatbestand zu prüfen wäre) beabsichtigt haben sollte.

Die Rechtswidrigkeit der Zueignung könnte entfallen, weil W aus dem Beherbergungsvertrag einen fälligen und einredefreien Anspruch auf Zahlung von 160 € hatte.

Problem Nr 18: Rechtswidrigkeit der Zueignung bei fälligem Anspruch auf die Geldsumme **81**

(1) Nach einer **älteren Auffassung** (*Hirsch*, JZ 1963, 149) handelt der Täter selbst dann in der Absicht **rechtswidriger** Zueignung, wenn er einen fälligen, einredefreien Anspruch auf Übereignung der konkret weggenommenen Sache hat.

Argument: Das Strafrecht schützt die Eigentumsordnung, dann muss aber auch der Anspruchsberechtigte die Eigentumslage so lange respektieren, bis ihm die Sache zu Eigentum übertragen wird. Dass der von der Eigentumsordnung gewollte Zustand hergestellt wird, trifft schon deshalb nicht zu, weil der Wegnehmende dadurch noch nicht zum Eigentümer wird. Zwar muss er die Sache nicht zurückgeben (Einrede des dolo agit, qui petit, quod statim redditurus est), dadurch entfällt aber die Widerrechtlichkeit des eigenmächtigen Vorgehens nicht.

(2) Nach der im Vordringen befindlichen **Wertsummentheorie** entfällt die Rechtswidrigkeit der Zueignung bei Geldschulden bereits, wenn der Täter einen Anspruch auf die entsprechende **Wertsumme** hat (*Lackner/Kühl*, § 242 Rn 27; *Roxin*, Mayer-FS, S 467; SK-*Hoyer*, § 242 Rn 103; S/S-*Eser/Bosch*, § 242 Rn 59; *Wessels/Hillenkamp*, BT2 Rn 202; *Rengier*, BT1 § 2 Rn 90).

Manche Autoren (*Gribbohm*, NJW 1968, 240) beschränken dies nicht einmal auf Geld, sondern lassen die Rechtswidrigkeit der Zueignung immer dann entfallen, wenn die Ausübung des Wahlrechts dem Schuldner keinen wirtschaftlichen Vorteil bringen kann, gleich ob eine Spezies-, Gattungs- oder Geldschuld vorliegt.

Argument: Rechtswidrig ist die Zueignung nur dann, wenn sie der Eigentumslage widerspricht, die materiell erreicht werden soll. Das ist zunächst einmal nicht der Fall, wenn der Täter einen fälligen Anspruch auf die Sache hat. Aber auch bei einer Wertsummenschuld bzw wenn das Wahlrecht wirtschaftlich bedeutungslos ist, muss die Rechtswidrigkeit der Zueignung entfallen, weil in der Verletzung des Auswahlrechts des Schuldners keine wirtschaftliche Interessenbeeinträchtigung liegt.

(3) Nach der überzeugenderen **herrschende Ansicht in Rechtsprechung** (BGHSt 17, 87) **und Schrifttum** (*Maurach/Schroeder/Maiwald*, BT1 § 33 Rn 53; MK-*Schmitz*, § 242 Rn 161; *Fischer*, § 242 Rn 50; *Schmidt/Priebe*, BT2 Rn 115) ist die beabsichtigte Zueignung nur dann nicht rechtswidrig, wenn ein fälliger, einredefreier **Anspruch auf Übereignung gerade dieser Sache** besteht. Bei Stückschulden ist dies der Fall; Gattungs- und Geldschulden müssen hingegen erst konkretisiert werden. Wird eine Sache aus der Gattung vor der Konkretisierung weggenommen, so verbleibt es trotz des Gattungsanspruchs bei der Rechtswidrigkeit der geplanten Zueignung.

Argument: Bei der Rechtswidrigkeit der Zueignung muss es darauf ankommen, ob dem Gläubiger die Sache de facto bereits „gehört". Dabei ist die zivilrechtliche Eigentumsordnung entscheidend. Auf bestimmte Sachen aus der Gattung, so zB auf bestimmte Geldscheine, hat der Gläubiger jedoch keinen Anspruch, denn die Auswahl bei Gattungsschulden gebührt gem § 243 I BGB dem Schuldner.

Zur Vertiefung: Wessels/Hillenkamp, BT2 Rn 202; Hillenkamp, BT 22. Problem S 110 ff.

82 Dass W einen Zahlungsanspruch aus dem Beherbergungsvertrag hat, bedeutet nicht, dass er bereits einen fälligen und einredefreien Anspruch auf Übereignung dieses konkreten Geldscheins gehabt hätte. Die Wertsummentheorie, die bei einem fälligen Anspruch die Rechtswidrigkeit der Zueignung verneint, überzeugt nicht, weil sie die zivilrechtliche Eigentumsordnung sowie das Auswahlrecht des Schuldners vernachlässigt. Die Rechtswidrigkeit der Zueignung ist also gegeben.

Fraglich erscheint allerdings, wie sich der Umstand auswirkt, dass W der Ansicht war, dass ihm das Bargeld zustehe, ihm der 50-Euro-Schein „de facto gehöre".

83 **Problem Nr 19: Irrtum über die Rechtswidrigkeit der Zueignung (Abgrenzung von Tatbestands- und Verbotsirrtum)**

(1) Nach der herkömmlichen Einstufung liegt es nahe, einen Irrtum in Bezug auf die Konkretisierungsbefugnis eher als einen **Verbotsirrtum** gem § 17 anzusehen, sodass auf der Schuldebene die Vermeidbarkeit zu prüfen und wegen der hohen Anforderungen, die daran üblicherweise gestellt werden, nämlich äußerste Gewissensanspannung und im Zweifel Einholung des Rates eines Rechtskundigen, wohl auch zu bejahen wäre (so zum Teil auch S/S-*Eser/Bosch*, § 242 Rn 65).

Argument: Es handelt sich um einen Irrtum über das Recht.

(2) Die **Rechtsprechung** nimmt zwar – wie dargelegt – bei Wegnahme eines Geldscheins bei gleichzeitigem Bestehen einer Geldforderung in gleicher Höhe die objektive Rechtswidrigkeit der Zueignung an, baut dem Täter jedoch insoweit eine goldene Brücke, als sie diesen Irrtum als **Tatbestandsirrtum** einstuft (BGHSt 17, 87; BGH NStZ 2008, 214; zust. LK-*Vogel*, § 16 Rn 49). Dies ist iE die sachgerechtere Lösung.

Argument: Wer als Gläubiger einer Geldforderung der Ansicht ist, dass er die im Besitz des Schuldners befindlichen Geldscheine als die ihm geschuldeten beanspruchen darf, hat eine

Vorstellung, die iE der Vorstellung desjenigen entspricht, der sich als Gläubiger einer Stückschuld nur über die Identität der von ihm weggenommenen Sache irrt. Letztere Fallgruppe ist unstreitig als Tatbestandsirrtum einzustufen.

Bei einem **Irrtum über ein normatives Tatbestandsmerkmal**, um den es sich hier handelt („Rechtswidrigkeit" der Zueignung), ist generell wie folgt zu unterscheiden: Ein Irrtum innerhalb der **Parallelwertung in der Laiensphäre** (Beispiel: Der Täter „hat nicht einmal laienmäßig erkannt", dass es sich bei einem Bierfilz um eine Urkunde handelt) wird als Tatbestandsirrtum gem § 16 bewertet. Liegt der Irrtum außerhalb der Parallelwertung der Laiensphäre (Beispiel: Der Täter erkennt laienmäßig, dass der Bierfilz zum Beweis dient, meint aber, echte Urkunden seien nur solche, die unterschrieben werden), ist ein nach § 17 zu behandelnder sog **Subsumtionsirrtum** gegeben. Insofern führt der Irrtum über ein normatives Tatbestandsmerkmal entgegen weitverbreiteter Ansicht, Irrtümer über Tatbestandsmerkmale müssten stets auch zum Tatbestandsirrtum führen, häufig gerade nicht zum Tatbestandsirrtum iSv § 16. Glaubt nun der Täter, er dürfe auch bei Gattungsschulden eigenmächtig zugreifen, so hat er das Unrecht der Tat zumindest laienmäßig erkannt und sein Irrtum liegt damit im Bereich des § 17. Glaubt der Täter aber, eine Geldschuld sei eine Stückschuld, so hat er nicht einmal laienmäßig erfasst, dass er irgendetwas getan hat, wozu er zivil- und strafrechtlich nicht befugt ist. Eine solche Vorstellung kann man der Bevölkerung – was der BGH nur andeutet – unterstellen. Dann hat der BGH Recht, wenn er einen **Tatbestandsirrtum** annimmt.

Zur Vertiefung: Wessels/Beulke/Satzger, AT Rn 242 f; Hillenkamp, BT 23. Problem S 114 ff.

Der Irrtum des W hinsichtlich seines Anspruchs auf den Geldschein kann als Irrtum über das normative Tatbestandsmerkmal „Rechtswidrigkeit" der Zueignung sowohl ein Tatbestands- als auch ein Verbotsirrtum sein. Es kommt darauf an, wie der Irrtum ganz konkret gestaltet war. Da W hier angenommen hat, er habe einen Stückschuldanspruch auf diesen Schein, hat er das Unrecht seines Tuns noch nicht einmal laienmäßig erkannt. Es liegt deshalb ein Irrtum innerhalb der Parallelwertung in der Laiensphäre vor, der als Tatbestandsirrtum gewertet wird. Da § 242 I in der Fahrlässigkeitsvariante nicht strafbar ist, führt dieser Tatbestandsirrtum gem § 16 zur Straflosigkeit. **84**

c) Ergebnis

W hat sich nicht gem § 242 I strafbar gemacht.

2. § 246 I

Unter Zueignung iSv § 246 I versteht man die Manifestation des Zueignungswillens[5]. **85**
Das Einstecken des Geldes stellte eine solche Manifestation des Zueignungswillens dar. In diesem Moment fehlte aber dem W wegen des Tatbestandsirrtums, der das normative Tatbestandsmerkmal der Rechtswidrigkeit der Zueignung umfasst, der Vorsatz. Eine Unterschlagung scheidet folglich aus.

3. Ergebnis für W im Tatkomplex D

W hat sich im Tatkomplex D nicht strafbar gemacht.

5 BGH StV 2013, 632; *Lackner/Kühl*, § 246 Rn 4; *Wessels/Hillenkamp*, BT2 Rn 309 ff.

E. Das Goldkettchen

I. Strafbarkeit des W

1. § 242 I

86 Indem W das Goldkettchen einsteckte, könnte er sich wegen Diebstahls strafbar gemacht haben.

a) Objektiver Tatbestand

Das Goldkettchen stand im Eigentum des A und war daher für W eine fremde bewegliche Sache. Er hat diese Sache weggenommen, dh den (lediglich gelockerten) Gewahrsam des A an dem Kettchen gebrochen und durch die Verbringung in die körperliche Nahsphäre neuen eigenen Gewahrsam begründet.

b) Subjektiver Tatbestand

W handelte vorsätzlich und mit Zueignungsabsicht.

Da W keinen Anspruch auf Übereignung genau dieses Goldkettchens hatte, war die geplante Zueignung auch objektiv rechtswidrig. Fraglich ist, ob W sich wiederum in einem den Vorsatz ausschließenden Irrtum nach § 16 I 1 befand. Dazu müsste er geglaubt haben, einen Anspruch auf Übereignung des Goldkettchens zu haben *(s o Problem Nr 19 Rn 83)*. W war sich jedoch über die Rechtslage unsicher und nicht fest davon überzeugt, einen Anspruch auf das Kettchen zu haben. Er hielt sein Handeln nur für moralisch gerechtfertigt. Der Glaube an die moralische Rechtfertigung genügt jedoch nicht für die Annahme eines Tatbestandsirrtums iSv § 16 I. W handelte mithin bzgl der Rechtswidrigkeit der geplanten Zueignung mit Vorsatz[6].

c) Rechtswidrigkeit

Ein Rechtfertigungsgrund für das Verhalten des W ist nicht erkennbar.

d) Schuld

W hielt sein Handeln für „moralisch gerechtfertigt“. Das ist so zu verstehen, dass er meinte, das Recht (nicht nur die Moral) sei auf seiner Seite. Er glaubte also irrigerweise an das Bestehen eines objektiv nicht existierenden Rechtfertigungsgrundes. Aufgrund dieses indirekten Verbotsirrtums fehlte ihm die Einsicht, Unrecht zu tun. Hätte er jedoch sein Gewissen im geforderten Ausmaß angespannt oder anderweitig Erkundigungen eingeholt[7], wäre der Irrtum vermeidbar gewesen. Die Vermeidbarkeit des Irrtums schließt die Entschuldigung des W gem § 17 S 1 aus und führt nur zur fakultativen Strafmilderung gemäß § 17 S 2.

---

6 Hinsichtlich der Rechtswidrigkeit der Zueignung iRd „Zueignungsabsicht“ genügt einfacher Vorsatz unter Einschluss von dolus eventualis. Absicht im technischen Sinne ist nur bzgl der Aneignungskomponente erforderlich, vgl *Wessels/Hillenkamp*, BT2 Rn 164, 203.

7 Vgl *Wessels/Beulke/Satzger*, AT Rn 466.

Wer den Sachverhalt so auslegt, dass A nur an eine „ethische" Rechtfertigung dachte (diese Auslegung halte ich auch für vertretbar), kann den Verbotsirrtum schon dem Grunde nach ablehnen.

e) Ergebnis

W hat sich gem § 242 I strafbar gemacht. Die Strafe kann aber gem §§ 17 S 2, 49 I gemildert werden.

Falsch wäre hingegen die in Klausuren immer wieder zu lesende Feststellung, ein vermeidbarer Verbotsirrtum sei „unbeachtlich", denn dabei wird die Strafzumessungsrelevanz übersehen.

2. § 246 I

Die zugleich verwirklichte Unterschlagung tritt aufgrund der formellen Subsidiaritäts- **87**
klausel (§ 246 I aE) hinter § 242 I zurück.

3. Ergebnis für W im Tatkomplex E

W hat sich gem § 242 I strafbar gemacht.

II. Strafbarkeit der F

1. §§ 242 I, 13 I

Dadurch, dass F nicht einschritt, als W das Goldkettchen des A einsteckte, könnte sie **88**
sich wegen Diebstahls durch Unterlassen strafbar gemacht haben. Ein positives Tun ist hier nicht erkennbar und zwar auch nicht in Form einer psychischen Unterstützung des Täters, denn W fühlte sich durch das Verhalten der F nicht in Bezug auf die Tatausführung bestärkt. Allein die Anwesenheit am Tatort begründet keine Strafbarkeit wegen psychischer Beihilfe[8].

F hat es unterlassen, gegen die Wegnahme einer fremden beweglichen Sache *(s o Rn 86)* vorzugehen, was ihr möglich gewesen wäre. Das Tatbestandsmerkmal der Wegnahme kann auch durch Unterlassen erfüllt werden. Zwar behauptet eine Mindermeinung, „Wegnahme" fordere immer ein aktives Handeln[9], hierfür ergeben sich jedoch aus dem Gesetzeswortlaut keinerlei Anhaltspunkte. Es ist üblich, dass Straftatbestände die Erfolgsherbeiführung durch Formulierungen umschreiben, die ein positives Tun nahe legen (zB töten in § 212). Gleichwohl ergibt sich aus § 13 die Möglichkeit der generellen Gleichstellung von Tun und Unterlassen. Aus dem Wesen des Diebstahlstatbestandes ergibt sich keine zwingende Ausnahme[10].

---

8 BGH wistra 2004, 180; *Wessels/Beulke/Satzger*, AT Rn 582; LK-*Schünemann*, § 27 Rn 16.
9 *Krey/Hellmann/M. Heinrich*, BT2 Rn 116.
10 Anders *Roxin*, Täterschaft S 481 f, der den Diebstahl durch Unterlassen unter Hinweis auf das subjektive Tatbestandsmerkmal der Zueignungsabsicht für unmöglich hält (Diebstahl als qualifiziertes Herrschaftsdelikt).

Fraglich ist, ob das Verhalten der F für den Erfolg kausal geworden ist. Kausal iSd Strafrechts ist jede Bedingung, die nicht hinweggedacht werden kann, ohne dass der Erfolg in der konkreten Gestalt entfiele (conditio sine qua non = sog Äquivalenztheorie). Speziell bei Unterlassungsdelikten bedeutet Kausalität, dass die rechtlich erwartete Handlung nicht hinzugedacht werden kann, ohne dass der tatbestandsmäßige Erfolg mit an Sicherheit grenzender Wahrscheinlichkeit entfiele. Ein Einschreiten der F – zB durch Festhalten oder Ansprechen des W – hätte den Erfolg des § 242 I sehr wahrscheinlich verhindert. Die Kausalität ist somit gegeben.

F müsste zudem Garantin für die Abwendung des tatbestandsmäßigen Erfolges gewesen sein. Der Umstand, dass es sich bei F um die Freundin des Bestohlenen handelt, gibt keine Veranlassung, hier bereits von einer engen natürlichen Verbundenheit zum Opfer – wie zB bei Ehegatten oder Verlobten[11] – auszugehen. Der F oblagen also keine besonderen Schutzpflichten bzgl des Eigentums des A.

b) Ergebnis

Mangels einer Garantenstellung samt Garantenpflicht hat sich F nicht gem §§ 242 I, 13 I strafbar gemacht.

2. Ergebnis für F im Tatkomplex E

F ist straflos.

F. Gesamtergebnis

89 **A:** straflos
F: straflos
W: §§ 242 I, 17 S 2, 49 I

Definitionen zum Auswendiglernen

Tatbestandsirrtum	iSv **§ 16 I 1** liegt vor, wenn der Täter bei Begehung der Tat einen Umstand nicht kennt, der zum gesetzlichen Tatbestand (dh zu den vorsatzbezogenen Merkmalen des objektiven Unrechtstatbestandes) gehört *(vgl Gesetzestext; Wessels/Beulke/Satzger, AT Rn 244, 455, 823).*
Subsumtionsirrtum	ist gegeben, wenn der Täter irrig glaubt, ein Merkmal, das er seinem Wesen nach kennt, falle nicht unter die gesetzliche Begriffsbestimmung *(vgl Wessels/Beulke/Satzger, AT Rn 242).*

11 *Wessels/Beulke/Satzger*, AT Rn 718.

Zueignung	iSv **§ 246 I** ist die Manifestation des Zueignungswillens *(Wessels/Hillenkamp, BT2 Rn 311).*
Täuschungshandlung	iSv **§ 263** ist das Vorspiegeln falscher Tatsachen oder die Entstellung oder Unterdrückung wahrer Tatsachen *(krit: Wessels/Hillenkamp, BT2 Rn 492).*
Tatsachen	iSd **§ 263** sind konkrete Vorgänge oder Zustände der Vergangenheit oder Gegenwart, die dem Beweis zugänglich sind *(Wessels/Hillenkamp, BT2 Rn 493).*
Wegnahme	iSd **§ 289 I** setzt keinen Gewahrsamsbruch, sondern nur die räumliche Entfernung der Sache aus dem tatsächlichen Macht- und Zugriffsbereich des Rechtsinhabers voraus *(Wessels/Hillenkamp, BT2 Rn 471).*

Weitere einschlägige Musterklausuren

Zum Problem der Täuschung durch Unterlassen bzw des Bestehens einer Aufklärungspflicht:

Beulke, Klausurenkurs III [5] Rn 198; *Bergmann*, JA 2008, 504; *Braum*, JuS 2004, 225; *Eisele*, Jura 2002, 59; *Heinrich*, Jura 1997, 366; *Kelker*, Jura 1996, 89; *Rotsch*, Klausurenlehre Rn 2548; *Schwabe*, BT2 [15] S 200

Zum Problem der beobachteten Wegnahme:

Brüning, ZJS 2010, 98; *Hilgendorf*, Klausurenkurs III [7] Rn 2; *Neubacher/Bachmann*, Jura 2010, 154; *Rotsch*, Klausurenlehre Rn 1713

Zum Problem der Abgrenzung Tatbestandsirrtum – Verbotsirrtum beim Irrtum über normative Tatbestandsmerkmale:

Beulke, Klausurenkurs III [4] Rn 155; *Breuer*, JA 1983, 203; *Cantzler*, JA 1999, 859; *Heinrich*, Jura 1999, 585; *Käßner/Seibert*, JuS 2006, 810; *Kipp/Kummer*, Jura 2008, 792; *Kudlich*, JuS 2003, 243; *Kudlich/Roy/Tyszkiewicz*, JA 2006, 779; *Kühl*, JuS 2007, 743; *Mitsch*, JuS 2007, 555; *Rotsch*, Klausurenlehre Rn 1353; *Roxin/Schünemann/Haffke*, [21] S 363; *Samson*, St1 [14] S 91, [15] S 93, [16] S 95; *Wahle*, JuS 1969, 428; *Walter/Schwabenbauer*, JA 2012, 504

Fall 4

Das Kaufhaus der unbegrenzten Möglichkeiten

90 Die A sucht für ihre beste Freundin F ein Geburtstagsgeschenk. Da sie aber stets knapp bei Kasse ist, ist sie wenig geneigt, für den Pullover, den sich die F schon lange wünscht, viel Geld auszugeben. So geht A in das Kaufhaus des K, wo sie einen Pullover im Wert von 170 € für die F auswählt. Mit diesem und noch einigen weiteren Pullovern in der Hand betritt sie eine Umkleidekabine. Nachdem sie dort den aus beigem Kunststoff bestehenden und mittels eines Funksystems am Ausgang wirkenden Warenanhänger am für die F ausgesuchten Pullover entfernt und achtlos in die Kabinenecke gelegt hat, zieht sie den ausgewählten Pullover und darüber ihre eigene Jacke an. Sodann geht A aus der Kabine, hängt die übrigen Pullover an ihren Ständer zurück und verlässt das Kaufhaus, ohne zu bezahlen. Der Warenanhänger wird später vom Verkaufspersonal gefunden und kann für die Zukunft weiter benutzt werden.

Die F freut sich sehr über das großzügige Geburtstagsgeschenk der A. Leider ergibt die sofortige Anprobe, dass der Pullover ihr nicht recht passt. Daraufhin schlägt die A der F vor, den Pullover gegen einen etwas größeren umzutauschen. Dabei ist die A sich durchaus bewusst, dass sie der F ein illegales Handeln vorschlägt, was sie aber in Kauf nimmt, da sie der F sonst ein anderes Geburtstagsgeschenk machen müsste. F, die davon ausgeht, dass die A den Pullover wirklich gekauft hatte, geht zum Zweck des Umtausches am nächsten Tag zu dem Kaufhaus, in dem A den Pullover entwendet hatte. Aufgrund einer Inventur, mit der auch die A nicht gerechnet hatte, ist das Kaufhaus jedoch den ganzen Tag geschlossen. F geht daher unverrichteter Dinge wieder nach Hause. In der Folgezeit vergisst die F zunächst die geplante Umtauschaktion und kann schließlich aufgrund einer erfolgreichen Diät ganz darauf verzichten, da ihr der geschenkte Pullover nun doch passt.

A möchte jedoch die Möglichkeiten des Kaufhauses erneut nutzen. Sie findet dort eine Uhr für 450 €, die in einer fest versiegelten Plastikdose verpackt ist. Unmittelbar daneben ist eine ebenso verpackte Uhr zum Preis von 50 € ausgestellt. Da A nur 50 € zur Verfügung hat, zieht sie in einem unbeobachteten Moment das Preisschild von der 450 € teuren Uhr ab und wirft es zerknüllt auf den Fußboden. Sodann entfernt sie von der 50 € teuren Uhr das Preisschild, das seinerseits eine Preisangabe und einen Scanncode enthält, und drückt es auf die Plastikschachtel, in der sich die 450 € teure Uhr befindet. Aufgrund des auf dem Streifen noch befindlichen Klebstoffs bleibt das Preisschild an der Schachtel haften. Auf den Preisschildern findet sich im Kleindruck jeweils auch der Name des Kaufhauses. An der Kasse zeigt A die jetzt mit 50 € ausgezeichnete Uhr vor. Erwartungsgemäß scannt die Kassiererin daraufhin eine Uhr zum Preis von nunmehr 50 €, und A kann nach Bezahlung dieser Summe das Kaufhaus als stolze Eigentümerin der neuen, wertvollen Uhr verlassen.

Wie haben sich A und F strafbar gemacht?

Evtl erforderliche Strafanträge sind gestellt.

Gedankliche Strukturierung des Falles (Kurzlösung)

91

A. Im Kaufhaus (Strafbarkeit der A)

1. **§ 242 I (+)**
   a) **Objektiver Tatbestand (+)**
   - fremde bewegliche Sache (+)
   - Wegnahme (+)

Problem Nr 20: Gewahrsamsbegründung in fremder Gewahrsamssphäre (Rn 93)

   b) **Subjektiver Tatbestand (+)**
   - Vorsatz (+)
   - Zueignungsabsicht (+)

Problem Nr 21: Eigen- oder Drittzueignungsabsicht, wenn der Täter die Sache weiterverschenken will (Rn 95)

   c) **Rechtswidrigkeit und Schuld (+)**
   d) **Strafzumessung, § 243 I 2 Nr 2 (–)**

Problem Nr 22: Warenanhänger als besondere Schutzvorrichtung iSd § 243 I 2 Nr 2 (Rn 97)

   e) **Strafantragserfordernis, § 248a (–)**
   f) **Ergebnis**
2. **§ 246 I (+)**
   - aber subsidiär
3. **§ 123 I Alt 1 (–)**
   a) **Objektiver Tatbestand (–)**
   - fremde Geschäftsräume (+)
   - Eindringen (–)

Problem Nr 23: Grenzen eines generellen Zutrittsrechts bei § 123 (Rn 100)

   b) **Ergebnis**
4. **§ 267 I (–)**
   - Urkunde (–)
5. **§ 303 I (+)**
   a) **Objektiver Tatbestand (+)**

Problem Nr 24: Sachbeschädigung durch Brauchbarkeitsminderung (Rn 104)

   b) **Subjektiver Tatbestand (+)**
   c) **Strafantragserfordernis, § 303 c (+)**
   d) **Ergebnis**
6. **§ 303a I (–)**
   - Daten (–)
7. **Ergebnis für A im Tatkomplex A**
   A hat sich strafbar gemacht gem § 242 I – § 52 – § 303 I.

B. Das Verschenken an F

I. Strafbarkeit der A

1. **§ 263 I (A ggü F, zulasten der F, zugunsten der A) (–)**
   - Täuschung (+)
   - Irrtum (+)
   - Vermögensverfügung (–)
   - Vermögensschaden (–)
2. **§ 259 I (–)**
   - ein anderer (–)
3. **§ 246 I (+)**
   a) **Objektiver Tatbestand (+)**

Problem Nr 25: Erneute Zueignung einer durch ein mit Zueignungsabsicht begangenes Vermögensdelikt erlangten Sache (Rn 108)

   b) **Subjektiver Tatbestand (+)**
   c) **Rechtswidrigkeit und Schuld (+)**
4. **Konkurrenz**
   - § 246 I tritt als mitbestrafte Nachtat hinter § 242 I zurück.
5. **Ergebnis für A im Tatkomplex B**
   A ist straflos.

II. Strafbarkeit der F

1. **§ 259 I (–)**
   - Vorsatz (–)
2. **Ergebnis für F im Tatkomplex B**
   F ist straflos.

C. Der Umtausch des Pullovers

I. Strafbarkeit der F

1. **§ 263 I (F ggü Verkaufspersonal, zulasten des K, zugunsten der F) (–)**
   - objektiver Tatbestand (–)
2. **§§ 263 I, II, 22, 23 I Alt 2 (F ggü Verkaufspersonal, zulasten des K, zugunsten der F) (–)**
   a) **Vorprüfung (+)**
   b) **Tatentschluss (–)**
   c) **Ergebnis**
3. **Ergebnis für F im Tatkomplex C**
   F ist straflos.

II. Strafbarkeit der A

1. **§§ 263 I, II, 22, 23 I Alt 2, 25 I Alt 2 (A ggü Verkaufspersonal, zulasten des K, zugunsten der F) (+)**
   a) **Vorprüfung (+)**
   b) **Tatentschluss (+)**
      aa) **Vorsatz bzgl der Merkmale des objektiven Tatbestandes (+)**
      - Täuschung durch F (+)
      - mittelbare Täterschaft durch vorsatzloses Werkzeug (+)
      - Irrtumserregung (+)

- Vermögensverfügung der Kassiererin (+)

Problem Nr 26: Der sog „Dreiecksbetrug" (Rn 113)

- Vermögensschaden des K (+)

bb) Absicht stoffgleicher rechtswidriger Bereicherung eines Dritten (+)

c) Unmittelbares Ansetzen (+)

Problem Nr 27: Versuchsbeginn bei mittelbarer Täterschaft (Rn 115)

d) Rechtswidrigkeit und Schuld (+)

e) Rücktritt, § 24 II (–)

f) Ergebnis

2. §§ 246 I, III, 22, 23 I Alt 2, 25 I Alt 2 (+)
- tritt als mitbestrafte Nachtat hinter § 242 I zurück

3. Ergebnis für A im Tatkomplex C

A hat sich gem §§ 263 I, II, 22, 23 I Alt 2, 25 I Alt 2 strafbar gemacht.

D. Die Geschehnisse um die Uhr (Strafbarkeit der A)

1. § 242 I (–)
- Wegnahme (–)

2. § 263 I (A ggü der Kassiererin, zulasten des K, zugunsten der A) (+)

a) Objektiver Tatbestand (+)
- Täuschung (+)
- kausaler Irrtum der Kassiererin (+)
- kausale Vermögensverfügung durch Kassiererin (+)
- kausaler Vermögensschaden bei K (+)

b) Subjektiver Tatbestand (+)
- Vorsatz (+)
- Absicht stoffgleicher rechtswidriger Bereicherung (+)

c) Rechtswidrigkeit und Schuld (+)

d) Ergebnis

3. § 267 I (+)

a) Objektiver Tatbestand

aa) Verfälschen einer echten Urkunde, Var 2 (+)
- Urkunde (+)
- Verfälschen (+)

Problem Nr 28: Anforderungen an das Verfälschen von Urkunden iSv § 267 I Var 2 (Rn 121)

bb) Herstellen einer unechten Urkunde, Var 1 (+)
- tritt aber hinter Var 2 zurück

cc) Gebrauchmachen von einer unechten/verfälschten Urkunde, Var 3 (+)

b) Subjektiver Tatbestand (+)
- Vorsatz (+)
- Täuschungsabsicht (+)

c) Verhältnis von Var 2 zu Var 3

Problem Nr 29: Konkurrenzverhältnis zwischen Herstellen bzw Verfälschen und Gebrauchmachen bei § 267 (Rn 123)

- Verfälschen und Gebrauchmachen sind eine Tat

d) Ergebnis

4. § 274 I Nr 1 bzgl 450 €-Preisschild (+)

a) Objektiver Tatbestand (+)
- Urkunde (+)
- nicht oder nicht ausschließlich gehören (+)
- Vernichtung (+)

b) Subjektiver Tatbestand (+)
- Vorsatz (+)
- Nachteilszufügungsabsicht (+)

c) Ergebnis

5. § 274 I Nr 1 bzgl 50 €-Preisschild (+)
- Urkundenbeschädigung (+)

6. § 303 I (+)

7. § 303a I (–)

8. Konkurrenzen

9. Ergebnis für A im Tatkomplex D

A hat sich gem § 263 I – § 52 – § 267 I Var 3 strafbar gemacht.

E. Gesamtkonkurrenzen

F. Gesamtergebnis

A: § 242 I – § 52 – § 303 I
– § 53 –
§§ 263 I, II, 22, 23 I Alt 2, 25 I Alt 2
– § 53 –
§ 263 I – § 52 – § 267 I Var 3

F: straflos

Ausführliche Lösung von Fall 4

A. Im Kaufhaus (Strafbarkeit der A)

1. § 242 I

Dadurch, dass A den Pullover unter ihre Jacke zog und das Kaufhaus ohne zu bezahlen verließ, könnte sie sich wegen Diebstahls strafbar gemacht haben. 92

a) Objektiver Tatbestand

A müsste eine in fremdem Eigentum stehende bewegliche Sache weggenommen haben. Der sich im Eigentum des Kaufhausinhabers K befindliche Pullover war taugliches Tatobjekt des § 242 I.

Wegnahme bedeutet den Bruch fremden und die Begründung neuen, nicht notwendigerweise eigenen Gewahrsams. Gewahrsam, dh die von einem natürlichen Herrschaftswillen getragene Sachherrschaft, hatte zunächst der Kaufhausinhaber bzw der zuständige Filialleiter bzgl aller sich innerhalb der Verkaufsräume befindlichen Waren. Die herrschende Apprehensionstheorie[1] verlangt für einen Gewahrsamsbruch ein zum Gewahrsamswechsel führendes Ergreifen der Sache. Problematisch ist, ob A bereits durch das Anziehen und Verbergen des Pullovers unter der eigenen Kleidung einen vollendeten Gewahrsamswechsel herbeigeführt hat. Zu diesem Zeitpunkt befand sie sich nämlich noch im fremden Herrschaftsbereich, dh im Kaufhaus, und der Eigentümer bzw der frühere Gewahrsamsinhaber war noch nicht von jeglichem Zugriff auf die Sache ausgeschlossen.

Problem Nr 20: Gewahrsamsbegründung in fremder Gewahrsamssphäre 93

Bei kleineren Gegenständen genügt für einen Gewahrsamswechsel schon das Verbringen in eine sog **Gewahrsamsenklave**, da der Gewahrsam zwar grundsätzlich rein tatsächlich zu bestimmen, daneben aber die sozial-normative Zuordnung von Gewahrsamssphären zu beachten ist. Danach ist zB eine Jackentasche als Herrschaftssphäre des Jackenträgers anzusehen, sodass bereits mit dem Einstecken in die Tasche der Gewahrsamsbruch vollendet ist, auch wenn sich die Person noch in einem fremden Gewahrsamsbereich aufhält. Dabei kommt es nicht auf das Verbergen an, sondern maßgeblich ist, ob der Zugriff des ursprünglichen Gewahrsamsinhabers auf die Sache sozial auffällig und somit rechtfertigungsbedürftig wäre, was in der Regel dann der Fall ist, wenn der Gegenstand sich im persönlichen Nahbereich einer anderen Person befindet.

Zur Vertiefung: Wessels/Hillenkamp, BT2 Rn 126; Rönnau, JuS 2009, 1088.

Der Gewahrsamswechsel an dem Pullover wäre bereits im Kaufhaus vollzogen, wenn A diesen in ihre „Gewahrsamsenklave" verbracht hätte, sodass ein Zugriff des Kaufhaus- 94

1 BGHSt 16, 271; 23, 254; BGH NStZ 2008, 624 m Anm *Bachmann*, NStZ 2009, 267; *Gössel*, ZStW 35 [1973], 591; *Ling*, ZStW 110 [1998], 919; *Maurach/Schroeder/Maiwald*, BT1 § 33 Rn 25 f; *Wessels/Hillenkamp*, BT2 Rn 122.

inhabers sozial rechtfertigungsbedürftig wäre. A hat dadurch, dass sie den Pullover überzog, ihn in ihre persönliche Nahsphäre verbracht. Nach der Verkehrsanschauung begründet man jedoch noch keinen eigenen Gewahrsam, wenn man ein zu verkaufendes Kleidungsstück lediglich anprobiert. A hat aber zusätzlich den Warenanhänger von dem ausgesuchten Pullover entfernt und ihre Jacke übergezogen, also den Pullover wie ein eigenes Kleidungsstück getragen[2]. Es wäre daher sozial auffällig gewesen, hätte der Kaufhausinhaber ohne Erklärung auf den Pullover zugegriffen. Außerdem war dieser Zugriff des alten Gewahrsamsinhabers durch Ausschalten der Alarmvorkehrungen praktisch unmöglich. Somit wird klar, dass A mit dem Verlassen der Kabine den früheren Gewahrsam gebrochen und eigenen begründet hat. Dies geschah auch gegen den Willen des Kaufhausinhabers. Eine Wegnahme ist mithin gegeben.

Der Vollendungszeitpunkt wurde hier stark thematisiert, weil es später bei der Prüfung des § 243 (Schutzvorrichtung gegen Wegnahme) darauf ankommen könnte. Wäre das nicht der Fall, so wäre es auch durchaus legitim, hier lediglich festzustellen, dass spätestens mit dem Verlassen des Kaufhauses fremder Gewahrsam gebrochen und eigener begründet worden ist.

b) Subjektiver Tatbestand

A handelte vorsätzlich. Auch wollte sie den bisherigen Eigentümer dauerhaft aus dessen Eigentümerposition verdrängen, dh ihn enteignen. Da A den Pullover aber nicht selbst behalten, sondern der F schenken wollte, ist fraglich, ob eine Aneignungsabsicht vorliegt. Für die Aneignung genügt das zumindest vorübergehende Einverleiben der Sache in das eigene oder – nach dem heutigen Wortlaut des Gesetzes – in das Vermögen eines Dritten *(s o Fall 2 Problem Nr 9 Rn 44).*

Die Frage, ob Selbst- oder Drittzueignungsabsicht vorliegt, sollte besser nicht offen gelassen werden, da sich die Unterscheidung auf die Strafzumessung auswirken kann.

95 **Problem Nr 21: Eigen- oder Drittzueignungsabsicht, wenn der Täter die Sache weiterverschenken will**

(1) Nach einer **Mindermeinung** (*Seelmann*, JuS 1985, 288) zur alten Fassung des § 242, der nur die Selbst-, nicht aber die **Drittzueignung** erfasste, wurde im Falle des Verschenkens die Strafbarkeit gem § 242 abgelehnt. Auf die neue Rechtslage übertragen hat das zur Konsequenz, dass nur eine Drittzueignung vorliegt.

Argument: Auf der Grundlage der Substanztheorie kann die alsbaldige Weitergabe der Sache an einen Dritten keine Selbstzueignung sein, weil das Täterverhalten zeigt, dass er sich gerade nicht die Substanz der Sache, auf die es nach dieser Ansicht nur ankommen darf, einverleiben möchte. Stellt man auf den Sachwert ab, so muss der Täter für eine Selbstzueignung die Funktion der Sache nutzen (= lucrum ex re). Davon kann bei sofortigem Weiterverschenken keine Rede sein.

(2) Nach einer weiteren **Mindermeinung im Schrifttum** (*Krey/Hellmann/M. Heinrich*, BT2 Rn 101; *Rengier*, BT1 § 2 Rn 73) liegt sowohl ein Sich-Zueignen als auch eine Drittzueignung vor.

---

2 Irrelevant ist, ob die Jacke geschlossen oder offen ist, denn es kommt nicht darauf an, dass das Diebstahlsobjekt verborgen wird.

Argument: Wer eine Sache weiterverschenken will, maßt sich die Eigentümerposition an und erfüllt damit die Kriterien der Selbstzueignung. Der Umstand, dass er die Sache nicht behalten, sondern gleich weiterverschenken will, muss aber bei der Subsumtion zusätzlich Berücksichtigung finden. Deshalb liegt auch eine Drittzueignung vor.

(3) Nach **herrschender** überzeugender **Ansicht** (BGHSt 4, 236) wird hingegen im Falle des Verschenkens – wie schon nach früherer Rechtslage – allein ein **Sich-Zueignen** bejaht.

Argument: Durch die Schenkung bzw Verfügung maßt sich der Täter Befugnisse an, die nur dem Eigentümer zustehen (se ut dominum gerere iSd Substanztheorie). Wer vorgibt, dass er Eigentum übertragen könne, nimmt zumindest für eine juristisch-logische Sekunde die Stellung eines Eigentümers in Anspruch.

Die Rechtsprechung (BGHSt 41, 187, 194) stellt zum Teil auch auf Sachwertgesichtspunkte ab: Der Schenker eignet sich den Sachwert zu, weil er durch das Geschenk eigene Aufwendungen erspart oder sonstige mittelbare Vorteile hat.

Nach dem Willen des Gesetzgebers ist die Drittzueignungsabsicht subsidiär, dh auf sie darf nur in Fällen zurückgegriffen werden, in denen keine Eigenzueignungsabsicht feststellbar ist.

Da sich ein Schenker immer wie ein Eigentümer aufspielt, hat sich A die Sache – zumindest vorübergehend – selbst zugeeignet. Außerdem hat A durch die Entwendung eigene Aufwendungen für die Anschaffung eines Geschenks erspart. Es liegt somit eine Selbstzueignung vor. 96

Diese Zueignung war auch rechtswidrig, da A kein fälliger und einredefreier Anspruch auf die Sache zustand.

c) Rechtswidrigkeit und Schuld

A handelte rechtswidrig und schuldhaft.

d) Strafzumessung, § 243 I 2 Nr 2

Da A den Warenanhänger von dem Pullover entfernt hat, kommt das Vorliegen des Regelbeispiels des § 243 I 2 Nr 2 Alt 2 in Frage. Dazu müsste eine Sache gestohlen worden sein, die durch eine (andere) Schutzvorrichtung gegen Wegnahme besonders gesichert ist. Schutzvorrichtungen sind alle Vorkehrungen und technischen Mittel, die dazu bestimmt und geeignet sind, Sachen gegen Entwendung zu schützen, den ungehinderten Zugriff auf sie auszuschließen und ihre Wegnahme wenigstens zu erschweren.

Problem Nr 22: Warenanhänger als besondere Schutzvorrichtung iSd § 243 I 2 Nr 2 97

(1) **Zum Teil** (so wohl *Seier*, JA 1985, 387) wird der Warenanhänger als eine Einrichtung zum Schutz gegen Wegnahme angesehen.

Argument: Dem Täter wird das Fortschaffen bzw Bergen der Beute durch Auslösen des Alarms am Kaufhausausgang erschwert. Unerheblich ist, dass nach herrschender Meinung schon das den Gewahrsamswechsel herbeiführende Ergreifen der Sache noch vor Passieren der elektronischen Schranken am Ausgang zur Vollendung des Gewahrsamswechsels führt. Ebenso wie ein Qualifikationstatbestand kann auch das Regelbeispiel noch im Zeitraum zwischen Vollendung und Beendigung der Tat verwirklicht werden.

(2) Die **herrschende Meinung** (OLG Stuttgart NStZ 1985, 76; *Rengier*, BT1 Rn 31; Matt/Renzikowski-*Schmidt*, § 243 Rn 12; MK-*Schmitz*, § 243 Rn 34; *Wessels/Hillenkamp*, BT2 Rn 237) sieht hingegen in derartigen Warenanhängern keine Schutz- und Sicherungsvorrichtungen iSd § 243 I 2 Nr 2.

Argument: Nach dem Wortlaut des § 243 I 2 Nr 2 muss der **Schutz schon gegen die Wegnahme** der Sache selbst wirken, dh der Gewahrsamsbruch darf bei Wirksamwerden der Sicherungsvorrichtung noch nicht vollendet sein. Andernfalls dient der ausgelöste Alarm nur der erleichterten Wiedererlangung eines bereits eingebüßten Gewahrsams.

Wird mit der herrschenden Meinung und hier vertretenen Lösung *(s o Rn 93)* davon ausgegangen, dass der Täter schon mit Verbringung der Sache in seine körperliche Nahsphäre Gewahrsam an ihr erlangt hat, dann ist die Wegnahme schon vor Alarmauslösung am Ausgang vollendet. Der Warenanhänger kann also eine Wegnahme als solche nicht verhindern.

Zu beachten ist, dass die Regelbeispiele des § 243 I 2 nicht abschließend sind. Der Richter hat im Einzelfall die Möglichkeit, einen besonders schweren Fall des Diebstahls wegen Vergleichbarkeit des Unwertgehalts mit einem der aufgezählten Regelbeispiele anzunehmen. Im Gegensatz zum grundsätzlich im Strafrecht geltenden Analogieverbot gilt hier ein Analogiegebot.

Zur Vertiefung: Wessels/Hillenkamp, BT2 Rn 237.

98 Es hat sich bereits gezeigt, dass die Wegnahme des Pullovers schon mit dem Verbringen in die körperliche Nahsphäre der A (durch Anziehen und Verbergen des Pullovers) vollendet war *(s o Rn 94)*. Der Warenanhänger hätte erst später am Kaufhausausgang Alarm auslösen können. Dadurch hätte aber lediglich die Beendigung der Tat verhindert werden können, indem die Aufmerksamkeit des Kaufhauspersonals erregt worden wäre. Der Warenanhänger hätte also eine Wiedererlangung des eingebüßten Gewahrsams erleichtert. Eine Schutzvorrichtung gegen die Wegnahme selbst ist der Warenanhänger jedoch nicht.

Obwohl § 243 I 2 Nr 2 damit nicht eingreift, steht es dem Richter frei, im Rahmen der Strafzumessung von einem vergleichbaren Unwertgehalt aufgrund der Umstände des Einzelfalles auszugehen. Ob ein vergleichbarer Unrechtsgehalt hier erreicht ist, erscheint fraglich. Die Entfernung des Etiketts verminderte nur das Risiko der verfrühten Entdeckung und erleichterte das Fortschaffen der Sache. Das kann nicht vollständig dem Fall gleichgestellt werden, in dem der Täter eine Wegnahmesperre durchbricht und so eine erhöhte kriminelle Energie an den Tag legt.

Ausführungen zum Eingreifen des § 243 trotz Nichterfüllens eines Regelbeispiels werden nicht unbedingt erwartet, können aber uU – je nach Geschmack des Prüfers – die Benotung positiv beeinflussen. Es kommt darauf an, ob der Sachverhalt solche Erwägungen nahelegt.

A hat folglich keinen Diebstahl in einem besonders schweren Fall iSd § 243 I begangen.

e) Strafantragserfordernis, § 248a

Unter geringwertig versteht die herrschende Ansicht heute einen Wert der Sache, der bei 25-50 € liegt[3]. Der Pullover kostete 170 € und ist somit nicht als geringwertig anzusehen. Ein Strafantrag ist nicht erforderlich.

f) Ergebnis

A hat sich gem § 242 I strafbar gemacht.

2. § 246 I

Die mitverwirklichte Unterschlagung tritt hinter den Diebstahl zurück gem § 246 I aE (formelle Subsidiarität).

3. § 123 I Alt 1

a) Objektiver Tatbestand

A müsste in einen Geschäftsraum eingedrungen sein. Geschäftsräume sind Räumlich- 99
keiten, die bestimmungsgemäß für gewerbliche, geschäftliche, berufliche, künstlerische oder wissenschaftliche Zwecke verwendet werden. Das Kaufhaus wird für gewerbliche bzw geschäftliche Zwecke genutzt und ist mithin Geschäftsraum iSv § 123.

Ein Eindringen setzt voraus, dass der Täter gegen bzw ohne den Willen des Hausrechtsinhabers mit zumindest einem Teil seines Körpers in die geschützten Räume gelangt. Grundsätzlich ist bei Kaufhäusern von einer generellen Zutrittserlaubnis des Hausrechtsinhabers gegenüber seinen Kunden auszugehen. Fraglich ist jedoch, ob diese generelle Zutrittserlaubnis entfällt, wenn das Warenhaus in der Absicht der Begehung einer Straftat betreten wird.

Problem Nr 23: Grenzen eines generellen Zutrittsrechts bei § 123 100

(1) Zum Teil wird angenommen, dass die generelle Zutrittserlaubnis nur für Kunden gelten soll, die redliche Zwecke verfolgen (*Steinmetz*, JuS 1985, 94, 95 f).

Argument: Der mutmaßliche Wille des Hausrechtsinhabers geht dahin, Kunden mit unredlichen Absichten den Zutritt zu verbieten. Der Täter überwindet bei Betreten der Räume eine Art „geistige Barriere“ in Form eines erkennbar entgegenstehenden Willens des Hausrechtsinhabers.

(2) Nach überzeugender **herrschender Meinung** erlischt die generelle Zutrittserlaubnis hingegen nur, wenn sie individuell widerrufen wurde (*Hauf*, BT2 S 148; *Maurach/Schroeder/Maiwald*, BT1 § 30 Rn 14; *Rengier*, BT2 Rn 11; S/S-*Lenckner/Sternberg-Lieben*, § 123 Rn 26; *Wessels/Hettinger*, BT1 Rn 591). Ein Missbrauch der Zutrittserlaubnis allein vermag hiernach keinen Hausfriedensbruch zu begründen. Eine **Ausnahme** gilt nur für Fälle, in denen das äußere Erscheinungsbild des Betretens von dem Verhalten abweicht, das die generelle Zutrittserlaubnis abdeckt (zB Betreten einer Bank durch maskierten Bankräuber mit gezückter Waffe).

3 Für 50 €: OLG Hamm StV 2003, 672; OLG Hamm wistra 2004, 34; *Lackner/Kühl*, § 248a Rn 3; *Rengier*, BT1 Rn 40; *Wessels/Hillenkamp*, BT2 Rn 252; für 25-30 €: OLG Oldenburg NStZ-RR 2005, 11; *Fischer*, § 248a Rn 3a.

Argument: Der Hausrechtsinhaber hat mit Eröffnung der Räume für den Publikumsverkehr auf eine individuelle Prüfung jedes einzelnen Kunden verzichtet und muss sich aus Gründen der Rechtssicherheit und Rechtsklarheit hieran festhalten lassen.

Der Vorschlag der unter (1) dargestellten Meinung, eine „geistige Barriere" zum Anknüpfungspunkt der Strafbarkeit zu machen, widerspricht dem Gebot der Rechtssicherheit. Wer Räume in rechtswidriger Absicht betritt, muss nicht unbedingt darin tatsächlich ein Delikt begehen. Zudem wird die Abgrenzung zwischen redlichen und unredlichen Personen bei bestimmten Gruppen unscharf (zB „unliebsame" Testkäufer der Stiftung Warentest).

Kommt es allerdings auch äußerlich zu einer Störung des funktionalen Arbeitsablaufes innerhalb der Räume (zB maskierter Täter mit gezogener Waffe), besteht dieses Bedürfnis nach Rechtsklarheit nicht mehr. Vielmehr tritt der mutmaßliche Wille des Hausrechtsinhabers in den Vordergrund. Die Zutrittserlaubnis entfällt auch ohne dessen ausdrückliches Verbot.

Zur Vertiefung: Wessels/Hettinger, BT1 Rn 591; Hillenkamp, BT 8. Problem S 36 ff.

101 Nach herrschender und überzeugender Ansicht kann eine widerrechtliche Absicht allein nicht zum Entzug der generellen Zutrittserlaubnis führen. Diese Erlaubnis kann nur entfallen, wenn sie entweder ausdrücklich versagt wurde oder es durch das deliktische Verhalten des Täters auch äußerlich zu einer Störung des Kaufhausbetriebes kommt. Beides ist hier nicht der Fall. Die generelle Zutrittserlaubnis gilt daher auch für A. Der objektive Tatbestand des § 123 I ist folglich aufgrund des tatbestandsausschließenden Einverständnisses des K nicht erfüllt.

b) Ergebnis

A hat sich nicht gem § 123 I Alt 1 strafbar gemacht.

4. § 267 I

102 Indem A den Warenanhänger von dem Pullover entfernte, könnte sie sich wegen Urkundenfälschung strafbar gemacht haben.

Urkunden sind verkörperte Gedankenerklärungen, die geeignet und dazu bestimmt sind, eine außerhalb ihrer selbst liegende Tatsache im Rechtsverkehr zu beweisen, und die ihren Aussteller erkennen lassen. Der Warenanhänger besitzt keine Erklärungsfunktion. Er dient nur der elektronischen Überwachung. Daher kommt ihm keine Urkundenqualität zu. Auch in Verbindung mit dem Pullover ist keine Gedankenerklärung ersichtlich. Eine Urkundenfälschung ist daher nicht gegeben.

Mit dem Argument, der am Kleidungsstück befestigte Warenanhänger dokumentiere, dass für diese Ware noch keine Bezahlung erfolgt ist, ließe sich (mit Mühe) auch eine Urkundeneigenschaft bejahen.

5. § 303 I

a) Objektiver Tatbestand

A könnte durch das Entfernen des Warenanhängers eine fremde Sache zerstört oder beschädigt haben. Zwar ließen sich der Pullover und der Anhänger wieder zusammensetzen, mit der Folge, dass das Sicherungssystem wieder voll wirksam würde. Aber möglicherweise kann auch das Unbrauchbarmachen für eine gewisse Zeitspanne als Sachbeschädigung eingestuft werden. 103

Problem Nr 24: Sachbeschädigung durch Brauchbarkeitsminderung 104

(1) Ursprünglich wurde vom RG (RGSt 13, 27, 28; 32, 165, 190; 33, 177, 178; 39, 328, 329) ein enger, am Wortsinn orientierter Beschädigungsbegriff vertreten. Danach konnten nur substanzverletzende Einwirkungen dem Sachbeschädigungsbegriff unterfallen. Diese **Substanzverletzungstheorie** findet bis heute Befürworter.

Argument: Der Wortlaut („beschädigt") spricht eher für das Erfordernis einer Substanzverletzung.

(2) Nach der **Zustandsveränderungstheorie** (*Maurach/Schroeder/Maiwald*, BT1 § 36 Rn 11; *Momsen*, JR 2000, 172, 174 f) ist jede dem Eigentümerinteresse zuwiderlaufende Zustandsveränderung der Sache von § 303 I erfasst. Das führt dazu, dass sogar das bloße Bekleben von Wänden einer Substanzverletzung gleichgestellt wird.

Argument: Es soll möglichst jeder „Schaden" erfasst werden, der durch die Einwirkung auf die Sache entstanden ist.

(3) Nach der heute von **Rechtsprechung** (BGHSt 29, 129) und **herrschender Lehre** (*Wessels/Hillenkamp*, BT2 Rn 34) vertretenen kombinierten **Substanzverletzungs- und Funktionsvereitelungstheorie** fällt zunächst jede Substanzverletzung unter § 303 I. Aber auch ohne Substanzverletzung ist § 303 I erfüllt, sofern durch die Einwirkung die Verwendungsfähigkeit der Sache mehr als nur unerheblich aufgehoben oder gemindert ist. Die bloße Veränderung des Zustandes ist nur dann eine Sachbeschädigung, wenn der Zustand als solcher offensichtlich mit der Verwendungsfähigkeit zusammenhängt (zB die Ästhetik eines Kunstwerkes).

Argument: Zweck des durch § 303 I beabsichtigten Schutzes ist es, zu verhindern, dass der Wert der Sache für den Eigentümer herabgesetzt oder beseitigt wird, und zwar nicht nur der Substanz-, sondern auch der Gebrauchswert.

Gegen die oben unter (1) dargestellte Auslegung spricht, dass sie zu erheblichen Strafbarkeitslücken führt, insbes bei Trennung von zusammengesetzten Sachen ohne echten Substanzverlust. Das Interesse des Eigentümers, die Wertminderung seiner Sache zu vermeiden, bleibt in diesen Fällen ungeschützt.

Die oben unter (2) beschriebene Ansicht muss ebenfalls abgelehnt werden, weil das bloße Verunstalten einer Sache, und sei es auch auffällig, wegen der voll aufrecht erhaltenen Verwendungsmöglichkeit nicht dem Fall gleich gestellt werden kann, in welchem dem Eigentümer der Nutzen der Sache durch Zerstörung oder Unbrauchbarmachung entzogen wird. Auch ist eine solch weite Auslegung kaum mit dem Wortsinn von „beschädigen" vereinbar. Schließlich zeigt die Schaffung des neuen § 303 II (Graffiti-Paragraph), dass auch der Gesetzgeber die bloße Zustandsveränderung nicht von § 303 I erfasst wissen will.

Zur Vertiefung: Beulke, Klausurenkurs I [2] Rn 144; Wessels/Hillenkamp, BT2 Rn 23 ff; Rengier, BT1 Rn 24; S/S/W-StGB-Saliger, § 303 Rn 11 f.

105 Nach der überzeugenden herrschenden Meinung liegt eine Sachbeschädigung vor, wenn die Einwirkung auf eine Sache (auch ohne Substanzverletzung) deren bestimmungsgemäße Brauchbarkeit nicht unwesentlich mindert, sodass die betroffene Sache nicht mehr funktionsentsprechend voll einsatzfähig ist, wobei es keine Rolle spielt, ob die Sache auf Dauer oder nur für gewisse Zeit funktionsuntauglich wird[4]. Vom konkreten Pullover entfernt, konnte der Sicherungsanhänger seine Funktion, den Alarm am Warenhausausgang bei Diebstahl dieser Ware auszulösen, nicht mehr erfüllen. Die Einheit von Pullover und Warenanhänger ist in ihre Teile zerlegt worden, wodurch letzterer unbrauchbar und damit iSd § 303 I beschädigt wurde. Die Tatsache, dass der Anhänger bei irgendeinem Kleidungsstück wieder benutzt werden kann, steht dem nicht entgegen, denn eine Wiederherstellung der Sacheinheit mit diesem Pullover (vor dessen Entfernung aus dem Warenhaus) ist jedenfalls nicht möglich.

b) Subjektiver Tatbestand

A handelte vorsätzlich.

c) Strafantragserfordernis, § 303c

Der gem § 303c erforderliche Strafantrag ist gestellt.

d) Ergebnis

A hat sich gem § 303 I strafbar gemacht.

6. § 303a I

In dem Warenanhänger sind keine Daten (nicht unmittelbar wahrnehmbare Informationen zum Zwecke der Verarbeitung[5]; vgl § 202a II) gespeichert, vielmehr enthält er nur einen Sender (oder einen ähnlich wirkenden technischen Mechanismus), der bei Passieren des Ausgangs per Funk einen Alarm auslöst. § 303a I ist somit nicht erfüllt.

7. Ergebnis für A im Tatkomplex A

A hat sich gem § 242 I – § 52 – § 303 I strafbar gemacht.

B. Das Verschenken an F

I. Strafbarkeit der A

1. § 263 I (A gegenüber F, zulasten der F, zugunsten der A)

106 A könnte sich dadurch, dass sie der F den Pullover schenkte, wegen Betruges strafbar gemacht haben.

---

4 S/S-*Stree/Hecker*, § 303 Rn 11.
5 Siehe *Lackner/Kühl*, § 263a Rn 3.

Zwar hat A die F darüber getäuscht, dass sie ihr Eigentum an dem gestohlenen Pullover verschaffen kann, und auch einen entsprechenden Irrtum, dh eine Fehlvorstellung über Tatsachen bei F erregt. Jedoch hat F selbst weder eine Vermögensverfügung getätigt noch einen Vermögensschaden erlitten.

Eine Betrugsstrafbarkeit scheidet folglich aus.

2. § 259 I

A hat den Pullover selbst gestohlen *(s o Rn 92 ff)*. Sie ist mithin Vortäterin und kann deshalb nicht Hehlerin sein *(s § 259: „ein anderer")*.

3. § 246 I

Durch das Verschenken des Pullovers könnte A zusätzlich eine Unterschlagung began- **107**
gen haben.

a) Objektiver Tatbestand

Indem A den Pullover – eine für sie fremde bewegliche Sache – der F schenkte, spielte sie sich als Eigentümerin auf. Es manifestierte sich also erneut ihr Wille, diese Sache sich selbst zuzueignen *(s o Rn 96)*. Fraglich ist, ob diese erneute Betätigung des Herrschaftswillens von § 246 erfasst wird.

Problem Nr 25: Erneute Zueignung einer durch ein mit Zueignungsabsicht begangenes **108**
Vermögensdelikt erlangten Sache

(1) Nach Ansicht der **Rechtsprechung** und eines Teils des Schrifttums stellen erneute Betätigungen des Herrschaftswillens durch denjenigen, der sich vorher als Dieb, Betrüger, Erpresser etc in den Besitz der Sache gesetzt hat, keine erneuten Zueignungsakte dar (BGHSt 14, 38 – sog **Tatbestandslösung**; zustimmend ua *Rengier*, BT1 Rn 23; S/S/W-StGB-*Kudlich*, § 246 Rn 18).

Argument: Dem Wortsinn nach ist Zueignung die Herstellung der eigentümerähnlichen Herrschaft bzw die erstmalige Verfügung über eine Sache. Die bloße Ausnutzung einer Herrschaftsstellung wird nicht als Zueignung bezeichnet.

Außerdem würde anderenfalls derjenige, der dem Täter bei der sog zweiten Zueignung hilft, sich der Beihilfe zur Unterschlagung strafbar machen, obwohl das Gesetz diese Anschlusstaten nur unter den Voraussetzungen der §§ 257, 259 für strafbar befindet.

Schließlich spricht gegen die Konkurrenzlösung der herrschenden Meinung *(s u (2))*, dass bei Bejahung der Tatbestandsmäßigkeit von erneuten Zueignungen der Diebstahl zum Dauerdelikt wird. Wenn die erste Zueignung so lange zurückliegt, dass bzgl des Diebstahls Verjährung eingetreten ist, dann dürfen aber die folgenden Zueignungen nicht über § 246 doch noch zur Strafe führen, da § 242 sonst praktisch nie verjähren würde.

(2) Nach **herrschender und überzeugender Ansicht im Schrifttum** liegt ebenso wie bei der gleichzeitigen Zueignung durch Diebstahl und Unterschlagung auch bei späteren Verwertungsakten nach einem vorangegangenen Diebstahl etc eine (Zweit-)Zueignung vor. § 246 tritt aber auf Konkurrenzebene als mitbestrafte Nachtat zurück, es sei denn, die zweite Zueignung hat den Schaden intensiviert (*Haft*, BT1 S 25; Beck OK-*Wittig*, § 246 Rn 8; *Maurach/Schroeder/*

Maiwald, BT1 § 34 Rn 23; S/S-*Eser*, § 246 Rn 19; *Wessels/Hillenkamp*, BT2 Rn 328 – sog **Konkurrenzlösung**).

Argument: Die Aneignung fremder Sachen ist ebenso wiederholbar wie die Enteignung. Das wird auch von der Rechtsprechung anerkannt für den Fall, dass jemand zB in nüchternem Zustand die Zueignung einer Sache wiederholt, die er als Volltrunkener (§ 323a) gestohlen hat (*Dallinger*, MDR 1971, 546). Genauso wie in jenem Fall Strafbarkeitslücken vermieden werden sollen, muss auch bei einer Teilnahme an einer zweiten Zueignungshandlung eine Bestrafung nach §§ 246, 27 möglich sein, da es sonst zu unerträglichen Ergebnissen kommt, wenn der Beteiligte zB mangels Bereicherungs- bzw Vorteilssicherungsabsicht nicht nach §§ 257, 259 zu bestrafen ist.

Ferner spricht für die Tatbestandsmäßigkeit einer Zweitzueignung, dass die Neufassung des § 246 I, die auf das Gewahrsamsverhältnis verzichtet, gerade alle denkbaren Aneignungshandlungen im Wege des Auffangtatbestands erfassen will.

Dieser Streit wird richtigerweise nicht nur dann relevant, wenn der Täter die Sache ein zweites Mal sich selbst zueignet, sondern kommt auch zum Tragen, wenn die Zweitzueignung eine Drittzueignung ist, denn für das Opfer – den Eigentümer – macht es keinen Unterschied, wem die Sache zugeeignet wird.

Zur Vertiefung: Wessels/Hillenkamp, BT2 Rn 328 ff; Eckstein, JA 2001, 25 ff; Hillenkamp, BT 25. Problem S 128 ff.

109 Nach Ansicht der Rechtsprechung unterfällt nur die erste rechtswidrige Zueignung dem Tatbestand des § 246, sodass A durch das Verschenken des Pullovers keine erneute Unterschlagung begangen hat. Diese Ansicht widerspricht aber dem von § 246 erstrebten möglichst umfassenden Schutz des Eigentums. Nach herrschender und überzeugender Ansicht im Schrifttum liegt deshalb ebenso wie bei der gleichzeitigen Zueignung durch Diebstahl und Unterschlagung auch bei späteren Verwertungsakten nach einem vorangegangenen Diebstahl etc eine (Zweit-)Zueignung vor. A hat also den objektiven Tatbestand des § 246 I erfüllt.

b) Subjektiver Tatbestand

A handelte vorsätzlich, auch bzgl der Rechtswidrigkeit der Zueignung.

c) Rechtswidrigkeit und Schuld

A handelte rechtswidrig und schuldhaft.

4. Konkurrenzen

Die Strafbarkeit gem § 246 I entfällt wegen Subsidiarität dieses Straftatbestandes. Es handelt sich gegenüber dem Diebstahl *(s o Rn 92 ff)* um eine mitbestrafte Nachtat[6].

5. Ergebnis für A im Tatkomplex B

A ist straflos.

---

6 Die formelle Subsidiaritätsklausel des § 246 I aE greift hier jedoch nicht, denn sie findet nur bei Tateinheit Anwendung.

II. Strafbarkeit der F

1. § 259 I

Für eine Hehlerei fehlt es am entsprechenden Tatvorsatz der F. Insbesondere ist sie sich der deliktischen Herkunft des Pullovers nicht bewusst. **110**

2. Ergebnis für F im Tatkomplex B

F ist straflos.

C. Der Umtausch des Pullovers

I. Strafbarkeit der F

1. § 263 I (F gegenüber dem Verkaufspersonal, zulasten des K, zugunsten der F)

F könnte sich dadurch, dass sie sich zum Kaufhaus begab, um den von A gestohlenen Pullover umzutauschen, wegen Betruges strafbar gemacht haben. **111**

Aufgrund der Schließung des Kaufhauses wegen Inventur kam es weder zu einer Täuschung und Irrtumserregung noch zu einer Vermögensverfügung samt Vermögensschaden. Es fehlt also am objektiven Betrugstatbestand.

2. §§ 263 I, II, 22, 23 I Alt 2 (F gegenüber dem Verkaufspersonal, zulasten des K, zugunsten der F)

a) Vorprüfung

Das Delikt wurde nicht vollendet. Der Versuch ist strafbar gem §§ 263 II, 22, 23 I Alt 2.

b) Tatentschluss

F müsste vorsätzlich über Tatsachen getäuscht haben wollen, um damit einen Irrtum bei der Kassiererin zu erregen. Gegenstand der Täuschung kann nur das vermeintliche Eigentum der F am Pullover (zumindest ihre Verfügungsbefugnis über das Eigentum) sein. Da der Pullover dem früheren Eigentümer K gestohlen worden war, hatte F wegen § 935 I BGB nicht gutgläubig gem §§ 929 S 1, 932 BGB Eigentum daran erwerben können. Der Pullover stand also weiterhin im Eigentum des K, der allein verfügungsbefugt blieb. Eine Täuschung ist daher denkbar. Allerdings war der F unbekannt, dass sie nicht Eigentümerin des Pullovers geworden war. Es fehlt ihr daher schon am Tatentschluss zur Verwirklichung des ersten Betrugsmerkmals, der Täuschung.

c) Ergebnis

F hat sich nicht gem §§ 263 I, II, 22, 23 I Alt 2 strafbar gemacht.

3. Ergebnis für F im Tatkomplex C

F ist straflos.

II. Strafbarkeit der A

1. §§ 263 I, II, 22, 23 I Alt 2, 25 I Alt 2 (A gegenüber dem Verkaufspersonal, zulasten des K, zugunsten der F)

112 A könnte sich dadurch, dass sie der F vorschlug, den Pullover im Kaufhaus umzutauschen, wegen versuchten Betruges in mittelbarer Täterschaft strafbar gemacht haben.

a) Vorprüfung

Ein Betrug mit F als Tatmittlerin wurde nicht vollendet *(s o Rn 111)*. Der Versuch ist strafbar gem §§ 263 II, 22, 23 I Alt 2.

b) Tatentschluss

aa) Vorsatz bezüglich der Merkmale des objektiven Tatbestandes

A selbst wollte keine Täuschungshandlung vornehmen. Sie müsste sich jedoch das Verhalten der F zurechnen lassen, wenn ein Fall der mittelbaren Täterschaft (§ 25 I Alt 2) vorläge. Die mittelbare Täterschaft könnte sich hier aus der Einschaltung eines vorsatzlosen Werkzeugs ergeben.

A, die F zum Umtausch riet, wusste, dass F sich für die Eigentümerin des Pullovers hielt, also keine Täuschung hinsichtlich der Eigentumslage beabsichtigte. Damit war der A klar, dass der F ein Betrugsvorsatz fehlte. Diesen vorsatzausschließenden Irrtum der F hat A erregt und aufrechterhalten, indem sie ihr weiterhin einen rechtmäßigen Erwerb des Pullovers vorspiegelte. Kraft überlegenen Wissens kam A also eine tatbeherrschende Rolle zu. Mit dem Umtauschvorschlag hat sie das Betrugsgeschehen planvoll-lenkend in Gang gesetzt. A hatte also Willen zur Tatherrschaft.

A wollte, dass die Kassiererin getäuscht wurde, indem F sich als Eigentümerin ausgeben würde, obwohl in Wahrheit wegen § 935 I BGB noch K der Eigentümer war. Durch diese Eigentumsbehauptung sollte ein entsprechender Irrtum der Kassiererin hervorgerufen werden.

Fraglich ist, ob A auch eine Vermögensverfügung seitens der Kassiererin über das Vermögen des K wollte. Vermögensverfügung ist jedes freiwillige Handeln, Dulden oder Unterlassen, das sich unmittelbar vermögensmindernd auswirkt. Geschädigter und Verfügender müssen dabei nicht personengleich sein. Welche weiteren Anforderungen zu stellen sind, damit die Verfügung des personenverschiedenen Dritten dem Geschädigten als eigene zugerechnet werden kann (§ 263 als Selbstschädigungsdelikt), ist umstritten.

Wäre eine solche Zurechnung zu verneinen, könnte anstatt des Betruges nur ein Diebstahl in mittelbarer Täterschaft (dann sogar durch zwei Tatmittler ausgeführt) gegeben sein.

Problem Nr 26: Der sog „Dreiecksbetrug" 113

(1) Nach der sog **Befugnis- oder Ermächtigungstheorie** (*Krey/Hellmann/M. Heinrich*, BT2 Rn 587, 591; MK-*Hefendehl*, § 263 Rn 286; *Schünemann*, GA 1969, 46, 53 ff; SK-*Hoyer*, § 263 Rn 142) ist eine Verfügung dem Geschädigten dann als eigene zuzurechnen, wenn der Dritte zu dieser Verfügung rechtlich befugt war (zB als Insolvenzverwalter, Testamentsvollstrecker, Bevollmächtigter oder gesetzlicher Vertreter) bzw sich subjektiv für befugt hielt (sog subjektivierte Befugnistheorie, vgl *Kindhäuser*, ZStW 103 [1991], 398, 417; *Küper*, BT S 400; *Otto*, BT § 51 Rn 44).

Argument: Ob die von einem Dritten getroffene Verfügung als eigene erscheint, kann nur nach den klaren Regeln des Zivilrechts entschieden werden. Eine Zurechnung setzt eine rechtliche Befugnis im Verhältnis zum Geschädigten voraus.

(2) Nach der sog **faktischen Nähetheorie**, die vor allem von der Rechtsprechung (BGHSt 18, 221 [„Sammelgarage"]) vertreten wird, reicht es für eine dem Geschädigten zurechenbare Vermögensverfügung zwar nicht aus, dass der Dritte aus irgendeinem Grund gerade im Tatzeitpunkt in der Lage ist, über die Sache zu verfügen, aber doch, dass er (zB als Mitgewahrsamsinhaber) in gewisser Nähe zum Verfügungsobjekt steht.

Argument: Der Verfügende muss, um dem Geschädigten die Verfügung als Selbstschädigung zurechnen zu können, „näher an der Sache dran sein" als der Täter. Wenn er dies ist, entspricht das Tatbild dem eines Betruges und nicht dem eines Diebstahls.

(3) Überzeugender ist die sog **Lagertheorie** der herrschenden Meinung (S/S-*Cramer/Perron*, § 263 Rn 66; *Rengier*, BT1 Rn 47; S/S/W-StGB-*Satzger*, § 263 Rn 130; Beck OK-*Beukelmann*, § 263 Rn 35; *Wessels/Hillenkamp*, BT2 Rn 645). Danach muss der Verfügende – jedenfalls beim Sachbetrug – im „Lager" oder im „Machtkreis" des Geschädigten stehen. Dies verlangt mehr als nur die faktische Einwirkungsmöglichkeit, aber weniger als eine rechtliche Befugnis.

Argument: Die streng zivilrechtliche Orientierung der Befugnistheorie – oben Meinung (1) – passt nicht zu dem rein wirtschaftlich ausgerichteten Vermögens- und Verfügungsbegriff des § 263. Außerdem führt sie zu einer kriminalpolitisch unerwünschten Straflosigkeit in den Fällen, in denen mangels Verfügungsbefugnis des Getäuschten der Betrug entfällt und nur noch eine Wegnahme verbleibt, der Diebstahl aber an einer fehlenden Zueignungsabsicht scheitert.

Die faktische Nähetheorie – oben Meinung (2) – erschwert hingegen eine Abgrenzung zum Diebstahl in mittelbarer Täterschaft, da dort ebenfalls logisch vorausgesetzt wird, dass das Werkzeug faktisch auf die Sache einwirken kann.

Der Verfügende muss vielmehr als der Repräsentant des Geschädigten erscheinen, nur dann kann von einer Selbstschädigung die Rede sein.

Zur Vertiefung: Wessels/Hillenkamp, BT2 Rn 641 ff; S/S/W-StGB-Satzger, § 263 Rn 127; Hillenkamp, BT 30. Problem S 160 ff.

Nach der sog faktischen Nähetheorie muss sich der Geschädigte die Vermögensverfügung eines Dritten dann zurechnen lassen, wenn der Verfügende in einem besonderen Näheverhältnis und einer Obhutsbeziehung zum Vermögen des Geschädigten steht, aufgrund dessen er faktisch als „Vertreter des Geschädigten" tätig wird und er sich auch subjektiv in den Grenzen seines Tätigkeitsbereiches hält. Zwischen dem Kaufhausinhaber K und seinem Personal (hier die Verkäuferin bzw Kassiererin, die den Umtausch durchführen sollte) besteht ein derartiges Nähe- und Obhutsverhältnis. 114

Auch die Vertreter der Ermächtigungstheorie bejahen im vorliegenden Fall die Voraussetzungen eines Dreiecksbetrugs, denn bei einem Umtausch des Pullovers würde sich die Kassiererin im Rahmen ihrer (zivilrechtlichen) Befugnisse halten.

Zum gleichen Ergebnis kommt schließlich auch die „Lagertheorie" der herrschenden Meinung, die darauf abstellt, ob der Verfügende – hier die Kassiererin – sozusagen bildlich im „Lager" des Geschädigten – hier des Kaufhausinhabers – steht und die Sache nur anstelle des Berechtigten herausgibt.

Nach allen Ansichten hätte sich K die Verfügung der Kassiererin über sein Vermögen zurechnen lassen müssen.

Aus dieser Vermögensverfügung sollte in der Vorstellung der A dem K auch ein Vermögensschaden dergestalt entstehen, dass er Eigentum am zweiten Pullover verliert, ohne eine entsprechende Gegenleistung zu erhalten. Insbesondere eine Rückübereignung des ersten Pullovers würde nicht stattfinden, weil niemand K etwas übereignen kann, was ihm schon gehört. Auch die Zurückerlangung des Besitzes an dem vorher durch Diebstahl wirtschaftlich für immer „verlorenen" Pullover kann nicht als ein den Schaden mindernder Vermögenszuwachs eingestuft werden. Der alte Pullover war mit dem Anspruch des Eigentümers aus § 985 BGB behaftet, während der neue Pullover in das Eigentum der F übergegangen wäre. Durch das Umtauschmanöver sollte also der Schaden des K zumindest weiter intensiviert werden.

Der erforderliche Betrugsvorsatz der A ist somit gegeben.

bb) Absicht stoffgleicher rechtswidriger Bereicherung eines Dritten

Des Weiteren müsste A in der Absicht gehandelt haben, sich oder einem Dritten einen rechtswidrigen Vermögensvorteil zu verschaffen. F sollte durch den Betrug Eigentum an einem passenden Pullover erhalten. Drittbereicherungsabsicht ist damit gegeben. Auch wäre der der F zufließende Vermögensvorteil das Spiegelbild des Vermögensschadens des K. Der Vorteil wäre mit dem Schaden folglich stoffgleich. Außerdem wäre der Vorteil rechtswidrig gewesen, da weder A noch F einen fälligen und einredefreien Anspruch auf Übereignung des Pullovers hatten.

A hatte den erforderlichen Tatentschluss gefasst.

c) Unmittelbares Ansetzen

Wann zur Verwirklichung des Tatbestandes unmittelbar angesetzt wird, ist im Falle der mittelbaren Täterschaft streitig.

115 **Problem Nr 27: Versuchsbeginn bei mittelbarer Täterschaft**

(1) Nach der Ansicht der **Gesamtlösung** (*Bung*, JA 2007, 870; *Gössel*, JR 1976, 248, 250; *Krack*, ZStW 110 [1998], 611, 628 ff; *Krack/Schwarzer*, JuS 2008, 140 f) kommt es erst auf das unmittelbare Ansetzen des gutgläubigen Werkzeugs selbst an.

Argument: Zum einen ist vor diesem Zeitpunkt objektiv noch keine Gefahr für das zu schützende Rechtsgut entstanden. Zum anderen darf das Versuchsstadium nur aufgrund der Einschaltung eines Dritten nicht zulasten des Täters vorverlegt werden.

(2) Dagegen sieht eine **weite Einzellösung** (*Baumann/Weber/Mitsch*, AT § 29 Rn 155; *Puppe*, JuS 1989, 361, 363 f) schon die Einwirkung auf das Werkzeug selbst als unmittelbares Ansetzen zum Versuch der Tat an.

Argument: Schon das Einwirken auf den Tatmittler setzt den Kausalverlauf in Gang, den der mittelbare Täter nicht mehr in vollem Umfang kontrollieren kann.

(3) Eine **andere Ansicht** (LK-*Busch* [9. Aufl], § 43 Rn 33) differenziert dagegen danach, ob der Tatmittler gut- oder bösgläubig ist. Ist er gutgläubig, dann genügt für ein unmittelbares Ansetzen zum Versuch schon die Einwirkung auf das Werkzeug, andernfalls ist auf den Zeitpunkt des unmittelbaren Ansetzens des Werkzeugs selbst abzustellen.

Argument: Beim bösgläubigen Werkzeug ist bis zu dessen Tätigwerden noch offen, ob es sich tatsächlich für eine Rechtsgutsbeeinträchtigung entscheiden wird.

(4) Die **Freisetzungstheorie** (*Roxin*, AT2 § 29 Rn 244; LK-*Schünemann*, § 25 Rn 151; *Rengier*, AT § 36 Rn 11, 14) bejaht immer einen Versuch, wenn der Hintermann das Werkzeug losgeschickt hat. Im Zeitraum davor kommt zusätzlich ein Versuchsanfang in Betracht, wenn das Rechtsgut tatbestandsnah gefährdet ist.

Argument: Mit dem Entlassen des Werkzeugs hat der Hintermann alles seinerseits Erforderliche getan. Mehr kann man für ein „unmittelbares Ansetzen" nicht verlangen.

(5) Dagegen wendet die **herrschende Meinung** – die man auch als **enge Einzellösung** bezeichnen könnte – (BGHSt 30, 363; 40, 257, 268; BGH StV 2001, 272; Beck OK-*Beckemper*, § 22 Rn 59; *Hilgendorf*, Klausurenkurs I [17] Rn 21; LK-*Hillenkamp*, § 22 Rn 157; S/S/W-StGB-*Kudlich/Schuh*, § 22 Rn 57; *Rönnau*, JuS 2014, 109, 112) zu Recht die Regeln zum Versuchsbeginn bei unmittelbarer Täterschaft noch konsequenter als die Gegenposition auch auf den Versuchsbeginn in mittelbarer Täterschaft an. Das hat zur Folge, dass der Versuch im Falle mittelbarer Täterschaft beginnt, wenn der Täter den Tatmittler aus seinem Einwirkungsbereich entlässt, damit dieser „alsbald" die Tat begehen soll. Wenn hingegen wiederum zwischen dem Losschicken und dem geplanten Tätigwerden des Tatmittlers ein längerer Zeitraum liegen soll, ist zum Zeitpunkt des Losschickens der Versuchsbereich noch nicht erreicht. Spätestens beginnt der Versuch, sobald der Tatmittler zur Vornahme der Tatbestandshandlung unmittelbar ansetzt. Diese Grundsätze gelten nicht nur bei Gutgläubigkeit, sondern auch bei Bösgläubigkeit des Tatmittlers.

Argument: Auch bei mittelbarer Täterschaft hat der Täter entsprechend den allgemeinen Versuchsregeln die Schwelle zum Versuch frühestens überschritten, wenn er das von ihm in Gang gesetzte Geschehen so „aus der Hand gegeben" hat, dass der daraus resultierende Angriff auf das Opfer nach seiner Vorstellung von der Tat ohne weitere wesentliche Zwischenschritte und ohne längere Unterbrechung im nachfolgenden Geschehensablauf unmittelbar in die Tatbestandsverwirklichung einmünden soll. Indiz dafür ist die Rechtsgutsgefährdung. Wenn das Werkzeug „alsbald" tätig werden soll, ist eine tatbestandsnahe Rechtsgutsgefährdung erkennbar. An dieser fehlt es jedoch, wenn der Tatmittler erst nach einer längeren Zeitspanne oder zu einem fixen, sehr weit entfernt liegenden Zeitpunkt tätig werden soll.

Zur Vertiefung: Wessels/Beulke/Satzger, AT Rn 613 ff; Beulke, Klausurenkurs I [4] Rn 194; S/S/W-StGB-Kudlich/Schuh, § 22 Rn 54 ff; Hillenkamp, AT 15. Problem S 114 ff.

Nach einer Mindermeinung hat A schon mit dem Einwirken auf das Werkzeug F unmittelbar zum Versuch der in mittelbarer Täterschaft begangenen Tat angesetzt. Aber auch nach der ganz herrschenden Ansicht, die bei der Abgrenzung zwischen strafloser Vorbereitungshandlung und strafbarem Versuch im Falle der mittelbaren Täterschaft darauf abstellt, ob der Hintermann nach seiner Vorstellung die erforderliche Einwirkung auf **116** das Werkzeug abgeschlossen und dieses aus seinem Einwirkungsbereich entlassen hat, gelangt man hier zur Bejahung des Beginns der Ausführungshandlung. Lediglich die Ansicht, die ein Ansetzen des Tatmittlers selbst verlangt, könnte sich, da F ihrerseits aufgrund der Inventur unverrichteter Dinge nach Hause ging, also in einem Stadium, das für sie eindeutig im Bereich der Vorbereitungshandlung liegt, ihr Vorhaben aufgab, für eine straflose Vorbereitungshandlung aussprechen. Diese Ansicht wird jedoch der Rechtsgutsgefährdung nicht gerecht, die mit der „Entlassung" des Werkzeugs durch den Hintermann eingetreten ist. Sie ist daher abzulehnen. Es liegt somit ein unmittelbares Ansetzen iSv § 22, dh ein Versuchsbeginn vor.

d) Rechtswidrigkeit und Schuld

A handelte rechtswidrig und schuldhaft.

e) Rücktritt, § 24 II

Ein Rücktritt vom Versuch gem § 24 II scheidet aus[7]. Zwar ist der Versuch noch nicht fehlgeschlagen, weil F schon am nächsten Tag ihren Besuch im Kaufhaus hätte wiederholen und A so noch in naher Zukunft hätte zum Erfolg kommen können. Aber § 24 II verlangt vom Täter, aktive Gegenmaßnahmen zu ergreifen, um der Tat im Folgenden entgegenzuwirken. Dies hat A versäumt. Ein Rücktritt ist daher nicht gegeben.

f) Ergebnis

A hat sich gem §§ 263 I, II, 22, 23 I Alt 2, 25 I Alt 2 strafbar gemacht.

2. §§ 246 I, III, 22, 23 I Alt 2, 25 I Alt 2

117 Bzgl des durch Austausch erstrebten neuen Pullis scheidet eine versuchte Unterschlagung zum Nachteil des K aus, weil A wollte, dass das Kaufhaus den Pulli der F übereignet, es sich also um keine fremde Sache handelte.

Ausgegangen wird bei dieser Argumentation davon, dass die Tathandlung mit dem Zeitpunkt der abgeschlossenen Umtauschaktion identisch ist. Wer auf eine frühere Tathandlung abstellt, müsste angesichts des vom Kaufhaus gewollten Eigentumsübergangs zumindest die Rechtswidrigkeit der Zueignung ablehnen.

Durch Einwirkung auf F, den Pullover umzutauschen, könnte A jedoch eine erneute versuchte Zueignungshandlung bzgl des früher gestohlenen Pullis verübt haben.

Nach der Tatbestandslösung ist dies zu verneinen, da wiederholte Zueignungen nicht von § 246 I erfasst werden *(s o Rn 108)*. Nach der herrschenden und überzeugenden Konkurrenzlösung liegt auch bei späteren Verwertungsakten nach einem vorangegangenen Diebstahl etc eine (Zweit- bzw hier sogar Dritt-)Zueignung vor. Das Delikt tritt je-

---

7 Auch bei mittelbarer Täterschaft ist § 24 II anzuwenden, obwohl das Werkzeug nicht im engeren Sinne „beteiligt" ist, s S/S-*Eser*, § 24 Rn 106.

doch auf Konkurrenzebene als mitbestrafte Nachtat hinter den von A begangenen Diebstahl *(s o Rn 92 ff)* zurück.

3. Ergebnis für A im Tatkomplex C

A hat sich gem §§ 263 I, II, 22, 23 I Alt 2, 25 I Alt 2 strafbar gemacht.

D. Die Geschehnisse um die Uhr (Strafbarkeit der A)

1. § 242 I

Indem A die Uhr mit dem falschen Preisschild an der Kasse vorzeigte, könnte sie sich wegen Diebstahls strafbar gemacht haben. **118**

A müsste die im Eigentum des K stehende Uhr weggenommen haben. Um einen Gewahrsamsbruch zu bejahen, hätte sie die Uhr aber gegen den Willen des früheren Gewahrsamsinhabers an sich bringen müssen. Die Kassiererin als Gewahrsamshüterin des K hat ihr den Gewahrsam hingegen willentlich übertragen. Dieses tatbestandsausschließende Einverständnis lässt die Wegnahme und so die Strafbarkeit aus § 242 I entfallen.

2. § 263 I (A gegenüber der Kassiererin, zulasten des K, zugunsten der A)

Indem A die Uhr mit dem falschen Preisschild an der Kasse vorzeigte und einscannen ließ, könnte sie sich wegen Betrugs strafbar gemacht haben. **119**

a) Objektiver Tatbestand

A müsste die Kassiererin über Tatsachen getäuscht haben. Eine Tatsache ist ein konkreter Vorgang oder Zustand der Vergangenheit oder Gegenwart, der dem Beweis zugänglich und mithin kein bloßes Werturteil ist. Der Preis der Uhr ist eine Tatsache in diesem Sinne. Durch Manipulation des Preisschildes hat A die wahren Verhältnisse verschleiert und einen entsprechenden Irrtum bei der Kassiererin erregt. Diese nahm fälschlicherweise an, dass der vom Scanner gelesene Preis derjenige war, den das Kaufhaus dieser Uhr zugeteilt hatte. Nach Bezahlung des Preises von 50 € übereignete die Kassiererin in wirksamer Vertretung des K die Uhr an A. Die Kassiererin, die kraft ihres Arbeitsvertrages zur Übereignung befugt war, stand zu K in einem Nähe- und Obhutsverhältnis bzw in seinem „Lager“, sodass sich K nach allen zum Dreiecksbetrug vertretenen Ansichten *(vgl o Rn 113)* diese Vermögensverfügung zurechnen lassen muss. Ihm ist durch die Vermögensverfügung der Kassiererin auch ein Vermögensschaden iHv 400 € entstanden, weil ihm nicht das Äquivalent von 450 € (wahrer Verkaufspreis und anzunehmender Marktwert der Uhr), sondern nur ein solches von 50 € zugeflossen ist.

A hat den objektiven Tatbestand des Betruges erfüllt.

b) Subjektiver Tatbestand

A handelte vorsätzlich und in der Absicht rechtswidriger stoffgleicher Bereicherung.

c) Rechtswidrigkeit und Schuld

A handelte rechtswidrig und schuldhaft.

d) Ergebnis

A hat sich gem § 263 I strafbar gemacht.

3. § 267 I

120 A könnte sich durch die Manipulation des Preisschildes an der von ihr gekauften Uhr (Wert der Uhr: 450 €; Preisschild: 50 €) wegen Urkundenfälschung strafbar gemacht haben.

a) Objektiver Tatbestand

aa) Verfälschen einer echten Urkunde, Var 2

A könnte eine echte Urkunde verfälscht haben. Eine Urkunde ist eine verkörperte Gedankenerklärung, die zum Beweis im Rechtsverkehr geeignet und bestimmt ist und ihren Aussteller erkennen lässt. Da weder das Preisschild als solches (mangels Bezugsobjekts für die Preisangabe) noch die verpackte Uhr für sich allein eine entsprechende Gedankenerklärung darstellen, kommt hier nur eine sog zusammengesetzte Urkunde in Betracht. Von einer zusammengesetzten Urkunde spricht man, wenn eine verkörperte Gedankenerklärung mit ihrem Bezugsobjekt räumlich fest (= nicht notwendig untrennbar) zu einer Beweismitteleinheit derart verbunden ist, dass beide zusammen einen einheitlichen Beweis- und Erklärungsinhalt in sich vereinigen. Das Preisschild über 450 € bildete mit der versiegelten Plastikdose und diese wiederum mit der darin befindlichen Uhr im Wert von 450 € eine räumlich feste Verbindung, welche geeignet und bestimmt war, Beweis für die Höhe des Kaufpreises zu erbringen. Uhr und Preisschild stellen also in ihrer Gesamtheit eine zusammengesetzte Urkunde dar.[8]

Diese Urkunde stammte vom Inhaber des Kaufhauses K, welcher aus ihr aufgrund der Namensnennung als Aussteller, dh als derjenige, dem das urkundlich Erklärte im Rechtsverkehr zugerechnet wird, hervorging. Die Urkunde war mithin echt.

Zweifelhaft erscheint, ob A die zunächst echte Urkunde „verfälscht" hat. Als Fälschungshandlung kommt das Ablösen des alten und das Aufkleben des neuen Preisschildes in Betracht (vorher Uhr für 450 €, jetzt Uhr für 50 €).

121 **Problem Nr 28: Anforderungen an das Verfälschen von Urkunden iSv § 267 I Var 2**

(1) Nach einer **Mindermeinung** (MK-*Erb*, § 267 Rn 191 ff; S/S-*Cramer/Heine*, § 267 Rn 68; NK-*Puppe*, § 267 Rn 84; *Küpper*, BT1 § 1 Rn 43; S/S/W-StGB-*Wittig*, § 267 Rn 77) ist für eine Verfälschung iSv § 267 stets erforderlich, dass eine neue unechte Urkunde hergestellt wird. Das hat zur Folge, dass § 267 I Var 2 nicht erfüllt ist, wenn der Aussteller selbst die Urkunde nachträglich verändert. Das Verfälschen von Urkunden ist stets nur ein Unterfall des Herstellens einer unechten Urkunde.

8 Zur zusammengesetzten Urkunde s auch *B. Heinrich*, JA 2011, 423 ff.

Argument: § 267 schützt das Vertrauen in die Echtheit der Urkunde nur bzgl Identitätstäuschungen. Ansonsten greift § 274 ein.

(2) Nach überzeugender **Rechtsprechung** und **herrschender Lehre** (BGHSt 9, 235; *Kindhäuser*, LPK § 267 Rn 44; Matt/Renzikowski-*Maier*, § 267 Rn 80; *Rengier*, BT2 § 33 Rn 24; *Wessels/Hettinger*, BT1 Rn 842) ist die Verfälschung einer Urkunde iSv § 267 I Var 2 jede Veränderung der Beweisrichtung und des gedanklichen Inhalts einer echten Urkunde, sodass diese nach dem Eingriff etwas anderes zum Ausdruck bringt als vorher. Es muss der Anschein erweckt werden, dass die Urkunde von vornherein den ihr nachträglich beigelegten Inhalt gehabt und dass der Aussteller die urkundliche Erklärung von Anfang an in der jetzt vorliegenden Form abgegeben hat.

Argument: Folgt man der oben unter (1) wiedergegebenen Meinung und fordert stets die Herstellung einer unechten Urkunde, ist die Tatbestandsvariante des Verfälschens überflüssig, da alle denkbaren Fälle schon von § 267 I Var 1 erfasst werden.

Die hier vertretene Lösung hat zur Folge, dass auch der Aussteller eine Urkundenfälschung begehen kann. Er kann zwar keine unechte Urkunde herstellen, jedoch eine echte verfälschen, wenn er inzwischen die alleinige Verfügungsmacht über die Urkunde verloren hat. Wenn jemand eine echte Urkunde verfälscht, deren Aussteller er nicht selbst ist, so tritt eine zugleich verwirklichte Herstellung einer unechten Urkunde hinter die Variante des Verfälschens einer echten Urkunde zurück (*Wessels/Hettinger*, BT1 Rn 844).

Zur Vertiefung: Wessels/Hettinger, BT1 Rn 842 ff.

Nach der Manipulation bezeugte die Urkunde nicht mehr einen Kaufpreis in Höhe von 450 € für diese Uhr, sondern nur noch einen solchen in Höhe von 50 €. Das Abziehen des einen Preisschildes und das Aufkleben des anderen hat also den gedanklichen Inhalt der vorher echten Urkunde verändert. Der Empfänger der Urkunde glaubt zu Unrecht, der Kaufhausinhaber K habe die Urkunde in der jetzigen Form („Diese Uhr wird zum Preis von 50 € angeboten.") ausgestellt. Bei dieser Konstellation der nachträglichen Veränderung der Urkunde durch einen anderen als den Aussteller bejaht auch die Meinung, welche für die Variante des Verfälschens die Herstellung einer unechten Urkunde fordert, den § 267 I Var 2. Damit ist der objektive Tatbestand des § 267 I in der Variante des Verfälschens einer echten Urkunde erfüllt. **122**

bb) Herstellen einer unechten Urkunde, Var 1

Da die Urkunde in der jetzigen Form nicht vom Aussteller (Kaufhausinhaber K), sondern von einem Dritten (der A) stammt, liegt in der Verfälschung zugleich die Herstellung einer unechten Urkunde, die jedoch hinter die Variante des Verfälschens zurücktritt[9].

cc) Gebrauchmachen von einer unechten/verfälschten Urkunde, Var 3

Gebrauchmachen von einer Urkunde iSv § 267 I Var 3 ist gegeben, wenn die Urkunde selbst und nicht nur ihre schlichte Abschrift oder Ablichtung dem zu Täuschenden in der Weise zugänglich gemacht wird, dass er die Möglichkeit zur Kenntnisnahme hat. Durch Vorlage der Uhr in ihrer Verpackung samt manipuliertem Preisschild hat die getäuschte Kassiererin die gefälschte Urkunde sogar tatsächlich zur Kenntnis genommen.

9 *Wessels/Hettinger*, BT1 Rn 844.

b) Subjektiver Tatbestand

A handelte vorsätzlich.

Sie wollte das Preisschild verfälschen und dieses mit der „falschen" Uhr dann als zusammengesetzte Urkunde der Kassiererin vorlegen, um bei dieser einen Irrtum über die tatsächliche Kaufpreishöhe zu erregen. Sie handelte somit in der Absicht, mit der gefälschten Urkunde im Rechtsverkehr zu täuschen.

c) Verhältnis von Var 2 zu Var 3

123 **Problem Nr 29: Konkurrenzverhältnis zwischen Herstellen bzw Verfälschen und Gebrauchmachen bei § 267**

Bei der Frage nach dem Verhältnis der Herstellung bzw Verfälschung der Urkunde einerseits und dem Gebrauchmachen andererseits differenziert die **herrschende Meinung** wie folgt:

– Hat der Täter von vornherein einen ganz bestimmten Gebrauch des Falsifikats ins Auge gefasst und sodann realisiert, so wird die schon mit dem Herstellungs- und Verfälschungsakt vollendete Straftat erst durch das konkrete Gebrauchmachen beendet. Es liegt dann nur **eine** Urkundenfälschung iSv § 267 I, dh eine einheitliche Tat im Rechtssinn, vor (BGHSt 5, 291; *Wessels/Beulke/Satzger*, AT Rn 760; MK-*Erb*, § 267 Rn 217). Da Herstellen und Verfälschen materiell Vorbereitungshandlungen sind, ist in solchen Fällen auf den Gebrauch abzustellen.

– Wer eine unechte Urkunde herstellt oder eine echte Urkunde verfälscht, deren Verwendung er zu diesem Zeitpunkt aber nur in allgemeinen Umrissen geplant hat, begeht durch den späteren Gebrauch eine neue selbstständige Straftat, die zum vorausgegangenen Fälschungsakt im Verhältnis der **Tatmehrheit** steht (BGHSt 5, 291; 17, 97).

Zur Vertiefung: Wessels/Hettinger, BT1 Rn 853.

124 Da A als Hersteller der Urkunde den späteren Gebrauch von vornherein geplant hat, wird nach ganz herrschender und zutreffender Ansicht von einer einheitlichen Urkundenfälschung ausgegangen, wobei Herstellen und Verfälschen nur den Gebrauch vorbereiten. Deshalb verbleibt letztlich für A nur eine Strafbarkeit wegen einer Urkundenfälschung iSv § 267 I Var 3.

d) Ergebnis

A hat sich gem § 267 I Var 3 strafbar gemacht.

4. § 274 I Nr 1 bzgl 450 €-Preisschild

125 A könnte durch das Abziehen des Preisschildes (inkl Preisangabe von 450 € und Scanstreifen) eine Urkunde, die ihr nicht oder nicht ausschließlich gehörte, vernichtet, beschädigt oder unterdrückt haben.

a) Objektiver Tatbestand

Nicht oder nicht ausschließlich gehört dem Täter eine Urkunde, wenn auch andere dazu befugt sind, die Urkunde zum Beweis im Rechtsverkehr zu gebrauchen. Hier war nur K beweisbefugt bzgl der zusammengesetzten Urkunde „Uhr mit Preisschild". Der A „gehörte" diese Urkunde also nicht.

Eine Urkunde ist vernichtet iSv § 274 I Nr 1, wenn die beweiserhebliche Substanz völlig beseitigt ist. Beschädigen iSv § 274 I Nr 1 bedeutet ein derartiges Verändern der Urkunde, dass sie in ihrem Wert als Beweismittel beeinträchtigt ist. Eine Unterdrückung liegt in jeder Handlung, durch die dem Beweisführungsberechtigten die Benutzung des Beweismittels dauernd oder zeitweilig entzogen oder vorenthalten wird. A hat das Preisschild zerknüllt und auf den Boden geworfen, wo es nach allgemeiner Lebenserfahrung zusammen mit dem Fußbodenmüll entsorgt wurde. Die Uhr selbst ist ohne das Preisschild mangels Gedankenerklärung keine Urkunde. A hat also die beweiserhebliche Substanz der Urkunde völlig beseitigt, dh sie vernichtet.

b) Subjektiver Tatbestand

A handelte vorsätzlich und in der Absicht, dem Kaufhaus durch Verschlechterung der Beweisposition („Dies ist die Uhr, die 450 € kostet.") einen Nachteil zuzufügen.

c) Ergebnis

A hat sich gem § 274 I Nr 1 strafbar gemacht.

5. § 274 I Nr 1 bzgl 50 €-Preisschild

Durch Abziehen des Preisschildes von der Uhr, die mit 50 € ausgezeichnet war, und durch das Aufkleben dieses Preisschildes auf die Uhr, die eigentlich 450 € kostet, ist die ursprüngliche zusammengesetzte Urkunde zerstört, zumindest aber beschädigt worden. § 274 I Nr 1 ist also auch insoweit erfüllt.

Da die Manipulationen an den Preisschildern der beiden Uhren ineinander übergingen, handelt es sich insoweit um eine einheitliche Handlung, sodass das Entfernen des einen und der Austausch des anderen Preisschildes als eine einheitliche Urkundenunterdrückung gem § 274 I Nr 1 gewertet werden kann.

6. § 303 I

A könnte des Weiteren sowohl das Preisschild an der Uhr für 450 € als auch das an der **126**
Uhr für 50 € beschädigt haben. Das Preisschild über 450 € hat sie gänzlich zerstört. Dasjenige über 50 € wurde hingegen nur von seinem Bezugsobjekt abgelöst, wodurch das Preisschild jedoch seine auf die Kaufsache bezogene Funktion verlor. Es wurde somit beschädigt. Außerdem wird K aufgrund des Scannings des ausgetauschten Schildes von einem falschen Verkauf bzw Warenbestand ausgehen und uU für den weiteren Geschäftsvorgang ungünstig disponieren. Auch die diesbezügliche Brauchbarkeit der Preisschilder wird von § 303 I geschützt. Ihre Vereitelung genügt also den Voraussetzungen der Sachbeschädigung *(vgl o Rn 104)*.

Insgesamt liegt aber – wie bei der Urkundenunterdrückung *(s o Rn 125)* – nur eine Handlung und somit nur eine Sachbeschädigung gem § 303 I vor. Ein nach § 303c erforderlicher Strafantrag ist gestellt.

7. § 303a I

Fraglich ist, ob A durch die Manipulation der Preisschilder auch den Tatbestand der Datenveränderung (§ 303a I) verwirklicht hat. Dazu müssten die aufgeklebten Schilder Daten iSv § 303a I, also nicht unmittelbar wahrnehmbare Informationen (vgl § 202a II), enthalten. Die aufgedruckte Preisangabe ist jedoch ebenso wie der Scancode für das Auge sichtbar, weitere visuell nicht wahrnehmbare Informationen enthält das Preisschild nicht, sondern sie entstehen erst durch den Scanvorgang an der Kasse: Wenn der Scanner den (sichtbaren) Code liest, arbeitet er diese Information in (unsichtbare) Daten um, die fortan im Kassen- und Absatzsystem des Kaufhauses gespeichert sind.

Durch den Austausch der Preisschilder hat A somit keine Daten iSv § 303a verändert.

8. Konkurrenzen

127 § 274 I Nr 1 verdrängt § 303 I im Wege der Gesetzeskonkurrenz (Spezialität)[10].

§ 267 I Var 2 (die ihrerseits hinter Var 3 zurücktritt, *s o Rn 124*) verdrängt als lex specialis § 274 I Nr 1[11]. Durch die Manipulationen an den Preisschildern wird der zusammengesetzten Urkunde ein neuer Beweiswert gegeben. Die Urkundenunterdrückung iSv § 274 I Nr 1 ist nur Mittel zur Urkundenfälschung iSv § 267 I.

Der Betrug gem § 263 I und die Urkundenfälschung gem § 267 I Var 3 erfassen unterschiedliche Rechtsgüter und stehen deshalb in Idealkonkurrenz, § 52.

9. Ergebnis für A im Tatkomplex D

A hat sich gem § 263 I – § 52 – § 267 I Var 3 strafbar gemacht.

E. Gesamtkonkurrenzen

Die Taten im Tatkomplex D sind von denen in den Tatkomplexen A und C völlig losgelöst. Aufgrund ihrer Selbstständigkeit ist deshalb von real konkurrierenden Taten (§ 53) auszugehen.

F. Gesamtergebnis

128 **A:** § 242 I – § 52 – § 303 I
– § 53 –
§§ 263 I, II, 22, 23 I Alt 2, 25 I Alt 2
– § 53 –
§ 263 I – § 52 – § 267 I Var 3
F: straflos

---

10 Vgl *Joecks*, St-K, § 274 Rn 28; S/S-*Cramer/Heine*, § 274 Rn 32 und S/S-*Stree/Hecker*, § 303 Rn 25.
11 Ebenso *Wessels/Hettinger*, BT1 Rn 845; für Idealkonkurrenz: *Duttge*, Jura 2006, 15; *Krey/Hellmann/M. Heinrich*, BT1 Rn 985.

Definitionen zum Auswendiglernen

Eindringen	iSv **§ 123 I** ist das Betreten gegen den ausdrücklich erklärten oder mutmaßlichen Willen des Berechtigten *(Wessels/Hettinger, BT1 Rn 584 f).*
Geschäftsräume	iSv **§§ 123 I, 243 I Nr 1** sind Räumlichkeiten, die bestimmungsgemäß für gewerbliche, berufliche, künstlerische oder wissenschaftliche Zwecke verwendet werden *(Wessels/Hettinger, BT1 Rn 580; Wessels/Hillenkamp, BT2 Rn 214).*
Schutzvorrichtungen	iSv **§ 243 I 2 Nr 2** sind alle Vorkehrungen und technischen Mittel, die dazu bestimmt und geeignet sind, Sachen gegen Entwendung zu schützen, den ungehinderten Zugriff auf sie auszuschließen und ihre Wegnahme mindestens zu erschweren *(Wessels/Hillenkamp, BT2 Rn 235).*
Gering	iSv **§§ 243 II, 248a** ist der Wert der Sache, wenn er nach der allgemeinen Verkehrsauffassung für den Gewinn wie für den Verlust als unerheblich anzusehen ist; dies wird derzeit bei einem Wert von etwa 50 € angenommen *(Wessels/Hillenkamp, BT2 Rn 252).*
Irrtum	iSv **§ 263** ist jede unrichtige, der Wirklichkeit nicht entsprechende Vorstellung über Tatsachen *(Wessels/Hillenkamp, BT2 Rn 510).*
Vermögensverfügung	iSv **§ 263** umfasst jedes freiwillige tatsächliche Handeln, Dulden oder Unterlassen des Getäuschten, das bei diesem selbst oder bei einem Dritten unmittelbar zu einer Vermögensminderung im wirtschaftlichen Sinne führt *(Wessels/Hillenkamp, BT2 Rn 515).*
Urkunde	iSd **materiellen Strafrechts** ist jede verkörperte Gedankenerklärung, die zum Beweis im Rechtsverkehr geeignet und bestimmt ist und die ihren Aussteller erkennen lässt *(Wessels/Hettinger, BT1 Rn 790).*
Zusammengesetzte Urkunde	iSd **materiellen Strafrechts** ist eine verkörperte Gedankenerklärung, die mit ihrem Bezugsobjekt räumlich fest (= nicht notwendig untrennbar) zu einer Beweismitteleinheit derart verbunden ist, dass beide zusammen einen einheitlichen Beweis- und Erklärungsinhalt in sich vereinigen *(Wessels/Hettinger, BT1 Rn 816).*
Aussteller einer Urkunde	iSv **§ 267 I** ist nicht, wer die Urkunde körperlich hergestellt hat, sondern derjenige, dem das urkundlich Erklärte im Rechtsverkehr zugerechnet wird und von dem die Erklärung in diesem Sinne geistig herrührt, weil er sich zu ihr als Urheber bekennt (sog Geistigkeitstheorie; *Wessels/Hettinger, BT1 Rn 801*).
Unecht	ist eine Urkunde iSv **§ 267 I**, wenn sie nicht von demjenigen herrührt, der aus ihr als Aussteller („Erklärender") hervorgeht *(Wessels/Hettinger, BT1 Rn 821).*
Herstellen	einer unechten Urkunde iSv **§ 267 I Var 1** liegt vor, wenn eine Identitätstäuschung über den wahren Aussteller bewirkt werden soll, dh ein Handeln zum Zwecke der Herbeiführung oder Aufrechterhaltung eines Irrtums über die Person des wirklichen Ausstellers *(Wessels/Hettinger, BT1 Rn 821).*
Verfälschen	einer Urkunde iSv **§ 267 I Var 2** ist jede Veränderung der Beweisrichtung und des gedanklichen Inhalts einer echten Urkunde, sodass diese nach dem Eingriff etwas anderes zum Ausdruck bringt als vorher *(Wessels/Hettinger, BT1 Rn 842).*

Gebrauchmachen	einer Urkunde iSv **§ 267 I Var 3** ist gegeben, wenn die Urkunde selbst und nicht nur ihre schlichte Abschrift oder Ablichtung dem zu Täuschenden in der Weise zugänglich gemacht wird, dass er die Möglichkeit zur Kenntnisnahme hat *(Wessels/Hettinger, BT1 Rn 851).*
Nicht gehören	iSv **§ 274 I Nr 1** bedeutet, dass außer dem Täter auch andere dazu befugt sind, die Urkunde zum Beweis im Rechtsverkehr zu gebrauchen *(vgl Wessels/Hettinger, BT1 Rn 889).*
Vernichten	iSv **§ 274 I Nr 1** bedeutet die völlige Beseitigung der beweiserheblichen Substanz einer Urkunde *(Wessels/Hettinger, BT1 Rn 891).*
Beschädigen	iSv **§ 274 I Nr 1** bedeutet eine derartige Veränderung der Urkunde, dass sie in ihrem Wert als Beweismittel beeinträchtigt ist *(Wessels/Hettinger, BT1 Rn 892).*
Unterdrücken	iSv **§ 274 I Nr 1** ist jede Handlung, durch die dem Beweisführungsberechtigten die Benutzung des Beweismittels dauernd oder zeitweilig entzogen oder vorenthalten wird *(Wessels/Hettinger, BT1 Rn 893).*
Beschädigt	iSv **§ 303 I** ist eine Sache, wenn der Täter auf die Sache als solche in einer Weise körperlich eingewirkt hat, dass ihre Unversehrtheit oder bestimmungsgemäße Brauchbarkeit mehr als nur unerheblich beeinträchtigt und im Vergleich zu ihrer bisherigen Beschaffenheit nachteilig verändert worden ist *(Wessels/Hillenkamp, BT2 Rn 30).*
Daten	iSv **§ 303a** sind nicht unmittelbar wahrnehmbare Informationen *(vgl Gesetzestext des § 202a II)*

Weitere einschlägige Musterklausuren

Zum Problem der Gewahrsamsbegründung in fremder Gewahrsamssphäre:

Beulke, Klausurenkurs III [3] Rn 106; *Bock*, WuV BT2 [3] S 57; *Brüning*, ZJS 2010, 98; *Dedy*, Jura 2002, 137; *Eisenberg*, Jura 1987, 265; *Fahl*, JuS 2004, 885; *Fünfsinn*, Jura 1988, 489; *Gössel*, [12] S 199; *Gropengießer*, JuS 1997, 1010; *Hilgendorf*, Fallsammlung [15] S 118; *Hillenkamp*, JuS 2003, 157; *Koch/Exner*, JuS 2007, 40; *Rotsch*, JuS 2004, 607; *Roxin/Schünemann/Haffke*, [3] S 67; Schlüter-*Niehaus*, [21] S 304; *Theile/Gatter*, Jura 2014, 104

Zum Problem des Warenanhängers als besondere Schutzvorrichtung und Sicherung der Ware gegen Wegnahme iSd § 243 I Nr 2:

Dölling, JuS 1986, 688; *Koch/Exner*, JuS 2007, 40; *Seier*, JA 1985, 387

Zum Problem der Grenzen eines generellen Zutrittsrechts bei § 123:

Berkl, JA 2006, 276; *Beulke*, Klausurenkurs III [3] Rn 106; *Bock*, WuV BT2 [3] S 57; *Britz*, JuS 1997, 146; *Dedy*, Jura 2002, 137; *Freund*, JuS 2001, 475; *Füllkrug*, Jura 1989, 362; *Gropp/Küpper/Mitsch*, [13] S 233, [17] S 305; *Hellmann*, JuS 1996, 522; *Herzberg*, Jura 1986, 102; *Hilgendorf*, Fallsammlung [15] S 118; *ders*, Klausurenkurs II [4] Rn 14; *Ingelfinger*, JuS 1998, 531; *Jerouschek/Kölbel*, JuS 2001, 780; *Koch/Exner*, JuS 2007, 40; *Laubenthal*, Jura 1989, 99; *Meurer/Dietmeier*, Jura 1999, 643; *Ranft*, Jura 1993, 487; *Raschke/Zirzlaff*, ZJS 2012, 219; *Schulz*, JA 1998, 127; *Schulz/Richter*, JuS 1985, 798; *Tiedemann/Waßmer*, Jura 2000, 533; *Walter*, Jura 2002, 415; *Weber*, JuS 1988, 885

Zum Problem der Sachbeschädigung durch bloße Brauchbarkeitsminderung:

Baier, JuS 2004, 59; *Beulke*, Klausurenkurs I [2] Rn 119; *Bock*, WuV BT2 [1] S 1; *Fahl*, Jura 2005, 273; *Gropp/Küpper/Mitsch*, [13] S 238; *Marxen*, BT [23b] S 260; Schlüter-*Heghmanns/Niehaus*, [19] S 267; *Werle*, JuS 1986, 902; *Wilhelm*, JuS 1996, 424

Zum Problem der erneuten Zueignung einer durch ein mit Zueignungsabsicht begangenes Vermögensdelikt erlangten Sache:

Beulke, Klausurenkurs III [7] Rn 278; *Bock*, WuV BT2 [4] S 87; *Dedy*, Jura 2002, 137; *Gössel*, [8] S 140; [12] S 199; *Gropp/Küpper/Mitsch*, [14] S 251, [17] S 305; *Heinrich*, Jura 1999, 585; *Hilgendorf*, Klausurenkurs II [1] Rn 15; *Kühl/Brutscher*, JuS 2011, 335; *Kudlich/Roy*, JA 2001, 771; *Kunz*, JuS 1997, 242; *Laubenthal/Baier*, JA 1993, 101; *Mitsch*, JuS 2004, 323; *ders*, JuS 2007, 555; *ders*, JuS 2011, 911; *Rosenau/Zimmermann*, JuS 2009, 541; *Roxin/Schünemann/Haffke*, [16] S 283 (zu § 246 aF); *Schultze*, JA 2002, 777; *Sternberg-Lieben/Sternberg-Lieben*, JuS 2002, 576; *Strauß*, [15] S 107; *Wagner*, [5] S 41; *Weigend*, Jura 1980, 651 (zu § 246 aF)

Zum Problem des „Dreiecksbetrugs“:

Beulke, Klausurenkurs III [6] Rn 243; *Böse/Nehring*, JA 2008, 110; *Bühler*, Jura 1989, 651; *Bülte/Becker*, Jura 2012, 319; *Eisele*, Jura 2002, 59; *Fahl*, JA 2011, 836; *ders*, JuS 2012, 1104; *Geppert*, Jura 1987, 102; *Gröseling*, JuS 2003, 1097; *Gropp/Küpper/Mitsch*, [16] S 285; *Heinrich*, Jura 1999, 585; *Hellmann/Beckemper*, JuS 2001, 1095; *v. Heintschel-Heinegg*, [10] S 110; *Kerner/Trüg*, JuS 2004, 140; *Mitsch*, JuS 2012, 911; *Montenbruck/Schubert*, in: *Coester-Waltjen* ua (Hrsg), Examensklausurenkurs III, S 64; *Peterek/Ingelfinger*, StudZR 2008, 93; *Preuß*, JA 2013, 433; *Raschke/Zirzlaff*, ZJS 2012, 219; *Rössner/Guhra*, Jura 2001, 403; *Rotsch*, JA 2004, 532; *ders*, Klausurenlehre Rn 2062; *ders*, ZJS 2013, 75; *Roxin/Schünemann*, JuS 1969, 372; *Roxin/Schünemann/Haffke*, [14] S 255; *Seier*, JA 1979, 161, 188; *Steffan*, JuS 2006, 723; *Wagner*, [2] S 12; *Wolters*, [5] S 121

Zum Problem des Versuchsbeginns bei mittelbarer Täterschaft:

Bergmann/Kroke, Jura 2010, 946; *Beulke*, Klausurenkurs I [4] Rn 175; *ders*, Klausurenkurs III [5] Rn 198; *Cantzler*, JA 1999, 859; Ebert-*Bruckauf*, Fälle [7] S 122; *Edlbauer*, Jura 2007, 941; *Ernst*, ZJS 2011, 382; *Frister*, [5] S 96; *Gössel*, [5] S 92; *v. Heintschel-Heinegg*, [5] S 45; *Hilgendorf*, Klausurenkurs III [6] S 63; *Kargl*, S 103 f; *Kindhäuser/Schumann/Lubig*, Klausurtraining [5] S 137; *Krack/Schwarzer*, JuS 2008, 140; *Krahl*, JuS 2003, 1187; *Kudlich*, Fälle AT [6] S 73, [8] S 111, [10] S 136, [11] S 150; *Meurer/Kahle/Dietmeier*, [3] S 23, [4] S 49, [8] S 165; *Mitsch*, JuS 1988, 468; *Montenbruck/Schubert*, in: *Coester-Waltjen* ua (Hrsg), Examensklausurenkurs III, S 64; *Otto/Bosch*, [16] S 343; *Preis ua*, [20] S. 328; *Rackow*, JA 2003, 218; *Rauda/Zenthöfer*, [21] S 118; *Rönnau/Nebendahl*, JuS 1990, 745; *Rotsch*, Klausurenlehre Rn 1; *Saliger*, JuS 1995, 1004; *Schuster*, Jura 2008, 233; *Sternberg- Lieben/von Ardenne*, Jura 2007, 149; *Wagner*, ZJS 2009, 419

Zum Problem des Konkurrenzverhältnisses zwischen Herstellen bzw Verfälschen und Gebrauchmachen bei § 267:

Bock, WuV BT1 [4] S 129; *Beulke*, Klausurenkurs III [2] Rn 59; *Ellbogen/Richter*, JuS 2002, 1192; *Hilgendorf*, Klausurenkurs III [2] Rn 10; *Kühl/Lange*, JuS 2010, 42; *Roxin/Schünemann/Haffke*, [15] S 269; Schlüter-*Niehaus*, [20] S 285, [22] S 321

Zum Problem der Abgrenzung Verfälschen echter Urkunden – Herstellung unechter Urkunden:

Beulke, Klausurenkurs III [2] Rn 59; *Brüning*, ZJS 2010, 98; *Priebe*, [7] S 91; *Rotsch*, JuS 2004, 607; *Zieschang*, JA 2008, 192

Fall 5

Teures Benzin (bringt Ärger)

129 Der Pendler P, der jeden Tag etliche Kilometer auf der Fahrt zu seinem Büro zurücklegen muss, ist außerordentlich verärgert über die ständigen Erhöhungen des Benzinpreises. Eines Abends hält er mit seinem Auto wie jede Woche an der auf seinem Heimweg gelegenen freien, markenunabhängigen Selbstbedienungstankstelle des Tankstelleneigentümers T, tankt 60 Liter Superbenzin und begibt sich dann in den Verkaufsraum. Dort merkt er, dass T gar nicht so genau verfolgt, wer an welchen Tanksäulen Benzin gezapft hat. Außerdem weiß er, dass an dieser Tankstelle keine Videogeräte installiert sind. P wittert die Chance, diese Woche der teuren Tankrechnung entgehen zu können. Er nimmt daher eine Packung „Fisherman's friend" an sich, legt das Geld für die Lutschpastillen passend auf die Verkaufstheke und erhält von T den entsprechenden Bon. Beim Hinausgehen entdeckt P in einem Verkaufsständer mit Büchern zusätzlich den neuen Asterix-Band. Schnell steckt er ihn unter seine Jacke, um ihn auch mal lesen und mitreden zu können. Behalten will P den Asterix-Band aber auf keinen Fall, sondern er nimmt sich vor, ihn beim Tanken in der darauf folgenden Woche wieder unversehrt an seinen Platz im Bücherständer zurückzustellen. Mit dem Buch und ohne das Benzin bezahlt zu haben, fährt er fort. Erst danach fällt dem T auf, dass einer der Kunden getankt hat, ohne zu bezahlen.

Beschwingt über seinen glücklichen Coup, fährt P flott weiter nach Hause und bemerkt nicht, dass die Straße leicht überfroren ist. In einer scharfen Linkskurve gerät er ins Schleudern, sein Fahrzeug überschlägt sich und landet im Straßengraben. P erleidet schwere Schnittverletzungen und wird im Auto so festgekeilt, dass er sich kaum noch bewegen kann.

Inzwischen fährt auch T mit seinem Auto nach Hause und passiert die Unfallstelle. Er erblickt ein verunglücktes Fahrzeug und hält an, da er erkennt, dass noch kein anderer den Unfall bemerkt hat und der Fahrer dringend ärztliche Hilfe benötigt. Als T sich dem Auto nähert, ruft der Verunglückte P ihm zu, er solle ihm bitte beim Anrufen des Notarztes helfen, und zwar indem er das Handy des P bediene, das an der Freisprechanlage von Ps Auto angeschlossen sei. Die Unfallmeldung könne P dann mittels der Freisprechanlage selbst abgeben. T ist selbstverständlich dazu bereit, greift durch eine zerbrochene Scheibe in das im Graben liegende Auto und wählt auf Ps Handy den Notruf „110". Doch während die Verbindung hergestellt wird – das Handy funktioniert trotz des Unfalls einwandfrei –, realisiert T, dass es sich um das Auto gehandelt haben dürfte, das kurz zuvor an der Tankstelle stand und dessen Fahrer getankt hatte, ohne zu bezahlen. Diesem „Schweinehund" will T gewiss nicht helfen! Als die Notrufzentrale sich meldet und noch bevor P zu sprechen beginnt, legt T daher blitzartig auf (er betätigt die „Auflegtaste"), obwohl er weiß, dass P allein keine Möglichkeit hat, den Notarzt zu verständigen, und ggf weitere, schwerwiegende Gesundheitsschäden erleidet, wenn ihm nicht sofort geholfen wird. Mit der Verursachung dieser Verletzungen findet er sich ab; an eine Todesgefahr denkt er hingegen nicht.

Nachdem T weitergefahren ist, kommt glücklicherweise eine halbe Stunde später der Zivildienstleistende Z an die Unglücksstelle. Er leistet sofort erste Hilfe und verständigt den Notarzt. Aufgrund der sorgfältigen Blutstillung durch Z kann der Tod des P verhindert werden. Dieser war jedoch über so lange Zeit bewusstlos, dass er eine geistige und körperliche Behinderung davonträgt. Im Gerichtsverfahren wird festgestellt, dass diese Verletzungsfolgen nicht eingetreten wären, wenn T gleich den Notarzt gerufen hätte.

Auf Bitte des P, die er trotz seines Hirnschadens noch formulieren kann, stellt seine Ehefrau E wenige Tage später das Buch unbemerkt in den Bücherständer der Tankstelle zurück.

Wie haben sich P und T strafbar gemacht?

Evtl erforderliche Strafanträge sind gestellt.

Gedankliche Strukturierung des Falles (Kurzlösung)

130 **A. Das Benzin (Strafbarkeit des P)**

1. **§ 242 I (–)**
   a) **Objektiver Tatbestand (–)**
   - fremd (+)

Problem Nr 30: Übereignung von Benzin an Selbstbedienungstankstellen (Rn 132)

   - Wegnahme (–)

Problem Nr 31: Vorliegen eines (unbedingten) tatbestandsausschließenden Einverständnisses beim Tanken an einer Selbstbedienungstankstelle (Rn 134)

   b) **Ergebnis**
2. **§ 263 I hinsichtlich des Benzintankens (P ggü T, zul. des T, zug. des P) (+)**
   a) **Objektiver Tatbestand (+)**
   - Täuschung (+)
   - Irrtum (+)
   - Vermögensverfügung (+)
   - Vermögensschaden (+)

   b) **Subjektiver Tatbestand (+)**
   - Vorsatz (+)
   - Absicht stoffgleicher rechtswidriger Bereicherung (+)

   c) **Rechtswidrigkeit und Schuld (+)**
   d) **Ergebnis (+)**
3. **§ 246 I (+)**
   - fremd (+)
   - Zueignung (+)
4. **§ 303 I (+)**
5. **Konkurrenzen**
6. **Ergebnis für P im Tatkomplex A**
   P hat sich nach § 263 I strafbar gemacht.

B. Der Asterix-Band (Strafbarkeit des P)

1. **§ 242 I (–)**
   a) **Objektiver Tatbestand (+)**
   - fremde bewegliche Sache (+)
   - Wegnahme (+)

   b) **Subjektiver Tatbestand (–)**
   - Vorsatz (+)
   - Zueignungsabsicht (–)

Problem Nr 32: Objekt der Zueignung bei §§ 242 I, 246 I (Rn 140)

Problem Nr 33: Zueignung durch Lesen eines Taschenbuchs (Rn 142)

   c) **Ergebnis**
2. **§ 246 I (–)**
3. **§ 303 I (–)**
4. **§ 123 (–)**
5. **Ergebnis für P im Tatkomplex B**
   P ist straflos.

C. Auf der Straße (Strafbarkeit des T)

1. **§ 212 (–)**
   - Erfolg (–)
2. **§§ 212, 22, 23 I Alt 1 (–)**
   - Tatentschluss (–)
3. **§ 223 I (+)**
   a) **Objektiver Tatbestand (+)**
   - Gesundheitsschädigung und körperliche Misshandlung (+)
     – durch positives Tun (+)

Problem Nr 34: Abgrenzung positives Tun – Unterlassen (Rn 148)

   b) **Subjektiver Tatbestand (+)**
   c) **Rechtswidrigkeit und Schuld (+)**
   d) **Ergebnis**
4. **§ 224 I Nr 5 (–)**
5. **§ 226 I Nr 3 (+)**
   - geistige Krankheit oder Behinderung (+)
   - Vorsatz (+)
6. **§ 226 II, I Nr 3 (–)**
   - Absicht oder direkter Vorsatz (–)
7. **§ 221 I Nr 1 (+)**
   a) **Objektiver Tatbestand**
   - hilflose Lage (+)
   - Versetzen (+)
   - Gefahr des Todes oder einer schweren Gesundheitsschädigung (+)

   b) **Subjektiver Tatbestand (+)**
   c) **Rechtswidrigkeit und Schuld (+)**
   d) **Ergebnis**
8. **§ 221 I Nr 2 (+)**
   - hilflose Lage (+)
   - Im-Stich-Lassen (+)
   - Obhuts- oder Beistandspflicht (+)
   - Gefahr des Todes oder einer schweren Gesundheitsschädigung (+)
9. **§ 221 II Nr 2 (+)**
   - Verwirklichung des Grunddelikts (+)
   - schwere Gesundheitsschädigung (+)
   - spezifischer Gefahrzusammenhang (+)
   - wenigstens Fahrlässigkeit hinsichtlich des Eintritts der qualifizierenden Folge (+)
10. **§ 323c (+)**
   - aber subsidiär
11. **Konkurrenzen**
12. **Ergebnis für T im Tatkomplex C**
   T hat sich strafbar gemacht gem § 226 I Nr 3. *(aA vertretbar: § 226 I Nr 3 – § 52 – § 221 I Nr 1)*

D. Gesamtergebnis

P: **§ 263 I**
T: **§ 226 I Nr 3** *(aA vertretbar: § 226 I Nr 3 – § 52 – § 221 I Nr 1)*

Ausführliche Lösung von Fall 5

A. Das Benzin (Strafbarkeit des P)

1. § 242 I

a) Objektiver Tatbestand

Durch das Einfüllen des Benzins in den Tank könnte P sich eines Diebstahls schuldig gemacht haben. Auch Flüssigkeiten fallen unter den Sachbegriff des StGB[1]. Es ist jedoch fraglich, ob das Benzin zum Tatzeitpunkt für P noch „fremd" war oder gleichzeitig mit dem Einfüllen in sein Eigentum übergegangen ist. 131

Ein Eigentumsübergang kraft Gesetzes gem §§ 948, 947 II BGB könnte eingetreten sein, wenn Ps Tank vor dem Befüllen an Ts Tankstelle noch gut gefüllt und die zugetankte Menge im Verhältnis dazu sehr klein war. Da P laut Sachverhalt 60 Liter getankt hat, ist hier jedoch vom Normalfall auszugehen, dass P erheblich mehr Benzin eingefüllt hat als noch vorhanden war, sodass ein Eigentumserwerb nach §§ 948, 947 II BGB ausscheidet.

P könnte jedoch rechtsgeschäftlich Eigentum erworben haben.

Problem Nr 30: Übereignung von Benzin an Selbstbedienungstankstellen 132

(1) Nach **einer Ansicht** (OLG Düsseldorf JR 1982, 343 m Anm *Herzberg*; *Herzberg*, NJW 1984, 896; *ders*, NStZ 1983, 251; *Seier*, JA 1982, 518; und wohl auch S/S/W-StGB-*Kudlich*, § 242 Rn 11; offen gelassen von BGH NJW 2012, 1092 m Anm *Sinn*, ZJS 2012, 831) macht der Tankstellenbetreiber, indem er das Benzin an der Zapfsäule bereitstellt, dem Tankkunden ein (unbedingtes) Übereignungsangebot. Dieses wird von dem Tankkunden konkludent durch Einfüllen des Treibstoffs angenommen, sodass eine Einigung nach § 929 S 1 BGB zustande kommt. Da auch eine Übergabe vorliegt, geht das Eigentum am Benzin bereits beim Einfüllen auf den Tankenden über.

Argument: Das Befüllen an der Tankstelle ist einem Kauf am Münzautomaten vergleichbar, bei dem ebenfalls Verpflichtungs- und Verfügungsgeschäft schon durch eine ordnungsgemäße Bedienung zustande kommen. Der Wille des Tankstellenbetreibers, ein Übereignungsangebot abzugeben, kommt außerdem darin zum Ausdruck, dass er für jeden neuen Tankvorgang die Zahlräder an der Zapfsäule wieder auf Null stellt und das Benzin zum Tanken freigibt. Einen entgegenstehenden Willen könnte er leicht durch Sperren der Zapfanlage äußern.

Schließlich spricht für diese Lösung, dass die Übereignung zu einem späteren Zeitpunkt lebensfremd wäre, da sie bedeutete, dass der Kunde uU das getankte Benzin wieder herausgeben müsste.

(2) Nach **anderer Ansicht** (OLG Koblenz NStZ-RR 1998, 364; *Ernst*, JR 2012, 473; *ders*, Jura 2013, 454; *Hecker*, JuS 2012, 1138; *Rengier*, BT1 § 5 Rn 13; S/S-*Eser*, § 246 Rn 7) findet die Übereignung des Benzins erst an der Kasse (im Kassenraum) statt und vollzieht sich dann nach § 929 S 1, 2 BGB.

1 RGSt 14, 121.

Argument: Die Situation ähnelt einem Kauf im Selbstbedienungsladen, bei dem die Übereignung erst an der Kasse erfolgt. Der Vergleich mit einem Warenautomaten (Ansicht (1)) hinkt dagegen, weil dort der Käufer in Vorleistung tritt, indem er eine Münze einwirft, während er zum Zeitpunkt des Tankens noch keinerlei (Gegen-)Leistung erbracht hat.

Die Annahme, dass das Eigentum am Benzin schon beim Zapfen auf den Tankenden übergeht (so Ansicht (1)), würde den Eigentumsschutz des Tankstelleninhabers unangemessen schmälern, da die §§ 242, 246 mangels Fremdheit des Benzins nicht mehr eingreifen könnten. Dem Verhalten des Tankstelleninhabers kann deshalb auch nach der Verkehrsanschauung keine Willenserklärung zur Übereignung entnommen werden.

(3) Eine **dritte Meinung** (OLG Hamm NStZ 1983, 266; *Lange/Trost*, JuS 2003, 961, 964) geht einen Mittelweg, indem sie beim Einfüllen von einer Übereignung unter Eigentumsvorbehalt (§§ 929 S 1, 158 I, 449 I BGB) ausgeht. Aufschiebende Bedingung für die Übereignung (genauer: die dingliche Einigung) ist die Bezahlung des Benzins.

Argument: Die Annahme einer bedingten Übereignung beim Einfüllen des Benzins berücksichtigt sowohl die Interessenlage des Verkäufers (möglichst späte Übereignung) als auch die des Käufers (möglichst frühe Übereignung, zumindest Erwerb einer dinglichen Rechtsposition an der Sache). Der Einwand, ein Eigentumsvorbehalt dürfe nur angenommen werden, wenn der Verkäufer einen derartigen Willen ausdrücklich äußert (zB durch das Aufstellen entsprechender Schilder), kann nicht überzeugen, da mangels abweichender Bestimmung jeglicher Inhalt eines Rechtsgeschäfts auch konkludent vereinbart werden kann.

133 Während eine Ansicht annimmt, dass T schon durch das Bereitstellen des Benzins an der Zapfsäule ein (unbedingtes) Übereignungsangebot abgegeben hat, das P konkludent annehmen konnte, geht eine andere Ansicht davon aus, dass die nach § 929 S 1 BGB erforderliche Einigung erst an der Kasse zustande kommt oder – so eine dritte Meinung – dass Käufer P und Verkäufer T im Zeitpunkt des Einfüllens einen Eigentumsvorbehalt iSv § 449 I BGB vereinbart haben, sodass das Eigentum erst bei vollständiger Bezahlung (dem Eintritt der aufschiebenden Bedingung) übergeht. Die erste Ansicht überzeugt nicht, da sie einseitig den Interessen des Tankkunden Geltung verschafft. Erst wenn der Tankstelleninhaber sein Geld hat, möchte er auch sein Eigentum verlieren. Ob dieser Eigentumsübergang durch stillschweigende Vereinbarung im Zeitpunkt der Bezahlung oder wegen des vorher vereinbarten Eigentumsvorbehalts automatisch durch das Bezahlen eintritt, kann dahingestellt bleiben, denn wenn – wie hier – überhaupt nichts bezahlt wird, ist jedenfalls der Kunde nicht Eigentümer des Benzins geworden. Es handelt sich also bei dem Benzin um eine für P fremde Sache.

Der hier gewählte Weg, bei drei Meinungen nur die zu einem gegenteiligen Ergebnis führende Meinung abzulehnen, eine Entscheidung zwischen den verschiedenen Gegenmeinungen, die das eigene Ergebnis tragen, hingegen offen zu lassen, ist zulässig, s Beulke, Klausurenkurs I [1] Rn 108.

Diese müsste P weggenommen haben. Wegnahme bedeutet Bruch fremden und Begründung neuen, nicht notwendig eigenen Gewahrsams. Der ursprüngliche Gewahrsamsinhaber T hat seine Sachherrschaft über das Benzin in dem Moment verloren, als es in den Tank des P floss. Auch nach der Verkehrsanschauung stand das Benzin nach dem Zapfen in der alleinigen Gewalt des Autobesitzers, dh P hatte den T aus dessen Gewahrsamsposition vollständig verdrängt. Fraglich ist allerdings, ob P den Gewahrsam des T gebrochen hat oder ob der Gewahrsamswechsel mit Willen des ursprünglichen Gewahrsamsinhabers geschehen ist.

Problem Nr 31: Vorliegen eines (unbedingten) tatbestandsausschließenden Einverständnisses beim Tanken an einer Selbstbedienungstankstelle 134

(1) Nach **einer Ansicht** (SK-*Samson* [3. Aufl], § 242 Rn 45d) liegt beim Tanken an einer Selbstbedienungstankstelle zwar ein (tatbestandsausschließendes) Einverständnis vor, dieses ist jedoch bedingt durch die Bezahlung des Benzins.

Argument: Aufgrund der Ähnlichkeit muss der Tankstellenfall gelöst werden wie ein Einkauf am Warenautomaten, wo das Einverständnis auch davon abhängt, ob der Warenautomat ordnungsgemäß bedient wird (zB kein Einwurf von Falschgeld oder ausländischen Münzen).

(2) Nach **anderer Ansicht** (LK-*Ruß* [11. Aufl], § 246 Rn 8, 36; *Gauf*, NStZ 1983, 505, 507) entscheiden die Gegebenheiten des Einzelfalls, ob ein Einverständnis gegeben wurde. Wenn der Tankstelleninhaber oder Tankwart das Eintanken nicht bemerkt, liegt ein Gewahrsamsbruch vor.

Argument: Nur wenn der ursprüngliche Gewahrsamsinhaber sich seines Gewahrsamsverlustes überhaupt bewusst ist, kann man von seiner konkludenten Zustimmung ausgehen.

(3) Die **überzeugende herrschende Meinung** im Schrifttum (*Herzberg*, JA 1980, 385, 389 ff; *Lackner/Kühl*, § 242 Rn 14; *Rengier*, BT1 § 2 Rn 6; MK-*Schmitz*, § 242 Rn 100; SK-*Hoyer*, § 242 Rn 57; S/S/W-StGB-*Kudlich*, § 242 Rn 11, 30) sieht bereits in der Freischaltung der Zapfsäule ein Einverständnis in den Gewahrsamswechsel. Dabei kommt es nicht auf die Beobachtung des Tankkunden oder dessen Absichten an. Auch nach **Ansicht der Rechtsprechung** (BGH NJW 2012, 1092 m zust Besprechung *Hecker*, JuS 2012, 1138) liegt – bei natürlicher Betrachtungsweise – eher ein „Geben" als ein „Nehmen" vor.

Argument: Dem Tankstelleninhaber ist der Gewahrsamswechsel hochwillkommen, da jeder Tankvorgang (zumindest vermeintlich) seinen Umsatz fördert. Sein Schutz ist in strafrechtlicher Hinsicht in ausreichendem Maße durch den Straftatbestand der Unterschlagung, die keinen Gewahrsamsbruch fordert, gewährleistet. Wenn der Tankstelleninhaber einen noch weitergehenden Schutz wünscht, kann er Automaten installieren, bei denen das Benzin erst nach Bezahlung freigegeben wird.

Man könnte das tatbestandsausschließende Einverständnis des T als bedingt durch das 135
spätere Bezahlen des Benzins durch P ansehen. Das führt zur Bejahung der Wegnahme, da P ohne Zahlung weggefahren ist. Zu diesem Ergebnis gelangt man auch, wenn für das Vorliegen eines Einverständnisses gefordert wird, dass zumindest ein Mitarbeiter der Tankstelle das Tanken beobachtet hat, was hier dem Sachverhalt nicht entnommen werden kann. Diese Lösungen wirken aber gekünstelt. Ein Tankstelleninhaber wie T ist grundsätzlich daran interessiert, dass er Benzin verkauft und dieses in die Tanks seiner Kunden fließt. Er hat sich durch das Bereitstellen der Zapfanlagen generell damit einverstanden erklärt, dass eine andere Person Gewahrsam (nicht aber Eigentum) an seinem Kraftstoff begründet. Somit hat auch P im vorliegenden Fall nicht gegen den Willen des T gehandelt. Es liegt folglich keine Wegnahmehandlung vor.

b) Ergebnis

Aufgrund des Vorliegens eines tatbestandsausschließenden Einverständnisses scheidet § 242 I aus.

2. § 263 I hinsichtlich des Benzintankens (P gegenüber T, zulasten des T, zugunsten des P)

136 P könnte hinsichtlich des Benzintankens einen Betrug gegenüber und zulasten des T begangen haben.

a) Objektiver Tatbestand

Dazu müsste er den T getäuscht haben, dh ihm falsche Tatsachen vorgespiegelt oder wahre Tatsachen entstellt oder unterdrückt haben. Zum Zeitpunkt des Einfüllens des Benzins hat P noch nicht auf das Vorstellungsbild einer anderen Person eingewirkt. Aber selbst wenn man annähme, er sei vom Tankstellenpersonal beobachtet worden, fehlte es im Zeitpunkt des Tankens an einer Täuschung, da P in diesem Augenblick noch zahlungswillig war, also keine unwahren (inneren) Tatsachen vorspiegelte[2]. Erst als P an der Kasse dem T gegenübertrat, war er nicht mehr zahlungswillig. Dadurch, dass er nunmehr nur die Packung „Fisherman's friend" zur Bezahlung vorlegte, hat er möglicherweise eine konkludente Täuschung begangen. Fraglich ist insoweit, ob er stillschweigend erklärte, nichts weiter bezahlen zu müssen. Entscheidend ist in diesem Zusammenhang, welcher objektive Erklärungswert dem Verhalten des P nach der Verkehrsanschauung zukommt.

Nach Ansicht des Rechtsverkehrs erklärt derjenige, der in einem Selbstbedienungsladen etwas zur Bezahlung vorlegt, dass er nur diese und keine weiteren Gegenstände zu bezahlen hat. Darauf basiert das System des Selbstbedienungsgeschäfts: Der Kunde wählt die Waren aus, die er zu erwerben wünscht, und zeigt sie dem Kassierer. Dieser geht wiederum davon aus, dass der Kunde nur über die vorgelegten Gegenstände Kaufverträge abschließen möchte. Aus diesem Grund besteht keine Verpflichtung des jeweiligen Kassierers, jeden Kunden danach zu fragen, ob er neben den vorgezeigten Waren noch andere zu bezahlen habe. Gleiches gilt für den Einkauf an einer Tankstelle. Dem Verhalten des P ist daher die Bedeutung beizumessen, dass er nur die Packung „Fisherman's friend" kaufen möchte, jedoch nicht getankt hat. Folglich ist eine konkludente Täuschung zu bejahen.

Durch diese Täuschung wurde bei T auch ein entsprechender Irrtum hervorgerufen.

In dessen Folge müsste T eine Vermögensverfügung vorgenommen haben, also ein Handeln, Dulden oder Unterlassen, das eine Vermögensminderung unmittelbar herbeiführt[3], wobei ein Verfügungsbewusstsein nur im Rahmen des Sachbetrugs erforderlich ist[4]. Gegenstand der Verfügung ist vorliegend die Forderung auf Bezahlung des Benzins. Richtigerweise wird der Kaufvertrag schon beim Einfüllen des Benzins geschlossen, sodass sich der Anspruch aus § 433 II BGB ergibt. Indem T diesen Anspruch nicht geltend machte und zuließ, dass P den Verkaufsraum verließ, minderte er den Wert der Forderung. Diese bleibt zwar als solche bestehen, doch ist eine Forderung gegen einen unbekannten Schuldner wirtschaftlich wertlos. In der Nichtgeltendmachung liegt also die er-

2 Bei anfänglicher Zahlungsunwilligkeit des Tankkunden geht die hM allerdings im Falle der Beobachtung von einer Täuschung iSv § 263 I aus, s dazu BGH NStZ 2009, 694; BGH NJW 2012, 1092.
3 Vgl nur S/S-*Cramer/Perron*, § 263 Rn 55 ff mwN, aber str.
4 RGSt 70, 225; BGHSt 14, 172; S/S-*Cramer/Perron*, § 263 Rn 60 ff mwN.

forderliche Vermögensverfügung. Im Gegensatz zum Trickdiebstahl in Selbstbedienungsläden, bei dem allgemein nicht vom Forderungs-, sondern vom Sachbetrug ausgegangen wird, ist im Tankstellenfall die Annahme eines Forderungsbetruges auch sachgerecht, weil – wie dargelegt – T zunächst mit der Gewahrsamsübertragung einverstanden war, sodass aufgrund dieser Vorleistung für ihn jetzt nicht mehr die Sache, sondern die Forderung im Vordergrund stand. Eine Vermögensverfügung ist also zu bejahen. Die Tatsache, dass T nicht wusste, dass er eine Verfügung über die Forderung vornahm, ist irrelevant.

Der Wertverlust der Forderung wird nicht durch ein gleichwertiges Äquivalent im Vermögen des T kompensiert. Es liegt daher auch ein Vermögensschaden vor.

b) Subjektiver Tatbestand

P handelte vorsätzlich und in der Absicht, sich rechtswidrig zu bereichern.

c) Rechtswidrigkeit und Schuld

Rechtswidrigkeit und Schuld sind gegeben.

d) Ergebnis

P hat sich wegen Betruges gem § 263 I strafbar gemacht.

3. § 246 I

Mit dem Einfüllen des Benzins in den Tank könnte P eine Unterschlagung begangen 137
haben. Beim Benzin handelt es sich um eine fremde bewegliche Sache *(s o Problem Nr 30 Rn 132)*. Unter einer Zueignungshandlung versteht die herrschende Meinung in Literatur[5] und Rechtsprechung[6] ein Verhalten, durch das sich der Wille des Täters, sich diese Sache zuzueignen, nach außen manifestiert hat. Durch das Einfüllen des Benzins bringt P zum Ausdruck, dass er Eigentümer der Sache werden will. Er begründet Alleinbesitz an dem Benzin, das er (in der Regel) auch nicht wieder herausgeben wird, da ein Absaugen des getankten Kraftstoffs lebensfremd ist. Mithin stellt das Einfüllen des Kraftstoffs zwar keine Übereignung im zivilrechtlichen Sinne, wohl aber eine Zueignungshandlung iSv § 246 I dar[7]. Diese Zueignung müsste objektiv rechtswidrig sein. An Selbstbedienungstankstellen ist es jedoch üblich, dass der Kunde sich Benzin in den Tank füllt, dh der Tankstellenpächter ist mit diesem Vorgang einverstanden. Somit scheitert § 246 I an der fehlenden Rechtswidrigkeit der Zueignung.

Im späteren Wegfahren manifestiert sich erneut der Wille des P, sich das Benzin zuzueignen, insbes weil er dadurch beginnt, den Kraftstoff zu verbrauchen. Da es nicht im Interesse des Tankstellenpächters liegt, dass Kunden ohne Bezahlung des Benzins fort-

5 *Lackner/Kühl*, § 246 Rn 4; *Küper*, Jura 1996, 205, 206 f; S/S-*Eser/Bosch*, § 246 Rn 10; *Wessels/Hillenkamp*, BT2 Rn 309 ff.
6 OLG Düsseldorf NStZ 1992, 298; BayObLG NJW 1992, 1777; BayObLG wistra 1994, 322.
7 Ebenso *Lange/Trost*, JuS 2003, 963; S/S/W-StGB-*Kudlich*, § 242 Rn 30.

fahren, ist diese Zueignungshandlung nicht mehr von seiner Einwilligung gedeckt. Die Zueignung durch das Fortfahren ist somit objektiv rechtswidrig. P handelte vorsätzlich, sodass eine Unterschlagung gem § 246 I vorliegt.

Da § 246 I letztendlich wegen Subsidiarität auf der Konkurrenzebene ausscheiden wird, müssen die Ausführungen hier sehr knapp gehalten werden. Insbesondere der Streit, ob bei erneuter Betätigung des Herrschaftswillens (Wegfahren gegenüber Betanken) eine Zueignung vorliegt, ist hier nicht auszubreiten, da selbst die Rspr keinen Tatbestandsausschluss annimmt, wenn – wie hier – die erste Zueignungshandlung straflos ist. Vgl zu diesem Streit Fall 4 Problem Nr 25 Rn 108.

4. § 303 I

Der Verbrauch des (fremden) Benzins stellt zugleich eine Sachbeschädigung dar.

5. Konkurrenzen

138 Die Unterschlagung tritt gem § 246 I aE im Wege der Subsidiarität hinter § 263 I zurück. Auch die Sachbeschädigung am Benzin wird im Rahmen der Strafbarkeit nicht in Ansatz gebracht, da es sich gegenüber dem Forderungsbetrug um eine mitbestrafte Nachtat handelt.

6. Ergebnis für P im Tatkomplex A

P hat sich nach § 263 I strafbar gemacht.

B. Der Asterix-Band (Strafbarkeit des P)

1. § 242 I

139 P könnte sich dadurch, dass er den neuen Asterix-Band aus dem Ständer nahm und unter seine Jacke steckte, des Diebstahls schuldig gemacht haben.

a) Objektiver Tatbestand

Der Asterix-Band ist eine für P fremde bewegliche Sache. Unter Heranziehung der Enklaventheorie *(s o Fall 4 Problem Nr 20 Rn 93)* hat P einen Gewahrsamswechsel an dem Buch bereits dadurch herbeigeführt, dass er es unter seine Jacke steckte (Verbringen in seine körperliche Nahsphäre). Der ursprüngliche Gewahrsamsinhaber T verlor seinen Gewahrsam gegen seinen Willen, sodass eine Wegnahme iSv § 242 I gegeben ist.

b) Subjektiver Tatbestand

P hatte Vorsatz bzgl aller Merkmale des objektiven Tatbestandes. Er müsste zudem mit Zueignungsabsicht gehandelt haben, also in der Absicht mindestens vorübergehender Aneignung des Asterix-Bandes und mit dem Vorsatz dauernder Enteignung des T (zu den Bestandteilen der Zueignungsabsicht *s o Fall 2 Problem Nr 9 Rn 44*). P wollte den Asterix-Band gerne lesen, sich also quasi dessen Inhalt zu eigen machen, das Buch jedoch wieder zurückbringen. Fraglich ist, ob dadurch die Enteignungskomponente erfüllt ist.

Problem Nr 32: Objekt der Zueignung bei §§ 242 I, 246 I 140

(1) Die Rechtsprechung folgte ursprünglich der sog **Substanztheorie** (RGSt 10, 369, 371). Danach liegt das Wesen der Zueignung in der Anmaßung einer eigentümerähnlichen Machtstellung durch die Betätigung des Willens, die fremde Sache selbst ihrer Substanz nach zu gewinnen und sie unter Ausschluss des Berechtigten den eigenen Zwecken des Täters dienstbar zu machen (= se ut dominum gerere).

(2) Später entwickelte die Rechtsprechung die sog **Sachwerttheorie** (RGSt 40, 10). Ihr zufolge besteht die Zueignung darin, dass die Sache ihrem wirtschaftlichen Wert nach dem eigenen Vermögen zugeführt wird. Dies ist vor allem in den sog „Sparbuchfällen" von Bedeutung.

(3) Heute vertreten Rechtsprechung und herrschende Lehre die sog **Vereinigungstheorie** (RGSt 61, 228, 233; BGHSt 35, 152, 156 f; *Wessels/Hillenkamp*, BT2 Rn 146 f; *Rengier*, BT1 § 2 Rn 47). Danach kann entweder die Sache selbst (Substanztheorie) oder auch der in ihr verkörperte Sachwert (Sachwerttheorie) Gegenstand der Zueignung sein. Der Sachwertbegriff wird überwiegend restriktiv verstanden, wobei im Einzelnen umstritten ist, ob nur das „lucrum ex re" (mit der Sache spezifisch verbundener Wert) oder auch das „lucrum ex negotio cum re"(Veräußerungs- oder Verwendungswert) unter den Sachwert fällt.

Zur Vertiefung: Wessels/Hillenkamp, BT2 Rn 142 ff; Fahl, JA 2002, 649 ff; S/S/W-StGB-Kudlich, § 242 Rn 42 ff; MK-Schmitz, § 242 Rn 123 ff; Hillenkamp, BT 21. Problem S 104 ff.

Nach ganz herrschender Ansicht ist der Tatbestand des Diebstahls erfüllt, wenn der Täter sich entweder die Sachsubstanz oder den in der Sache verkörperten Sachwert zu eigen machen will. Da P vorhat, das Buch zurückzubringen, will er sich nicht die Substanz zueignen, sondern allenfalls den Sachwert des Asterix-Bandes. Maßgeblich ist, ob P durch das Lesen das Buch „ver"-braucht (dann strafbare Zueignung) oder nur „ge"-braucht (dann im Grundsatz straflose Gebrauchsanmaßung), wobei ein Verbrauch vorliegt, wenn die Sache ihre wirtschaftliche Bestimmung im Wesentlichen nicht mehr erfüllen kann[8]. 141

Problem Nr 33: Zueignung durch Lesen eines Taschenbuchs 142

(1) Das **OLG Celle** (NJW 1967, 1921) hat in einem ähnlich gelagerten Fall einen Verbrauch der Sache und damit eine Zueignung iSv §§ 242, 246 bejaht.

Argument: Der Händler kann für ein gelesenes Taschenbuch nicht mehr den vollen Preis verlangen. Dem Buch ist also seine ursprüngliche wirtschaftliche Funktion auf Dauer entzogen worden. Der Täter hat sich quasi die Neuwertigkeit des Buchs einverleibt und dadurch den Eigentümer geschädigt.

(2) Demgegenüber lehnt die **überzeugende herrschende Lehre** (*Deubner*, NJW 1967, 1921; *Schröder*, JR 1967, 389; *Fahl*, JA 2002, 649 mwN) eine Zueignungsabsicht ab.

Argument: Zum einen widerspricht es dem allgemeinen Sprachgebrauch, das Lesen eines Buchs als dessen Verbrauch zu bezeichnen, denn ein Buch kann immer wieder gelesen werden.

8 RGSt 44, 335, 336 f.

Erst wenn die typische Nutzung einer Sache nicht mehr möglich ist, ist sie „verbraucht“. Zum anderen ist die Annahme, dass ein Buch, das einmal gelesen wurde (ohne dabei beschädigt zu werden), nur noch zu einem erheblich reduzierten Preis verkauft werden kann, mehr als zweifelhaft. So ist es doch in der Praxis durchaus üblich, dass ein Händler einem (guten) Kunden ein Buch zur Ansicht und zum Probelesen mitgibt und dieses nach der Rückgabe einem anderen Kunden trotzdem zum vollen Preis verkauft. Große Buchhandlungen verfügen inzwischen häufig über eigene Leseecken, in denen sich die Kunden ohne Erwerb des Buches einer ausgiebigen Lektüre hingeben können. Selbst ein vollständiges Durchlesen ist nicht verboten.

143 Im Gegensatz zum OLG Celle, das im Falle der Entwendung eines Taschenbuchs trotz Rückgabeabsicht eine Zueignungshandlung durch Lesen bejaht hat, ist der Lektüre des Asterix-Bandes der Zueignungscharakter zu versagen. Das Buch verliert durch einmaliges Lesen nicht seinen Sachwert. P handelte somit nicht mit dem für die Zueignungsabsicht erforderlichen Enteignungsvorsatz.

c) Ergebnis

Mangels Zueignungsabsicht ist § 242 I nicht verwirklicht.

2. § 246 I

144 P könnte den Asterix-Band unterschlagen haben. Der objektive Tatbestand des § 246 I verlangt, dass der Täter sich eine fremde bewegliche Sache – hier den Asterix-Band – zugeeignet hat. P möchte den Asterix-Band jedoch wieder zurückgeben, sodass es an einem Zueignungswillen (genauer: am Enteignungsvorsatz, *s o Rn 141 ff*) fehlt, der sich folglich auch nicht für die Außenwelt manifestieren kann. Auch später ist es zu keiner Zueignungshandlung gekommen, sondern P hat das Buch sogar wieder zurückbringen lassen. § 246 I scheidet aus.

Richtigerweise ist die subjektive Seite bei § 246 I schon im objektiven Tatbestand zu prüfen. Denn wenn die Zueignung definiert wird als Manifestation eines Zueignungswillens, muss dieser zuerst festgestellt werden. Ein nicht vorhandener Vorsatz kann sich nicht nach außen manifestieren.

Empfehlenswert ist daher folgendes Prüfungsschema:

a. Objektiver Tatbestand
- *aa. fremde bewegliche Sache*
- *bb. sich oder einem Dritten zueignen*
  - *(1) Zueignungswille*
    - *Enteignungswille*
    - *Aneignungswille*[9]
  - *(2) Manifestation des Zueignungswillens*

b. Subjektiver Tatbestand (soweit nicht bereits unter bb. geprüft)

9 Es ist umstritten, ob hinsichtlich der Aneignung Absicht erforderlich ist wie bei § 242 I oder ob iRv § 246 I einfacher Vorsatz genügt. Erstere Ansicht vertreten *Dencker*, Rudolphi-FS, S 436 ff; Schlüter-*Dencker*, [17] S 241; *Kindhäuser*, LPK § 246 Rn 31 f; *ders*, Gössel-FS, S 461 f; *Küper*, BT S 486 ff; letztere Ansicht befürwortet die hM, zB *Rengier*, BT1 § 5 Rn 6, 18; SK-*Hoyer*, § 246 Rn 40; *Fischer*, § 246 Rn 20; *Wessels/Hillenkamp*, BT2 Rn 311; S/S/W-StGB-*Kudlich*, § 246 Rn 25.

3. § 303 I

Der Sachverhalt enthält keine Angaben darüber, dass P den Asterix-Band beschädigt hat. 145

4. § 123

Durch das Betreten des Verkaufsraums der Tankstelle, eines Geschäftsraums iSv § 123 I, könnte P einen Hausfriedensbruch begangen haben. T hat jedoch seinen Tankkunden eine generelle Zutrittserlaubnis erteilt, sodass ein tatbestandsausschließendes Einverständnis vorliegt *(vgl o Fall 4 Problem Nr 23 Rn 100)*.

5. Ergebnis für P im Tatkomplex B

P ist straflos.

C. Auf der Straße (Strafbarkeit des T)

1. § 212

P ist noch am Leben, sodass ein vollendeter Totschlag ausscheidet. 146

2. §§ 212, 22, 23 I Alt 1

Möglicherweise hat sich T dadurch, dass er die Auflegtaste am Handy des P drückte und dann den Unfallort verließ, eines versuchten Totschlags strafbar gemacht. Der (Todes-) Erfolg ist ausgeblieben. Die Strafbarkeit des Versuchs ergibt sich aus §§ 23 I Alt 1, 12 I. T müsste den Tod des P aber zumindest billigend in Kauf genommen haben (dolus eventualis). Da er laut Sachverhalt an eine Todesgefahr überhaupt nicht gedacht hat, scheitert §§ 212, 22, 23 I Alt 1 am fehlenden Tatentschluss.

3. § 223 I

a) Objektiver Tatbestand

T könnte durch das Drücken der Handytaste und das anschließende Wegfahren eine einfache Körperverletzung begangen haben. Eine körperliche Misshandlung iSv § 223 I liegt vor, wenn das Opfer durch eine üble, unangemessene Behandlung in seinem körperlichen Wohlbefinden nicht nur unerheblich beeinträchtigt wird. Unter einer Gesundheitsschädigung iSv § 223 I versteht man das Hervorrufen oder Steigern eines pathologischen Zustands. P hat sich bei seinem Unfall schwere Schnittverletzungen zugezogen, die sein Wohlbefinden erheblich beeinträchtigen. Doch kann das Verhalten des T für diese Verletzungen nicht kausal geworden sein, weil P bereits unter ihnen litt, als T am Unfallort eintraf. Abzustellen ist vielmehr auf die spätere Bewusstlosigkeit des P – ein 147 pathologischer Zustand – und seine geistige und körperliche Behinderung, die er als weitere Folge des Unfalls davontrug und die sowohl die Merkmale der körperlichen Misshandlung als auch die der Gesundheitsschädigung erfüllt.

Indem T das Telefonat mit der Notrufzentrale durch Betätigen der Auflegtaste an Ps Handy unterbrach, hat er verhindert, dass P unverzüglich medizinische Hilfe erhielt. Dadurch kam es zur Aufrechterhaltung und Intensivierung der körperlichen Misshandlung und Gesundheitsschädigung. Fraglich ist allerdings, ob dieser Erfolg überhaupt durch ein positives Tun des T herbeigeführt worden ist oder ob nicht vielmehr ein Unterlassen vorliegt, das mangels Garantenpflicht des T für das Leben des P straflos wäre.

148 **Problem Nr 34: Abgrenzung positives Tun – Unterlassen**

(1) Eine **Mindermeinung im Schrifttum** (*Frister*, AT 22/12; *Haft*, AT S 176 f; *Kindhäuser*, LPK § 13 Rn 73; *Puppe*, AT § 28 Rn 19) postuliert ein Primat des positiven Tuns als Regelfall **(Begehungstheorie)**. Lässt sich aus einem mehrdeutigen Verhalten ein positives Tun extrahieren, so ist allein an dieses die strafrechtliche Verantwortlichkeit zu knüpfen. Auf ein Unterlassen darf nur dann zurückgegriffen werden, wenn der Täter – etwa aufgrund einer Rechtfertigung oder Entschuldigung – für das positive Tun nicht zur Verantwortung gezogen werden kann.

Argument: Normadressaten können in einer freiheitlichen Rechtsordnung grundsätzlich davon ausgehen, dass sie durch (bloßes) Unterlassen kein Unrecht begehen. Dies beweist ua die Existenz des § 13.

(2) Dagegen vertritt eine **andere Ansicht** (*Engisch*, Gallas-FS, S 163; *Herzberg*, Röhl-FS, S 282; *Roxin*, AT2 § 31 Rn 78 ff), dass die Abgrenzung zwischen positivem Tun und Unterlassen anhand rein empirischer Kriterien wie etwa des **Energieeinsatzes**, der **Kausalität** oder einer Kombination dieser beiden Kriterien vorzunehmen ist.

Argument: Wer mit der herrschenden Meinung *(s u (3))* zur Abgrenzung zwischen positivem Tun und Unterlassen auf den Schwerpunkt des strafrechtlich relevanten Verhaltens abstellt, trägt zur Rechtsunsicherheit bei, da die Bestimmung dieses Schwerpunktes eine Wertungsfrage ist. Die Ansicht der herrschenden Meinung dient augenscheinlich dazu, in einigen Fällen aus Billigkeitsgründen ein Unterlassen (zusätzliches Erfordernis: Garantenpflicht!) annehmen zu können, um so unerwünschte Ergebnisse zu vermeiden.

(3) Nach der **überzeugenden herrschenden Ansicht in Rechtsprechung und Literatur** (BGHSt 6, 46, 59; BGH NStZ 99, 607; BGH JR 2006, 77, 83; *Rengier*, AT § 48 Rn 10; S/S-*Stree/Bosch*, Vor §§ 13 ff Rn 158; *Wessels/Beulke/Satzger*, AT Rn 700; S/S/W-StGB-*Kudlich*, § 13 Rn 6) ist für die Abgrenzung zwischen positivem Tun und Unterlassen maßgeblich, wo bei normativer Betrachtung und bei Berücksichtigung des sozialen Handlungssinns der **Schwerpunkt des strafrechtlich relevanten Verhaltens** liegt. (Zum Sonderfall des Behandlungsabbruchs s u Fall 10 Rn 290).

Argument: Gegen die unter (1) dargestellte Ansicht spricht, dass § 13 lediglich normiert, wann in den Fällen der Erfolgsdelikte das Unterlassen ebenso bestraft wird wie das positive Tun. Im Übrigen geht das StGB aber generell von einem ambivalenten Handlungsbegriff aus, dem sowohl ein positives Tun als auch ein Unterlassen unterfallen kann.

Der Kritik der unter (2) dargestellten Ansicht an der herrschenden Meinung ist insoweit Recht zu geben, als dass die Bestimmung des Schwerpunkts der Vorwerfbarkeit tatsächlich eine Wertungsfrage ist. Dies wird auch nicht bestritten. Allerdings kann die Abgrenzungsfrage gerade nicht allein auf der Basis des äußeren Befundes (etwa der Kausalität) gelöst werden, denn dass (auch) der Unterlassungstäter den Erfolg verursacht haben muss, ist eine Selbstverständlichkeit.

Letztlich kommt allein die Schwerpunkttheorie, welche in jedem Einzelfall die relevanten Umstände abwägt und gewichtet, zu praktisch verwertbaren Ergebnissen.

Zur Vertiefung: Wessels/Beulke/Satzger, AT Rn 699 ff; Schmidt, AT Rn 769 ff; MK-Freund, § 13 Rn 5 ff; S/S/W-StGB-Kudlich, § 13 Rn 5 ff.

Stellt man im vorliegenden Fall auf das Betätigen der Auflegtaste ab, so ist ein positives **149**
Tun feststellbar. Nach der sog Begehungstheorie verbietet sich in diesem Fall ein Rückgriff auf ein möglicherweise ebenfalls gegebenes Unterlassen. Auch nach einer anderen Ansicht, die Kausalität und Energieeinsatz zu den maßgeblichen Kriterien erhebt, liegt ein positives Tun vor, denn das unter Energieaufwand erfolgte Auflegen kann nicht hinweggedacht werden, ohne dass der tatbestandsmäßige Erfolg entfiele. Nach richtiger Ansicht ist jedoch auf den Schwerpunkt des strafrechtlich relevanten Verhaltens abzustellen, der durchaus auf dem Nichthelfen, also einem Unterlassen liegen könnte. Für die Fallgruppe des Abbruchs eigener Rettungsbemühungen kommt es bei normativer Betrachtung entscheidend darauf an, ob das Opfer schon eine reale Chance auf Rettung hatte, die der Täter im Nachhinein vereitelt hat, – dann positives Tun – oder ob der Täter seine Hilfe zu einem so frühen Zeitpunkt abgebrochen hat, dass er dem Opfer noch keine realisierbare Rettungsmöglichkeit eröffnet hatte – dann Unterlassen. Ein berühmtes Lehrbuchbeispiel ist insoweit der „Brunnenschachtfall“[10]. Danach liegt positives Tun vor, wenn der Täter das in den Brunnen gefallene Opfer mittels eines hinabgelassenen Seils hochzieht, mittendrin jedoch das Seil loslässt, wodurch das Opfer wieder hinabstürzt. Von Unterlassen ist hingegen auszugehen, wenn der Täter das Seil wieder hochzieht, bevor das Opfer es ergreifen konnte. Nach denselben Grundsätzen ist der vorliegende Fall zu lösen. T hatte bereits die Telefonverbindung zum Notarzt hergestellt, sodass P den Notfall nur noch hätte melden müssen. P hatte also eine konkrete und realisierbare Rettungschance. Daher stellt der Abbruch der Rettung durch T kein Unterlassen, sondern ein Tun dar.

Wie im Nachhinein festgestellt wurde, wäre die Behinderung durch rasche notärztliche Behandlung zu verhindern gewesen. Das positive Tun des T ist somit für den Eintritt dieser Verletzungsfolge auch kausal geworden.

b) Subjektiver Tatbestand

T hat die Möglichkeit der Verursachung von Gesundheitsverletzungen vorausgesehen und diese billigend in Kauf genommen. Er handelte also mit Eventualvorsatz.

c) Rechtswidrigkeit und Schuld

Es sind keine Rechtfertigungsgründe ersichtlich und auch Entschuldigungsgründe liegen nicht vor.

d) Ergebnis

Eine Körperverletzung gem § 223 I ist somit gegeben.

10 *Wessels/Beulke/Satzger*, AT Rn 702; zum Problem auch *Mitsch*, GA 2006, 11.

4. § 224 I Nr 5

150 T könnte außerdem eine gefährliche Körperverletzung begangen haben gem § 224 I Nr 5. Eine das Leben gefährdende Behandlung setzt eine Verletzungshandlung voraus, die nach den konkreten Umständen geeignet ist, das Leben des Opfers in Gefahr zu bringen. Da P sich bei seinem Unfall schwere Schnittwunden zugezogen hatte, hätte er verbluten können. Indem T verhinderte, dass der Notarzt gerufen wurde, hat er Ps Leben gefährdet. Er hat aber nicht einmal laienhaft erkannt, dass seine Handlung geeignet ist, für P Todesgefahr zu begründen, sodass § 224 I Nr 5 mangels Vorsatzes ausscheidet.

(Vertretbar erscheint in Anlehnung an die Rspr[11] *auch die Bejahung des § 224 I Nr 5, weil T zumindest die Umstände gekannt hat, die die Lebensgefahr hervorgerufen haben. Ich würde diesen Streit hier aber nicht weiter ausführen, weil § 224 ohnehin auf Konkurrenzebene von § 226 verdrängt würde.)*

5. § 226 I Nr 3

151 T könnte ferner eine schwere Körperverletzung gem § 226 I Nr 3 in der Variante „geistige Krankheit oder Behinderung" begangen haben. Der Tatbestand erfasst aufgrund des Sach- und Sprachzusammenhangs zwar nur die „geistige" Behinderung[12], doch ist P in Folge der späten Ankunft eines Notarztes nicht nur körperlich, sondern auch geistig behindert.

T hat schwerwiegende Gesundheitsschäden laut Sachverhalt in seinen Vorsatz mit aufgenommen. Die Tatsache, dass er sich keine konkreten Vorstellungen von den weitergehenden Verletzungen gemacht hat, ist irrelevant. Er handelte auch rechtswidrig und schuldhaft.

T ist strafbar gem § 226 I Nr 3.

6. § 226 II, I Nr 3

T hat weder absichtlich noch wissentlich (direkter Vorsatz) die geistige Behinderung des P herbeigeführt. Eine Strafbarkeit nach § 226 II, I Nr 3 scheidet folglich aus.

7. § 221 I Nr 1

a) Objektiver Tatbestand

152 T könnte sich wegen Aussetzung gem § 221 I Nr 1 strafbar gemacht haben. Dazu müsste er P in eine hilflose Lage versetzt haben, dh in eine Situation, in der sich das Opfer ohne fremde Hilfe nicht mehr vor äußeren Gefahren für sein Leben oder seine Gesundheit schützen kann. P war in seinem Unfallwagen so eingeklemmt, dass er sich kaum mehr rühren konnte, und blutete zudem schwer. Er befand sich also in einer hilflosen Lage iSv § 221. Fraglich ist nur, ob T ihn in eine solche „versetzt" hat. Nach ganz herrschender

11 BGHSt 19, 353; 36, 1, 15; BGH NJW 1990, 3156; abweichend *Wessels/Hettinger*, BT1 Rn 284.
12 *Fischer*, § 226 Rn 13; S/S-*Stree/Sternberg-Lieben*, § 226 Rn 7.

Ansicht verlangt das Tatbestandsmerkmal „versetzt" keine räumliche Veränderung des Aufenthaltsortes des Opfers, sondern es genügt eine negative Veränderung der Situation, die auf dem bestimmenden Einfluss des Täters beruht (erstmalige Schaffung einer hilflosen Lage oder Herbeiführung einer neuen, qualitativ anderen hilflosen Lage)[13]. Der Zwang, in hilfloser Lage zu verharren, reicht zur Bejahung des § 221 I Nr 1 hingegen nicht aus. Im vorliegenden Fall hat T durch das Eingeben der Telefonnummer der Notrufzentrale dem P die Aussicht auf Rettung eröffnet. Dadurch war seine hilflose Lage stark abgemildert. Diese hoffnungsvolle Entwicklung zerstörte T jedoch wieder, als er die Verbindung unterbrach, bevor P um Hilfe bitten konnte. Nunmehr versetzte er den P in eine neue, gesteigerte hilflose Lage. Vergleichsmaßstab ist nicht die ursprüngliche Notsituation, sondern der zwischenzeitlich eingetretene Zustand. P wurde also in eine neue hilflose Lage versetzt, und zwar durch eine als positives Tun einzustufende Handlung *(s o Rn 149)*.

Dadurch setzte T den schwer verletzten P der konkreten Gefahr des Todes und einer schweren Gesundheitsschädigung *(s o Rn 150 f)* aus, sodass der objektive Tatbestand des § 221 I Nr 1 erfüllt ist.

b) Subjektiver Tatbestand

T hat die Konsequenzen seines Handelns, insbes die Herbeiführung der Gefahr einer schweren Gesundheitsschädigung, erkannt und billigend in Kauf genommen. Er handelte also mit Vorsatz.

c) Rechtswidrigkeit und Schuld

T handelte rechtswidrig und schuldhaft.

d) Ergebnis

§ 221 I Nr 1 ist somit erfüllt.

Bearbeiter, die sich bei der Abgrenzung Tun – Unterlassen iRd §§ 223, 226 für ein Unterlassen entschieden haben, müssen auch an dieser Stelle konsequenterweise von einem Unterlassen ausgehen. Entgegen einiger Stimmen in der Literatur[14] *und trotz der Existenz des § 221 I Nr 2 (echtes Unterlassensdelikt) ist § 221 I Nr 1 auch durch Unterlassen begehbar. Strafbarkeitsvoraussetzung ist freilich eine Garantenpflicht (§ 13), die hier bei T nicht vorliegt. Dann entfällt also eine Strafbarkeit gem § 221 I Nr 1.*

8. § 221 I Nr 2

Indem T den Unfallort verließ, hat T den P in seiner hilflosen Lage im Stich gelassen, **153**
sodass auch eine Strafbarkeit nach § 221 I Nr 2 in Betracht kommt. Der Tatbestand ver-

13 BGHSt 52, 153, 157; *Fischer*, § 221 Rn 8; *Ladiges*, JuS 2012, 687; *Rengier*, BT2 § 10 Rn 6; *Schroth*, BT S 78 f; S/S/W-StGB-*Momsen*, § 221 Rn 5; anders *Krey/Hellmann/M. Heinrich*, BT1 Rn 129 f.

14 *Schroth*, NJW 1998, 2863.

langt, dass der Täter eine Obhuts- oder Beistandspflicht gegenüber seinem Opfer hat. Die nach § 323c für jedermann begründete Hilfspflicht bei Unglücksfällen reicht hierfür nicht aus, sondern es muss eine Pflicht iSv § 13 bestehen. Für T folgt aus seinem vorangegangenen rechtswidrigen Tun (§§ 223 I, 226 I sowie § 221 I Nr 1) eine Garantenstellung aus Ingerenz[15]. Durch das Fortfahren hat T sein Opfer der Gefahr einer schweren Gesundheitsschädigung ausgesetzt *(s o Rn 152)*.

T handelte vorsätzlich, rechtswidrig und schuldhaft.

Er hat somit auch § 221 I Nr 2 verwirklicht.

9. § 221 II Nr 2

154 T könnte gem § 221 II Nr 2 strafbar sein. Der Grundtatbestand ist objektiv und subjektiv erfüllt. Ferner müsste die qualifizierende Folge, hier eine schwere Gesundheitsschädigung, eingetreten sein. Diese ist jedenfalls dann zu bejahen, wenn ein Fall der schweren Körperverletzung iSv § 226 vorliegt. P trägt eine geistige Behinderung (§ 226 I Nr 3) davon, und zwar infolge des langen Verweilens in hilfloser Lage. Es hat sich also das typische Risiko der Aussetzung verwirklicht, sodass auch der spezifische Gefahrzusammenhang zu bejahen ist.

In subjektiver Hinsicht müsste T hinsichtlich des Eintritts der qualifizierenden Folge wenigstens fahrlässig gehandelt haben (§ 18). Er hat schwere Verletzungsfolgen laut Sachverhalt billigend in Kauf genommen, dh es liegt sogar dolus eventualis vor.

Ts Verhalten war auch rechtswidrig und schuldhaft.

Auch § 221 II Nr 2 ist folglich erfüllt.

10. § 323c

T hat den Tatbestand der unterlassenen Hilfeleistung objektiv wie subjektiv verwirklicht. § 323c ist aber als echtes Unterlassensdelikt subsidiär gegenüber den ebenfalls vollendeten Begehungsdelikten § 221, § 223 und § 226.

11. Konkurrenzen

155 § 226 I Nr 3 verdrängt als Qualifikation den Grundtatbestand des § 223 I.

---

15 Bei sog vorsätzlicher Ingerenz bestreitet eine Mindermeinung (insb *Hillenkamp*, Otto-FS, S 287; *Otto*, Gössel-FS, S 99, 101 ff; *ders*, Hirsch-FS, S 305 f; *ders*, Lampe-FS, S 491, 512; *ders*, Schreiber-FS, S 99, 103), dass eine Garantenstellung besteht, doch überzeugt diese nicht, sodass mit der hM (MK-*Freund*, § 13 Rn 133; *Roxin*, AT2 § 32 Rn 191 ff; SK-*Rudolphi/Stein*, § 13 Rn 42a; S/S/W-StGB-*Kudlich*, § 13 Rn 22; *Wessels/Beulke/Satzger*, AT Rn 725) davon auszugehen ist, dass auch derjenige Garant sein kann, der die Gefahr zuvor vorsätzlich herbeigeführt hat. Die Rspr scheint insofern unentschieden (eine Garantenstellung ablehnend der 1. Strafsenat BGH NStZ-RR 1996, 131; bejahend hingegen der 2. Strafsenat BGH NStZ 2004, 89 ff; ausdrücklich offen gelassen vom 4. Strafsenat BGH NStZ 2003, 312 f). Gute Darstellung dieses Problems bei *Schneider*, NStZ 2004, 91 ff. Im vorliegenden Fall ist es nicht ratsam, diese schwierige Kontroverse iRd § 221 I Nr 2 anzusprechen, da zumindest § 221 I Nr 1 gegeben ist.

§ 221 I Nr 1 und 2 treten hinter § 221 II Nr 2 (Erfolgsqualifikation) zurück[16].

Das Gefährdungsdelikt des § 221 II Nr 2 ist gegenüber dem Verletzungsdelikt des § 226 I Nr 3 subsidiär und wird deshalb von diesem verdrängt.

Vertretbar ist hier auch die Annahme einer Idealkonkurrenz zwischen § 226 I Nr 3 und § 221 I Nr 1 (der seinerseits § 221 I Nr 2 verdrängt), um so die zusätzliche Lebensgefährdung in Ansatz zu bringen. § 221 II Nr 2 geht hingegen unzweifelhaft in § 226 I Nr 3 auf.

12. Ergebnis für T im Tatkomplex C

T hat sich strafbar gemacht gem § 226 I Nr 3 *(vertretbar auch § 226 I Nr 3 – § 52 – § 221 I Nr 1).*

D. Gesamtergebnis

P: § 263 I 156
T: § 226 I Nr 3 *(aA vertretbar: § 226 I Nr 3 – § 52 – § 221 I Nr 1)*

Definitionen zum Auswendiglernen

Geistige Krankheit	iSv **§ 226 I Nr 3** meint alle krankhaft seelischen Störungen *(Wessels/Hettinger, BT1 Rn 294).*
Geistige Behinderung	iSv **§ 226 I Nr 3** ist jede nicht nur unerhebliche und nicht nur vorübergehende Störung der Gehirntätigkeit *(S/S-Stree/Sternberg-Lieben, § 226 Rn 7).*
In eine hilflose Lage versetzt	iSv **§ 221 I Nr 1** wird ein Mensch, wenn er unter dem bestimmenden Einfluss des Täters in eine Situation gebracht wird, in der er sich ohne fremde Hilfe nicht gegen Gefahren für sein Leben oder seine Gesundheit schützen kann und er solcher Hilfe entbehrt *(Wessels/Hettinger, BT1 Rn 199).*
Im-Stich-Lassen	iSv **§ 221 I Nr 2** liegt vor, wenn der Beistandspflichtige sich der Beistandsleistung vorsätzlich (nicht unbedingt durch räumliches Verlassen) entzieht, obwohl er dazu in der Lage wäre *(Wessels/Hettinger, BT1 Rn 202).*

16 *Kindhäuser*, BT1 § 5 Rn 22 ff; *Rengier*, BT2 § 10 Rn 20; *Sternberg-Lieben/Fisch*, Jura 1999, 45, 50.

Weitere einschlägige Musterklausuren

Zum Problem des Tankens an Selbstbedienungstankstellen:

Bock, WuV BT2 [2] S 26; *Eisenberg*, JuS 1986, 795; *Fahl*, Jura 2009, 234; *Gössel*, [13] S 213; *Hoffmann-Holland/Singelnstein/Simonis*, JA 2009, 513; *Kunz*, JuS 1997, 242; *Morgenstern*, Jura 2002, 568; *Mürbe*, Jura 1992, 324; *Priebe*, [12] S 176; *Ranft*, in: *Coester-Waltjen* ua (Hrsg), Examensklausurenkurs II, S 61; Schlüter-*Heghmanns/Niehaus*, [19] S 270; *Sonnen/Mitto/Nugel*, [7] S 66

Zum Problem des Objekts der Zueignung:

Androulakis, JuS 1968, 409; *Beulke*, Klausurenkurs III [3] Rn 106; *Bock*, WuV BT2 [2] S 26; *Britz/Jung*, JuS 2000, 1194; *Dencker*, [16] S 20, [19] S 23; *Gössel*, [3] S 63; *Gropp/Küpper/Mitsch*, [16] S 297; *Hinrichs*, ZJS 2013, 407; *Kretschmer*, Jura 2010, 468; *Kudlich/Roy/Tyszkiewicz*, JA 2006, 779; *Küper*, Jura 1996, 205; *Mitsch*, JA 1999, 388; *Priebe*, [2] S 16; *Rotsch*, JA 2004, 532; *ders*, Klausurenlehre Rn 1353, 1713; *Samson*, JuS 2003, 263; *Thoss*, JuS 1996, 816; *Wolters*, [4] S 85

Zum Problem der Zueignung durch Lesen eines Taschenbuchs:

Britz/Jung, JuS 2000, 1194; *Fahl*, JA 2012, 906; *Hohn*, JuS 2004, 982; *Kretschmer*, Jura 2010, 468; *Rotsch*, JA 2004, 532

Zum Problem der Abgrenzung positives Tun – Unterlassen:

Baumann/Arzt/Weber, [15] S 85; *Beulke/Mayer*, JuS 1987, 125; *Dannecker*, Jura 1988, 657; *Gropp/Küpper/Mitsch*, [2] S 25, [3] S 47, [4] S 73, [5] S 93; *Hilgendorf*, Fallsammlung [9] S 59, [10] S 81; *ders*, Klausurenkurs II [11], Rn 55; *ders*, Klausurenkurs III [1] Rn 22; *Kienapfel*, S 153 ff; *Lindheim/Uhl*, JA 2009, 783; *Meurer/Kahle/Dietmeier*, [2] S 13, [6] S 103; *Otto/Bosch*, [2] S 73; *Rotsch*, JuS 2004, 607; *ders*, Klausurenlehre Rn 1495; *Roxin/Schünemann/Haffke*, [7] S 133

Fall 6

Trau Schau Wem*

A ist in einem Baumarkt als Aushilfsarbeiter beschäftigt, wo er nach einiger Zeit des **157**
Beobachtens feststellt, dass die Kassiererin K üblicherweise die Einkaufskörbe der Kunden kaum kontrolliert. Daraufhin schlägt er in einem vertraulichen Gespräch einem Freund F vor, dieser solle im Baumarkt irgendwelche größeren Gegenstände kaufen, die er sowieso benötige, und sie im Einkaufswagen stehen lassen, wenn er zur Bezahlung an die Kasse der K komme. Darunter solle er irgendeine hochwertige Ware verstecken, die man später an einen Dritten verkaufen könne. Der Erlös solle zwischen A und F hälftig aufgeteilt werden.

F gefällt die Idee des A außerordentlich gut – gleich ein paar Tage später setzt er sie in die Tat um. Er lädt seinen Einkaufswagen mit günstigen Topfpflanzen voll und deponiert darunter so geschickt den Schlagbohrer „Turbo de Luxe", dass K tatsächlich nur die Pflanzen sieht und auch nur deren Bezahlung verlangt. Im Übrigen kann F die Kasse passieren, ohne für den verborgenen Schlagbohrer den Kaufpreis in Höhe von 200 €, welcher auch dem Wert des Bohrers entspricht, entrichten zu müssen.

Wenig später gelingt es F, den Schlagbohrer an seinen Sportkameraden S zu verkaufen, und zwar für 100 €. Er erzählt S, er habe sich „verkauft" und könne mit diesem Modell nichts anfangen. S hegt keinen Zweifel daran, dass F den Bohrer ordnungsgemäß erworben hat. Er zahlt daher die geforderten 100 € und zieht mit seinem neuen Werkzeug davon.

F, dem das Gaunern inzwischen richtig Spaß macht, kommt der Gedanke, einen noch höheren Gewinn für sich herausschlagen zu können. Er teilt dem A daher mit, er habe bei dem Weiterverkauf des Bohrers nur 50 € an Erlös erzielt, und übergibt A folglich 25 €.

Wie haben sich A, F und S nach dem StGB strafbar gemacht?

Evtl erforderliche Strafanträge sind gestellt.

* *Hinweis: Wer – wie mehrere „Probeleser" – mit dem Titel dieser Klausur nichts anzufangen weiß, lese die Fabel von Aesop „Der Löwe und die Ziege".*

Gedankliche Strukturierung des Falles (Kurzlösung)

158

A. Die Vorgänge im Baumarkt

I. Strafbarkeit des F

1. § 242 I (Verstecken im Einkaufswagen) (–)

a) Objektiver Tatbestand (–)

- fremde bewegliche Sache (+)
- Wegnahme (–)

b) Ergebnis

2. § 263 I (Sachbetrug des F ggü K, zulasten des Baumarktinhabers, zugunsten des F durch Passieren der Kasse) (–)

a) Objektiver Tatbestand (–)

aa) Täuschungshandlung (+)

bb) Irrtum (+)

cc) Vermögensverfügung (–)

Problem Nr 35: Abgrenzung von Betrug und Diebstahl beim Passieren der Kasse in SB-Märkten (Rn 161)

b) Ergebnis

3. § 242 I (Passieren der Kasse) (+)

a) Objektiver Tatbestand (+)

- fremde bewegliche Sache (+)
- Wegnahme (+)

b) Subjektiver Tatbestand (+)

- Vorsatz (+)
- Zueignungsabsicht (+)

c) Rechtswidrigkeit und Schuld (+)

d) Ergebnis

4. § 246 I (Passieren der Kasse) (+)

- aber subsidiär

5. § 263 I (Forderungsbetrug des F ggü K, zulasten des Baumarktinhabers, zugunsten des F durch Passieren der Kasse) (–)

6. § 123 I Alt 1 (–)

7. Ergebnis für F im Tatkomplex A

F hat sich gem § 242 I strafbar gemacht.

II. Strafbarkeit des A

1. §§ 242 I, 25 II (–)

2. §§ 242 I, 26 (+)

a) Objektiver Tatbestand (+)

- vorsätzliche rechtswidrige Haupttat (+)
- Anstiftungshandlung (+)

b) Subjektiver Tatbestand (+)

- Vorsatz bzgl Haupttat (+)
- Vorsatz bzgl Anstiftungshandlung (+)

c) Rechtswidrigkeit und Schuld (+)

d) Ergebnis

3. §§ 246 I, 26 (+)

- aber subsidiär

4. § 266 I Alt 2 (–)

5. Ergebnis für A im Tatkomplex A

A hat sich gem §§ 242 I, 26 strafbar gemacht.

B. Die Veräußerung des Schlagbohrers

I. Strafbarkeit des F

1. § 263 I (F ggü S, zulasten des S, zugunsten des F) (+)

a) Objektiver Tatbestand (+)

- Täuschungshandlung (+)
- Irrtum des S (+)
- Vermögensverfügung (+)
- Vermögensschaden (+)

Problem Nr 36: Vermögensschaden beim Eingehungs- und beim Erfüllungsbetrug (Rn 171)

b) Subjektiver Tatbestand (+)

- Vorsatz (+)
- Bereicherungsabsicht (+)

c) Rechtswidrigkeit und Schuld (+)

d) Ergebnis

2. § 259 I (–)

- Straftat eines anderen (–)

3. § 246 I (+)

4. Konkurrenzen

5. Ergebnis für F im Tatkomplex B

F hat sich gem § 263 I strafbar gemacht.

II. Strafbarkeit des S

1. § 259 I (–)

- Vorsatz (–)

2. Ergebnis für S im Tatkomplex B

S ist straflos.

III. Strafbarkeit des A

1. §§ 263 I, 26 (+)

a) Objektiver Tatbestand (+)

- vorsätzliche rechtswidrige Haupttat (+)
- Anstiftungshandlung (+)

b) Subjektiver Tatbestand (+)

- Vorsatz bzgl Haupttat (+)
- Vorsatz bzgl Anstiftungshandlung (+)

c) Rechtswidrigkeit und Schuld (+)

d) Ergebnis

2. §§ 246 I, 26 (+)

- aber mitbestrafte Nachtat

3. Ergebnis für A im Tatkomplex B

A hat sich gem §§ 263 I, 26 strafbar gemacht.

C. Die Beuteteilung zwischen A und F

I. Strafbarkeit des F

1. § 263 I (F ggü A, zulasten des A, zugunsten des F) (–)

a) Objektiver Tatbestand (–)

- Täuschungshandlung (+)
- Irrtum des A (+)
- Vermögensverfügung (+)
- Vermögensschaden (–)

Problem Nr 37: Strafrechtlicher Vermögensbegriff (Rn 179)

b) Ergebnis
2. § 266 I Alt 2 (–)
3. § 246 I (–)
4. Ergebnis für F im Tatkomplex C
F ist straflos.

II. Strafbarkeit des A
1. § 259 I (+)
a) Objektiver Tatbestand (+)
- rechtswidrige Vortat (+)

Problem Nr 38: Vortat eines „anderen" iSv § 259 trotz Teilnahme an der Vortat (Rn 183)

– Diebstahl des Bohrers (–)

Problem Nr 39: Ersatzhehlerei (Rn 185)

– Betrug ggü S (+)
- Vortat eines „anderen" (+)
- Sichverschaffen (+)

b) Subjektiver Tatbestand (+)
- Vorsatz (+)
- Bereicherungsabsicht (+)

c) Rechtswidrigkeit und Schuld (+)
d) Ergebnis
2. § 261 I 1, 2 Nr 4a (–)
- gewerbs-, bandenmäßig (–)

3. § 257 I (–)
- rechtswidrige Vortat eines anderen (+)
- Hilfeleistung (–)

4. Ergebnis für A im Tatkomplex C
A hat sich gem § 259 I strafbar gemacht.

D. Gesamtkonkurrenzen

E. Gesamtergebnis

F: § 242 I
– § 53 –
§ 263 I
A: §§ 242 I, 26 – § 52 – §§ 263 I, 26
– § 53 –
§ 259 I
S: straflos

Ausführliche Lösung von Fall 6

A. Die Vorgänge im Baumarkt

I. Strafbarkeit des F

1. § 242 I (Verstecken im Einkaufswagen)

159 Indem F den Schlagbohrer unter den Topfpflanzen im Einkaufswagen versteckte, könnte er sich wegen Diebstahls strafbar gemacht haben.

a) Objektiver Tatbestand

Der im Eigentum des Unternehmensinhabers stehende Schlagbohrer ist eine für F fremde bewegliche Sache und damit taugliches Diebstahlsobjekt. Fraglich ist das Merkmal der Wegnahme. Unter Wegnahme versteht man den Bruch fremden und Begründung neuen (nicht notwendig eigenen) Gewahrsams. Gewahrsam ist die tatsächliche Sachherrschaft eines Menschen über eine Sache, die von einem natürlichen Herrschaftswillen getragen und deren Reichweite von der Verkehrsauffassung bestimmt wird. Nach der herrschenden Apprehensionstheorie[1] genügt grundsätzlich schon das Ergreifen der Sache, um eine Wegnahme bejahen zu können. Dies gilt jedoch nicht für den Fall, dass sich der Täter in einer sog fremdbeherrschten Gewahrsamssphäre aufhält *(vgl o Fall 4 Problem Nr 20 Rn 93)*. Solange F sich im Baumarkt befand, stand die Verkaufsware also weiterhin im Gewahrsam des Baumarktinhabers, es sei denn, F hätte den Schlagbohrer in seine körperliche Nahsphäre, die sog Gewahrsamsenklave, verbracht und damit den bisherigen Gewahrsamsinhaber vollständig aus seiner Herrschaftsposition verdrängt. Was als Gewahrsamsenklave anzusehen ist, bestimmt sich nach normativen Kriterien. Es kommt darauf an, ob der Zugriff des ursprünglichen Gewahrsamsinhabers auf die Sache sozial auffällig und damit rechtfertigungsbedürftig wäre. Der Zugriff auf im Einkaufswagen liegende Verkaufsartikel ist dem Geschäftsinhaber jederzeit möglich und nicht sozial auffällig. Der Schlagbohrer stand daher, auch wenn er von den Topfpflanzen verdeckt wurde, immer noch in dessen Gewahrsam. Mangels Gewahrsamswechsels liegt keine Wegnahme vor.

b) Ergebnis

F hat sich durch das Verstecken des Schlagbohrers im Einkaufswagen nicht gem § 242 I strafbar gemacht.

---

1 BGHSt 16, 271; 23, 254; *Gössel*, ZStW 1973, 591; *Ling*, ZStW 1998, 919; *Maurach/Schroeder/Maiwald*, BT1 § 33 Rn 25 f; *Wessels*/Hillenkamp, BT2 Rn 122.

2. § 263 I (Sachbetrug des F gegenüber K, zulasten des Baumarktinhabers, zugunsten des F durch Passieren der Kasse)

Indem F mit dem im Einkaufswagen verborgenen Schlagbohrer die Kasse passierte, **160**
könnte er sich wegen Betrugs strafbar gemacht haben.

a) Objektiver Tatbestand

aa) Täuschungshandlung

F müsste über Tatsachen getäuscht, dh falsche Tatsachen vorgespiegelt bzw wahre Tatsachen entstellt oder unterdrückt haben. Diese Einwirkung auf die Vorstellung eines anderen kann dabei sowohl durch aktives Tun als auch durch Unterlassen erfolgen. Aktives Tun bedeutet insofern nicht nur die ausdrückliche Abgabe einer wahrheitswidrigen Erklärung, sondern es umfasst auch das Vorspiegeln falscher Tatsachen durch schlüssiges Verhalten. Welcher Erklärungswert einem bestimmten Verhalten beizumessen ist, bestimmt sich dabei nach der Verkehrsauffassung.

Im vorliegenden Fall kommt entweder eine konkludente Täuschung oder eine Täuschung durch Unterlassen in Betracht. So könnte man zum einen argumentieren, dass F, indem er allein die Topfpflanzen vorzeigte, schlüssig erklärt hat, keine weitere zu bezahlende Ware im Einkaufswagen zu haben. Dagegen wird jedoch eingewandt, dieser Erklärungswert sei in das bloße Auftauchen an der Kasse mit bestimmten, offen vorgezeigten Waren nicht hineinzulesen, da es an einer entsprechenden Verkehrsauffassung fehle[2]. Zum anderen könnte man daran anknüpfen, dass F es unterlassen hat, die K darüber aufzuklären, dass sich außer den Topfpflanzen noch ein Schlagbohrer im Einkaufswagen befand. Für eine Täuschung durch Unterlassen müsste F allerdings entweder aus Ingerenz oder aus einem (vor-)vertraglichen Vertrauensverhältnis zur Aufklärung über das Vorhandensein verdeckter Ware verpflichtet sein, was kaum zu begründen ist.

Rechtsprechung und herrschende Literatur bejahen in Fällen wie diesem vorwiegend eine konkludente Erklärung des Kunden, keine verdeckte Ware bei sich zu haben. Dies scheint überzeugend, da das System des Selbstbedienungsladens darauf basiert, dass der Käufer unaufgefordert die Waren vorzeigt, die er zu erwerben wünscht *(vgl o Rn 136)*. Die Kassiererin überprüft lediglich, ob der Einkaufswagen wirklich leer ist. Dem bloßen Schweigen des Kunden beim Auftauchen an der Kasse und Vorzeigen von Waren im Einkaufswagen wohnt daher die Erklärung inne, die Kaufgegenstände vollständig vorgelegt zu haben.

Mithin ist hier eine Täuschung der K durch schlüssiges Verhalten des F zu bejahen.

bb) Irrtum

Durch dieses Verhalten müsste bei dem Getäuschten ein Irrtum, dh eine positive Fehlvorstellung über die relevanten Tatsachen, bewirkt worden sein. Hierfür genügt idR das unreflektierte sachgedankliche Mitbewusstsein des Betroffenen, es werde in dieser

2 KG JR 1961, 271 f; *Hillenkamp*, JuS 1997, 221; *Fischer*, § 263 Rn 37; S/S/W-StGB-*Satzger*, § 263 Rn 44; *Wessels/Hillenkamp*, BT2 Rn 639.

Hinsicht schon alles in Ordnung sein. Sieht man im Vorzeigen bestimmter Waren eine schlüssige Erklärung des Kunden, mehr sei nicht im Einkaufswagen, so muss dem auf Seiten der Kassiererin auch eine entsprechende (Fehl-)Vorstellung und somit ein Irrtum gegenüberstehen.

cc) Vermögensverfügung

Aufgrund dieser Fehlvorstellung müsste K eine Vermögensverfügung über den fraglichen Gegenstand getätigt haben. Vermögensverfügung ist jedes tatsächliche Tun, Dulden oder Unterlassen des Getäuschten, das sich bei diesem selbst oder einem Dritten unmittelbar vermögensmindernd auswirkt. Um aber eine Verfügung des Getäuschten über fremdes Vermögen dem wahren Eigentümer als Selbstschädigung zurechnen zu können, wie es § 263 I in Abgrenzung zu § 242 I verlangt, muss der Verfügende in irgendeiner Form zum Handeln befugt gewesen sein. Fraglich ist, wie dieses Näheverhältnis iRe sog „Dreiecksbetrugs" ausgestaltet sein muss *(s o Fall 4 Problem Nr 26 Rn 113)*. Nach der faktischen Nähetheorie genügt es, dass K rein tatsächlich zur Verfügung über den Schlagbohrer in der Lage war. Nach anderer Ansicht müsste K „im Lager" des Geschädigten stehen, was bei einer Angestellten ebenfalls zu bejahen ist. Aber auch die Befugnistheorie kommt zu dem Ergebnis, dass eine Selbstschädigung des Unternehmensinhabers vorliegt, da sich schon aus § 56 HGB ergibt, dass der Ladenangestellte befugt ist, anstelle des Inhabers Veräußerungen vorzunehmen. Auf den Meinungsstreit kommt es daher hier nicht an. Ein Dreiecksbetrug ist jedenfalls möglich.

Gleichwohl bestehen Bedenken gegen die Annahme eines Sachbetrugs. Dieser ist nämlich zum Diebstahl in mittelbarer Täterschaft (die Kassiererin als vorsatzloses Werkzeug) abzugrenzen, denn Diebstahl und Betrug in Bezug auf ein und dieselbe Sache schließen sich nach ganz herrschender Meinung gegenseitig aus[3]. Maßgeblich bei dieser Abgrenzung ist, ob sich der Getäuschte seiner vermögensmindernden Handlung überhaupt bewusst gewesen ist. Bei Sachbetrug wird damit, anders als in sonstigen Betrugsfällen, ein Verfügungsbewusstsein zur Voraussetzung gemacht[4]. Liegt ein solches vor, ist iRv § 242 – quasi auf der Gegenseite – ein tatbestandsausschließendes Einverständnis zu bejahen. Fraglich ist, ob K, indem sie den F die Kasse passieren ließ, bewusst über den Schlagbohrer verfügte, dh ob sich das Verfügungsbewusstsein, das hinsichtlich der Topfpflanzen unproblematisch gegeben war, auch auf die im Einkaufswagen versteckten Waren erstreckte.

161 **Problem Nr 35: Abgrenzung von Betrug und Diebstahl beim Passieren der Kasse in SB-Märkten**

(1) Nach **einer Auffassung** (OLG Düsseldorf NStZ 1993, 286 [„Milchkastenfall"]) liegt seitens der Kassiererin eine Vermögensverfügung vor, da ein **genereller Verfügungswille** („alle Gegenstände im Wagen") reicht. Dies führt zur Bejahung des Betruges.

---

3 Diese Exklusivität ist deshalb anzunehmen, weil Diebstahl ein Fremdschädigungs-, Betrug hingegen ein Selbstschädigungsdelikt ist. Näher hierzu *Wessels/Hillenkamp*, BT2 Rn 623 f, 639; S/S/W-StGB-*Satzger*, § 263 Rn 113.

4 S/S-*Cramer/Perron*, § 263 Rn 60 ff mwN.

Argument: Die Kassiererin lässt den Kunden mit dem Einkaufswagen passieren und gestattet ihm damit, dessen gesamten Inhalt an sich zu nehmen. Dabei verfügt sie auch bewusst, denn sie glaubt, alle Waren im Einkaufswagen erfasst zu haben, sodass sich ihre Gestattung auf diese Gesamtmenge bezieht, auch wenn sie tatsächlich über den konkreten Inhalt des Einkaufswagens irrt.

(2) Der **BGH** (BGHSt 41, 198, 202) und die **herrschende Lehre** (*Hillenkamp*, JuS 1997, 217, 221; *Kudlich*, PdW BT1 S 77 f; *Lackner/Kühl*, § 263 Rn 26; Matt/Renzikowski-*Saliger*, § 263 Rn 125; *Scheffler*, JR 1996, 342; *Fischer*, § 242 Rn 18; *Wessels/Hillenkamp*, BT2 Rn 639; MK-*Hefendehl*, § 263 Rn 249; S/S/W-StGB-*Satzger*, § 263 Rn 115; *Zopfs*, NStZ 1996, 190) verneinen zu Recht eine Vermögensverfügung, weil der Kassiererin das für eine Vermögensverfügung notwendige **Verfügungsbewusstsein** fehlt, denn ihr ist die Verfügung über die konkrete Ware nicht bewusst. Die Entwendung versteckter Ware im Supermarkt wird also nicht dadurch zum Betrug, dass der Täter an einer Kassiererin vorbeigeht. Die Tat ist vielmehr allenfalls als Diebstahl einzustufen.

Argument: Durch das Eintippen der Preise konkretisiert die Kassiererin diejenigen Gegenstände, über die sie tatsächlich verfügen will. Die Gegenansicht *(s o (1))*, die einen pauschalen Verfügungswillen annimmt, kann nicht richtig sein, da sie der Kassiererin unterstellt, auch über unbezahlte Ware verfügen zu wollen, wodurch diese jedoch gegen ihre Arbeitnehmerpflichten verstoßen würde.

Es fehlt an dem für § 263 unverzichtbaren und neben der Wegnahme selbstständigen, vom Geschädigten personal mitgestalteten Schaden.

Außerdem ist die Ablehnung eines Betrugs und damit die Befürwortung eines Diebstahls auch kriminalpolitisch sinnvoll. Wenn nämlich der Täter die Ware noch im Laden in seine körperliche Nahsphäre verbringt (vollendete Wegnahme), kommt im Falle tätlicher Auseinandersetzung hinter der Kasse eine Bestrafung nach § 252 (Verbrechen!) in Betracht. Gleiches muss möglich sein, wenn der Gewahrsamswechsel erst beim Passieren der Kasse stattfindet, da beide Fälle nach der Lebensanschauung ähnlich gelagert sind. Um den Tatbestand des § 252 zu erfüllen, muss aber ein Diebstahl (kein Betrug) vorangegangen sein. Die Verneinung des Verfügungsbewusstseins führt also letztendlich zu einem verbesserten Eigentumsschutz aufgrund der Abschreckungswirkung des § 252 (bei vorangegangenem Betrug kämen dagegen nur § 240 und § 223 in Betracht) und vermeidet willkürliche Unterschiede in der strafrechtlichen Bewertung sehr ähnlicher Fallkonstellationen.

Zur Vertiefung: Wessels/Hillenkamp, BT2 Rn 622 ff; Roßmüller/Rohrer, Jura 1994, 471; S/S/W-StGB-Satzger, § 263 Rn 112 ff.

Nach einer Ansicht, die für die Vermögensverfügung iRv § 263 I einen generellen Verfügungswillen ausreichen lässt, hat K über alles, was im Einkaufswagen lag, verfügt, also auch über den versteckten Schlagbohrer. Damit würde K jedoch unterstellt, sie wolle – unter Verstoß gegen ihre Pflichten aus dem Arbeitsvertrag – auch über unbezahlte Ware verfügen. Überzeugender ist daher die herrschende Ansicht, die ein konkretes, auf eine bestimmte Sache individualisiertes Verfügungsbewusstsein verlangt, das K hinsichtlich der versteckten Ware nicht hatte. Folglich liegt keine Vermögensverfügung vor. **162**

b) Ergebnis

F hat sich nicht gem § 263 I strafbar gemacht.

3. § 242 I (Passieren der Kasse)

a) Objektiver Tatbestand

163 Der Schlagbohrer ist eine für F fremde bewegliche Sache. Beim Passieren der Kasse, spätestens aber durch das Verlassen des Gebäudes und die damit einhergehende Entfernung der Ware aus der fremden Gewahrsamssphäre hat F den Gewahrsam des Baumarktinhabers aufgehoben und eigenen Gewahrsam daran begründet. Da K kein Verfügungsbewusstsein hatte, geschah dieser Gewahrsamstransfer aufgrund eines „Bruchs“ des Gewahrsams des Baumarktinhabers.

b) Subjektiver Tatbestand

F handelte vorsätzlich. Zudem kam es ihm gerade darauf an, den Schlagbohrer unter Missachtung der Eigentumszuordnung der Rechtsordnung seinem eigenen Vermögen einzuverleiben, um ihn später weiterzuverkaufen. Er handelte folglich mit der erforderlichen Absicht rechtswidriger Zueignung.

c) Rechtswidrigkeit und Schuld

F handelte rechtswidrig und schuldhaft.

d) Ergebnis

F hat sich gem § 242 I strafbar gemacht.

4. § 246 I (Passieren der Kasse)

Unter Zueignung iSv § 246 I versteht man die Manifestation des Zueignungswillens[5]. Das Verbergen des Schlagbohrers im Einkaufswagen und das anschließende Verlassen des Gebäudes mit diesem stellte eine solche Manifestation des Zueignungswillens dar. F handelte auch vorsätzlich. Die Unterschlagung ist jedoch gegenüber dem vollendeten Diebstahl subsidiär gem § 246 I aE.

5. § 263 I (Forderungsbetrug des F gegenüber K, zulasten des Baumarktinhabers, zugunsten des F durch Passieren der Kasse)

164 Indem F allein die Topfpflanzen an der Kasse vorgezeigt hat und die Kassiererin für den Schlagbohrer keine Bezahlung verlangte, könnte er einen Forderungsbetrug begangen haben.

In dem Moment, in dem F den Kassenbereich verließ und Besitz am nicht bezahlten Schlagbohrer erwarb, entstanden für den Baumarktinhaber zivilrechtliche Ansprüche gegen ihn aus §§ 985, 812 und 1007 I BGB[6]. Durch das Verstecken des Schlagbohrers

5 OLG Düsseldorf NStZ 1992, 298; *Lackner/Kühl*, § 246 Rn 4; *Wessels/Hillenkamp*, BT2 Rn 309 ff; S/S/W-StGB-*Kudlich*, § 246 Rn 10.

6 Eine Forderung auf Bezahlung des Kaufpreises des Bohrers (§ 433 II BGB) besteht jedoch nicht, da der Kaufvertrag in Selbstbedienungsläden erst durch Eintippen des Preises der vorgelegten Ware zustande kommt.

hat F der K vorgetäuscht, dass solche Ansprüche gegen ihn nicht bestehen. Der Täuschung entspricht ein Irrtum der K, zumindest als sachgedankliches Mitbewusstsein, dass die Forderungen gegen F so, wie sie sie tatsächlich erhoben hat, abschließend sind. Mit dem Ziehen-Lassen des dem Baumarktinhaber unbekannten Anspruchsgegners verliert die nicht geltend gemachte Forderung ihren wirtschaftlichen Wert, sodass Vermögensverfügung und -schaden zu bejahen sind *(vgl o Fall 5 Rn 136).*

Fraglich ist jedoch, ob hier neben dem Diebstahl des Schlagbohrers noch § 263 I Anwendung finden kann. Einer Strafbarkeit wegen Forderungsbetrugs steht entgegen, dass bzgl derselben Handlung bereits ein Diebstahl bejaht worden ist *(s o Rn 163).* Erscheint das Geschehen objektiv als ein Sich-Nehmen der Sache durch den Täter, dh hat es Fremdschädigungscharakter, so bleibt für einen weitergehenden Forderungsbetrug (Selbstschädigungsdelikt) bzgl des Ziehen-Lassens des Täters mit der Beute kein Raum mehr. Konstruktiv ist entweder schon der Tatbestand des § 263 I nicht erfüllt[7] oder es entfällt die Strafbarkeit wegen Betrugs auf Konkurrenzebene (Subsidiarität).

F hat keinen Forderungsbetrug begangen.

Die Bearbeiter in meinem Klausurenkurs hatten besonders viele Schwierigkeiten, diese **165**
Lösung (nur Diebstahl) in Einklang zu bringen mit der Lösung des oben (Fall 5 Rn 129 ff) erörterten Tankstellenfalles (nur Betrug). Deshalb folgt eine Synopse beider Fälle, die die unterschiedlichen Fallgestaltungen und deren Konsequenzen veranschaulichen soll.

	Tankstellenfall (Fall 5)	***Baumarktfall (Fall 6)***
Gewahrsamswechsel	*beim Tanken*	*beim Passieren der Kasse*
Kaufvertragsschluss	*beim Tanken*	*kommt nie zustande*
Diebstahl	*(–) mangels Wegnahme*	*(+) beim Passieren der Kasse*
Sachbetrug	*(–) mangels Täuschung bei Gewahrsamswechsel (Betrug hingegegn zu bejahen, wenn Kunde schon beim Tankvorgang entschlossen ist, nicht zu bezahlen, BGH NJW 2012, 1092)*	*(–) mangels Verfügungsbewusstsein der Kassiererin*
Forderungsbetrug	*(+) hinsichtlich Kaufpreisforderung*	*(–) entfällt zumindest auf Konkurrenzebene*
Unterschied	*Gewahrsamswechsel und Täuschung fallen zeitlich auseinander; im Zeitpunkt der Täuschung ist Gewahrsam schon verloren, daher Konzentration auf die Forderung.*	*Gewahrsamswechsel und Täuschung im Zeitpunkt des Passierens der Kasse; daher steht die Sache im Vordergrund, ein Rückgriff auf die Forderung ist entbehrlich.*

7 Es fehlt dann wohl die Täuschungshandlung iSv § 263 I.

6. § 123 I Alt 1

166 Durch das Betreten des Supermarktes könnte F sich nach § 123 I Alt 1 strafbar gemacht haben.

Zum Problem der Grenzen eines generellen Zutrittsrechts bei § 123 s o Fall 4 Problem Nr 23 Rn 100.

Hier unterfällt F nach seinem äußeren Erscheinungsbild als Käufer der generellen Zutrittserlaubnis des Hausrechtsinhabers, sodass bereits der objektive Tatbestand des § 123 I aufgrund des tatbestandsausschließenden Einverständnisses nicht erfüllt ist.

7. Ergebnis für F im Tatkomplex A

F hat sich gem § 242 I strafbar gemacht.

II. Strafbarkeit des A

1. §§ 242 I, 25 II

167 Indem A den F über seine Beobachtungen informierte, könnte er sich wegen Diebstahls strafbar gemacht haben.

A selbst hat keine fremde bewegliche Sache weggenommen. Möglicherweise muss er sich aber die Wegnahme des F als eigene nach den Regeln der Mittäterschaft zurechnen lassen, § 25 II. Mittäterschaft ist die gemeinschaftliche Begehung einer Straftat in bewusstem und gewolltem Zusammenwirken. Ein gemeinsamer Tatplan liegt vor. Fraglich ist allein, ob eine gemeinsame Tatausführung gegeben ist. Insoweit ist eine Abgrenzung zur Teilnahme vorzunehmen.

Zur Abgrenzung Täterschaft – Teilnahme s o Fall 1 Problem Nr 4 Rn 20.

Nach der von der Rechtsprechung im Ausgangspunkt noch immer vertretenen subjektiven Theorie kommt es für die Abgrenzung von Täterschaft und Teilnahme maßgeblich auf den Täterwillen an. Für einen Willen zur Täterschaft spricht hier, dass A ein Eigeninteresse an der Verwertung der Beute hat. Aufgrund der geplanten hälftigen Teilung des Beuteerlöses wollte er die Tat als eigene und handelte daher mit animus auctoris. Auf der Basis der subjektiven Theorie ist A wohl als Mittäter anzusehen. Gegen die subjektive Theorie spricht jedoch, dass sie Täter und Teilnehmer als nahezu beliebig austauschbar erscheinen lässt *(s o Fall 1 Problem Nr 4 Rn 20).*

Nach der Tatherrschaftslehre der herrschenden Meinung ist Täter, wer als Zentralgestalt des Geschehens die planvoll-lenkende oder mitgestaltende Tatherrschaft besitzt, die Tatbestandsverwirklichung somit nach seinem Willen hemmen oder ablaufen lassen kann. Teilnehmer ist, wer ohne eigene Tatherrschaft als Randfigur des realen Geschehens die Begehung der Tat veranlasst oder fördert. A war weder an der Ausführungshandlung selbst beteiligt noch war sein Tatbeitrag im Vorbereitungsstadium so gewichtig, dass das Minus im Ausführungsstadium ausgeglichen werden könnte. Allein die Weitergabe der günstigen Informationen und der grobe Entwurf eines Tatplans genügen nicht, um die Tat des F auch als Werk des A erscheinen zu lassen. Nach der überzeugenden Tatherrschaftstheorie ist A deshalb kein Mittäter iSd § 25 II.

A hat sich nicht gem §§ 242 I, 25 II strafbar gemacht.

2. §§ 242 I, 26

A könnte sich der Anstiftung zum Diebstahl strafbar gemacht haben. **168**

a) Objektiver Tatbestand

Eine vorsätzliche rechtswidrige Haupttat liegt in Form des Diebstahls (§ 242 I) durch F vor *(s o Rn 163)*.

A müsste den F zu dieser Tat bestimmt haben. „Bestimmen" iSd § 26 bedeutet nach ganz herrschender Meinung Hervorrufen des Tatentschlusses durch eine Willensbeeinflussung im Wege des offenen geistigen Kontakts. Dadurch, dass A dem F erzählte, dass die Kassiererin häufig unaufmerksam ist, hat er bei diesem den Tatentschluss hervorgerufen.

b) Subjektiver Tatbestand

Sowohl hinsichtlich der vorsätzlichen rechtswidrigen Haupttat des F als auch hinsichtlich der eigenen Anstiftungshandlung handelte A vorsätzlich (Doppelvorsatz).

c) Rechtswidrigkeit und Schuld

Er handelte auch rechtswidrig und schuldhaft.

d) Ergebnis

A hat sich gem §§ 242 I, 26 strafbar gemacht.

3. §§ 246 I, 26

Die zugleich verwirklichte Anstiftung zur Unterschlagung ist subsidiär gem § 246 I aE.

4. § 266 I Alt 2

A könnte sich der Untreue zulasten des Baumarktinhabers in der Treubruchsalternative **169**
(§ 266 I Alt 2) strafbar gemacht haben.

Dazu müsste A eine Vermögensbetreuungspflicht verletzt haben, also die Pflicht zur Wahrnehmung fremder Vermögensinteressen, welche den typischen und wesentlichen Inhalt eines rechtlich begründeten oder faktisch bestehenden Treueverhältnisses bildet, dh dessen Hauptgegenstand und nicht eine bloße Nebenpflicht ist. A war im Baumarkt lediglich als Aushilfskraft tätig. Sein Arbeitsvertrag enthielt keine Hauptpflicht des Inhalts, die Vermögensinteressen des Baumarktinhabers wahrnehmen zu müssen.

Mangels (qualifizierter) Vermögensbetreuungspflicht scheidet Untreue daher aus.

5. Ergebnis für A im Tatkomplex A

A hat sich gem §§ 242 I, 26 strafbar gemacht.

B. Die Veräußerung des Schlagbohrers

I. Strafbarkeit des F

1. § 263 I (F gegenüber S, zulasten des S, zugunsten des F)

170 Indem F dem S den Schlagbohrer verkaufte, wobei er ihm erzählte, er habe sich „verkauft" und könne mit dem Modell nichts anfangen, könnte er sich wegen Betruges strafbar gemacht haben.

a) Objektiver Tatbestand

F müsste den S über Tatsachen getäuscht haben. In dem Veräußerungsangebot an S lag nach der Verkehrsauffassung zugleich die konkludente Erklärung, zur Übereignung des Schlagbohrers berechtigt zu sein und folglich dem S Eigentum daran verschaffen zu können. Da F den Schlagbohrer vorher gestohlen hat, scheitert die Eigentumsverschaffung zivilrechtlich an der Regelung des § 935 I 1 BGB, der keinen gutgläubigen Erwerb gestohlener oder sonst abhanden gekommener Sachen zulässt. F hat den S mithin getäuscht. Dadurch hat er bei S einen entsprechenden Irrtum bzgl der Eigentumsverhältnisse am Schlagbohrer erregt.

Eine durch diese Fehlvorstellung des S verursachte Vermögensverfügung liegt in der Hingabe der vereinbarten 100 €, mit der S seine Gegenleistungsverpflichtung aus dem Kaufvertrag erfüllte.

Ferner müsste bei S ein Vermögensschaden eingetreten sein.

171 **Problem Nr 36: Vermögensschaden beim Eingehungs- und beim Erfüllungsbetrug**

(1) Ein **Eingehungsbetrug** kommt in den Fällen in Betracht, in denen es nicht zu einem tatsächlichen Leistungsaustausch oder wenigstens zur Erbringung der Leistung des Getäuschten gekommen ist.

Zur Ermittlung des Vermögensschadens ist auf den Vertragsabschluss abzustellen. Der Vermögensschaden wird durch den **Vergleich der beiderseitigen Vertragsverpflichtungen** ermittelt. Das Opfervermögen ist dann geschädigt, wenn der vom Getäuschten erlangte Anspruch in seinem wirtschaftlichen Wert hinter der von ihm im Gegenzug übernommenen Verpflichtung zurückbleibt. Hierbei sind vorrangig objektive Wertmaßstäbe anzulegen, wobei aber persönliche Bedürfnisse und individuelle Verhältnisse des Betroffenen zu berücksichtigen sind (sog individueller Schadenseinschlag, entwickelt in BGHSt 16, 321, 326 [„Melkmaschinenfall"]).

Allerdings kann es an einer aktuellen Vermögensgefährdung dann fehlen, wenn der Betroffene durch die Zug-um-Zug-Einrede sich noch vor der effektiven Vermögenseinbuße schützen kann.

(2) Hingegen hat beim **Erfüllungsbetrug** der vereinbarte Leistungsaustausch schon stattgefunden.

Die Täuschung kann hier sowohl im Stadium des Vertragsschlusses als auch bei der Erfüllung selbst stattgefunden haben. Zur Ermittlung eines Schadens sind **die geschuldete und die tatsächlich erbrachte Leistung** daraufhin **zu vergleichen**, ob sich eine nachteilige Differenz für den Betroffenen ergibt (zu bejahen, wenn er weniger erhält, als ihm zusteht, oder mehr zahlt, als er von Rechts wegen müsste).[8]

Ein bei Vertragsschluss bereits gegebener Eingehungsbetrug tritt als subsidiär hinter den Erfüllungsbetrug zurück. Auf den Eingehungsbetrug ist nur in den Fällen zurückzugreifen, in denen es aus irgendwelchen Gründen nicht mehr zum Leistungsaustausch kommt, ein wirtschaftlicher Schaden aber bereits durch die Eingehung der gegenseitigen Verpflichtungen entstanden sein könnte.

Zur Vertiefung: Wessels/Hillenkamp, BT2 Rn 539 ff; S/S/W-StGB-Satzger, § 263 Rn 180 ff.

Da es im vorliegenden Fall zu einem tatsächlichen Leistungsaustausch gekommen ist, **172**
braucht auf einen möglicherweise auch gegebenen Eingehungsbetrug (bei Abschluss des Kaufvertrags) nicht eingegangen zu werden. Der Schaden beim Erfüllungsbetrug ist dann gegeben, wenn die vertraglich geschuldete und die tatsächlich erbrachte Leistung in für den Getäuschten negativer Weise voneinander abweichen. F schuldete aus dem Kaufvertrag die Verschaffung von Besitz und lastenfreiem Eigentum an dem Bohrer, vgl § 433 I 1 BGB. Wegen § 935 I 1 BGB hat er jedoch lediglich den Besitz geleistet.

Diese nachteilige Differenz zulasten des S könnte allenfalls durch Gewährleistungsrechte des S gegen F, wie sie in § 437 BGB katalogartig aufgelistet sind, ausgeglichen sein. Allerdings erwachsen in der Regel aus jeder Täuschung Gewährleistungs- und Schadensersatzansprüche sowie ein Anfechtungsrecht, sodass bei einem solchen Ansatz fast nie ein Vermögensschaden bejaht werden könnte. Eine Kompensation mit gesetzlichen Ansprüchen und Rechten, die dem Betroffenen gerade aufgrund der Täuschung zustehen, darf daher nicht stattfinden. Sollte der Schaden später ausgeglichen werden, so handelte es sich lediglich um eine nachträgliche Kompensation (reparatio damni), die bei der Ermittlung des Schadens außer Betracht zu bleiben hat. Sie ist nur noch für die Strafzumessung relevant. S hat also weniger (nur Besitz) erhalten, als ihm von Rechts wegen zusteht (Eigentum und Besitz). Ein Vermögensschaden ist somit zu bejahen[9].

b) Subjektiver Tatbestand

F handelte vorsätzlich. Insbesondere war ihm auch als Laien klar, dass er S kein Eigentum an der gestohlenen Sache verschaffen konnte. F handelte weiterhin in der Absicht, sich und A einen im Widerspruch zur Rechtsordnung stehenden Vermögensvorteil (Zahlung von 100 €) zu verschaffen. Dieser geht unmittelbar zulasten des Vermögens des S und stellt somit die Kehrseite des Schadens dar, sodass Stoffgleichheit zu bejahen ist.

Die nach § 263 I erforderliche Bereicherungsabsicht ist somit gegeben.

---

8 In Sonderfällen ist der Schaden danach zu ermitteln, ob der Getäuschte für die von ihm erbrachte Leistung eine wirtschaftlich gleichwertige Gegenleistung beanspruchen kann bzw erhalten hat, vgl dazu BGHSt 16, 220 [Hosen aus Zellwollware]; BGH NStZ 2012, 629.

9 Die Tatsache, dass der Bohrer wertvoller ist als die von S gezahlten 100 € ändert daran nichts, denn auch derjenige, der einen günstigen Kauf macht, ist schutzwürdig, wenn er nicht die versprochene Gegenleistung erhält.

c) Rechtswidrigkeit und Schuld

F handelte rechtswidrig und schuldhaft.

d) Ergebnis

F hat sich wegen Betruges gem § 263 I gegenüber und zulasten S strafbar gemacht.

2. § 259 I

173 Hehlerei ist nur an Sachen möglich, die unmittelbar aus der Straftat eines „anderen" erlangt wurden. F als Vortäter *(s o Rn 163)* ist folglich kein tauglicher Täter einer Straftat nach § 259 I.

3. § 246 I

Schon durch die Unterbreitung des Veräußerungsangebotes hat sich F unrechtmäßig als Eigentümer des Schlagbohrers geriert. Fraglich ist nur, ob diese nach außen manifestierte erneute Zueignungshandlung nach dem zu einem sehr viel früheren Zeitpunkt beendeten Diebstahl überhaupt noch strafrechtlich erfasst werden kann. Nach herrschender und überzeugender Ansicht im Schrifttum liegt ebenso wie bei der gleichzeitigen Zueignung durch Diebstahl und Unterschlagung auch bei späteren Verwertungsakten nach einem vorangegangenen Diebstahl eine tatbestandliche (Zweit-)Zueignung vor *(vgl o Fall 4 Problem Nr 25 Rn 108)*.

F handelte vorsätzlich, auch bzgl der Rechtswidrigkeit der Zueignung.

F hat sich gem § 246 I strafbar gemacht.

4. Konkurrenzen

174 Die durch die Veräußerung des Schlagbohrers begangene Unterschlagung, § 246 I, tritt als mitbestrafte Nachtat hinter den Diebstahl aus Tatkomplex A zurück[10].

5. Ergebnis für F im Tatkomplex B

F hat sich gem § 263 I strafbar gemacht.

II. Strafbarkeit des S

1. § 259 I

175 Zwar hat S den Schlagbohrer, dh eine Sache, die ein anderer (F) gestohlen hat, angekauft. Er wusste jedoch nicht, dass F den Schlagbohrer auf unrechtmäßige Weise erlangt hatte. Folglich handelte er ohne Vorsatz.

---

10 Denkbar wäre es auch, die Unterschlagung wegen der Subsidiaritätsklausel des § 246 I aE hinter den Betrug zurücktreten zu lassen. Andererseits ist die Heranziehung der Subsidiaritätsklausel hier doch nicht ganz unproblematisch, weil es um unterschiedliche Tatobjekte (Bohrer und Verkaufspreis) geht.

2. Ergebnis für S im Tatkomplex B

S ist straflos.

III. Strafbarkeit des A

1. §§ 263 I, 26

Indem A den F dazu anhielt, den Schlagbohrer später an einen Dritten zu verkaufen, **176**
könnte er sich wegen Anstiftung zum Betrug strafbar gemacht haben.

a) Objektiver Tatbestand

Die vorsätzliche rechtswidrige Haupttat ist in Gestalt des Betruges des F gegenüber und zulasten S gegeben *(s o Rn 170 ff)*.

A müsste den F zur Begehung dieser Tat bestimmt haben. Hiergegen könnte sprechen, dass A nur allgemein eine nachträgliche Verwertung der Beute in den Raum gestellt, nicht aber konkret eine Veräußerung an den gutgläubigen S vorgeschlagen hatte. Andererseits stammt die Idee, einen Betrug zulasten eines Dritten zu begehen, von A. Dies ist maßgeblich. Das konkrete Opfer kann auch durch den Haupttäter allein individualisiert werden, was letztlich nur ein Ausfluss seiner alleinigen Tatherrschaft ist. Folglich hat A den F zur Tatbegehung bestimmt iSv § 26.

b) Subjektiver Tatbestand

A handelte vorsätzlich sowohl bzgl der von F ausgeführten Haupttat als auch bzgl der eigenen Anstiftungshandlung.

c) Rechtswidrigkeit und Schuld

A handelte rechtswidrig und schuldhaft.

d) Ergebnis

A hat sich gem §§ 263 I, 26 strafbar gemacht.

2. §§ 246 I, 26

Die vorsätzliche rechtswidrige Haupttat ist in Gestalt der von F begangenen Unterschla- **177**
gung gegeben *(s o Rn 173)*. Zu dieser Tat hat A den F bestimmt. Er handelte auch mit dem erforderlichen doppelten Anstiftervorsatz.

Jedoch tritt die Anstiftung zur Unterschlagung als mitbestrafte Nachtat hinter die Anstiftung zum Diebstahl aus Tatkomplex A zurück *(vgl Rn 174)*.

3. Ergebnis für A im Tatkomplex B

A hat sich gem §§ 263 I, 26 strafbar gemacht.

C. Die Beuteteilung zwischen A und F

I. Strafbarkeit des F

1. § 263 I (F gegenüber A, zulasten des A, zugunsten des F)

178 Indem F dem A mitteilte, er habe nur 50 € an Erlös erzielt, und ihm daher 25 € übergab, könnte er sich wegen Betrugs strafbar gemacht haben.

a) Objektiver Tatbestand

Durch die falschen Angaben über die Höhe des Verkaufserlöses hat F bei A einen Irrtum über die diesem zustehende Gewinnbeteiligung bewirkt. Aufgrund dessen hat A nur einen geringeren Betrag (25 €) von F eingefordert, als sich aus ihrer internen Absprache ergab (50 €). Die Vermögensverfügung könnte in der Nichtgeltendmachung der Zahlung der übrigen 25 € liegen (Forderungsbetrug).

Fraglich ist allerdings, ob bei A überhaupt ein Vermögensschaden eingetreten sein kann, wenn ein derartiger Gewinnbeteiligungsanspruch von der Rechtsordnung missbilligt würde. Es handelt sich hier also nur um eine wirtschaftlich, nicht aber rechtlich relevante Vermögensposition. Es fragt sich daher, ob § 263 I nur rechtlich gebilligte Vermögenswerte schützen will oder ob er darüber hinaus auch rein tatsächliche Vermögenspositionen erfasst.

179 **Problem Nr 37: Strafrechtlicher Vermögensbegriff**

(1) Nach dem **(rein) juristischen Vermögensbegriff** ist Vermögen nur die Summe der von der Rechtsordnung anerkannten und mit ihr auch durchsetzbaren Vermögensrechte und -pflichten (RGSt 3, 332, 333; 11, 72). Wirtschaftliche Werte spielen keine Rolle. Vermögensschaden ist demnach auch nur der Verlust eines solchen Rechts oder die Belastung mit einer derartigen Verbindlichkeit.

Argument: Zur Wahrung der Einheit der Rechtsordnung kann als Vermögen nur das angesehen werden, was als Vermögensrecht oder -pflicht von ihr anerkannt ist. Rein tatsächliche Beziehungen zu einer Sache können nicht ihre Zugehörigkeit zu einem bestimmten Vermögen bewirken. Betrug lässt sich infolgedessen auch als „Rechtsraub“ umschreiben.

(2) Die Gegenposition des **(rein) wirtschaftlichen Vermögensbegriffs** betrachtet als strafrechtlich geschütztes Vermögen alle geldwerten Güter ohne Rücksicht auf ihre rechtliche Anerkennung (RGSt 44, 230; BGHSt 2, 364; *Hauf*, BT1 S 96). Auch die neuere Rechtsprechung hält an diesem Prinzip fest, wobei sie den Schutzbereich zunehmend – in teilweiser Übereinstimmung mit der juristisch-ökonomischen Vermittlungslehre – zur Vermeidung von Wertungswidersprüchen zwischen Zivilrecht und Strafrecht durch Einbeziehung normativer Wertungen ergänzt und korrigiert (vgl zuletzt: BGH NStZ 2002, 33 [Heroinfall]; BGH NJW 2002, 2117 mit Bespr *Mitsch*, JuS 2003, 122; KG NJW 2001, 86 mit Bespr *Hecker*, JuS 2001, 228 ff; anders aber BGH StV 2009, 354 mit Anm *Kindhäuser*).

Argument: Nur durch das Abstellen auf die wirtschaftlichen Gegebenheiten werden rechtsfreie Räume vermieden. Andernfalls würde man dem Täuschenden einen „Freibrief“ geben, sich Vermögenswerte, die der Getäuschte zu unerlaubten Zwecken riskiert, zu eigenem Nutzen zu verschaffen.

(3) Die Rechtslehre vertritt zunehmend den **juristisch-ökonomischen Vermögensbegriff** und geht damit einen Mittelweg zwischen erst- und zweitgenannter Theorie. Sie zählt zum Vermögen einer Person alle Positionen, denen ein wirtschaftlicher Wert beizumessen ist und die (so die 1. Variante) unter dem Schutz der Rechtsordnung stehen (*Lenckner*, JZ 1967, 105; S/S-*Cramer/Perron*, § 263 Rn 82 ff) oder die (so die 2. Variante) wenigstens von der Rechtsordnung nicht ausdrücklich missbilligt werden (*Franzheim*, GA 1960, 269 ff; *Rengier*, BT1 § 13 Rn 119; S/S/W-StGB-*Satzger*, § 263 Rn 95; SK/StGB-*Günther*, § 263 Rn 112 ff).

Argument: Der (rein) juristische Vermögensbegriff ist einerseits zu weit, da er auch wirtschaftlich absolut wertlose Vermögensrechte erfasst, andererseits jedoch zu eng, da einige im Wirtschaftsverkehr anerkannte und schutzwürdige Güter (zB Besitz, Arbeitskraft, Geschäftsgeheimnisse, Exspektanzen) außen vor bleiben. Die rein rechtliche Definition des Vermögensbegriffes ist für § 263 daher ungeeignet und wird heute auch nicht mehr vertreten.

Der Schutz des (rein) wirtschaftlichen Vermögensbegriffes geht zu weit. Auch wenn im kriminellen Milieu eine Weitergeltung der Strafrechtsordnung prinzipiell erwünscht ist, so beschwört die rein wirtschaftliche Betrachtungsweise doch Widersprüche in der Rechtsordnung herauf. Außerdem wird der Begriff mangels rechtlicher Bestimmbarkeit der Zugehörigkeit zu einem Vermögen konturlos, was im Widerspruch zum Bestimmtheitsgebot steht.

Nur die juristisch-ökonomische Vermögenslehre wird dem Umstand gerecht, dass einerseits auch wirtschaftliche Positionen schutzwürdig sind, denen kein rechtlicher Anspruch zugrunde liegt, dass aber andererseits das Strafrecht ein von der Rechtsordnung nicht gedecktes Verhalten nicht auch noch strafrechtlich abstützen darf. Deshalb sollte bei von der Rechtsordnung ausdrücklich missbilligten Positionen kein strafrechtlich geschütztes Vermögen anerkannt werden. Wer seine Vermögensobjekte zur Erreichung illegaler Zwecke einsetzt, schädigt sich selbst; wer bei diesen Geschäften getäuscht wird, hat den Vermögensschutz verwirkt (so iE auch LG Regensburg NStZ-RR 2005, 312; *Mitsch*, BT2/1 § 7 Rn 41; S/S-*Cramer/Perron*, § 263 Rn 150).

Die Ablehnung des Betrugs ist auch kriminalpolitisch nicht zu beanstanden, denn es entfällt lediglich die Betrugsstrafbarkeit, der Täuschende bleibt jedoch aufgrund des zugrunde liegenden gesetzeswidrigen Verhaltens (zB § 29 BtMG) strafbar.

Zur Vertiefung: Wessels/Hillenkamp, BT2 Rn 530 ff; S/S/W-StGB-Satzger, § 263 Rn 90 ff; Swoboda, NStZ 2005, 476 ff; Hillenkamp, BT 31. Problem S 166 ff.

Nach dem rein juristischen Vermögensbegriff gehört der gesetzwidrige Anspruch des A **180** auf Gewinnbeteiligung an der Beute, der ihm von Ganove zu Ganove zusteht, nicht zum strafrechtlich geschützten Vermögen. Anders sieht das der rein wirtschaftliche Vermögensbegriff, der alle wirtschaftlich wertvollen Ansprüche vom Schutz des § 263 erfassen lässt, solange sie nur tatsächlich durchsetzbar sind, und zwar auch außerhalb der Rechtsordnung. Danach ist A geschädigt. Beide Extrempositionen sind abzulehnen, da sie zu eng bzw zu weit sind. Während der rein juristische Begriff anerkannte Werte wie Arbeitskraft oder Besitz nicht zu schützen vermag, beschwört der rein wirtschaftliche Begriff durch seinen umfassenden Schutz Widersprüche in der Rechtsordnung herauf, indem er rechtlich missbilligte Vermögenspositionen ebenfalls dem Schutz des § 263 unterstellt.

Zur Wahrung der Einheit der Rechtsordnung definiert die herrschende Meinung daher zu Recht das Vermögen iSd § 263 als die Gesamtheit aller wirtschaftlichen Güter (wirtschaftlicher Aspekt), allerdings nur insoweit als diese von der Rechtsordnung anerkannt oder zumindest nicht ausdrücklich missbilligt werden (juristischer Aspekt).

Ein Anspruch wie der des A auf eine abredegemäße Beteiligung an der Diebesbeute wird nach § 134 BGB ausdrücklich missbilligt und stellt daher keine geschützte Vermögensposition dar. Bei Verlust dieses Anspruchs kann somit auch kein Schaden iSd § 263 I bejaht werden.

b) Ergebnis

Gegenüber und zulasten des A hat F keinen Betrug gem § 263 I begangen.

2. § 266 I Alt 2

181 Aus der Absprache mit A ergab sich für F nicht die Hauptpflicht, das Vermögen des A zu betreuen. Auch eine Strafbarkeit wegen Untreue scheidet deshalb aus.

3. § 246 I

Indem F dem A lediglich 25 € und damit entgegen der ursprünglichen Absprache ein Viertel statt der Hälfte der von S erhaltenen Summe übergab, könnte er sich wegen Unterschlagung der weiteren 25 € strafbar gemacht haben. S hat F den Gesamtbetrag übereignet. Danach handelte es sich bei dem Geld nicht mehr um für F fremde Sachen, wie es der objektive Tatbestand des § 246 I verlangt[11].

F hat sich durch die falsche Abrechnung also auch nicht gem § 246 I strafbar gemacht.

4. Ergebnis für F im Tatkomplex C

F ist straflos.

II. Strafbarkeit des A

1. § 259 I

182 In der Entgegennahme der Geldscheine könnte eine Hehlerei liegen.

a) Objektiver Tatbestand

Da A selbst an den in Frage kommenden Vortaten (Diebstahl des Schlagbohrers durch F, Betrug des F gegenüber S) als Anstifter beteiligt war, ist es fraglich, ob er zugleich tauglicher Täter des § 259 I sein kann.

183 **Problem Nr 38: Vortat eines „anderen" iSv § 259 trotz Teilnahme an der Vortat**

(1) Die **frühere Rechtsprechung** (BGHSt 2, 315; 4, 42) hat zum Teil vertreten, dass Anstifter und Gehilfen der Vortat, deren Teilnahmehandlungen bereits auf die Beute abzielen, nicht wegen Hehlerei, sondern nur wegen Beteiligung an der Vortat bestraft werden können. Auch im **Schrifttum** wird zT bei jeglicher Beteiligung an der Vortat Hehlerei als eine mitbestrafte Nachtat (*Geppert*, Jura 1994, 100) angesehen.

11 Es wäre falsch anzunehmen, S hätte die Hälfte des Geldes bereits an A übereignet, denn S wusste nichts von der Absprache zwischen A und F.

Argument: Wenn schon der Täter und der Mittäter der Vortat nicht Hehler sein können, dann erst recht nicht der Anstifter und der Gehilfe, denen bezüglich der Vortat ein geringerer Schuldvorwurf gemacht werden kann.

(2) Seit einer Grundsatzentscheidung des Großen Senats aus dem Jahr 1954 ist es heute zu Recht ganz **herrschende Meinung** (BGHSt 5, 378; 7, 134; 8, 390; 13, 403; 22, 207; 33, 50; *Hauf*, BT1 S 146; Beck OK-*Ruhmannseder*, § 259 Rn 57; MK-*Maier*, § 259 Rn 61; *Maurach/Schroeder/Maiwald*, BT1 § 39 Rn 47; *Fischer*, § 259 Rn 31; *Wessels/Hillenkamp*, BT2 Rn 881; *Rengier*, BT1 § 22 Rn 42; S/S/W-StGB-*Jahn*, § 259 Rn 37; S/S-*Stree/Hecker*, § 259 Rn 49; *Zöller/Frohn*, Jura 1999, 378, 380; auch schon RGSt 51, 100; 72, 328), dass sich Anstifter und Gehilfen der Vortat, die im Anschluss an deren Begehung hehlerisch handeln, der Hehlerei schuldig machen, und zwar selbst dann, wenn die Vortatteilnahme von vornherein darauf abzielte, sich die Beute oder bestimmte Teile daraus zur eigentümergleichen Verwendung zu verschaffen.

Argument: Der Wortlaut des § 259 I spricht von der Tat eines „anderen". Insoweit deckt sich die Terminologie mit jener der §§ 26, 27. Anders als für Täter oder Mittäter der Vortat ist jene Tat für den Teilnehmer gerade eine fremde. Aus seiner Sicht hat ein anderer die Sachen deliktisch erworben. Folglich ist die Bestrafung des Vortatteilnehmers, der eine Hehlereihandlung begeht, mit dem Wortlaut des § 259 I vereinbar.

Mit einer Bestrafung wegen der Teilnahme an der Vortat wird noch nicht das gesamte strafrechtliche Unrecht des später hehlerisch tätigen Vortatteilnehmers abgegolten. Daher ist auch der Ansicht, Hehlerei sei mitbestrafte Nachtat zur Teilnahme an der Vortat, nicht zu folgen.

Zur Vertiefung: Wessels/Hillenkamp, BT2 Rn 881; BGHSt 7, 134.

Da A sowohl bei dem vorangegangenen Diebstahl *(s o Rn 168)* als auch bei dem voran- **184**
gegangenen Betrug *(s o Rn 176)* nicht Täter, sondern Teilnehmer ist, stellen beide Delikte für ihn Taten eines „anderen" iSv § 259 I dar. Auch § 26 spricht von der Bestimmung eines „anderen" zu dessen rechtswidriger und vorsätzlicher Tat, dh aus Sicht des Teilnehmers ist die Haupttat keine eigene Tat. Daran ändert sich auch nichts, wenn – wie bei A – die Teilnahme an der Vortat von vornherein darauf abzielt, sich die Beute oder bestimmte Teile daraus zur eigentümergleichen Verwendung zu verschaffen. A ist mithin tauglicher Täter einer Hehlerei.

Als die gegen fremdes Vermögen gerichtete rechtswidrige Vortat des F kommt zunächst der Diebstahl des Schlagbohrers *(s o Rn 163)* in Betracht. Jedoch hat A von F nicht den Bohrer selbst, sondern vielmehr die aus dem Verkauf des Bohrers an S erlangten Geldscheine erhalten. Es stellt sich daher die Frage, ob damit noch dem Unmittelbarkeitserfordernis des § 259 I („*durch* eine [. . .] Tat erlangt") Genüge getan ist.

Problem Nr 39: Ersatzhehlerei **185**

Nach heute **einhelliger Meinung** (BGH NJW 1969, 1260; Beck OK-*Ruhmannseder*, § 259 Rn 13; *Fischer*, § 259 Rn 7; *Maurach/Schroeder/Maiwald*, BT1 § 39 Rn 9 ff; *Mitsch*, BT2/1 § 10 Rn 30; *Rengier*, BT1 § 22 Rn 11; S/S/W-StGB-*Jahn*, § 259 Rn 11; S/S-*Stree/Hecker*, § 259 Rn 13; *Wessels/Hillenkamp*, BT2 Rn 835 f) ist Hehlerei nur an solchen Sachen möglich, die unmittelbar durch die Vortat erlangt wurden und hinsichtlich derer die dadurch begründete rechtswidrige Vermögenslage im Augenblick der Hehlereihandlung noch fortbesteht. Dies bedeutet, dass die gehehlte Sache mit der durch die Vortat erlangten Sache körperlich identisch sein muss. Die **Ersatzhehlerei** ist **straflos**.

Argument: An Surrogaten (= Ersatzsachen), die wirtschaftlich an die Stelle einer gestohlenen Sache getreten sind, setzt sich die Rechtswidrigkeit der Vermögenslage (auch „Bemakelung" genannt) nicht fort.

Taugliches Objekt der Hehlerei können solche Ersatzsachen aber dann sein, wenn sie wiederum durch eine rechtswidrige Tat erworben wurden (insbes durch Betrug).

Zur Vertiefung: Wessels/Hillenkamp, BT2 Rn 835 f.

186 Hehlerei ist nach ganz herrschender Meinung nur an solchen Sachen möglich, die unmittelbar aus der Vortat stammen, weil bzgl anderer Sachen die durch die Vortat begründete rechtswidrige Vermögenslage nicht fortbesteht. Unmittelbar aus dem Diebstahl erlangt wurde hier der Schlagbohrer; die Geldscheine hingegen stammen nur mittelbar aus dem Diebstahl. Sie sind nur wirtschaftlich an die Stelle der gestohlenen Sache getreten. Eine derartige Ersatzhehlerei wird von § 259 I nicht erfasst. Der von F begangene Diebstahl kann daher nicht als Vortat herangezogen werden.

Dagegen hat F die Geldscheine unmittelbar aus dem gegenüber S begangenen Betrug *(s o Rn 170 ff)* erlangt. Zwar hat S die Scheine dem F nach § 929 S 1 BGB wirksam übereignet. Allerdings ist dieser Erwerb anfechtbar (§ 123 I BGB) bzw ist F dem S gegenüber schadensersatzpflichtig (§ 437 Nr 3 iVm § 311a II; § 823 II; § 826 BGB), womit er nach den Grundsätzen der Naturalrestitution (§ 249 I BGB) genau diese betrügerisch erworbenen Scheine wieder herausgeben müsste. Es besteht folglich eine widerrechtliche Vermögenslage dadurch fort, dass F die Geldscheine in Besitz hat. Der Betrug gegenüber S ist damit taugliche Vortat der Hehlerei.

Als Tathandlung kommt bei Entgegennahme der Geldscheine ein „Sichverschaffen" in Betracht. Sichverschaffen iSd § 259 I bedeutet die bewusste und gewollte Übernahme der tatsächlichen Verfügungsgewalt zu eigenen Zwecken im Wege des abgeleiteten Erwerbs oder des einverständlichen Zusammenwirkens mit dem Vortäter oder dem sonstigen Vorbesitzer. A hat die Scheine seinem eigenen Vermögen einverleibt und damit eine eigentümerähnliche Verfügungsgewalt zu eigenen Zwecken über sie erlangt. Die Übergabe der Scheine erfolgte außerdem im Einverständnis beider Seiten.

A hat sich daher die Scheine iSv § 259 I verschafft.

b) Subjektiver Tatbestand

A kannte die rechtswidrige Herkunft der Geldscheine und war sich auch des einverständlichen Zusammenwirkens mit dem Vortäter sowie der damit bewirkten Perpetuierung der rechtswidrigen Vermögenslage bewusst. A handelte vorsätzlich.

Ferner muss der Täter in der Absicht tätig werden, sich oder einen Dritten zu bereichern. A kam es gerade darauf an, die gehehlte Sache (die Geldscheine) seinem eigenen Vermögen als finanziellen Vorteil zuzuführen. Bereicherungsabsicht ist gegeben.

c) Rechtswidrigkeit und Schuld

A handelte rechtswidrig und schuldhaft.

d) Ergebnis

A hat sich gem § 259 I strafbar gemacht.

2. § 261 I 1, 2 Nr 4a

Der Tatbestand der Geldwäsche wurde zur besseren Bekämpfung der Organisierten Kriminalität in das StGB eingeführt. Dementsprechend wird ein gewerbs- oder bandenmäßiges Vorgehen bei der Ausführung der Vortat des § 242 bzw des § 263 verlangt (§ 261 I 2 Nr 4a aE). Bezüglich des „Herrührens" aus der Vortat ist § 261 zwar weiter gefasst als § 259, da er auch die Geldwäsche an Surrogaten zulässt. Ein gewerbs- oder bandenmäßiges Vorgehen von A und F ist jedoch nicht ersichtlich, sodass es an einer Straftat aus dem Katalog des § 261 I 2 fehlt. **187**

3. § 257 I

Durch die Annahme des Geldes könnte A sich nach § 257 I strafbar gemacht haben. **188** Rechtswidrige Vortat der Begünstigung können wiederum der Diebstahl oder der nachfolgende Betrug des F sein. Ein Hilfeleisten iSd § 257 I stellt eine Handlung dar, die objektiv geeignet und subjektiv darauf gerichtet ist, die durch die Vortat erlangten oder entstandenen Vorteile gegen Entziehung zugunsten des Verletzten zu sichern. Fraglich ist, ob die Tathandlung des A objektiv überhaupt geeignet war, dem Täter F die Vorteile der Tat zu erhalten. Zwar wurde durch die Weitergabe des Geldes sichergestellt, dass die Scheine dem F nicht mehr zugunsten des Verletzten entzogen werden können. Allerdings verlangt § 257 I eine Handlung, die auf die Verbesserung der Lage allein des Täters gerichtet ist. Hier sollte aber durch die Entgegennahme des Geldes nicht der Täter F besser dastehen als vorher, sondern A sicherte sich allein eigene Vorteile aus seiner Beteiligung an der Vortat.

Daher ist schon der objektive Tatbestand des § 257 I nicht erfüllt.

4. Ergebnis für A im Tatkomplex C

A hat sich gem § 259 I strafbar gemacht.

D. Gesamtkonkurrenzen

F hat im Tatkomplex A einen Diebstahl (im Baumarkt) und im Tatkomplex B einen Be- **189** trug (gegenüber S) begangen. Beide Delikte wurden durch völlig selbstständige Handlungen begangen und betreffen unterschiedliche Geschädigte. Deshalb stehen beide Delikte zueinander in Realkonkurrenz.

A hat im Tatkomplex A eine Anstiftung zum Diebstahl und im Tatkomplex B eine Anstiftung zum Betrug begangen. Da beide Anstiftungen durch ein und dieselbe Handlung begangen wurden (Gespräch mit F), stehen sie zueinander im Verhältnis der Idealkonkurrenz[12] (§§ 242 I, 26 – § 52 – §§ 263 I, 26). Im Tatkomplex C hat A schließlich

12 Vgl *Wessels/Beulke/Satzger*, AT Rn 758.

zusätzlich eine Hehlerei (bzgl der 25 €) begangen. Diese Hehlerei ist im Verhältnis zur Beteiligung an der Vortat (§§ 263 I, 26) eine völlig selbstständige Handlung mit eigenem Unrechtsgehalt, sodass von Realkonkurrenz zwischen den Taten aus den Tatkomplexen A/B einerseits und aus dem Tatkomplex C andererseits auszugehen ist.

E. Gesamtergebnis

190 **F:** § 242 I
– § 53 –
§ 263 I
A: §§ 242 I, 26 – § 52 – §§ 263 I, 26
– § 53 –
§ 259 I
S: straflos

Definitionen zum Auswendiglernen

Hilfeleisten	iSd **§ 257 I** stellt eine Handlung dar, die objektiv geeignet und subjektiv darauf gerichtet ist, die durch die Vortat erlangten oder entstandenen Vorteile gegen Entziehung zugunsten des Verletzten zu sichern *(Wessels/Hillenkamp, BT2 Rn 808).*
Sichverschaffen	iSv **§ 259 I** bedeutet die bewusste und gewollte Übernahme der tatsächlichen Verfügungsgewalt zu eigenen Zwecken im Wege des abgeleiteten Erwerbs und des einverständlichen Zusammenwirkens mit dem Vortäter oder dem sonstigen Vorbesitzer *(Wessels/Hillenkamp, BT2 Rn 846).*
Vermögensschaden	iSd **§ 263** bezeichnet eine nachteilige Vermögensdifferenz, die nicht durch ein unmittelbar aus der Vermögensverfügung fließendes Äquivalent wirtschaftlich voll ausgeglichen wird *(Wessels/Hillenkamp, BT2 Rn 538).*
Vermögen	iSd **§ 263** umfasst nach dem **wirtschaftlichen Vermögensbegriff** alle geldwerten Güter einer Person *(Wessels/Hillenkamp, BT2 Rn 531).*
Vermögen	iSd **§ 263** umfasst nach der **juristisch-ökonomischen Vermittlungslehre** alle Güter und Positionen, denen ein wirtschaftlicher Wert beizumessen ist und die mangels ausdrücklicher rechtlicher Missbilligung unter dem Schutz der Rechtsordnung stehen *(Wessels/Hillenkamp, BT2 Rn 532, 535).*
Bereicherungsabsicht	iSd **§ 263** ist gegeben, wenn es dem Täter auf die Erlangung eines rechtswidrigen Vermögensvorteils ankommt, mag dieser Vorteil von ihm auch nur als Mittel zu einem anderweitigen Zweck und damit als Zwischenziel erstrebt werden *(Wessels/Hillenkamp, BT2 Rn 583).*
Rechtswidrig	ist der erstrebte Vermögensvorteil iSd **§ 263**, wenn auf ihn kein rechtlich begründeter Anspruch besteht *(Wessels/Hillenkamp, BT2 Rn 585).*
Stoffgleichheit	der beabsichtigten rechtswidrigen Bereicherung iRd **§ 263** liegt vor, wenn der Täter den rechtswidrigen Vermögensvorteil in der Weise erstrebt,

dass er unmittelbar zulasten des geschädigten Vermögens geht und damit die Kehrseite des Schadens bildet *(Wessels/Hillenkamp, BT2 Rn 588).*

Vermögensbetreuungspflicht

iSv **§ 266 I** ist die Pflicht zur Wahrnehmung fremder Vermögensinteressen, welche den typischen und wesentlichen Inhalt des rechtlich begründeten oder faktisch bestehenden Treueverhältnisses bildet, also dessen Hauptgegenstand und nicht eine bloße Nebenpflicht ist *(Wessels/Hillenkamp, BT2 Rn 769).*

Weitere einschlägige Musterklausuren

Zum Problem des Diebstahl in Selbstbedienungsläden:

Bergmann, JA 2008, 504; *Bock*, WuV BT2 [3]S 57; *Dedy*, Jura 2002, 137; *Dencker*, [6] S 9; *Erbe*, Jura 1981, 86; *Fahl*, JA 1996, 40; *ders*, JuS 2004, 885; *Geppert*, Jura 2002, 278; *Heinrich*, Jura 1997, 366; *Küper*, Jura 1996, 205; *Paeffgen*, Jura 1980, 479; *Rotsch*, Klausurenlehre Rn 1713

Zum Problem Eingehungs-/Erfüllungsbetrug:

Eiden, Jura 2013, 288; *Konhäuser/Lindemann*, JuS 2011, 804; *Kühl/Brutscher*, JuS 2011, 335; *Petermann/Savanovic*, JuS 2011, 1003; *Puschke*, ZJS 2013, 285; *Steffan*, JuS 2006, 723

Zum Problem des Vermögensschadens bei § 263:

Beulke, JuS 1977, 35; *Bock*, WuV BT2 [8] S 227; *Geppert*, Jura 1987, 102; *Gössel*, [10] S 169; *Gröseling*, JuS 2003, 1097; *Heinrich*, Jura 1999, 585; *Kerner/Trüg*, JuS 2004, 140; *Kreß/Baenisch*, JA 2006, 707; *Rotsch*, Klausurenlehre Rn 2273, 2548; *Rössner/Guhra*, Jura 2001, 403; *Steffan*, JuS 2006, 723; *Tiedemann/Walter*, Jura 2002, 708

Zum Problem des strafrechtlichen Vermögensbegriffes:

Bernsmann, Jura 1992, 491; *Beulke*, Klausurenkurs III [5] Rn 198; *Bock*, WuV BT2 [9] S 259; *Braum*, JuS 2004, 225; *Chowdhury/Meier/Schröder*, [1] S 11; *Diener/Hoffmann-Holland*, Jura 2009, 946; *Fahl*, JA 2012, 906; *Freund/Bergmann*, JuS 1991, 221; *Frister*, [5] S 96; *Füllkrug*, Jura 1992, 154; *Geerds*, Jura 1986, 438; *Gössel*, [3] S 63; *Graul*, JuS 1999, 562; *Gropp/Küpper/Mitsch*, [15] S 269; *Hilgendorf*, Klausurenkurs II [15] Rn 25; *Jäger*, JA 2007, 607; *Jordan*, Jura 2001, 554; *ders*, Jura 1999, 304; *Käßner/Seibert*, JuS 2006, 810; *Kretschmer*, Jura 2010, 268; *Kunz*, Jura 1997, 152; *Meier*, Jura 1991, 142; *Murmann*, in: *Coester-Waltjen* ua (Hrsg), Examensklausurenkurs I, S 67; *Neumann*, JuS 1993, 746; *Otto/Labsch*, Jura 1985, 384; *Perron/Bott/Gutfleisch*, Jura 2006, 706; *Preis ua*, [19] S 317; *Putzke*, ZJS 2014, 83; *Radtke*, JuS 1994, 589; *Roxin/Schünemann/Haffke*, [16] S 283; *Sahan*, ZJS 2010, 238

Zum Problem der Vortat eines „anderen" iSv § 259 trotz Teilnahme an der Vortat:

Kunz, Jura 1997, 152; *Koch/Exner*, JuS 2007, 40; *Mitsch*, JuS 1999, 372

Zum Problem der Ersatzhehlerei:

Bernbeck, JuS 1999, 465; *Dencker*, [16] S 20; *Schall*, JuS 1977, 179

Fall 7

Wo rohe Kräfte sinnlos walten

191 A feiert mit seinem Freund B in seiner Stammkneipe seine Entlassung aus dem Knast. Nach einigen „Maltesern“ kommt er so richtig in Schwung und ordert nun eine Magnum-Sektflasche für die ganze anwesende Rockerclique. Aus den Formel-1-Übertragungen weiß A, dass so eine Flasche Sekt vor dem Öffnen ausgiebig geschüttelt werden will, wenn das Sektbad gelingen soll. Als er sich dann endlich am Korken zu schaffen machen will, erscheint in der Kneipe der N, der während des Knastaufenthaltes des A diesem die Freundin ausgespannt hat. Beim Anblick des verhassten Nebenbuhlers wallt Zorn in A auf.

Er holt mit der Magnum-Flasche aus, um sie gegen den Oberkörper des N zu schleudern, wobei er angesichts der Lederkleidung des N nur an mit geringen Schmerzen verbundene leichte Prellungen denkt. Durch den Schwung löst sich plötzlich der schon stark gelockerte Sektkorken und fliegt mit lautem Knall in Richtung des nur noch gut drei Meter entfernt stehenden N. Dieser hatte allerdings schon den Bruchteil einer Sekunde zuvor den A mit der Magnum-Flasche in der Hand in dieser bedrohlichen Haltung registriert und instinktiv bei Wahrnehmung des lauten Knalls die Arme schützend vor den Kopf geworfen sowie den Oberkörper zur Seite gerissen. Dabei wird ihm eine im Boden des Lokals eingelassene und allen Stammgästen bekannte Treppenstufe zum Verhängnis. N taumelt rückwärts über diese Stufe und fällt, vom eigenen Schwung fortgetragen, so unglücklich, dass er einen schweren Rippenbruch erleidet, der zu inneren Blutungen führt, die wenige Sekunden später seinen Tod bewirken. Der den N nur um einige Zentimeter verfehlende Sektkorken schlägt hinter der Bartheke in eine Gläserreihe ein. Außer einigen Scherben richtet er aber keinen größeren Schaden an. Als A und B realisieren, was passiert ist, verlassen sie fluchtartig das Lokal.

A weist in diesem Zeitpunkt eine Blutalkoholkonzentration (BAK) von 1,3 ‰ auf. Besonders sicher fühlt er sich in seiner Motorik auch nicht mehr. Unter Hinweis auf seine Fahruntüchtigkeit lehnt er zunächst die Bitte des B ab, diesen mit dem Pkw zu seiner etwa 800 m entfernt gelegenen Wohnung zu fahren. Angesichts eines leichten Nieselregens drängt B aber so lange, bis A sich umstimmen lässt. Unterwegs muss A an einer Ampel so stark bremsen, dass B gegen die Frontscheibe geschleudert wird, sich aber nur eine winzige Hautabschürfung an der Stirn zuzieht. Weitere Zwischenfälle passieren nicht, schließlich setzt A den B zu Hause ab.

Wie haben sich die Beteiligten nach dem StGB strafbar gemacht?

Evtl erforderliche Strafanträge sind gestellt.

Gedankliche Strukturierung des Falles (Kurzlösung)

A. Die Vorgänge in der Kneipe (Strafbarkeit des A)

1. **§ 222 (+)**
   a) **Tatbestandsmäßigkeit (+)**
   - Erfolgseintritt (+)
   - Kausalität (+)
   - objektive Sorgfaltspflichtverletzung bei objektiver Voraussehbarkeit des Erfolges (+)
   - objektive Zurechnung (+)
     – Schutzzweckzusammenhang (+)
     – eigenverantwortliche Selbstgefährdung (–)

   b) **Rechtswidrigkeit (+)**
   c) **Schuld (+)**
   d) **Ergebnis**
2. **§ 223 I (Rippenbruch) (–)**
   a) **Objektiver Tatbestand (+)**
   - Erfolgseintritt (+)
   - Kausalität (+)
   - objektive Zurechnung (+)
     – atypischer Kausalverlauf (–)

   b) **Subjektiver Tatbestand (–)**
   - beachtliche Abweichung vom vorgestellten Kausalverlauf (+)
3. **§ 229 (Rippenbruch) (+)**
4. **§§ 223 I, II, 22, 23 I Alt 2 (leichte Prellungen) (+)**
   a) **Vorprüfung (+)**
   b) **Tatentschluss (+)**
   - Körperverletzung (+)
   - Gesundheitsschädigung (+)

   c) **Unmittelbares Ansetzen (+)**
   d) **Rechtswidrigkeit und Schuld (+)**
   e) **Ergebnis**
5. **§§ 224 I Nr 2 Alt 2 (+), Nr 4 (–), Nr 5 (–), II, 22, 23 I Alt 1 (leichte Prellungen) (+)**
   a) **Vorprüfung (+)**
   b) **Tatentschluss (+)**
   - Nr 2 Alt 2 (gefährliches Werkzeug) (+)
   - Nr 4 (gemeinschaftlich) (–)
   - Nr 5 (lebensgefährdende Behandlung) (–)

   c) **Unmittelbares Ansetzen (+)**
6. **§§ 226 I Nr 3, 22, 23 I Alt 1 (leichte Prellungen) (–)**
   - Eventualvorsatz bzgl Herbeiführung der schweren Folge (–)

7 **§ 227 I (–)**
   - vollendetes vorsätzliches Grunddelikt (–)

8 **§§ 227 I, 22, 23 I Alt 1 (+)**

Problem Nr 40: Aufbauschema erfolgsqualifiziertes Delikt (Rn 200)

   a) **Vorprüfung (+)**

Problem Nr 41: Versuch des erfolgsqualifizierten Delikts (Rn 202) 192

Problem Nr 42: Knüpft § 227 an den Körperverletzungserfolg oder an die Körperverletzungshandlung an? (Rn 204)

   b) **Tatentschluss bzgl Grunddelikt (+)**
   c) **Unmittelbares Ansetzen bzgl Grunddelikt (+)**
   d) **Rechtswidrigkeit und Schuld (+)**
   e) **Erfolgsqualifikation (+)**
      aa) **Qualifizierende Folge (+)**
      bb) **Spezifischer Gefahrzusammenhang(+)**
      cc) **Fahrlässigkeit bzgl schwerer Folge (+)**

   f) **Ergebnis**

9. **§ 323c (–)**
10. **§ 303 I (–)**
11. **Konkurrenzen**
12. **Ergebnis für A im Tatkomplex A**
    A hat sich gem §§ 227 I, 22, 23 I Alt 1 – § 52 – § 222 strafbar gemacht.

B. Die Heimfahrt vor dem Zwischenfall an der Ampel

I. Strafbarkeit des A

1. **§ 316 I (+)**
   a) **Objektiver Tatbestand (+)**
   - Führen eines Fahrzeuges im Straßenverkehr (+)
   - Fahruntüchtigkeit (+)

Problem Nr 43: Alkoholbedingte Fahruntüchtigkeit (Rn 209)

   b) **Subjektiver Tatbestand (+)**
   c) **Rechtswidrigkeit (+)**
   d) **Schuld (+)**
2. **Ergebnis für A im Tatkomplex B**
   A hat sich gem § 316 I strafbar gemacht.

II. Strafbarkeit des B

1. **§§ 316 I, 26 (+)**
2. **Ergebnis für B im Tatkomplex B**
   B hat sich gem §§ 316 I, 26 strafbar gemacht.

C. Die Fortsetzung der Fahrt inklusive Zwischenfall an der Ampel

I. Strafbarkeit des A

1. **§ 316 I (+)**
2. **§ 315c I Nr 1a (–)**
   a) **Objektiver Tatbestand (–)**

- Führen eines Fahrzeuges im Straßenverkehr (+)
- Fahruntüchtigkeit (+)
- konkrete Gefährdung für Leib oder Leben eines anderen (–)

Problem Nr 44: Notwendiges Ausmaß der Gefährdung des Beifahrers iRd § 315c (Rn 214)

Problem Nr 45: Gehören tatbeteiligte Mitfahrer zu dem durch § 315c geschützten Personenkreis? (Rn 216)

b) Ergebnis

Problem Nr 46: Einwilligung in die Gefährdung des Straßenverkehrs durch das gefährdete Opfer (Rn 219)

3. § 223 I (–)
4. § 229 (–)
a) Tatbestand (+)
- Körperverletzung (+)
- Gesundheitsschädigung (+)

b) Rechtswidrigkeit (–)
- Einwilligung (+)

c) Ergebnis

5. Ergebnis für A im Tatkomplex C
A ist strafbar gem § 316 I (Fortführung der Trunkenheitsfahrt).
(aA vertretbar: § 315c I Nr 1a, III Nr 1)

II. Strafbarkeit des B
1. §§ 316 I, 26 (+)
2. Ergebnis für B im Tatkomplex C
B hat sich gem §§ 316 I, 26 strafbar gemacht.
(aA vertretbar: §§ 315c I Nr 1a, III Nr 1, 26)

D. Gesamtkonkurrenzen

E. Gesamtergebnis

A: §§ 227 I, 22, 23 I Alt 1 – § 52 – § 222 – § 53 – § 316 I *(aA vertretbar: § 315c I Nr 1a, III Nr 1)*
B: §§ 316 I, 26 *(aA vertretbar: §§ 315c I Nr 1a, III Nr 1, 26)*

Ausführliche Lösung von Fall 7

A. Die Vorgänge in der Kneipe (Strafbarkeit des A)

1. § 222

Indem A mit der Magnum-Flasche ausholt und N daraufhin rücklings stolpert und sich einen schweren Rippenbruch zuzieht, könnte sich A wegen fahrlässiger Tötung strafbar gemacht haben. 193

a) Tatbestandsmäßigkeit

A hat mit der Ausholbewegung zum Wurf der Magnum-Flasche das Sich-Lösen des stark gelockerten Korkens und damit die Ausweichreaktion des N bewirkt, die letztlich zu dessen Tod führte. Sein Verhalten ist somit kausal für den tatbestandlichen Erfolg.

Dabei müsste er die objektiv im Verkehr erforderliche Sorgfalt zur Vermeidung solcher Folgen außer Acht gelassen haben. Die maßgeblichen Sorgfaltsanforderungen bestimmen sich danach, ob der eingetretene Erfolg für einen besonnenen und gewissenhaften Menschen objektiv vorhersehbar und vermeidbar war[1]. Ein solcher zum Maßstab gemachter Mensch hätte in einer voll besetzten Gaststätte eine Magnum-Sektflasche schon nicht geschüttelt. Vor allem aber hätte er vorausgesehen, dass sich beim Einsatz dieser Flasche als Wurfgeschoss der Korken lösen kann und das Opfer bereits dadurch gefährdet wird. Schließlich hätte er vorhergesehen, dass eine vom Wurf bedrohte Person, die direkt an einer Stufenkante steht, durch Ausweichbewegungen zu Fall geraten und sich dabei so schwere innere Verletzungen zuziehen kann, dass sie verstirbt. Das gesamte Geschehen einschließlich des Todeserfolgs war damit objektiv vorhersehbar. Zudem hätten sich derartige Ereignisse leicht vermeiden lassen, wenn A nicht unkontrolliert mit der Flasche zum Wurf ausgeholt hätte. A hat folglich die in dieser Situation erforderliche Sorgfalt missachtet.

Fraglich ist, ob ihm der Todeserfolg auch objektiv zugerechnet werden kann. Objektiv zurechenbar ist ein Erfolg nur dann, wenn der Täter eine rechtlich relevante Gefahr geschaffen hat, die sich im tatbestandsmäßigen Erfolg realisiert hat[2]. Verschiedene Aspekte sind zu prüfen: Es muss sich gerade die Pflichtwidrigkeit des Täterverhaltens im Erfolg verwirklicht haben und die Vermeidung dieses Erfolges vom Schutzzweck der verletzten Sorgfaltspflicht umfasst sein. Das Gebot eines sorgfältigen Umgangs mit einer Sektflasche in einer Situation, wie sie im Sachverhalt umschrieben ist, soll vermeiden, dass andere Personen direkt oder mittelbar verletzt werden. Ns tödlicher Sturz ist also vom Schutzzweck erfasst. Gerade der Verstoß gegen die erforderliche Sorgfalt hat zum Tode des N geführt, sodass auch der Pflichtwidrigkeitszusammenhang gegeben ist.

1 *Wessels/Beulke/Satzger*, AT Rn 667 ff; S/S/W-StGB-*Momsen*, §§ 15, 16 Rn 62.
2 *Wessels/Beulke/Satzger*, AT Rn 179.

Die objektive Zurechnung wäre auch dann ausgeschlossen, wenn ein völlig atypischer Kausalverlauf vorläge, also der eingetretene Erfolg völlig außerhalb dessen läge, was nach dem gewöhnlichen Verlauf der Dinge und nach der allgemeinen Lebenserfahrung noch in Rechnung zu stellen ist[3]. Wenn jemand – wie der Täter – eine Sektflasche auf eine andere Person werfen will, ist damit zu rechnen, dass diese sich schnell in Sicherheit zu bringen versucht und deshalb auch nach hinten oder zur Seite tritt, wo unter Umständen Stufen vorhanden sind. Ferner liegt es nicht außerhalb jeder Lebenserfahrung, dass ein Sturz zu schweren inneren Verletzungen führt, die den Tod bedeuten. Ein atypischer Kausalverlauf iSd obigen Definition ist daher nicht gegeben.

Schließlich wäre der Erfolg dem A nicht zurechenbar, wenn ein Fall der eigenverantwortlichen Selbstgefährdung vorläge, etwa weil N durch seinen eigenen Schwung den Sturz bewirkte. Diese Reaktion des N war aber eine unmittelbare Folge der Tathandlung und durch das Verhalten des A auch herausgefordert. Das Geschehen ist somit als Fremdschädigung einzustufen. Der Todeserfolg ist A daher objektiv zurechenbar.

b) Rechtswidrigkeit

A handelte rechtswidrig. Auch Notwehr scheidet mangels eines Angriffs des N gegen A aus. Der Umstand, dass N dem A die Freundin ausgespannt hat, legitimiert zu keinerlei Racheaktionen.

c) Schuld

Zweifel an der Schuldfähigkeit des A könnten sich allein aus seiner Alkoholisierung ergeben. Erst ab einer Blutalkoholkonzentration von etwa 3 ‰ kommt jedoch ein Schuldausschluss gem § 20 in Frage und erst ab etwa 2 ‰ eine Schuldminderung gem § 21, wobei es sich bei diesen Werten nicht um gesicherte Erfahrungssätze handelt, sondern sie nur als Beweisanzeichen für die Gesamtwürdigung aller äußeren und inneren Aspekte anzusehen sind[4]. Da im vorliegenden Fall keinerlei Indizien für eine irgendwie verminderte Steuerungsfähigkeit bestehen, ist bei der festgestellten Blutalkoholkonzentration von 1,3 ‰ jeder alkoholbedingte Schuldausschluss bzw jede darauf beruhende Schuldminderung abzulehnen. Entschuldigungsgründe sind ebenfalls nicht ersichtlich.

Ob der Täter schuldhaft handelte, richtet sich bei Fahrlässigkeitsdelikten aber auch danach, ob ihm eine subjektive Sorgfaltspflichtverletzung vorzuwerfen ist, dh ob der Erfolg für ihn nach seinen individuellen Fähigkeiten vorhersehbar und vermeidbar war. A wusste sowohl, dass sich der Korken leicht lösen konnte, als auch, dass durch den Druck aus dem Flascheninneren jener zur konkreten Gefahr für Umstehende werden würde. Des Weiteren hatte er (als Stammgast) Kenntnis von der Stufe und konnte damit die Gefahr eines Sturzes erkennen. Der Erfolg war für ihn nach seinen persönlichen Fähigkeiten vorhersehbar. Auch hätte er ohne Not sein Handeln an dem objektiv gebotenen Sorgfaltsmaßstab orientieren und dieses Ergebnis vermeiden können. A hat demzufolge subjektiv sorgfaltswidrig und schuldhaft gehandelt.

---

3 *Wessels/Beulke/Satzger*, AT Rn 196.

4 Vgl BGH NStZ 2012, 560; *Wessels/Beulke/Satzger*, AT Rn 413.

d) Ergebnis

A hat sich gem § 222 strafbar gemacht.

2. § 223 I (Rippenbruch)

a) Objektiver Tatbestand

A könnte zusätzlich eine vorsätzliche Körperverletzung begangen haben. Aufgrund des Verhaltens des A ist N ins Fallen geraten und hat sich dadurch zunächst die Rippen gebrochen, was letztendlich seinen Tod herbeigeführt hat. Der Rippenbruch stellt eine körperliche Misshandlung und eine Gesundheitsschädigung iSv § 223 I dar. **194**

Möglicherweise kann dieser Erfolg dem A wegen Vorliegens eines atypischen Kausalverlaufs nicht zugerechnet werden. Wie im Rahmen der fahrlässigen Tötung bereits erörtert *(s o Rn 193)*, liegt die Reaktion des N – seine Ausweichbewegung nach hinten – jedoch nicht außerhalb der Lebenserfahrung. Weder sein Sturz noch der daraus resultierende Rippenbruch sind so unwahrscheinlich, dass man nicht damit rechnen müsste. Der Körperverletzungserfolg ist dem A also zurechenbar.

b) Subjektiver Tatbestand

A müsste vorsätzlich in Bezug auf diesen Erfolg gehandelt haben. Da A nur leichte äußere Körperverletzungen mittels der Sektflasche herbeiführen wollte, er hingegen Knochenbrüche und schwere innere Verletzungen bewirkte – die letztlich sogar zum Tode des N führten –, liegt eine Abweichung vom vorgestellten Kausalverlauf vor. Der Tatbestandsvorsatz muss auch den Kausalverlauf in seinen wesentlichen Umrissen umfassen. Unwesentliche Abweichungen gegenüber dem vorgestellten Verlauf schließen jedoch nach allgemeiner Ansicht den Vorsatz nicht aus. Abweichungen sind dann unwesentlich und für den Tatvorsatz irrelevant, wenn sie sich noch in den Grenzen des nach allgemeiner Lebenserfahrung Voraussehbaren halten und keine andere Bewertung der Tat rechtfertigen. Zwar musste A – wie oben im Rahmen der objektiven Zurechnung bereits dargelegt wurde – mit dem Sturz und weiteren gesundheitlichen Folgen bei N rechnen. Dennoch kann nicht von einer nur unwesentlichen Abweichung vom vorgestellten Kausalverlauf gesprochen werden, weil nämlich der Ausnahmefall vorliegt, dass der letztendlich bewirkte Erfolg eine rechtlich andere Bewertung der Tat rechtfertigt[5]. Der den Tod herbeiführende Rippenbruch gibt gegenüber den geplanten leichten Prellungen am Oberkörper dem ganzen Geschehen ein völlig anderes rechtliches Gepräge. Deshalb ist der Vorsatz bzgl der verwirklichten Körperverletzung zu verneinen.

Diese zweite Komponente ist natürlich normativ zu sehen und beinhaltet immer eine Wertung, die auch anders ausfallen kann mit der Folge, dass hier die vollendete Körperverletzung zu bejahen wäre (so mehrere kritische Leser dieses Klausurenkurses). Mir erscheint es jedoch auch bei nochmaligem Durchdenken des Falles nur schwer vorstell-

5 So die Rspr in vergleichbaren Fällen: BGHSt 14, 110 [„Pistolenknauffall“]; 48, 34 [„Gubener Verfolgungsfall“]; BGH NStZ 2008, 278 [„Fensterbrettfall“]; s auch BGHSt 38, 32; dazu *Roxin*, AT1 § 11 Rn 70.

bar die Tat als gleichwertig zu beurteilen, schließlich ist der Grad der Verletzung ein ganz anderer. Wie immer bei juristischen Lösungen kommt es auch hier auf die Begründung an.

3. § 229 (Rippenbruch)

195 A könnte sich hinsichtlich des Rippenbruchs einer fahrlässigen Körperverletzung strafbar gemacht haben. Das für den N bedrohliche Ausholen mit der geschüttelten Sektflasche war objektiv sorgfaltswidrig *(s o Rn 193)* und führte zu dem Sturz, bei dem N sich die Rippen brach. Der Erfolg ist auch objektiv zurechenbar *(s o Rn 193)*.

A handelte rechtswidrig und schuldhaft. § 229 ist folglich erfüllt.

Die Prüfung kann an dieser Stelle ganz kurz gehalten oder ganz weggelassen werden, da die Pflichtverletzung dieselbe ist wie bei § 222 und dort bereits alle maßgeblichen Gesichtspunkte ausführlich erörtert wurden. Im Übrigen wird die fahrlässige Körperverletzung von der fahrlässigen Tötung auf Konkurrenzebene verdrängt.

4. §§ 223 I, II, 22, 23 I Alt 2 (leichte Prellungen)

a) Vorprüfung

196 Der Verletzungserfolg leichter Prellungen ist nicht eingetreten. Die versuchte Körperverletzung ist gem §§ 223 II, 23 I Alt 2 strafbar.

b) Tatentschluss

Das Vorhaben des A, den N mit der Magnum-Flasche zu treffen, hätte die Merkmale einer körperlichen Misshandlung erfüllt und war vom Vorsatz des A getragen. Leichte Prellungen stellen auch einen pathologischen Zustand, also eine Gesundheitsschädigung dar, die A hier ebenfalls gewollt hat.

c) Unmittelbares Ansetzen

Der Täter setzt dann unmittelbar zur Verwirklichung des Tatbestandes an, wenn sein Verhalten nach seiner Vorstellung von der Tat ohne Zäsur oder weitere wesentliche Zwischenakte unmittelbar in die eigentliche Tatbestandshandlung einmünden soll und das angegriffene Rechtsgut aus Tätersicht daher schon konkret gefährdet erscheint *(vgl o Fall 1 Problem Nr 1 Rn 5)*.

Bei ungestörtem Fortgang hätte die Ausholbewegung des A nach seiner Vorstellung unmittelbar in die Wurfbewegung und damit in die Verletzung des körperlichen Wohlbefindens des N übergehen sollen. Ein unmittelbares Ansetzen zur Tat ist deswegen zu bejahen.

d) Rechtswidrigkeit und Schuld

A handelte rechtswidrig und schuldhaft.

e) Ergebnis

A hat folglich die Voraussetzungen der §§ 223 I, II, 22, 23 I Alt 2 erfüllt.

5. §§ 224 I Nr 2 Alt 2, Nr 4, Nr 5, II, 22, 23 I Alt 1 (leichte Prellungen)

a) Vorprüfung

Eine vollendete gefährliche Körperverletzung liegt nicht vor. Der Versuch ist strafbar gem §§ 224 II, 23 I Alt 2. **197**

b) Tatentschluss

A könnte den Entschluss gefasst haben, die Tat mittels eines „anderen gefährlichen Werkzeugs" iSv § 224 I Nr 2 Alt 2 zu begehen. Als gefährliches Werkzeug kommt jeder Gegenstand in Frage, der nach seiner Beschaffenheit und der Art seiner Verwendung als Angriffs- oder Verteidigungsmittel im konkreten Falle geeignet ist, einem Menschen erhebliche Verletzungen zuzufügen. Die Magnum-Flasche als massiver und schwerer Gegenstand war geeignet, bei der geplanten Verwendung als Wurfgeschoss erhebliche Verletzungen beim Opfer, nämlich Prellungen und Blutergüsse bis hin zu Knochenbrüchen, hervorzurufen, was A auch billigend in Kauf nahm. A hatte demnach Tatentschluss bzgl des Einsatzes der Flasche als gefährliches Werkzeug, selbst wenn er konkret derart erhebliche Verletzungen nicht beabsichtigte.

Darüber hinaus könnte A, da er mit seiner gesamten Rockerclique unterwegs war, den Entschluss gefasst haben, eine gemeinschaftliche Körperverletzung durch mehrere Beteiligte nach § 224 I Nr 4 zu begehen. Gemeinschaftlich iSv § 224 I Nr 4 bedeutet, dass die Körperverletzung von mindestens zwei Personen begangen wird, die unmittelbar am Tatort als Angreifer zusammenwirken. Allerdings ging der Versuch der Körperverletzung auf einen Spontanentschluss des A zurück. Er wollte allein handeln und hatte den übrigen Anwesenden keine mitwirkende Rolle als Mittäter oder Teilnehmer zugedacht. Eine gesteigerte Gefährlichkeit, wie sie § 224 I Nr 4 voraussetzt, ist bei bloßer körperlicher Anwesenheit von dem Täter nahestehenden Personen nicht gegeben. § 224 I Nr 4 scheidet damit aus.

Ferner könnte A eine das Leben des Opfers gefährdende Behandlung iSv § 224 I Nr 5 geplant haben, wenn die Verletzungshandlung den konkreten Umständen nach objektiv geeignet gewesen wäre, das Leben des Opfers in Gefahr zu bringen. Es ist nicht auszuschließen, dass die Flasche den N nicht nur am Oberkörper, sondern auch am Kopf getroffen hätte. Die möglichen Folgen hätten bei diesem massiven Gegenstand bis hin zum Schädelbruch gereicht. Allerdings hat A an diese Möglichkeit offensichtlich nicht gedacht, sondern er ging aufgrund der Lederbekleidung des N sogar davon aus, dass dieser keine Schnittwunden, sondern nur Prellungen erleiden würde. Eine lebensgefährdende Behandlung war daher nicht vom Vorsatz des A umfasst.

Eine andere Ansicht ist hier ebenfalls vertretbar, insbes auf der Grundlage der Meinung der Rechtsprechung, vgl o Rn 150.

c) Unmittelbares Ansetzen

A hat unmittelbar zur Tatbestandsverwirklichung angesetzt *(s o Rn 196)* und handelte rechtswidrig und schuldhaft.

A hat eine versuchte gefährliche Körperverletzung gem §§ 224 I Nr 2 Alt 2, II, 22, 23 I Alt 1 begangen.

6. §§ 226 I Nr 3, 22, 23 I Alt 1 (leichte Prellungen)

198 Des Weiteren kommt der Versuch einer schweren Körperverletzung in Betracht. Hierfür müsste der Täter eine schwere und dauerhafte Verletzung des Opfers iSd § 226 I zumindest billigend in Kauf genommen haben. Es ist zwar möglich, dass die Flasche bei dem beabsichtigten Wurf zersprungen wäre und dem N zumindest im Gesicht entstellende Schnittwunden zugefügt hätte. A hat aber höchstens leichte Prellungen gewollt. Mangels Tatentschlusses ist eine Strafbarkeit nach §§ 226 I Nr 3, 22, 23 I Alt 1 daher abzulehnen.

7. § 227 I

199 Eine vollendete Körperverletzung mit Todesfolge setzt voraus, dass der Todeserfolg durch eine vorsätzlich begangene vollendete Körperverletzung verursacht worden ist und hinsichtlich des Erfolgseintrittes dem Täter nach § 18 mindestens Fahrlässigkeit zur Last fällt.

Da es an einer vollendeten vorsätzlichen Körperverletzung hier gerade fehlt *(s o Rn 194)*, scheidet § 227 I aus.

8. §§ 227 I, 22, 23 I Alt 1

Durch sein Verhalten könnte A eine versuchte Körperverletzung mit Todesfolge begangen haben.

200 **Problem Nr 40: Aufbauschema erfolgsqualifiziertes Delikt**

Vollendetes erfolgsqualifiziertes Delikt		**Versuchtes erfolgsqualifiziertes Delikt**
hiesiger Aufbau	im Schrifttum vielfach empfohlener (gleichwertiger) Aufbau	nur hiesiger Aufbau
1. Tatbestand des Grunddelikts a) Objektiver Tatbestand b) Subjektiver Tatbestand	1. Tatbestand a) Objektiver Tatbestand des Grunddelikts b) Subjektiver Tatbestand des Grunddelikts c) Qualifizierende Folge d) Spezifischer Gefahrzusammenhang e) (objektive) Fahrlässigkeit	1. Vorprüfung – Delikt nicht vollendet – Strafbarkeit des Versuchs **Problem:** Versuch des erfolgsqualifizierten Delikts 2. Tatentschluss bzgl Grunddelikt 3. Unmittelbares Ansetzen bzgl Grunddelikt
2. Rechtswidrigkeit	2. Rechtswidrigkeit	4. Rechtswidrigkeit

3. Schuld 4. Qualifizierende Folge 5. Spezifischer Gefahrzusammenhang 6. Fahrlässigkeit bzgl schwerer Folge (mind Fahrlässigkeit oder aber Leichtfertigkeit [zB § 251]) – objektive Fahrlässigkeitselemente – subjektive Fahrlässigkeitselemente	3. Schuld – inkl subjektiver Fahrlässigkeit bzgl Erfolgseintritt und spezifischem Gefahrzusammenhang	5. Schuld 6. Qualifizierende Folge 7. Spezifischer Gefahrzusammenhang 8. Fahrlässigkeit bzgl schwerer Folge (mind Fahrlässigkeit oder aber Leichtfertigkeit [zB § 251]) – objektive Fahrlässigkeitselemente – subjektive Fahrlässigkeitselemente

Zur Vertiefung: Wessels/Beulke/Satzger, AT Rn 879; zu alternativen Aufbauvorschlägen: Rengier, BT2 § 16 Rn 2 f.

a) Vorprüfung

Das Grunddelikt – Körperverletzung – wurde nicht vollendet *(s o Rn 194).* 201

Da § 227 I ein Verbrechen (§ 12 I) ist, steht der Versuch unter Strafe gem § 23 I Alt 1. Zugleich ist § 227 I aber ein erfolgsqualifiziertes Delikt. Es ist umstritten, ob der Versuch eines erfolgsqualifizierten Delikts möglich ist.

Problem Nr 41: Versuch des erfolgsqualifizierten Delikts 202

Grundsätzlich gelten die erfolgsqualifizierten Delikte als Vorsatzdelikte, soweit die zum Grunddelikt gehörende Tathandlung Vorsatz voraussetzt, § 11 II, sodass ein Versuch begrifflich möglich erscheint.

(1) Anerkannt ist dabei der *Versuch der Erfolgsqualifikation.* Dieser ist bei versuchtem (str, bejahend: *Jescheck/Weigend*, AT § 49 Rn 2; S/S-*Sternberg-Lieben*, § 18 Rn 10; S/S/W-StGB-*Kudlich/Schur*, § 22 Rn 72; verneinend: *Hirsch*, GA 1972, 76; *Maurach/Schroeder/Maiwald*, BT1 § 9 Rn 26) oder verwirklichtem Grunddelikt, aber nur versuchter Erfolgsqualifikation gegeben, wenn der Täter die qualifizierte Folge in seinen Vorsatz aufgenommen hat, diese aber nicht eintritt.

(2) Umstritten ist, ob und wann ein *erfolgsqualifizierter Versuch* möglich ist. Dieser kommt dann in Betracht, wenn der Täter die qualifizierte Folge bereits durch den Versuch des Grunddelikts herbeiführt und hinsichtlich der schweren Folge fahrlässig handelt.

(a) Eine **enge Ansicht** (*Altenhain*, GA 1996, 30, 35; *Maurach/Gössel/Zipf*, AT2 § 43 Rn 117; *Oehler*, ZStW 69 [1957], 520) bejaht die Möglichkeit eines erfolgsqualifizierten Versuchs nur bei Delikten, bei denen die schwere Folge eines erfolgsqualifizierten Delikts auch vorsätzlich herbeigeführt werden kann (zB §§ 239 III Nr 2, IV, 178, 251, 306c).

Argument: Sonst würde nicht an die spezielle Gefährlichkeit des Grunddelikts, sondern an zufällige Unachtsamkeiten im Zuge der Tathandlung angeknüpft werden.

(b) Nach der **Gegenansicht** (*Otto*, AT § 18 Rn 83 ff; *Schroeder*, JZ 1967, 368; *Stree*, GA 1960, 289, 292 f; *Wolter*, JuS 1981, 173, 178) liegt unabhängig von der Struktur des Delikts ein Versuch eines erfolgsqualifizierten Delikts vor, wenn der Versuch des Grunddelikts bereits die schwere Folge herbeigeführt hat.

Argument: Die besondere Gefährlichkeit des versuchten Grunddelikts hat sich bei allen Versuchsvarianten verwirklicht. Eine Haftung für den Erfolgseintritt, obwohl insoweit der Vorsatz fehlt, wird durch § 18 vorgeschrieben.

(c) Zutreffend differenziert die **herrschende Meinung** (BGH NStZ 2001, 534; 2003, 149; *Haft*, AT S 239; *Lackner/Kühl*, § 18 Rn 9; *Rath*, JuS 1999, 140; S/S-*Sternberg-Lieben*, § 18 Rn 9; *Fischer*, § 18 Rn 7; S/S/W-StGB-*Kudlich/Schur*, § 22 Rn 73; *Wessels/Beulke/Satzger*, AT Rn 617) danach, ob der qualifizierende Erfolg mit der Tat*handlung* verknüpft ist (dann erfolgsqualifizierter Versuch möglich) oder auf den *Erfolg* des Grunddelikts aufbaut (dann kein erfolgsqualifizierter Versuch möglich).

Argument: Die oben dargestellte Ansicht (a), die wegen der Erfolgsherbeiführung nur aus dem Fahrlässigkeitsdelikt bestraft, missachtet den Umstand, dass von dem Versuch, das Grunddelikt zu begehen, eine spezielle Gefährlichkeit ausgeht.

Andererseits kann auch die uneingeschränkte Befürwortung der Möglichkeit des erfolgsqualifizierten Versuchs – oben Meinung (b) – nicht überzeugen: Wenn der Straftatbestand die spezielle Gefährlichkeit gerade von dem vorsätzlich herbeigeführten Erfolg des Grunddeliktes ableitet, ist es systemwidrig, trotz Ausbleibens dieses Erfolges die (Versuchs-)Strafbarkeit zu verschärfen.

Zur Vertiefung: Wessels/Beulke/Satzger, AT Rn 617; S/S/W-StGB-Kudlich/Schuhr, § 22 Rn 71 ff; Hillenkamp, AT 16. Problem S 122 ff.

203 Im vorliegenden Fall ist die besondere Folge des § 227 I – Tod eines anderen Menschen – eingetreten. Es liegt somit kein Fall des bloßen Versuchs der Erfolgsqualifikation vor. Vielmehr ist die Konstellation des versuchten Grunddelikts mit eingetretenem Qualifikationserfolg, also der sog erfolgsqualifizierte Versuch, gegeben. Er kann nur dann unter Strafe stehen, wenn der Straftatbestand die spezielle Gefährlichkeit bereits aus der Tathandlung des Grunddelikts ableitet. Ob dies bei § 227 I der Fall ist, ist in Rechtsprechung und Lehre umstritten.

204 **Problem Nr 42: Knüpft § 227 an den Körperverletzungserfolg oder an die Körperverletzungshandlung an?**

§ 227 ist nach ganz herrschender Ansicht dahingehend restriktiv zu interpretieren, dass die Vorschrift nur solche Körperverletzungen erfasst, denen die **spezifische Gefahr** anhaftet, zum Tode des Verletzten zu führen. Für den gefahrspezifischen Zusammenhang iSv § 227 muss sich darüber hinaus diese eigentümliche Gefahr im tödlichen Ausgang **unmittelbar** niedergeschlagen haben.

Umstritten ist aber, wie die Unmittelbarkeitsbeziehung im Einzelfall beschaffen sein muss und welcher Anknüpfungspunkt dafür in Betracht kommt:

(1) Nach der **früher vom RG** (RGSt 44, 137, 139) und heute in der **Literatur noch teilweise** (*Bussmann*, GA 1999, 21, 30; *Hirsch*, Oehler-FS, S 111, 129 f; *Küpper*, Hirsch-FS, S 615; *Lackner/Kühl*, § 227 Rn 2; S/S-*Stree/Sternberg-Lieben*, § 227 Rn 5; iE auch *Altenhain*, GA 1996, 19) vertretenen sog **Letalitätslehre** darf nur an den vom Täter ursprünglich gewollten Körperverletzungs**erfolg** angeknüpft werden. Maßgeblich ist, ob sich im tödlichen Ausgang gerade die Gefahr verwirklicht hat, die von Art und Schwere der Verletzung herrührt.

Argument: Nur diese enge Auslegung des § 227 wird der hohen Straffolge von mindestens drei Jahren gerecht. Außerdem stellt ein Anknüpfen an die bloße Körperverletzungshandlung eine dem Wortlaut der Norm („verletzte Person") widersprechende und daher unzulässige Auslegung contra legem dar. Sie ist damit als Verstoß gegen das Analogieverbot des Art 103 II GG verfassungsrechtlich unhaltbar. Wenn es schon unbestritten so ist, dass § 227 in seiner vollendeten Form nur auf einer vollendeten Körperverletzung aufbauen kann, dann muss konsequenterweise auch auf den Erfolg des Grunddeliktes für den Unmittelbarkeitszusammenhang abgestellt werden.

(2) Nach **neuerer Rechtsprechungsansicht** (BGHSt 14, 110, 112 [„Pistolenfall"]; 48, 34 [„Gubener Verfolgungsfall"]); BGH NStZ 2008, 278 [„Fensterbrettfall"]; und **herrschender Lehre** (*Hauf*, BT2 S 69; *Holtz*, MDR 1995, 444; *Kindhäuser*, BT1 § 10 Rn 5 ff; *Rengier*, BT2 § 16 Rn 29; *Rotsch*, Klausurenlehre Rn 851; S/S/W-StGB-*Kudlich/Schur*, § 22 Rn 73; *Wessels/Hettinger*, BT1 Rn 298, 301) schließt „Körperverletzung" iSv § 227 bereits die die Verletzung bewirkende und begleitende Ausführungshandlung ein. Danach genügt bei Vorliegen einer vollendeten vorsätzlichen Körperverletzung (§ 223 I) ein tatbestandsspezifischer Unmittelbarkeitszusammenhang zwischen Verletzungs**handlung** und Todesfolge.

Argument: Der Wortlaut des § 227 beschränkt den Anknüpfungspunkt keineswegs nur auf den Körperverletzungserfolg. Der Begriff der Körperverletzung kann vielmehr nach allgemeinem Sprachgebrauch das gesamte auf diesen Erfolg abzielende Verhalten erfassen, insbes auch nur das verletzende Handeln. Denn gerade diesem Verhalten sind tatbestandsspezifische Gefahren immanent, sodass es nicht sachgerecht erscheint, dieses als Anknüpfungspunkt für § 227 außen vor zu lassen.

Die Tatsache, dass für die Bestrafung nach § 227 als Vollendungsdelikt eine vollendete Körperverletzung verlangt wird, trifft nur eine Aussage darüber, ob eine vollendete Körperverletzung mit Todesfolge angenommen werden kann oder bloß eine Versuchskonstellation. Die Antwort auf die Frage nach dem Anknüpfungspunkt für den Unmittelbarkeitszusammenhang ist dadurch nicht vorgezeichnet.

Zur Vertiefung: Wessels/Hettinger, BT1 Rn 297 ff; Sowada, Jura 1994, 643; S/S/W-StGB-Momsen, § 227 Rn 7 ff.

Wer mit einem Teil der Lehre verlangt, dass der Todeserfolg gerade aus Art und Schwere **205**
der verursachten Verletzung herrührt, und daher ausnahmslos an den Körperverletzungserfolg anknüpft, weil nur dies dem Wortlaut und dem Bedürfnis nach einer engen Auslegung des § 227 gerecht werde, kommt hier zur Ablehnung einer von A begangenen versuchten Körperverletzung mit Todesfolge.

Nach der überzeugenden Ansicht des BGH und der herrschenden Lehre ist aber bereits an die Körperverletzungshandlung anzuknüpfen, also hier an das Ausholen des A mit der Magnum-Flasche. Es erscheint nicht sachgerecht, ein Verhalten, welches schon die Gefahr des tödlichen Ausgangs für das Opfer in sich birgt, von vornherein aus dem Tatbestand des § 227 herauszunehmen, nur weil es letztlich nicht die mit dem Grunddelikt bewirkte oder versuchte Verletzung selbst war, die zum Tode führte. Für eine derartige einschränkende Auslegung des § 227 gibt auch der Wortlaut nach dem natürlichen Sprachgebrauch keinen Anlass, denn „Körperverletzung" kann auch der Tatvorgang insgesamt sein.

Somit leitet der Tatbestand des § 227 I seine spezielle Gefährlichkeit bereits aus der Tathandlung des Grunddelikts ab, dh aus der – vollendeten oder versuchten – Körperverletzungshandlung. Ein strafbarer Versuch gem §§ 227 I, 22, 23 I Alt 1 ist damit möglich.

b) Tatentschluss bzgl Grunddelikt

A war zur Begehung des Grunddelikts, dh der Körperverletzung, entschlossen *(s o Rn 196)*.

c) Unmittelbares Ansetzen bzgl Grunddelikt

Außerdem hat er zur Begehung des Grunddeliktes, dh der Körperverletzung, unmittelbar angesetzt *(s o Rn 196)*.

d) Rechtswidrigkeit und Schuld

A handelte rechtswidrig und schuldhaft.

e) Erfolgsqualifikation

aa) Qualifizierende Folge

Der in § 227 I sanktionierte Todeserfolg ist bei N eingetreten *(s o Rn 193)*.

bb) Spezifischer Gefahrzusammenhang

Zusätzlich zu den üblichen Kausalitätserfordernissen ist beim erfolgsqualifizierten Delikt noch ein gefahrspezifischer Zurechnungszusammenhang zwischen versuchtem Grunddelikt und der schweren Folge erforderlich. Der Tod muss „durch die Körperverletzung" verursacht worden sein, dh es muss sich ein für die Körperverletzungshandlung typisches Risiko im Todeserfolg niedergeschlagen haben. N ist an den Folgen des Sturzes gestorben, nicht an der von A lediglich gewollten Einwirkung der Sektflasche. Insofern könnte fraglich sein, ob nicht der Todeserfolg auf das eigene fahrlässige Verhalten des Opfers zurückzuführen ist, sodass der spezifische Gefahrzusammenhang als unterbrochen angesehen werden müsste. Es kann jedoch keinen Unterschied machen, ob N durch die Wucht des Aufpralls der Flasche nach hinten gestoßen wird und dabei über die Stufe fällt oder ob er in Panik durch seine eigene Ausweichbewegung nach hinten taumelt. In beiden Fällen ist N nicht in der Lage, durch bedachtsames, kontrolliertes Handeln einem Sturz über die Stufe zu entgehen. Im Falle eines so unmittelbar drohenden Angriffs muss mit spontanen, riskanten Reaktionen des Opfers gerechnet werden[6]. Damit ist auch das eigene, nicht bewusst steuerbare Opferverhalten – wie ein möglicher Körperverletzungserfolg selbst – auf das Täterverhalten zurückzuführen. Der spezifische Gefahrzusammenhang ist daher gegeben.

cc) Fahrlässigkeit bzgl schwerer Folge

Hinsichtlich der Todesfolge muss dem Täter Fahrlässigkeit zur Last fallen, § 18. Objektiv bestimmt sich dies danach, ob ein gewissenhaft handelnder Mensch eine derartige Panikreaktion des Opfers und ihre Folgen vorhersehen und vermeiden konnte. Dass jemand, der mit einem Wurfgeschoss bedroht wird, diesem auszuweichen versucht

---

6 BGH NStZ 2008, 278 (Fluchtverhalten).

und dabei das Gleichgewicht verlieren kann, wäre einem objektiven Beobachter ebenso erkennbar gewesen, wie die Gefahr eines rückwärtigen Sturzes über die Treppenstufe. Objektiv war der Erfolg daher vorhersehbar und vermeidbar *(vgl o Rn 193)*.

A hätte nach seinen individuellen Erkenntnismöglichkeiten diese Gefahr ebenfalls realisieren und durch Unterlassen seiner Handlung vermeiden können. Auch in subjektiver Hinsicht ist folglich Fahrlässigkeit zu bejahen.

f) Ergebnis

A hat sich gem §§ 227 I, 22, 23 I Alt 1 strafbar gemacht.

9. § 323c

Ein Unglücksfall ist jedes plötzlich eintretende Ereignis, das die unmittelbare Gefahr **206**
eines erheblichen Schadens für andere Menschen oder fremde Sachen von bedeutendem Wert hervorruft. Ein solcher lag hier vor. Indem A das Lokal fluchtartig verließ, ohne sich um N zu kümmern, könnte er seine Hilfspflicht aus § 323c verletzt haben. Da N jedoch innerhalb von Sekunden verstorben war, wäre ohnehin jede Hilfe zwecklos gewesen. A hat sich daher nicht nach § 323c strafbar gemacht.

10. § 303 I

Die Gläser – für A fremde Sachen – wurden zumindest beschädigt, dh durch eine körperliche Einwirkung des Täters in ihrer Unversehrtheit mehr als nur unerheblich beeinträchtigt, wenn nicht sogar zerstört, dh aufgrund der erfolgten Einwirkung in ihrer Existenz so wesentlich beschädigt, dass sie ihre bestimmungsgemäße Brauchbarkeit völlig verloren haben.

Hinsichtlich einer Sachbeschädigung an den Gläsern fehlte A jedoch der Vorsatz.

11. Konkurrenzen

§ 229 tritt hinter § 222 zurück (Subsidiarität). **207**

§§ 224 I Nr 2, II, 22, 23 I Alt 2 verdrängen §§ 223 I, II, 22, 23 I Alt 2 (Spezialität).

§§ 227 I, 22, 23 I Alt 1 verdrängen §§ 224 I Nr 2, II, 22, 23 I Alt 2 (Spezialität), nicht jedoch den § 222, da dieser klarstellt, dass es zum Todeseintritt gekommen ist.

12. Ergebnis für A im Tatkomplex A

A hat sich gem §§ 227 I, 22, 23 I Alt 1 – § 52 – § 222 strafbar gemacht.

B. Die Heimfahrt vor dem Zwischenfall an der Ampel

I. Strafbarkeit des A

1. § 316 I

208 In dem A im alkoholisierten Zustand B nach Hause fuhr, könnte er sich wegen Trunkenheit im Verkehr strafbar gemacht haben.

a) Objektiver Tatbestand

A hat auf der Heimfahrt ein Fahrzeug im Straßenverkehr geführt. Fahruntüchtigkeit liegt vor, wenn der Fahrzeugführer nicht fähig ist, sein Fahrzeug über eine längere Strecke sicher zu führen. Diese Unfähigkeit könnte infolge des Genusses alkoholischer Getränke eingetreten sein.

209 **Problem Nr 43: Alkoholbedingte Fahruntüchtigkeit**

Es ist zwischen der **relativen Fahruntüchtigkeit ab etwa 0,3 ‰** und der **absoluten Fahruntüchtigkeit ab exakt 1,1 ‰ BAK** zu unterscheiden (BGHSt 37, 89).

Relative Fahruntüchtigkeit ist anzunehmen, wenn die Blutalkoholkonzentration weder zur Fahrtzeit noch zu einem späteren Zeitpunkt den Grenzwert von 1,1 ‰ erreicht, der Fahrzeugführer aber in seinen (körperlichen) Funktionen so beeinträchtigt ist, dass er über längere Strecken schwierige Verkehrslagen nicht sicher meistern kann. Die Fahruntüchtigkeit wird also nicht ausschließlich anhand der BAK ermittelt, sondern es bedarf zur Feststellung der Fahrunsicherheit zusätzlicher Indizien, zB Ausfallerscheinungen oder alkoholbedingter Fahrfehler (Hentschel/König/Dauer-*König*, Straßenverkehrsrecht, § 316 Rn 22).

Wird die „relative Fahruntüchtigkeit“ festgestellt, so bedeutet dies, dass – wie bei der absoluten Fahruntüchtigkeit – das Merkmal der Fahruntüchtigkeit iSv § 316 I zu bejahen ist. Der Unterschied zur absoluten Fahruntüchtigkeit besteht nur darin, dass im Bereich der „relativen Fahruntüchtigkeit“ der Gegenbeweis der Fahrtüchtigkeit prinzipiell möglich ist.

Bei der **absoluten Fahruntüchtigkeit** ist der Gegenbeweis der Fahrtüchtigkeit hingegen ausgeschlossen (Hentschel/König/Dauer-*König*, Straßenverkehrsrecht, § 316 Rn 21).

Von der absoluten und der relativen Fahruntüchtigkeitsgrenze des § 316 I ist der (feste) **0,5 ‰** BAK-Grenzwert des **§ 24a I StVG** zu unterscheiden. Führt jemand im Straßenverkehr ein Fahrzeug, obwohl er eine BAK von 0,5 ‰ oder mehr aufweist, so begeht er eine **Ordnungswidrigkeit**. Nach § 21 I 1 OWiG entfällt jedoch die Ahndung der Ordnungswidrigkeit, sofern ein Straftatbestand (insbes § 316 I) eingreift.

Zur Vertiefung: Wessels/Hettinger, BT1 Rn 986 ff; Kopp, JA 1999, 943; S/S/W-StGB-Ernemann, § 316 Rn 5 ff.
Zu § 316 vgl iÜ Geppert, Jura 2001, 559 ff.

210 Zur Tatzeit hatte A eine BAK von 1,3 ‰. Er war damit absolut fahruntüchtig, ohne dass ihm die Möglichkeit offen stand, den Beweis seiner Fahrtüchtigkeit zu erbringen.

§ 316 I ist ein abstraktes Gefährdungsdelikt. Der Nachweis einer konkreten Gefährdung ist daher nicht erforderlich.

b) Subjektiver Tatbestand

Der Vorsatz liegt bei § 316 I bereits vor, wenn der Täter weiß, dass er fahrunsicher ist, bzw damit rechnet und sich mit dieser Möglichkeit abfindet. Allerdings kann nicht bereits aus einer zur Tatzeit hohen BAK auf den Vorsatz geschlossen werden, da es keinen Erfahrungssatz gibt, dass derjenige, der in erheblichen Mengen Alkohol getrunken hat, sich seiner Fahrunsicherheit bewusst ist bzw diese billigend in Kauf nimmt. Im vorliegenden Fall hat A seinen zunächst gefassten Entschluss, sein Auto nach dem Kneipenbesuch stehen zu lassen, angesichts des Drängens des B verworfen. Dies lässt erkennen, dass er mit seiner alkoholbedingten Fahrunsicherheit gerechnet und sich mit ihr abgefunden hat. Er handelte mithin vorsätzlich.

c) Rechtswidrigkeit

Es könnte eine rechtfertigende Einwilligung des B vorliegen. Alleiniges Schutzgut des § 316 I ist die allgemeine Sicherheit des Straßenverkehrs. Eine Dispositionsbefugnis über dieses Schutzgut ist daher bei § 316 I unstreitig nicht gegeben, sodass eine Einwilligung des B ohne rechtfertigende Wirkung bleibt. A handelte rechtswidrig.

d) Schuld

Entschuldigungsgründe sind nicht ersichtlich.

2. Ergebnis für A im Tatkomplex B

A hat sich gem § 316 I strafbar gemacht.

II. Strafbarkeit des B

1. §§ 316 I, 26

B könnte eine Anstiftung zu § 316 I begangen haben. **211**

Eine vorsätzliche rechtswidrige Haupttat – begangen durch A – liegt vor *(s o Rn 208 ff)*. A ist zu dieser Fahrt erst durch das Drängen des B bestimmt worden. B hat also A zur Tat angestiftet. Da A sich unter Hinweis auf seine Trunkenheit anfänglich geweigert hat, die Fahrt durchzuführen, ist in subjektiver Hinsicht bei B sowohl Vorsatz bzgl der Haupttat als auch bzgl der eigenen Anstiftungshandlung erkennbar.

Rechtfertigungs- und Schuldausschließungsgründe sind nicht ersichtlich.

2. Ergebnis für B im Tatkomplex B

B hat sich gem §§ 316 I, 26 strafbar gemacht.

C. Die Fortsetzung der Fahrt inklusive Zwischenfall an der Ampel

I. Strafbarkeit des A

1. § 316 I

212 A hat seine Trunkenheitsfahrt bis zum Absetzen des B fortgesetzt. Es handelt sich bei dem Geschehen in den Tatkomplexen B und C um eine Handlung, sodass also insgesamt nur eine einheitliche Straftat nach § 316 I vorliegt.

2. § 315c I Nr 1a

a) Objektiver Tatbestand

213 A hat im Straßenverkehr ein Fahrzeug geführt, obwohl er infolge des Genusses alkoholischer Getränke nicht in der Lage war, das Fahrzeug sicher zu führen *(s o Rn 208 ff)*.

Hierdurch müsste eine konkrete Gefährdung für Leib oder Leben eines anderen oder für Sachen eines anderen von bedeutendem Wert eingetreten sein. Konkrete Gefährdung bezeichnet dabei eine nach der Lebenserfahrung im Einzelfall zu beurteilende naheliegende Gefahr, bei der das Ausbleiben des Verletzungsschadens weitgehend vom Zufall abhängt.

Fraglich ist zum einen, ob der Beifahrer B im Täterfahrzeug überhaupt dem Schutzbereich des § 315c unterfällt. Der Wortlaut lässt jedoch keine Begrenzung erkennen, sondern verlangt nur die Gefährdung eines „anderen Menschen“, sodass auch der Beifahrer als Gefährdungsopfer in Betracht kommt. Zum anderen ist zweifelhaft, ob das bloße Mitfahren im Auto des Täters zur Bejahung einer konkreten Gefährdung ausreicht.

214 **Problem Nr 44: Notwendiges Ausmaß der Gefährdung des Beifahrers iRd § 315c**

(1) Die **frühere Rechtsprechung** (BGH NStZ 1985, 263, 264) stellte über das bloße Mitfahren hinaus an eine konkrete Gefährdung zunächst keine weiteren Anforderungen. Sie ließ also allein die längere Dauer des Gefährdetseins von Autoinsassen für eine konkrete Gefahr ausreichen. Um der dadurch eintretenden Verwischung der Grenzen von § 315c und § 316 entgegenzuwirken, verlangte sie in der Folge noch weitere objektive Indizien, wie zB Schlangenlinienfahren, kurzzeitiges Abkommen von der Fahrbahn etc (BGH NStZ 1989, 73, 74).

Argument: Die Mitfahrt in einem Pkw, dessen Fahrer stark alkoholisiert ist, bewirkt für jeden Autoinsassen eine erhebliche Gefahr.

(2) Nach der **heutigen Rechtsprechung und der herrschenden Lehre** (BGH NJW 1995, 3131; BayObIG NJW 1990, 133; OLG Köln NJW 1991, 3291; Hentschel/König/Dauer-*König*, Straßenverkehrsrecht, § 315c Rn 30, 33; *Rengier*, BT2 § 44 Rn 6; S/S/W-StGB-*Ernemann*, § 315c Rn 22) kann eine konkrete Gefährdung von Beifahrern nicht allein aus dem Umstand abgeleitet werden, dass der Fahrer infolge des Genusses alkoholischer Getränke absolut fahruntüchtig ist. Hinzutreten muss vielmehr, dass der Fahrer nicht mehr zur Betätigung der wesentlichen technischen Einrichtungen des Fahrzeugs fähig ist, da erst dann die Fahruntüchtigkeit des Fahrers einen solchen Grad erreicht hat, dass er nicht mehr in der Lage ist, kontrollierte Fahrmanöver auszuführen(BGH NStZ 1996, 83 ff). In dieser Situation muss – was nach der allgemeinen Lebenserfahrung aufgrund einer objektiv nachträglichen Prognose zu beurteilen ist – die Sicherheit einer bestimmten Person oder Sache so stark beeinträchtigt worden sein, dass es nur noch vom „Zufall" abhängt, ob das Rechtsgut verletzt wird oder nicht (**„Beinahe-Unfall"**).

Argument: Die oben unter (1) dargestellte Ansicht verwischt die Unterscheidung zwischen konkreter Gefahr einerseits und allgemeiner (abstrakter) Gefahr andererseits.

Zur Vertiefung: Wessels/Hettinger, BT1 Rn 992; Geppert, Jura 1996, 639.

Eine ältere Auffassung der Rechtsprechung lässt das bloße Mitfahren im Auto eines be- **215**
trunkenen Fahrers als Gefährdung genügen. Die heutige Rechtsprechung und herrschende Lehre verlangen hingegen, dass es während der Fahrt zu einem „Beinahe-Unfall" kommt, bei dem ein guter Ausgang bei lebensnaher objektiver Betrachtung nur noch vom Zufall abhängt. Die Tatsache, dass A an der Ampel so stark bremsen musste, dass B gegen die Frontscheibe geschleudert wurde, zeigt, dass der Fahrer die Verkehrszeichen nicht mehr rechtzeitig wahrnahm und somit zu einem richtigen Unfall – der einen nicht völlig belanglosen Personen- oder Sachschaden zur Voraussetzung hat[7] – nicht mehr viel gefehlt hätte. Nach beiden Ansichten war daher grundsätzlich eine konkrete Gefahr iSv § 315c I Nr 1a gegeben.

Unberücksichtigt ist aber bisher der Umstand geblieben, dass B zu der Tat angestiftet hat *(s o Rn 211)*. Fraglich ist, ob die Gefährdung einer tatbeteiligten Person die Strafbarkeit des Fahrers nach § 315c auszulösen vermag.

Problem Nr 45: Gehören tatbeteiligte Mitfahrer zu dem durch § 315c geschützten Personenkreis? **216**

(1) Eine **Mindermeinung** (S/S-*Sternberg-Lieben/Hecker*, § 315c Rn 31; SK-*Wolters*, Vor § 306 Rn 9; *Rengier,* BT2 § 44 Rn 8) bezieht den tatbeteiligten Insassen ohne Einschränkungen in den Schutzbereich des § 315c I mit ein. Schutzgut des § 315c ist somit zum einen der allgemeine Straßenverkehr, zum anderen jede gefährdete Person oder Sache.

Argument: Der Wortlaut des § 315c I lässt keine Beschränkung auf „Tatfremde" erkennen. Die These, dass derjenige, der selbst gegen die Rechtsordnung verstößt, seinen strafrechtlichen Schutz verwirkt habe, lässt sich dem Gesetz nicht entnehmen. Vielmehr gelten die Strafgesetze auch im Verhältnis von Straftätern zueinander (vgl dazu die Lehre zum Betrug und zu anderen Vermögensdelikten). Zudem darf es eine „Verwirkung" bei einem Delikt, das den allgemeinen Straßenverkehr schützt, nicht geben.

(2) Nach Ansicht der **Rechtsprechung und herrschenden Lehre** (BGHSt 6, 100, 102; 11, 199, 203; BGH NJW 1991, 1120; BGH NStZ 2012, 252; *Graul*, JuS 1992, 321; *Hentschel*, Trunkenheit, Rn 404; Hentschel/König/Dauer-*König*, Straßenverkehrsrecht, § 315c Rn 33; *Hillenkamp*, JuS 1977, 167; *Joecks*, St-K, Vor § 306 Rn 12; Beck OK-*Kudlich*, § 315c Rn 60) ist zwar grundsätzlich neben der Allgemeinheit auch die gefährdete Person geschützt, Tatbeteiligte (Anstifter oder Gehilfen) sind aber vom Schutz ausgenommen.

Argument: Der Tatbeteiligte steht auf Seiten des Täters und nicht stellvertretend für die Allgemeinheit. Er ist deshalb vom Schutzzweck der Norm nicht erfasst. Die unter (1) dargestellte Ansicht überzeugt nicht, da dem Grundsatz nach in die Selbstgefährdung bis zur Grenze der Lebensgefährdung eingewilligt werden kann.

Zur Vertiefung: Joecks, St-K, Vor § 306 Rn 12 f.

7 Siehe Kommentierung zu § 142: S/S-*Sternberg-Lieben*, § 142 Rn 8; *Wessels/Hettinger*, BT1 Rn 1004.

217 Da B Anstifter ist, repräsentiert er nicht die Allgemeinheit, sondern steht allein auf der Seite des Täters. Er gehört daher nach herrschender Ansicht nicht zu dem durch § 315c geschützten Personenkreis.

Der objektive Tatbestand des § 315c I Nr 1a ist somit nicht erfüllt.

Wegen der Tatbeteiligung des B, die zum Wegfall des § 315c führt, ist die Klausur in die Tatkomplexe B und C geteilt worden, weil auf diese Weise der Grundsatz, dass eine Teilnahme niemals vor der Täterschaft geprüft werden darf, besser verwirklicht werden kann. Es wäre allerdings mE auch zulässig, nur einen Tatkomplex (Autofahrt) zu bilden und ausnahmsweise bei der Strafbarkeit des A inzident die (hier unproblematische) Anstiftung durch B zu prüfen. Dieser Aufbau wird bevorzugt im Klausurenkurs III [12] Rn 565.

b) Ergebnis

Eine Strafbarkeit gem § 315c ist nicht gegeben.

218 *Wer diese von mir favorisierte Lösung mitträgt, hat allerdings ein Problem: Er verbaut sich den Zugang zu dem bekannten Standardproblem, ob der Einwilligung seitens des gefährdeten Opfers rechtfertigende Kraft zukommt. Gleichwohl sollte man hier zu seiner Meinung stehen. Falsch wäre es, eine Alternativprüfung einzuleiten mit dem Satz „Sofern der Tatbestandsausschluss im Falle der Gefährdung eines Tatbeteiligten nicht anerkannt wird, stellt sich nunmehr folgendes Problem …“. Ein solches Vorgehen ist zwar bei Studenten beliebt, nach herrschender Ansicht aber unzulässig, da ansonsten derartige Hilfsgutachten bei jeder Weichenstellung erforderlich wären (Beulke, Klausurenkurs I Rn 5 ff, 20 f). Da der Student nie weiß, was der Korrektor hören möchte, bedarf es hier starker Nerven.*

Wer gleichwohl auf „Nummer sicher“ gehen möchte, sollte den vielfach bewährten Rat beherzigen, sich „problemgünstig“ zu entscheiden, und mit der Mindermeinung den objektiven Tatbestand des § 315c I Nr 1a bejahen. Er gelangt dann zwar zunächst zur Ablehnung des Tatvorsatzes, muss jedoch die Fahrlässigkeitsstrafbarkeit gem § 315c I Nr 1a, III Nr 1 weiter prüfen. Dort stellt sich ihm im Rahmen der Rechtswidrigkeit die Frage der Einwilligung.

219 ***Problem Nr 46: Einwilligung in die Gefährdung des Straßenverkehrs durch das gefährdete Opfer***

*(1) Nach einer **Mindermeinung** wirkt die Einwilligung des Gefährdeten bei § 315c rechtfertigend (Joecks, St-K § 315c Rn 22; Matt/Renzikowski-Renzikowski, § 315c Rn 27; S/S-Sternberg-Lieben/Hecker, § 315c Rn 40; Rengier, BT2 § 44 Rn 9; Beck OK-Kudlich, § 315c Rn 68), zumindest jedenfalls, wenn – wie hier – daneben auch § 316 eingreift (Hillenkamp, JuS 1977, 166, 177).*

***Argument:** Die Allgemeinheit ist durch § 316 ausreichend geschützt. Der Unrechtsschwerpunkt liegt bei § 315c in der konkreten Individualgefährdung.*

*(2) Nach der **herrschenden Auffassung** (BGHSt 23, 261; Hentschel/König/Dauer-König, Straßenverkehrsrecht, § 315c Rn 52; S/S/W-StGB-Ernemann, § 315c Rn 29; MK-Groeschke, § 315c Rn 69) ist eine Einwilligung in § 315c generell nicht möglich.*

***Argument:** Hauptsächliches Schutzgut des § 315c ist die allgemeine Sicherheit des Verkehrs und insoweit fehlt dem Einzelnen die Dispositionsbefugnis.*

Nach einer Mindermeinung könnte der gefährdete Straßenverkehrsteilnehmer B durch sein Drängen gegenüber A ihn mitzunehmen, in seine Gefährdung eingewilligt haben. Die Tat wäre somit gerechtfertigt. Auf der Basis der herrschenden Meinung, die die Möglichkeit einer rechtfertigenden Einwilligung ablehnt, weil der Gefährdete bezüglich der Sicherheit des allgemeinen Straßenverkehrs nicht dispositionsbefugt ist, hätte das zustimmende Verhalten des B keine rechtfertigende Kraft. § 315c I Nr 1a, III Nr 1 wäre somit erfüllt.

3. § 223 I

Eine Strafbarkeit wegen vorsätzlicher Körperverletzung ist von vornherein ausgeschlos- **220**
sen. A hat keinerlei Verletzungen in seinen Vorsatz aufgenommen.

Hier wird aufgrund des offensichtlichen Nichtvorliegens der subjektive Tatbestand vorgezogen. Die Problematik der Selbstgefährdung kann besser im Rahmen der fahrlässigen Körperverletzung erörtert werden.

4. § 229

a) Tatbestand

A könnte eine fahrlässige Körperverletzung an B begangen haben. A hat durch seine Fahrweise bewirkt, dass B sich eine Schürfwunde am Kopf zugezogen hat. Dies ist eine üble, unangemessene Behandlung, durch die das körperliche Wohlbefinden nicht nur unerheblich beeinträchtigt wird, also eine körperliche Misshandlung. Eine Schürfwunde stellt ferner einen pathologischen Zustand dar, sodass A den B auch an dessen Gesundheit geschädigt hat. Indem A in fahruntüchtigem Zustand das Auto gefahren hat, hat er die im Verkehr erforderliche Sorgfalt eines besonnenen Kraftfahrers außer Acht gelassen. Dies zeigt bereits der mit der Fahrt verbundene Verstoß gegen die Strafnorm der Trunkenheitsfahrt (§ 316).

Fraglich ist, ob die objektive Zurechnung entfällt, weil B aus freien Stücken bei A mitgefahren ist, sich also möglicherweise selbst gefährdet hat. Liegt eine freiverantwortliche Selbstgefährdung vor, so ist die objektive Zurechnung aufgrund des Prinzips der Eigenverantwortlichkeit zu verneinen. Davon zu unterscheiden ist eine einverständliche Fremdgefährdung, bei der nach herrschender Ansicht[8] der Erfolg zugerechnet werden kann, möglicherweise aber die Rechtswidrigkeit aufgrund einer Einwilligung entfällt. Maßgebliches Kriterium für die Abgrenzung von Selbst- und Fremdgefährdung ist die Tatherrschaft[9]. Bei einer Autofahrt hat ab dem Zeitpunkt des Losfahrens allein der

8 Statt aller: OLG Düsseldorf NStZ-RR 1997, 325; OLG Stuttgart JR 2012, 163; *Trüg*, JA 2002, 214, 220; *Wessels/Beulke/Satzger*, AT Rn 191; aA: *Roxin*, AT1 § 11 Rn 105. Näheres zu diesem Problem bei *Beulke*, Klausurenkurs III [8] Rn 342; *Murmann*, Die Selbstverantwortung des Opfers im Strafrecht, 2005.

9 BGHSt 53, 55, 60; OLG Celle StV 2013, 27; *Roxin*, AT1 § 11 Rn 105 ff; *Saal*, NVZ 1998, 49, 53; anders *Timpe*, JR 2014, 52, 58.

Fahrer die Tatherrschaft, hier also A. Folglich liegt eine Fremdgefährdung vor, sodass der Körperverletzungserfolg dem A zurechenbar ist.

b) Rechtswidrigkeit

Es könnte aber der Rechtfertigungsgrund der Einwilligung eingreifen. Auch bei Fahrlässigkeitsdelikten sind die allgemeinen Rechtfertigungsgründe zu berücksichtigen[10]. Das betrifft auch die Einwilligung. Das Opfer willigt zwar nicht bewusst in den Erfolg, wohl aber in die den Erfolg bewirkende Handlung ein. B hat den A zu der Autofahrt überredet. Die Initiative zur Mitnahme seiner Person stammte also von ihm selbst. B wusste auch über alle gefahrbegründenden Momente Bescheid, insbes über die Alkoholisierung und die daraus folgende Fahruntüchtigkeit des A.

Zweifel an einer wirksamen Einwilligung könnten sich allein aus § 228 ergeben, weil die Trunkenheitsfahrt eine strafbare Handlung darstellt. Es geht jedoch bei der Prüfung der Sittenwidrigkeit nicht um die Fahrt selbst, sondern allein um die dabei erfolgte Körperverletzung.

Zwar wird nach herrschender Ansicht im Falle schwerer Verletzungen oder im Falle der Tötung eine Rechtfertigung unter Hinweis auf §§ 228, 216 ausgeschlossen[11], das kann jedoch bei leichten Verletzungen – wie hier einer Schürfwunde – nicht gelten. Auch der Umstand, dass zumindest die Gefahr schwerer Verletzungen bestand, hindert nicht die rechtfertigende Kraft der Einwilligung. § 229 ist kein Gefährdungs-, sondern ein Verletzungsdelikt. Mit dem Hinweis darauf, dass das Ausbleiben schwerer Verletzungen vielleicht nur dem Zufall zu verdanken ist, kann dem A daher der Rechtfertigungsgrund der Einwilligung nicht entzogen werden.

c) Ergebnis

Eine Strafbarkeit gem § 229 entfällt aufgrund rechtfertigender Einwilligung.

5. Ergebnis für A im Tatkomplex C

A ist strafbar gem § 316 I *(aA vertretbar: § 315c I Nr 1a, III Nr 1).*

II. Strafbarkeit des B

1. §§ 316 I, 26

221 Zu der von A im Tatkomplex C fortgesetzten Trunkenheitsfahrt hat B angestiftet. Es liegt aber auch bei ihm nur eine einheitliche Tat vor *(vgl o Rn 212).*

Wer oben bei der Strafbarkeit des A § 315c bejaht, kommt hier bei B zur Problematik der Anstiftung zu § 315c I Nr 1, III Nr 1. Die Behandlung dieser Fälle, in denen dem Teilnehmer an einem Vorsatz-Fahrlässigkeits-Delikt der Vorsatz zur (fahrlässigen) Her-

---

10 *Wessels/Beulke/Satzger*, AT Rn 691.

11 OLG Düsseldorf NStZ-RR 1997, 325; S/S-*Lenckner/Sternberg-Lieben*, Vor § 32 Rn 104; S/S/W-StGB-*Rosenau*, Vor §§ 32 ff Rn 36.

beifführung der Folge fehlt, ist strittig. Nach einer Mindermeinung scheidet Anstiftung aus, da Fahrlässigkeit keine Teilnahme kennt (Maurach/Gössel/Zipf, AT2 § 51 Rn 51). Nach ganz herrschender Ansicht ergibt sich aus § 11 II, dass hier eine teilnahmefähige Haupttat vorliegt, und aus § 18, dass ein Anstiftervorsatz bejaht werden kann, obwohl B hier bzgl der schweren Folge nur fahrlässig handelte[12]*. Eine Strafbarkeit gem §§ 315c I Nr 1, III Nr 1, 26 läge also vor.*

Hilfserwägungen sollten aber auch hier nicht angestellt werden. Wer dieses Problem unbedingt erörtern möchte, muss sich bei der Strafbarkeit des A zugunsten des Vorliegens der Haupttat gem § 315c I Nr 1, III Nr 1 entscheiden.

2. Ergebnis für B im Tatkomplex C

B hat sich gem §§ 316 I, 26 strafbar gemacht *(aA vertretbar: §§ 315c I Nr 1a, III Nr 1, 26).*

D. Gesamtkonkurrenzen

Die von A in den Tatkomplexen A und B/C verwirklichten Delikte sind jeweils völlig selbstständige Handlungen, sodass sie zueinander in Realkonkurrenz (§ 53) stehen. **222**

E. Gesamtergebnis

A: §§ 227 I, 22, 23 I Alt 1 – § 52 – § 222 **223**
– § 53 –
§ 316 I *(aA vertretbar: § 315c I Nr 1a, III Nr 1)*
B: §§ 316 I, 26 *(aA vertretbar: §§ 315c I Nr 1a, III Nr 1, 26)*

Definitionen zum Auswendiglernen

Objektiv zurechenbar	iSd Strafrechts ist ein Erfolg dann, wenn der Täter eine rechtlich relevante Gefahr geschaffen hat, die sich im tatbestandsmäßigen Erfolg realisiert (sog Grundformel, *Wessels/Beulke/Satzger, AT Rn 179*).
Abweichungen vom Kausalverlauf	sind unwesentlich, wenn sie sich noch in den Grenzen des nach allgemeiner Lebenserfahrung Voraussehbaren halten und keine andere Bewertung der Tat rechtfertigen *(Wessels/Beulke/Satzger, AT Rn 258).*
Körperliche Misshandlung	iSv **§ 223 I Alt 1** ist jede substanzverletzende Einwirkung auf den Körper des Opfers sowie jede üble, unangemessene Behandlung, durch die das körperliche Wohlbefinden oder die körperliche Un-

12 Zur Vertiefung: *Schroeder*, JuS 1994, 846; S/S/W-StGB-*Satzger*, § 11 Rn 48.

	versehrtheit mehr als nur unerheblich beeinträchtigt wird *(Wessels/Hettinger, BT1 Rn 255).*
Gesundheitsschädigung	iSv **§ 223 I Alt 2** ist das Hervorrufen, Steigern oder Aufrechterhalten eines vom Normalzustand der körperlichen Funktionen des Opfers nachteilig abweichenden krankhaften Zustandes körperlicher oder seelischer Art *(Wessels/Hettinger, BT1 Rn 257).*
Konkrete Gefährdung	iSd **§ 315c I** bezeichnet eine nach der Lebenserfahrung im Einzelfall zu beurteilende naheliegende Gefahr, bei der das Ausbleiben eines Verletzungsschadens weitgehend vom Zufall abhängt *(Wessels/Hettinger, BT1 Rn 990).*
Fahruntüchtigkeit	iSv **§ 316** liegt vor, wenn der Fahrzeugführer nicht fähig ist, sein Fahrzeug über eine längere Strecke sicher zu führen *(Wessels/Hettinger, BT1 Rn 986).*
Unglücksfall	iSv **§ 323c** ist jedes plötzlich eintretende Ereignis, das die unmittelbare Gefahr eines erheblichen Schadens für andere Menschen oder fremde Sachen von bedeutendem Wert hervorruft *(Wessels/Hettinger, BT1 Rn 1044).*

Weitere einschlägige Musterklausuren

Zum Problem des Versuchs des erfolgsqualifizierten Delikts:

Baumann/Arzt/Weber, [22] S 131; *Bock*, WuV AT [12] S 357; *Ebert*, Fälle, [4] 62, [13] 193; *Eiden/Köpferl*, Jura 2010, 780; *Frister*, [2] S 25; *Frisch/Murmann*, JuS 1999, 1196; *Kudlich*, JuS 2003, 32; *Laue/Dehne-Niemann*, Jura 2010, 73; *Miehe*, JuS 1996, 1000; *Müller/Raschke*, Jura 2011, 129; *Norouzi*, JuS 2006, 531; *Rotsch*, Klausurenlehre Rn 1897; *Safferling*, Jura 2004, 64; *Schrödl*, JA 2003, 656; *Steck*, StudZR 2013, 287

Zum Problem des spezifischen Gefahrzusammenhangs:

Berg, in: *Coester-Waltjen* ua (Hrsg), Examensklausurenkurs I, S 56; *Bock*, WuV BT1 [1] S 1; *Dannecker*, JuS 2002, 1087; *Ebert*, Fälle, [8] 129; *Eiden/Köpferl*, Jura 2010, 780; *Esser/Beckert*, JA 2012, 590; *Frisch/Murmann*, JuS 1999, 1196; *Hertel*, Jura 2011, 391; *Hinderer*, JA 2009, 25; *Kargl*, Strafrecht, S 36; *Krey/Fischer*, JA 1997, 204; *Kudlich*, JuS 2003, 32; *Kuhlen/Roth*, JuS 1995, 711; *Laubenthal*, Jura 1989, 99; *Laue/Dehne-Niemann*, Jura 2010, 73; *Morgenstern*, Jura 2002, 568; *Müller/Schmoll*, JA 2013, 756; *Niederle*, [2] S 10; *Norouzi*, JuS 2006, 531; *Petrovic/Hillenkamp*, StudZR 2006, 521; *Rotsch*, Klausurenlehre Rn 1897; *Safferling*, Jura 2004, 64; *Siebrecht*, JuS 1997, 1101 (zu § 226 aF); *Sölter/Laue*, StudZR 2011, 303; *Steck*, StudZR 2013, 287; *Steinberg*, ZJS 2010, 518; *Timpe*, Jura 2009, 465; *Wagner/Drachsler*, ZJS 2011, 530; *F. Walter*, Jura 2014, 117

Zum Problem der alkoholbedingten Fahruntüchtigkeit:

Ellbogen/Richter, JuS 2002, 1192; *Gössel*, [15] S 243; *Golla/Meindl*, JuS 1984, 873; *Meurer/Kahle/Dietmeier*, [6] S 103; *Sonnen/Mitto/Nugel*, [15] S 136; *Trüg*, JA 2002, 214

Zum Problem des notwendigen Ausmaßes der Gefährdung des Beifahrers im Rahmen des § 315c:

Baier, JA 2000, 300; *Bindzus/Ludwig*, JuS 1998, 1123; *Ellbogen/Richter*, JuS 2002, 1192; *Graul*, JuS 1992, 321; *Kudlich*, JA 2008, 703; *Momberg*, Jura 1983, 482; *Reinbacher*, Jura 2007, 382; *Strauß*, [20] S 141; *Wittig*, in: *Coester-Waltjen* ua (Hrsg), Examensklausurenkurs I, S 45

Zum Problem, ob tatbeteiligte Mitfahrer zu dem durch § 315c geschützten Personenkreis gehören:

Bock, WuV BT1 [7] S 247; *Chowdhury/Meier/Schröder*, [10] S 258; *Ellbogen/Richter*, JuS 2002, 1192; *Fennhahn/Lohse*, Ad Legendum 2011, 330; *Gössel*, [7] S 124; *Graul*, JuS 1992, 321; *Kudlich*, JA 2008, 703; *Niehaus*, Ad Legendum 2008, 117; *Peterek/Ingelfinger*, StudZR 2008, 93; *Seier*, JA 1990, 202; *Sternberg-Lieben*, JuS 1998, 428; *Trüg*, JA 2002, 214; *Wolters*, [3] S 59

Zum Problem der Teilnahme an einer Selbstgefährdung und einverständliche Fremdgefährdung:

Bock, WuV BT1 [7] S 247; *Beulke/Mayer*, JuS 1987, 125; *Esser*, Jura 2004, 273; *Gropp/Küpper/Mitsch*, [5] S 93; *Hillenkamp*, JuS 2001, 159; *Hinderer/Brutscher*, JA 2011, 907; *Käßner/Seibert*, JuS 2006, 810; *Kienapfel*, S 153 ff; *Meurer/Kahle/Dietmeier*, [7] S 137; *Norouzi*, JuS 2006, 531; *Peterek/Ingelfinger*, StudZR 2008, 93; *Scholderer*, JuS 1989, 918; *Schrödl*, JA 2003, 656; *Sternberg-Lieben*, JuS 1998, 428; *Trüg*, JA 2002, 214; *F. Walter*, Jura 2014, 117; *Wittig*, in: *Coester-Waltjen* ua (Hrsg), Examensklausurenkurs I, S 45

Fall 8

Der „Blaue Schwan"

224 Auf einer Kunstauktion springt dem privaten Kunstsammler K das Gemälde „Blauer Schwan" des Malers Farbenreich ins Auge. Er bietet anfangs eifrig mit, kann aber bald mit den anderen Geboten nicht mehr mithalten, da er weitere teure Gemälde angekauft hat. Den Zuschlag erhält schließlich der Galerist G. K ist über den Ausgang der Auktion entsetzt und beschließt, sich auf alle Fälle in den Besitz des Gemäldes zu bringen.

In der Folgezeit besucht er häufiger die Galerie des G und verwickelt den G in Fachgespräche, um dessen Vertrauen zu gewinnen. Die Vorarbeit lohnt sich, und G erzählt K, den er für einen seriösen Geschäftsmann hält, eines Tages „unter Freunden", dass er großen Ärger mit der Alarmanlage der Galerie habe, die zurzeit wieder einmal defekt sei. Eine neue Alarmanlage könne aber erst in ein paar Tagen eingebaut werden. Dies sei umso ärgerlicher, als er, G, wegen Zeitmangels noch keine Diebstahlversicherung für einige erst kurz zuvor ersteigerte Gemälde abgeschlossen habe. K geht irrtümlich davon aus, dass dies auch für den von ihm heiß ersehnten „Blauen Schwan" gelte. Umso mehr sieht K nach diesem Gespräch seine Chance gekommen, endlich das Gemälde „Blauer Schwan" aus der Galerie entwenden zu können. Insbesondere hofft er, da seiner Vorstellung nach keine Versicherung beteiligt ist, dass die Suche nach zum Täter führenden Spuren weniger intensiv ausfallen wird, sodass die Wahrscheinlichkeit steigt, unentdeckt zu bleiben.

Da das Gemälde relativ groß und K außerdem extrem ängstlich ist, bittet er seinen ehemaligen Schulkameraden S, einen Schlosser, um Hilfe. Da K jedoch befürchtet, S werde sich aufgrund einer Liebelei mit der Schwester des G nicht für sein wahres Vorhaben begeistern lassen, erzählt K dem S, der G wolle die Versicherung, bei der er alle Gemälde hoch versichert habe, die aber nur dann zahle, wenn eine Fremdschädigung vorliege, betrügen, um so eine kleinere Liquiditätskrise zu beheben. Für seine Mitwirkung, die allein nach den Weisungen des K und ohne Kontaktaufnahme zu G erfolgen solle, stellt K dem S ein Drittel der ausbezahlten Versicherungssumme in Aussicht. Auch er – K – solle ein Drittel erhalten, der Rest dem G zufließen. Das Gemälde solle G zurückerhalten, nachdem etwas Gras über die Sache gewachsen sei. Nach kurzem Überlegen erklärt sich S zur Mitarbeit bereit.

In der folgenden Nacht öffnet S vereinbarungsgemäß mit einem Dietrich die Hintertür zur Galerie. Wie erwartet ertönt kein Alarm. S betritt die Räumlichkeiten und nimmt dort das Bild „Blauer Schwan" von der Wand, während K vor der Tür wartet. S verpackt das Bild in mitgebrachte Stoffbahnen, damit es beim Transport nicht beschädigt wird, verlässt die Galerie und händigt draußen das Gemälde dem K aus. Am nächsten Morgen bemerkt G sofort das Fehlen des Bildes und meldet den Schaden seiner Versicherung – der „Blaue Schwan" war entgegen Ks Annahme schon von G versichert worden. Nachdem die Versicherung aufgrund der am Tatort vorhandenen Spuren und einer Vernehmung des Zeugen G vom Vorliegen einer Fremdschädigung überzeugt ist, kommt es zur Auszahlung der Versicherungssumme, die sich auf 300 000 € beläuft. Damit S nicht nachträglich misstrauisch wird, übergibt ihm K 100 000 €, die angeblich aus der Versicherungssumme, in Wirklichkeit aber aus einer stillen Reserve des K stammen.

Wie haben sich G, K und S strafbar gemacht?

Evtl erforderliche Strafanträge sind gestellt.

Gedankliche Strukturierung des Falles (Kurzlösung)

225 **A. Die Entwendung des Gemäldes**

I. Strafbarkeit des S

1. § 242 I (–)

a) Objektiver Tatbestand (+)
- fremde bewegliche Sache (+)
- Wegnahme (+)

b) Subjektiver Tatbestand (–)
- Vorsatz bzgl Wegnahme (–)

2. § 265 I (+)

a) Objektiver Tatbestand (+)
- gegen Diebstahl versicherte Sache (+)
- Beiseiteschaffen (+)

b) Subjektiver Tatbestand (+)
- Vorsatz (+)
- Absicht (+)

c) Rechtswidrigkeit und Schuld (+)

d) Ergebnis

3. § 123 I (–)

a) Objektiver Tatbestand (+)

b) Subjektiver Tatbestand (–)
- S glaubt an ein Einverständnis.

4. Ergebnis für S im Tatkomplex A

S hat sich gem § 265 I strafbar gemacht.

II. Strafbarkeit des K

1. §§ 242 I, 25 I Alt 2 (+)

a) Objektiver Tatbestand (+)
- Wegnahme in mittelbarer Täterschaft (+)

b) Subjektiver Tatbestand (+)

c) Rechtswidrigkeit und Schuld (+)

d) Strafzumessung, § 243 I 1, 2 Nr 1 (+), Nr 2 (–), Nr 5 (+)
- Nr 1 (Einbrechen) (–)
- Nr 1 (Einsteigen) (–)
- Nr 1 (falscher Schlüssel oder anderes nicht zur ordnungsgemäßen Öffnung bestimmtes Werkzeug) (+)
- Nr 2 (Überwindung einer Schutzvorrichtung) (–)
- Nr 5 (Sache von Bedeutung für Kunst aus allgemein zugänglicher Sammlung) (+)

e) Ergebnis

2. §§ 244 I Nr 3, 25 I Alt 2 (–)
- Nr 3 (Wohnraum) (–)

3. §§ 265 I, 25 II (–)

a) Objektiver Tatbestand (+)
- versicherte Sache (+)
- Beiseiteschaffen (+)
  - Mittäterschaft (+)
  - gemeinsamer Tatentschluss (+)
  - gemeinsame Tatausführung (+)

b) Subjektiver Tatbestand (–)
- Vorsatz (–)
- Absicht (–)

4. §§ 123 I, 25 I Alt 2 (+)
- aber Konsumtion durch §§ 242, 243 I 1, 2 Nr 1

5. Ergebnis für K im Tatkomplex A

K hat sich gem §§ 242 I, 25 I Alt 2, 243 I 1, 2 Nr 1 und Nr 5 strafbar gemacht.

B. Die Auszahlung der Versicherungssumme

I. Strafbarkeit des G

1. § 263 I (G ggü der Versicherung, zulasten der Versicherung, zugunsten des G) (–)
- Täuschung (–)

2. § 265 I (–)
- versicherte Sache (+)
- Beiseiteschaffen (–)
- einem anderen überlassen (–)

3. Ergebnis für G im Tatkomplex B

G ist straflos.

II. Strafbarkeit des S

1. §§ 263 I, 25 II (S ggü der Versicherung, zulasten der Versicherung, zugunsten des G, des K und des S) (–)
- Täuschung (–)

2. §§ 263 I, II, 22, 23 I Alt 2, 25 II (S ggü der Versicherung, zulasten der Versicherung, zugunsten des G, des K und des S) (–)

a) Vorprüfung (+)

b) Tatentschluss (+)
- Vorsatz (+)
- Täuschung gem Zurechnung nach § 25 II (+)

Problem Nr 47: Mittäterschaft bei Tatbeitrag im Vorbereitungsstadium (Rn 236)

- Irrtum (+)
- Vermögensverfügung (+)
- Vermögensschaden (+)
- Bereicherungsabsicht (+)
- Bereicherung des G (+)
- eigene Bereicherung (+)
- Stoffgleichheit (+)

c) Unmittelbares Ansetzen (–)
- durch Diebstahl (–)
- durch Meldung an Versicherung (–)
  - Lösung bei tatsächlicher Mittäterschaft

Problem Nr 48: Versuchsbeginn bei Mittäterschaft (Rn 238)

- Lösung im konkreten Fall (vermeintliche Mittäterschaft) (–)

Problem Nr 49: Versuchsbeginn bei vermeintlicher Mittäterschaft (Rn 240)

d) Ergebnis

3. §§ 263 I, 30 II (–)
- Verbrechen (–)

4. § 265 I (–)

5. § 246 I (–)
- fremde bewegliche Sache (–)

6. §§ 259 I, III, 22, 23 I Alt 2 (–)
- Vorprüfung (+)
- Tatentschluss (–)
  - rechtswidrige Vortat (+)
  - Tat eines anderen (–)

7. Ergebnis für S im Tatkomplex B
S hat sich nicht erneut strafbar gemacht.

III. Strafbarkeit des K

1. §§ 263 I, 25 I Alt 2 (K ggü der Versicherung, zulasten der Versicherung, zugunsten des G) (–)
- Täuschung (–)

2. §§ 263 I, II, 22, 23 I Alt 2, 25 I Alt 2 (K ggü der Versicherung, zulasten der Versicherung, zugunsten des G) (–)
- Vorprüfung (+)
- Tatentschluss (–)

3. §§ 263 I, II, 22, 23 I Alt 2, 26 (S ggü der Versicherung, zulasten der Versicherung, zugunsten des G, des K und des S) (–)
- vorsätzliche rechtswidrige Haupttat (–)

4. § 263 I (K ggü S, zulasten des G, zugunsten des K) (–)
- zumindest Unmittelbarkeit (–)

5. § 265 I (–)
- Vorsatz (–)

6. Ergebnis für K im Tatkomplex B
K ist straflos.

C. Gesamtergebnis

G: straflos
K: §§ 242 I, 25 I Alt 2, 243 I 1, 2 Nr 1 und Nr 5
S: § 265 I

Ausführliche Lösung von Fall 8

A. Die Entwendung des Gemäldes

I. Strafbarkeit des S

1. § 242 I

226 Indem S das Gemälde „Blauer Schwan" von der Wand nahm und es dem K aushändigte, könnte er sich wegen Diebstahls strafbar gemacht haben.

a) Objektiver Tatbestand

Das Gemälde ist eine bewegliche Sache, die im Alleineigentum des G steht, also für S fremd ist. Dieses Gemälde müsste S weggenommen haben. Wegnahme ist der Bruch fremden und die Begründung neuen, nicht notwendigerweise eigenen Gewahrsams. S hat dem G gegen bzw ohne dessen Willen die tatsächliche Verfügungsmacht über das Bild entzogen, dessen Gewahrsam also gebrochen, und durch die Übergabe an K diesem die tatsächliche Sachherrschaft verschafft, folglich neuen Gewahrsam begründet. S hat somit eine fremde bewegliche Sache weggenommen.

b) Subjektiver Tatbestand

S müsste vorsätzlich gehandelt haben, dh er müsste sämtliche Tatbestandsmerkmale des objektiven Tatbestandes gekannt und deren Erfüllung gewollt haben. S glaubte, G sei mit der vorübergehenden Entfernung des Gemäldes aus der Galerie einverstanden. Gewahrsam wird jedoch nur gebrochen, wenn der frühere Gewahrsamsinhaber die Sachherrschaft gegen oder ohne seinen Willen verliert. Ist er damit einverstanden, liegt kein Bruch des Gewahrsams vor. S glaubte an dieses tatbestandsausschließende Einverständnis. Er hielt somit nicht alle Merkmale des objektiven Tatbestandes für gegeben. Ein solcher Tatbestandsirrtum lässt gem § 16 I 1 den Vorsatz entfallen.

S hat sich nicht gem § 242 I strafbar gemacht.

S hatte aufgrund seines Irrtums über ein Einverständnis des G offensichtlich keinen Vorsatz bzgl eines Diebstahls und auch nicht bzgl einer Beihilfe zum Diebstahl. Wollte man die Beihilfe zu § 242 I dennoch prüfen, wäre dies an dieser Stelle falsch, da die Haupttat (des K) noch gar nicht geprüft wurde und damit deren Prüfung inzident erfolgen müsste, was möglichst vermieden werden soll. Richtigerweise müsste dann die Beihilfe zum Diebstahl erst nach der Strafbarkeit des K erörtert, die Prüfung der Strafbarkeit des S also in zwei Teile geteilt werden (s zu diesem Aufbau Klausurenkurs I Rn 45).

2. § 265 I

227 S könnte dadurch, dass er das Gemälde von der Wand nahm und es dem K aushändigte, einen Versicherungsmissbrauch begangen haben.

a) Objektiver Tatbestand

Das Gemälde ist eine gegen Diebstahl versicherte Sache. S hat das Bild zwar weder beschädigt noch zerstört oder in seiner Brauchbarkeit beeinträchtigt, er könnte es aber beiseite geschafft haben. Beiseiteschaffen ist jede Handlung, durch die ein Gegenstand räumlich so entfernt oder verborgen wird, dass der Versicherungsfall als eingetreten gilt. S hat das Bild aus der Galerie weggenommen und dem K zum weiteren Abtransport übergeben. Folglich hat er es beiseite geschafft.

b) Subjektiver Tatbestand

Dem S war bewusst, dass die Sache, die er aus der Galerie entfernte, gegen Diebstahl versichert war. Er handelte auch in der Absicht, sich oder einem Dritten Leistungen aus der Versicherung zu verschaffen. Hier sollte zunächst G die volle Versicherungssumme bekommen.

Anders als nach § 265 aF muss die Absicht nicht mehr betrügerisch sein. Es kommt folglich nicht mehr auf die Rechtswidrigkeit der erstrebten Versicherungsleistung an. Den subjektiven Tatbestand hat der Dritte daher auch dann erfüllt, wenn für den Versicherungsnehmer ein Versicherungsanspruch besteht, also kein Fall des § 81 VVG vorliegt. Es spielt dementsprechend für den subjektiven Tatbestand des § 265 überhaupt keine Rolle, dass S glaubt, G sei in alles eingeweiht und wolle die Versicherung betrügen, während G in Wirklichkeit völlig ahnungslos ist. Es genügt, dass S davon ausgeht, die Versicherung werde an G leisten. Somit ist der subjektive Tatbestand unabhängig von der Rechtmäßigkeit oder Rechtswidrigkeit der erstrebten Versicherungsleistung erfüllt.

c) Rechtswidrigkeit und Schuld

S handelte rechtswidrig und schuldhaft.

d) Ergebnis

S hat sich gem § 265 I strafbar gemacht.

3. § 123 I

Indem S die Galerie betrat, könnte er sich wegen Hausfriedensbruches strafbar gemacht **228**
haben.

a) Objektiver Tatbestand

Da die Galerie ein Geschäftsraum ist, stellt sie einen vom Schutzbereich des § 123 I umfassten Raum dar. Eindringen bedeutet das Betreten gegen den Willen des Hausrechtsinhabers. S hat gegen den Willen des G dessen Galerie betreten. Der objektive Tatbestand ist erfüllt.

b) Subjektiver Tatbestand

S glaubte jedoch, G sei mit dem Betreten der Galerie zwecks „Diebstahls“ des Gemäldes einverstanden. Er irrte sich damit wiederum über das Vorhandensein eines tatbestandsausschließenden Einverständnisses. Dieser Tatbestandsirrtum lässt gem § 16 I den Vorsatz entfallen.

S hat sich nicht gem § 123 I strafbar gemacht.

4. Ergebnis für S im Tatkomplex A

S hat sich im Tatkomplex A gem § 265 I strafbar gemacht.

II. Strafbarkeit des K

1. §§ 242 I, 25 I Alt 2

229 Indem K sich das Gemälde von S aushändigen ließ, könnte er sich wegen Diebstahls in mittelbarer Täterschaft strafbar gemacht haben.

a) Objektiver Tatbestand

K selbst hat keine fremde bewegliche Sache weggenommen. Er könnte jedoch das Gemälde in mittelbarer Täterschaft gestohlen haben, wenn ihm die Wegnahme durch S über § 25 I Alt 2 zuzurechnen ist. Mittelbarer Täter ist, wer die Straftat „durch einen anderen“ begeht, sich also zur Tatausführung lenkend eines Tatmittlers als einer Art „menschlichen Werkzeugs“ bedient. In objektiver Hinsicht setzt mittelbare Täterschaft eine aus tatsächlichen oder rechtlichen Gründen tatbeherrschende Stellung des Hintermannes voraus, während der Tatmittler aufgrund eines „Defekts“ nicht oder nicht voll verantwortlich handelt. S fehlte der Vorsatz, als er den objektiven Tatbestand des § 242 I verwirklichte *(s o Rn 226)*. Er war damit ein vorsatzlos handelndes Werkzeug.

Von K und S, die beide den Abtransport des Bildes bewerkstelligten, wusste nur K, dass G mit der Gewahrsamsübertragung nicht einverstanden war. K hatte den Irrtum über das Einverständnis des G und die spätere Rückführung des Gemäldes bei S hervorgerufen. Kraft dieser Wissensherrschaft lenkte er den S. K ist somit mittelbarer Täter des durch S objektiv begangenen Diebstahls.

b) Subjektiver Tatbestand

K wollte durch Einsatz des S als menschliches Werkzeug den Diebstahl als mittelbarer Täter begehen. Er wollte auch das Gemälde in seinen Besitz bringen, ohne diesbezüglich einen Anspruch zu haben. Er handelte somit in der Absicht rechtswidriger Zueignung.

c) Rechtswidrigkeit und Schuld

K handelte rechtswidrig und schuldhaft.

d) Strafzumessung, § 243 I 1, 2 Nr 1, Nr 2, Nr 5

Die Strafe des K könnte zu schärfen sein, wenn sein Diebstahl in mittelbarer Täterschaft einen besonders schweren Fall darstellt. Bei der Strafzumessung sind die allgemeinen Akzessorietätsregeln sinngemäß zu berücksichtigen. Dem K ist folglich auch insoweit das Handeln des S über § 25 I Alt 2 zuzurechnen.

S könnte iSv § 243 I 1, 2 Nr 1 in einen Geschäftsraum eingebrochen oder eingestiegen sein. Die Galerie ist ein Geschäftsraum und damit in den räumlichen Schutzbereich des § 243 I 1, 2 Nr 1 einbezogen. Einbrechen ist das gewaltsame, nicht notwendig substanzverletzende Öffnen einer dem Zutritt entgegenstehenden Umschließung. Einsteigen ist jedes Hineingelangen in das Gebäude oder den umschlossenen Raum durch eine zum ordnungsgemäßen Eintritt nicht bestimmte Öffnung unter Überwindung von Hindernissen oder Schwierigkeiten, die sich aus der Eigenart des Gebäudes oder der Umfriedung des geschlossenen Raumes ergeben. S musste zur Öffnung der Hintertür des Hauses keine besondere körperliche Kraft aufwenden – er hat die Tür also nicht gewaltsam geöffnet. Er ist auch nicht durch eine zum ordnungsgemäßen Eintritt nicht bestimmte Öffnung in das Gebäude hineingelangt, sondern betrat es durch die Tür. S ist also weder eingebrochen noch eingestiegen.

Da ein Dietrich kein „falscher Schlüssel" iSv § 243 I 1, 2 Nr 1 ist, dh ein solcher, der zur Tatzeit vom Berechtigten nicht oder nicht mehr zum Öffnen des betreffenden Verschlusses bestimmt ist, könnte S allenfalls noch das Regelbeispiel „Eindringen mit einem anderen Werkzeug" erfüllt haben. Ein „anderes Werkzeug" in diesem Sinne darf nicht zum ordnungsgemäßen Öffnen bestimmt sein, muss aber gleichwohl auf den Schließmechanismus wirken. S setzte mit Hilfe des Dietrichs den Mechanismus des Türschlosses ordnungswidrig in Bewegung. Er drang folglich zur Ausführung des Diebstahls mit einem „anderen Werkzeug" in die Galerie ein.

S könnte darüber hinaus das Regelbeispiel des § 243 I 1, 2 Nr 2 verwirklicht haben. Ein Behältnis ist ein zur Aufnahme von Sachen dienendes und sie umschließendes Raumgebilde, das nicht dazu bestimmt ist, von Menschen betreten zu werden. Das Gemälde befand sich nicht in einem solchen Behältnis, könnte also allenfalls durch eine „andere Schutzvorrichtung" gegen Wegnahme besonders gesichert gewesen sein. Andere Schutzvorrichtungen iSv § 243 I 1, 2 Nr 2 sind alle sonstigen Vorkehrungen und technischen Mittel, die dazu bestimmt und geeignet sind, Sachen gegen Entwendung zu schützen, den ungehinderten Zugriff auf sie auszuschließen und ihre Wegnahme wenigstens zu erschweren. Da die Alarmanlage defekt war, war sie keine zur Erschwerung der Wegnahme des Gemäldes geeignete Vorkehrung. Das Regelbeispiel des § 243 I 1, 2 Nr 2 ist nicht verwirklicht.

K könnte jedoch durch S eine Sache von Bedeutung für die Kunst gestohlen haben, § 243 I 1, 2 Nr 5. Diese Bedeutung ist zu bejahen, wenn der Verlust der Sache eine spürbare Einbuße für die Kunst darstellt, wovon hier angesichts der vielen Gebote für den „Blauen Schwan" auf der Auktion auszugehen ist. Fraglich ist allerdings, ob sich das Gemälde in einer allgemein zugänglichen Sammlung befand. Das Bild hing in einer Galerie. Zu dieser hatte nicht nur ein bestimmter Personenkreis eine Zugangsmöglichkeit, sondern grundsätzlich jeder, der am Kauf eines Bildes interessiert war. Damit hat K das Regelbeispiel des § 243 I 1, 2 Nr 5 erfüllt.

Die einzelnen Merkmale der Regelbeispiele des § 243 I sind dem Täter zuzurechnen, wenn er diesbezüglich vorsätzlich handelt[1]. K hat durch S als menschliches Werkzeug die Regelbeispiele des § 243 I 1, 2 Nr 1 und Nr 5 wissentlich und willentlich, also vorsätzlich verwirklicht.

Da es sich bei den Regelbeispielen nicht um Tatbestandsmerkmale handelt, wird die Kenntnis der die Regelbeispiele ausmachenden Umstände (also der Vorsatz bzgl der Regelbeispiele) auch erst im Rahmen der Strafzumessung geprüft.

e) Ergebnis

K hat als mittelbarer Täter einen Diebstahl in einem besonders schweren Fall begangen, §§ 242 I, 25 I Alt 2, 243 I 1, 2 Nr 1 und Nr 5.

2. §§ 244 I Nr 3, 25 I Alt 2

S (als Werkzeug des K) ist in eine Galerie eingedrungen. Diese stellt keinen Raum dar, der als Mittelpunkt des privaten Lebens Selbstentfaltung, -entlastung und vertrauliche Kommunikation gewährleistet, also keine Wohnung iSv § 244 I Nr 3. Das Qualifikationsmerkmal ist folglich nicht erfüllt.

3. §§ 265 I, 25 II

230 Indem K sich das Gemälde von S aushändigen ließ und es abtransportierte, könnte er sich wegen Versicherungsmissbrauchs strafbar gemacht haben.

a) Objektiver Tatbestand

Das Gemälde ist eine gegen Diebstahl versicherte Sache. K hat das Bild nicht allein beiseitegeschafft und er hat insoweit auch nicht den S als vorsatzlos handelndes Werkzeug gebraucht. Ihm könnte jedoch der Tatbeitrag des S gem § 25 II zuzurechnen sein. S und K handelten bei der Beseitigung des Gemäldes aufgrund eines gemeinsamen Tatplans und haben die Tat auch arbeitsteilig zusammen ausgeführt. Dabei hatten beide Tatherrschaft. K und S haben somit als Mittäter die versicherte Sache beiseitegeschafft.

b) Subjektiver Tatbestand

Dem K war nicht bewusst, dass die Sache, die S aus der Galerie entfernte und die er selbst abtransportierte, in Wirklichkeit gegen Diebstahl versichert war. Er befand sich in einem vorsatzausschließenden Tatbestandsirrtum gem § 16 I 1.

---

1 § 15 bezieht sich direkt nur auf Tatbestände. Da die Regelbeispiele aber tatbestandsähnlich sind, ist § 15 entsprechend zu berücksichtigen, S/S-*Sternberg-Lieben*, § 15 Rn 27, 31; S/S/W-StGB-*Kudlich*, § 243 Rn 35.

Ferner fehlte ihm auch die Absicht, sich oder einem Dritten Leistungen aus der Versicherung zu verschaffen.

Der subjektive Tatbestand ist also nicht erfüllt. K hat sich nicht nach §§ 265 I, 25 II strafbar gemacht.

4. §§ 123 I, 25 I Alt 2

K hat die Galerie, die als Geschäftsraum vom Schutzbereich des § 123 I umfasst wird, **231**
nicht selbst betreten, da er vor der Tür auf S wartete.

Er könnte allerdings einen Hausfriedensbruch in mittelbarer Täterschaft begangen haben. Fraglich ist dabei zunächst, ob § 123 I ein eigenhändiges Delikt darstellt und deshalb nicht in mittelbarer Täterschaft begangen werden kann. Der Unwert des § 123 I liegt im Taterfolg, der darin besteht, dass jemand gegen den Willen des Berechtigten in die geschützte Sphäre gelangt ist. Daher kann das Delikt auch durch Außenstehende in Mit- oder mittelbarer Täterschaft verwirklicht werden[2].

S ist in die Galerie des G eingedrungen (objektiver Tatbestand), allerdings ohne zu wissen, dass er sie gegen dessen Willen betrat. Er war damit ein vorsatzlos handelndes Werkzeug. K beherrschte den S dadurch, dass er in ihm den Irrtum über das (angebliche) Einverständnis des G hervorgerufen hatte.

K handelte bzgl des Hausfriedensbruchs in mittelbarer Täterschaft vorsätzlich. Er hat sich gem §§ 123 I, 25 I Alt 2 strafbar gemacht.

Die Begehung eines Hausfriedensbruchs ist jedoch regelmäßige Begleittat zu §§ 242 I, 243 I 1, 2 Nr 1. Da der Hausfriedensbruch in die Gesamtwürdigung der Tat und ihre Bewertung als besonders schwerer Fall des Diebstahls eingeht, wird der Verstoß gegen § 123 I nach (noch) herrschender Meinung durch die Bestrafung gem §§ 242 I, 243 I 1, 2 Nr 1 mit abgegolten[3]. Die §§ 123 I, 25 I Alt 2 treten somit im Wege der Konsumtion hinter §§ 242 I, 25 I Alt 2, 243 I 1, 2 Nr 1 zurück. Nach der Gegenansicht können Regelbeispiele keinen Straftatbestand verdrängen, sodass von Idealkonkurrenz zwischen Diebstahl unter Erfüllung eines Regelbeispiels (§§ 242, 243 I 1, 2 Nr 1) und Hausfriedensbruch auszugehen ist[4].

5. Ergebnis für K im Tatkomplex A

K hat sich im Tatkomplex A gem §§ 242 I, 25 I Alt 2, 243 I 1, 2 Nr 1 und Nr 5 strafbar gemacht.

---

2 *Lackner/Kühl*, § 123 Rn 12; *Mewes*, Jura 1991, 629; S/S-*Lenckner/Sternberg-Lieben*, 123 Rn 35; S/S/W-StGB-*Fahl*, § 123 Rn 12; krit: *Emde*, Jura 1992, 275; *Fincke*, Jura 1992, 387; aA: *Herzberg*, ZStW 1972, 927.

3 *Kindhäuser*, BT1 § 33 Rn 43; *Lackner/Kühl*, § 243 Rn 24; *Fischer*, § 243 Rn 30; S/S/W-StGB-*Fahl*, § 123 Rn 14.

4 BGH NStZ 2001, 642; iE zust *Kargl/Rüdiger*, NStZ 2002, 202; *Krey/Hellmann/M. Heinrich*, BT2 Rn 140; *Maurach/Schroeder/Maiwald*, BT1 § 33 Rn 109; *Rengier*, JuS 2002, 850; *Sternberg-Lieben*, JZ 2002, 514; *Zieschang*, Jura 1999, 566 f.

B. Die Auszahlung der Versicherungssumme

I. Strafbarkeit des G

1. § 263 I (G gegenüber der Versicherung, zulasten der Versicherung, zugunsten des G)

232 G könnte sich dadurch, dass er den Schaden seiner Versicherung meldete, wegen Betruges strafbar gemacht haben.

G müsste die Versicherung getäuscht haben. Eine Täuschung liegt insbes im Vorspiegeln falscher Tatsachen. Das Gemälde ist aber tatsächlich gestohlen worden. Es lag also eine Fremdschädigung vor, sodass der Versicherungsfall eingetreten war. Mangels näherer Hinweise im Sachverhalt ist davon auszugehen, dass G trotz des Defekts der Alarmanlage einen Anspruch auf die Versicherungsleistung hatte. Er hat die Versicherung folglich nicht getäuscht. § 263 I ist nicht erfüllt.

2. § 265 I

233 G könnte sich wegen Versicherungsmissbrauchs strafbar gemacht haben.

Das Gemälde ist eine gegen Diebstahl versicherte Sache. G könnte es beiseitegeschafft haben.

G selbst hat das Gemälde nicht entfernt oder verborgen. Dass er dem K von dem Defekt der Alarmanlage erzählte, setzte zwar eine kausale Bedingung für den Diebstahl, stellt aber keine Tathandlung dar, die unter das Merkmal des Beiseiteschaffens zu fassen wäre.

Er könnte das Bild aber dem K überlassen haben. Allein in der Tatsache, dass sich das Bild zuerst im Besitz des G befand, während es sich jetzt im Besitz des K befindet, kann jedoch kein „Überlassen“ gesehen werden, das schon vom Wortlaut her ein Einverständnis des ersten Besitzers verlangt. Ein solches Einverständnis des G war nicht gegeben.

G hat sich nicht gem § 265 I strafbar gemacht.

Man hätte den objektiven Tatbestand auch noch kürzer prüfen können, da G jedenfalls keinen Vorsatz hinsichtlich eines Beiseiteschaffens oder eines Überlassens hatte. Der Umstand, dass G keinen objektiv „rechtswidrigen“ Vermögensvorteil in Gestalt der Versicherungssumme erstrebte, ist allerdings nach der Neufassung des § 265 I irrelevant (s o Rn 227).

3. Ergebnis für G im Tatkomplex B

G bleibt im Tatkomplex B straflos.

II. Strafbarkeit des S

1. §§ 263 I, 25 II (S gegenüber der Versicherung, zulasten der Versicherung, zugunsten des G, des K und des S)

Indem S eine Ursache dafür gesetzt hat, dass G das Gemälde bei der Versicherung als gestohlen meldete, könnte er sich wegen mittäterschaftlichen Betruges strafbar gemacht haben. **234**

S hat die Versicherung nicht selbst getäuscht. Da der Versicherungsfall tatsächlich eingetreten ist, lag auch keine Täuschung (durch G) vor, die dem S über § 25 II zugerechnet werden könnte *(s o Rn 232)*. Ein vollendeter mittäterschaftlicher Betrug scheidet somit aus.

2. §§ 263 I, II, 22, 23 I Alt 2, 25 II (S gegenüber der Versicherung, zulasten der Versicherung, zugunsten des G, des K und des S)

S könnte sich wegen versuchten mittäterschaftlichen Betruges strafbar gemacht haben. **235**

a) Vorprüfung

Die Tat wurde aufgrund des tatsächlichen Eintritts des Versicherungsfalles nicht vollendet *(s o Rn 234)*. Der Versuch ist strafbar gem §§ 23 I Alt 2, 263 II.

b) Tatentschluss

S müsste Vorsatz bezüglich eines mittäterschaftlichen Betrugs gehabt haben.

Er handelte mit dem Willen, die Versicherung über die Echtheit des Versicherungsfalles zu täuschen. Dabei wollte er die Täuschungshandlung nicht selbst vornehmen, sondern sie von G ausführen lassen.

Fraglich ist, ob diese vermeintliche Tatbestandshandlung des G dem S gem § 25 II zugerechnet werden kann. In der Vorstellung des S liegt dem Vorhaben ein gemeinsamer Tatplan zugrunde. Problematisch ist jedoch, dass S nur im Vorbereitungsstadium mitwirken wollte, nämlich indem er das Bild stahl. Sein Wille zur (Mit-)Täterschaft bei diesem geplanten Betrug ist damit fraglich.

Zum Problem der generellen Abgrenzung Täterschaft – Teilnahme bei Beteiligung an einem Begehungsdelikt durch positives Tun s o Fall 1 Problem Nr 4 Rn 20.

Problem Nr 47: Mittäterschaft bei Tatbeitrag im Vorbereitungsstadium **236**

(1) Für die eingeschränkt **subjektive Theorie** der **Rechtsprechung** (BGH NStZ 1999, 609; wistra 2012, 433; NStZ 2013, 104) kommt es entscheidend darauf an, ob der Beteiligte Willen zur Täterschaft (animus auctoris) hatte. Auch ein Tatbeitrag im Vorbereitungsstadium begründet Mittäterschaft, sofern er mit Täterwillen erbracht wird, wobei zu dessen Feststellung auch Tatherrschaftskriterien herangezogen werden können.

Argument: Maßgeblich für die Bejahung der Täterschaft ist nicht der Zeitpunkt, in dem der Beteiligte seinen Tatbeitrag erbringt, sondern die innere Einstellung des Beteiligten zur Tat.

Deshalb kann bereits im Vorbereitungsstadium die enge soziale Beziehung zur Erfolgsherbeiführung hergestellt werden.

(2) Stellt man mit der **herrschenden Lehre** (ua *Jescheck/Weigend*, AT § 61 V; *Wessels/Beulke/Satzger*, AT Rn 518) zur Abgrenzung von Täterschaft und Teilnahme auf die **Tatherrschaft** ab, also auf das vom Vorsatz umfasste In-den-Händen-Halten des Geschehensablaufs, so stellt sich die Frage, ob auch ein Ortsabwesender Tatherrschaft innehaben kann.

(a) Eine **enge Auffassung** innerhalb der Tatherrschaftslehre (*Bloy*, GA 1996, 424; *Bottke*, GA 2001, 463, 472; *Herzberg*, ZStW 99 [1987], 49, 58; LK-*Schünemann*, § 25 Rn 182 ff; *Roxin*, AT 2 Rn 198; *Rudolphi*, GA 1996, 424, 436) verlangt für eine Mittäterschaft, dass der Beteiligte das unmittelbare Tatgeschehen am Tatort mitbeherrschen können muss. Wer seinen Tatbeitrag auf das Vorbereitungsstadium beschränkt, hält eben gerade nicht den Geschehensablauf in den Händen.

Argument: Die Tatherrschaft muss bei Verwirklichung der Tatbestandshandlung vorliegen. Wer nur bei der Vorbereitung mitwirkt, kann zwar das Geschehen beeinflussen, es aber nicht beherrschen. Strafbarkeitslücken entstehen nicht, da etwa der Bandenchef, der im Vorbereitungsstadium wichtige Tatbeiträge liefert, als mittelbarer Täter in der Form des sog „Täters hinter dem Täter" bestraft werden kann.

(b) Demgegenüber lässt es eine überzeugende **weite Auffassung** innerhalb der Tatherrschaftslehre (*Haft*, AT S 207; *Ingelfinger*, JZ 1995, 704 f; MK-*Joecks* § 25 Rn 223; *Rengier*, AT § 41 Rn 19; S/S-*Heine*, § 25 Rn 66 f; S/S/W-StGB-*Murmann*, § 25 Rn 42; iE auch *Frister*, AT 26/27) genügen, dass ein Mittäter die funktionelle oder planvoll-lenkende Tatherrschaft innehat. Danach kann auch der ortsabwesende Beteiligte Mittäter sein, sofern er sein „Minus" bei der Tatausführung durch ein „Plus" im Vorbereitungsstadium ausgleichen kann (Planungs- oder Organisationshoheit).

Argument: Gegen die oben unter (1) dargestellte Ansicht der Rechtsprechung spricht, dass sie zT zu willkürlichen Ergebnissen gelangt, da sie Täter und Teilnehmer als nahezu beliebig austauschbar erscheinen lässt.

Gegen die enge Auffassung innerhalb der Tatherrschaftslehre – oben (2) (a) – lässt sich anführen, dass es angesichts der leitenden Rolle und der überragenden Funktion eines Tatorganisators nicht sachgerecht erscheint, ihn nicht als Mittäter, sondern lediglich als Randfigur des Geschehens zu behandeln. Die Konstruktion des „Täters hinter dem Täter" kann keinen Ausgleich schaffen, denn sie muss auf Extremfälle beschränkt bleiben.

Die Abgrenzung zwischen Täterschaft und Teilnahme ist ein Zurechnungsproblem, das mit der Rollenverteilung bei der Tatausführung allein noch nicht entschieden werden kann. Es darf deshalb nicht auf den Zeitpunkt des Tatbeitrages, sondern es muss auf dessen Wirkung ankommen.

Zur Vertiefung: Wessels/Beulke/Satzger, AT Rn 529; Beulke, Klausurenkurs I, Problem Nr 45 Rn 378; Putzke, JuS 2009, 1083.

237 Auf der Basis der subjektiven Theorie kommt es darauf an, ob S die Tat als eigene wollte. Die in Aussicht gestellte Beteiligung des S an der Versicherungssumme stellt ein gewichtiges Indiz für einen animus auctoris dar. S wollte nicht einfach einen Betrug des G unterstützen, sondern hatte ein eigenes Interesse an der Tat, da ihm versprochen worden war, dass er ein Drittel der Versicherungssumme erhalten würde. Demzufolge wollte S Mittäter sein.

Stellt man mit der herrschenden Lehre zur Abgrenzung von Täterschaft und Teilnahme auf die Tatherrschaft, also auf das vom Vorsatz umfasste In-den-Händen-Halten des

Geschehensablaufs ab, so stellt sich die Frage, ob S, obwohl er bei der eigentlichen Tathandlung nicht mitmachen sollte, die Tatherrschaft hätte innehaben können. Eine enge Auffassung verlangt für eine Mittäterschaft, dass der Beteiligte das unmittelbare Tatgeschehen am Tatort mitbeherrschen können muss, sodass ein Vorsatz des S zu einer mittäterschaftlichen Beteiligung nicht in Betracht kommt.

Dagegen kann nach einer weiten Auffassung innerhalb der Tatherrschaftslehre auch der abwesende S Mittäter sein, sofern er sein Beteiligungsminus im Ausführungsstadium durch ein Plus in der Vorbereitungsphase auszugleichen vermag. Der aus Sicht des S lediglich vorgetäuschte Diebstahl war nicht nur Vorbereitungshandlung für den Betrug, sondern ermöglichte überhaupt erst dessen Ausführung. S glaubte, die gesamte Tatbegehung hinge von ihm ab und er könne den Betrug jederzeit stoppen. Er wollte somit den tatbestandsmäßigen Geschehensablauf planvoll-lenkend in den Händen halten und sein Beteiligungsminus bei der Täuschungshandlung durch das Gewicht seiner Vorbereitungshandlung ausgleichen. Daher ist S nach dieser Ansicht als Mittäter einzustufen.

Damit kommen hier die weite Auffassung innerhalb der Tatherrschaftslehre und die Ansicht der Rechtsprechung zu dem übereinstimmenden Ergebnis, dass S Mittäter sein wollte.

Zu einem anderen Ergebnis gelangt nur die enge Auffassung innerhalb der Tatherrschaftslehre, die jedoch abzulehnen ist, da es angesichts der leitenden Rolle und der überragenden Funktion eines Tatorganisators nicht sachgerecht erscheint, ihn nicht als Mittäter, sondern lediglich als Randfigur des Geschehens zu behandeln, wenn er sich bei der Tatausführung „nicht die Hände schmutzig macht“.

S hatte damit Vorsatz bzgl einer mittäterschaftlichen Täuschung. Er wollte auch, dass durch die Täuschung bei der Versicherungsgesellschaft der Irrtum hervorgerufen würde, dass der (aus seiner Sicht inszenierte) Diebstahl ein echter Diebstahl sei und dass die Versicherung dann infolge dieses Irrtums die Versicherungssumme an G auszahlte. S hatte somit auch Vorsatz bzgl der Vermögensverfügung. Dabei wusste er, dass die Versicherung nur bei einem echten Diebstahl zur Schadensregulierung verpflichtet ist. Er handelte folglich in dem Bewusstsein, dass der Versicherung durch die Auszahlung ein Vermögensschaden entstehen würde, weil dem ausbezahlten Betrag hier kein entsprechender Anspruch gegenüberstünde.

S hatte auch die Absicht, sich selbst, K und G einen objektiv rechtswidrigen Vermögensvorteil zu verschaffen. Dieser Vermögensvorteil sollte stoffgleich zum Schaden der Versicherung sein.

S war somit zum Betrug in Mittäterschaft entschlossen.

c) Unmittelbares Ansetzen

S hat zum Versuch der Tatbestandsverwirklichung unmittelbar angesetzt, wenn nach seiner Vorstellung von der Tat die Handlung bei ungestörtem Fortgang unmittelbar in die Tatbestandsverwirklichung einmündet.

S könnte durch die Begehung des Diebstahls die Grenze zwischen Vorbereitungshandlung und Versuch bzgl des Betruges überschritten haben. Allerdings wird erst durch die

Schadensmeldung und noch nicht durch den Diebstahl das Schutzgut des Betruges (das Vermögen der Versicherung) unmittelbar gefährdet.

Die Grenze zum „Jetzt-geht's-los" könnte aber durch die Meldung des Diebstahls an die Versicherung überschritten worden sein. Problematisch ist hier jedoch, dass die Meldung durch G erfolgte. Fraglich ist, ob dem S die Handlung des G zugerechnet werden kann. Dazu muss zunächst geklärt werden, ob es überhaupt möglich ist, das unmittelbare Ansetzen des einen Mittäters einem anderen zuzurechnen.

238 **Problem Nr 48: Versuchsbeginn bei Mittäterschaft**

(1) Nach der sog **„Einzellösung"** (*Roxin*, AT 2 § 29 Rn 297; LK-*Schünemann*, § 25 Rn 203 ff; SK-*Rudolphi*, § 22 Rn 19a) muss der Versuchsbeginn für jeden Mittäter gesondert geprüft werden: Es kommt darauf an, ob der zu prüfende Mittäter mit seinem eigenen Tatbeitrag unmittelbar zur Tat angesetzt hat.

Argument: § 22 setzt seinem Wortlaut nach das unmittelbare Ansetzen des (Mit-)Täters zur Verwirklichung des Tatbestandes voraus.

(2) Nach der sog **„Gesamtlösung"** (BGHSt 11, 268; Beck OK-*Beckemper*, § 22 Rn 54; MK-*Joecks*, § 25 Rn 260; *Kudlich*, PdW AT S 177 f; LK-*Hillenkamp*, § 22 Rn 173; Matt/Renzikowski-*Heger*, § 22 Rn 51; *Otto*, AT § 21 Rn 125; *Rengier*, AT § 36 Rn 20, 23; *Rönnau*, JuS 2014, 109 f; *Zieschang*, AT Rn 514) kann das unmittelbare Ansetzen eines Mittäters dem anderen Mittäter über § 25 II zugerechnet werden.

Argument: Für diese Lösung spricht vor allem, dass die Mittäter im Wege des bewussten und gewollten Zusammenwirkens gemeinsam nur eine Tat begehen, deren Versuch und Vollendung sich einheitlich vollzieht. Dieser Struktur der Mittäterschaft wird die oben unter (1) dargestellte Einzellösung nicht gerecht. Wer prinzipiell einen Mittäterschaftsbeitrag im Vorbereitungsstadium für möglich hält *(vgl o Rn 236)*, würde sich durch ein Plädoyer zugunsten dieser Theorie selbst widersprechen. Wenn sich also jeder Täter stets die im Rahmen des gemeinsamen Tatplanes liegenden Beiträge der jeweils anderen wie eigenes Tun zurechnen lassen muss, dann muss es konsequenterweise genügen, dass nur einer von ihnen nach der Vorstellung aller in das Ausführungsstadium eintritt.

Zur Vertiefung: Wessels/Beulke/Satzger, AT Rn 611; S/S/W-StGB-Kudlich/Schur, § 22 Rn 48 ff; Beulke, Klausurenkurs I, Problem Nr 46 Rn 380.

239 Nach der Einzellösung käme es darauf an, ob S selbst zur Tat unmittelbar angesetzt hat. Dagegen könnte nach der Gesamtlösung das unmittelbare Ansetzen eines Mittäters (hier des G) dem anderen Mittäter uU nach § 25 II zugerechnet werden. Für die Gesamtlösung und gegen die Einzellösung spricht, dass die Mittäter gemeinsam (aber uU arbeitsteilig) eine einzige Tat begehen, für die es nur einen Zeitpunkt geben kann, in dem die Grenze vom Vorbereitungs- zum Versuchsstadium überschritten wird.

Auf der Grundlage der vorzugswürdigen Gesamtlösung könnte also S der Beginn der Ausführungshandlung (des G) zugerechnet werden, falls S und G tatsächlich Mittäter gewesen wären. S und G sind jedoch nur in der Vorstellung des S Mittäter. In Wirklichkeit begehen sie keinen mittäterschaftlichen Betrugsversuch, denn G weiß nichts von dem Plan des S, die Versicherungsgesellschaft zu betrügen. G selbst beging keinen Betrug und wollte dies auch nicht *(s o Rn 232)*. Da die Schadensmeldung für ihn kein tatbestandsmäßiges Verhalten darstellt, hat er zu keinem Zeitpunkt unmittelbar zur Tatbestandsverwirklichung angesetzt.

Umstritten ist, ob bei einer derartigen nur vermeintlichen Mittäterschaft die Zurechnung fremden Handelns zulasten desjenigen möglich ist, der zwar an die Existenz eines gemeinsamen Tatplans glaubt, der aber nicht selbst die Grenze zwischen Vorbereitung und Versuch überschreitet. Es fragt sich also, ob die Grundsätze der Gesamtlösung auch für den Sonderfall der nur vermeintlichen Mittäterschaft gelten.

Problem Nr 49: Versuchsbeginn bei vermeintlicher Mittäterschaft **240**

(1) Nach Ansicht des **BGH** (BGHSt 40, 299; BGH NStZ 1994, 534 f; einschränkend BGH NStZ 2004, 110) kann der Täter wegen eines in Mittäterschaft begangenen Versuchs bestraft werden. Immer dann, wenn eine Handlung des nur vermeintlichen Mittäters vorliegt, durch welche die Schwelle vom bloßen Vorbereitungs- zum Versuchsstadium überschritten wird, wird auch für den Beteiligten, der an das Vorliegen einer Mittäterschaft glaubt, die Grenze zum Versuchsbeginn überschritten, sofern nach seiner Auffassung eine Handlung vorliegt, die bei tatsächlicher Mittäterschaft tatbestandsmäßig wäre.

Argument: Für diese Lösung spricht die Figur des untauglichen Versuchs: Der Täter stellt sich vor, dass der andere Mittäter sei und die tatbestandliche Ausführungshandlung vornehme. Dass die Handlung gar nicht zum Erfolg führen kann, ist gerade das Charakteristische des untauglichen Versuchs.

Der Vorwurf, diese Sichtweise stelle Gesinnungsstrafrecht dar, ist so nicht haltbar, da bei jedem untauglichen Versuch nur die Gesinnung des Täters bestraft wird. Die Strafbarkeit des untauglichen Versuchs ist jedoch allgemein anerkannt.

(2) Nach **überzeugender Ansicht** (*Frister*, AT 29/14; *Krack*, ZStW 117 [2005], 555; *Kudlich*, JuS 2002, 29; LK-*Hillenkamp*, § 22 Rn 176; *Otto*, AT § 21 Rn 126; *Rengier*, AT § 36 Rn 27; S/S/W-StGB-*Kudlich/Schur*, § 22 Rn 52; MK-*Joecks*, § 25 Rn 263; S/S-*Eser*, § 22 Rn 55a; *Renzikowski*, JuS 2013, 481, 486 f; *Streng*, ZStW 109 [1997], 892; *Zieschang*, AT Rn 520) ist der vermeintliche Mittäter nur Alleintäter. Da er nicht selbst zur Tatbestandsverwirklichung angesetzt hat, ist er nicht wegen Versuchs strafbar.

Argument: Gegen die unter (1) dargestellte Ansicht spricht Folgendes: Zwar reicht für die Zurechnung des Tatbeitrages im Rahmen einer Mittäterschaft nach der Gesamtlösung die Mitwirkung im Vorbereitungsstadium aus. Es muss aber darüber hinaus auch ein gemeinsamer Tatplan vorliegen, woran es bei einer nur vermeintlichen Mittäterschaft gerade fehlt. Der Grund der gegenseitigen Zurechnung der Tatbeiträge im Rahmen der Mittäterschaft ist das zwischen den einzelnen Mittätern bestehende Einvernehmen bzgl der arbeitsteilig zu verwirklichenden Tat (= bewusstes und gewolltes Zusammenwirken). Sobald diese Willensübereinstimmung nicht besteht, fehlt es an einer Rechtfertigung für die Zurechnung der einzelnen Tatbeiträge.

Der unvorsätzlich Handelnde setzt nicht unmittelbar zum Versuch an, da er nicht tatbestandsmäßig handelt. Es ist daher bei nur vermeintlicher Mittäterschaft objektiv überhaupt kein unmittelbares Ansetzen gegeben. Auch beim untauglichen Versuch muss aber der Täter objektiv mit einer Ausführungshandlung begonnen haben, damit ein unmittelbares Ansetzen iSv § 22 bejaht werden kann. Der untaugliche Versuch ist daher kein reines Gesinnungsstrafrecht. Dies verkennt der BGH bei seiner Argumentation.

Der bloße Glaube an ein unmittelbares Ansetzen durch den vermeintlichen Mittäter stellt noch kein strafwürdiges Aufbegehren gegen die Rechtsordnung dar, solange es sich nicht in einer einem objektiven Straftatbestand entsprechenden Handlung manifestiert.

Durch die Ablehnung des versuchten Betruges entsteht auch keine kriminalpolitisch bedenkliche Strafbarkeitslücke, weil nach der heutigen Gesetzeslage eine Strafbarkeit wegen Versicherungsmissbrauchs iSv § 265 eingreift *(s o Rn 227).*

Zur Vertiefung: Wessels/Beulke/Satzger, AT Rn 612; Globke/Hettinger, Kühl-FS, S 213 ff; Mitsch, Kühne-FS, S 31 ff.

241 Die Diebstahlsmeldung des G an seine Versicherung kann dem S nach Ansicht der Rechtsprechung als Akt des unmittelbaren Ansetzens zugerechnet werden. Diese Ansicht ist jedoch abzulehnen, da das Abstellen allein auf die subjektive Vorstellung des S nur auf der Grundlage der extrem-subjektiven Tätertheorie haltbar ist. Diese ist aber mit § 25 I Alt 1 unvereinbar. Die Ansicht der Rechtsprechung läuft auf ein reines Gesinnungsstrafrecht hinaus, indem sie auf ein objektiv vorliegendes unmittelbares Ansetzen verzichtet. Außerdem bezweckt die Regelung des § 25 II nur die Zurechnung kriminellen Verhaltens, nicht aber die Zurechnung des rechtstreuen Verhaltens eines Bürgers.

Nach überzeugender anderer Ansicht kann dem S die Handlung des G nicht zugerechnet werden, da es sich bei G nur um einen vermeintlichen Mittäter handelt, der nie iSv § 22 tatsächlich zur Tat angesetzt hat. Für einen Versuch ist aber immer auch ein objektives Element erforderlich. Folglich hat S nicht unmittelbar zur Tat angesetzt.

d) Ergebnis

S hat sich nicht gem §§ 263 I, II, 22, 23 I Alt 2, 25 II strafbar gemacht.

3. §§ 263 I, 30 II

242 Schon weil es sich bei § 263 I nur um ein Vergehen (§ 12 II) und nicht – wie für § 30 II erforderlich – um ein Verbrechen handelt, kann S sich nicht gem §§ 263 I, 30 II strafbar gemacht haben.

4. § 265 I

S hat das gegen Diebstahl versicherte Gemälde vorsätzlich beiseitegeschafft in der Absicht, sich und Dritten Leistungen aus der Versicherung zu verschaffen *(s o Rn 227).* Da der Gesetzgeber in § 265 I die Strafbarkeit weit in das Vorbereitungsstadium vorverlagert hat, ist die Tat mit dem Beiseiteschaffen vollendet und auch beendet. Die spätere Meldung eines Schadens bei der Versicherung erfüllt nicht mehr den Tatbestand des § 265. Der Betrug ist gegenüber § 265 eine ganz andere Tat im materiell-rechtlichen Sinne[5].

Wer vertritt, dass § 265 erst durch das Einreichen bei der Versicherung materiell-rechtlich beendet wird, muss diesen Teilakt in der früheren Tatbegehung (o Rn 227) aufgehen lassen.

5 So auch NK-*Hellmann*, § 265 Rn 43; aA *Wessels/Hillenkamp*, BT2 Rn 656; S/S/W-StGB-*Saliger*, § 265 Rn 15.

5. § 246 I

S könnte sich durch die Entgegennahme des Geldes (100 000 €) wegen Unterschlagung strafbar gemacht haben. K hat dem S das Geld übereignet. Es war folglich nicht mehr fremd. § 246 I ist somit nicht erfüllt. **243**

6. §§ 259 I, III, 22, 23 I Alt 2

Da das Geld in Wirklichkeit nicht aus einer rechtswidrigen Vortat stammte, ist § 259 I nicht vollendet. Der Versuch ist gem §§ 259 III, 23 I Alt 2 strafbar. **244**

S dachte, dass das Geld aus dem Versicherungsbetrug, einer rechtswidrigen Vortat (§§ 263 I, 265 I), stammte. Jedoch glaubte er, Mittäter dieser Vortat zu sein. Er hielt sie nicht für die Tat eines anderen. Mangels Tatentschlusses hat sich S daher nicht nach §§ 259 I, III, 22, 23 I Alt 2 strafbar gemacht.

7. Ergebnis für S im Tatkomplex B

S hat sich im Tatkomplex B nicht erneut strafbar gemacht.

III. Strafbarkeit des K

1. §§ 263 I, 25 I Alt 2 (K gegenüber der Versicherung, zulasten der Versicherung, zugunsten des G)

K selbst hat die Versicherung nicht getäuscht. Er könnte sich jedoch eines Betruges in mittelbarer Täterschaft strafbar gemacht haben. Es ist aber tatsächlich schon keine Täuschung gegenüber der Versicherung begangen worden, da der Versicherungsfall eingetreten ist. Der objektive Tatbestand des § 263 I wurde nicht erfüllt. **245**

2. §§ 263 I, II, 22, 23 I Alt 2, 25 I Alt 2 (K gegenüber der Versicherung, zulasten der Versicherung, zugunsten des G)

Der Betrug wurde nicht vollendet; der Versuch ist strafbar gem §§ 263 II, 23 I Alt 2.

K hatte jedoch keinen Vorsatz bzgl eines Betruges gegenüber der Versicherung, da er den „Blauen Schwan“ für unversichert hielt. Er ging vielmehr davon aus, G werde den Schaden allein tragen müssen. Mangels Tatentschlusses scheidet eine Strafbarkeit gem §§ 263 I, II, 22, 23 I Alt 2, 25 I Alt 2 aus.

3. §§ 263 I, II, 22, 23 I Alt 2, 26 (S gegenüber der Versicherung, zulasten der Versicherung, zugunsten des G, des K und des S)

Eine vollendete Anstiftung zum versuchten Betrug (begangen durch S) scheitert am Fehlen einer vorsätzlichen rechtswidrigen Haupttat *(s o Rn 235 ff)*. S hatte zum versuchten Betrug gegenüber der Versicherung nicht unmittelbar angesetzt. **246**

4. § 263 I (K gegenüber S, zulasten des G, zugunsten des K)

247 K hat den S darüber getäuscht und bei ihm den Irrtum erregt, dass G mit der Entfernung des Gemäldes aus dessen Galerie einverstanden sei. Durch diesen Irrtum müsste S zu einer Verfügung über das Vermögen des G veranlasst worden sein. Der Begriff der Vermögensverfügung ist nicht zivilrechtlich, sondern im rein tatsächlichen Sinne zu verstehen und umfasst jedes tatsächliche Handeln, Dulden oder Unterlassen des Getäuschten, das bei diesem selbst oder bei einem Dritten unmittelbar zu einer Vermögensminderung im wirtschaftlichen Sinn führt. Eine Vermögensminderung trat bei G ein. An der Unmittelbarkeit der Herbeiführung des Vermögensschadens fehlt es jedoch dann, wenn die Täuschung dem Täter nur die Möglichkeit zur nachfolgenden Wegnahme von Sachen eröffnen soll[6]. Vollendeter Diebstahl und Betrug in Bezug auf dieselbe Sache schließen sich gegenseitig aus[7].

K hat das Gemälde in mittelbarer Täterschaft weggenommen, wobei der Getäuschte die Rolle des gutgläubigen Werkzeugs bei dem Gewahrsamsbruch und der Wegnahme spielte *(s o Rn 229)*. Die Vermögensschädigung beruhte daher nicht unmittelbar auf einer Vermögensverfügung, sondern trat erst durch den eigenmächtigen Zugriff des Täters auf die Sache, dh durch die Wegnahme ein. Ein Betrug gegenüber S zulasten des G ist damit bzgl des Gemäldes „Blauer Schwan“ ausgeschlossen.

Man könnte den Betrug auch deshalb ablehnen, weil keine für einen Dreiecksbetrug erforderliche Nähebeziehung (Befugnis-, Nähe- oder Lagertheorie, vgl Rn 113) zwischen G und S vorgelegen hat. Letztlich führt diese Argumentation aber auf denselben Gesichtspunkt zurück, nämlich auf die Exklusivität von Wegnahme und Verfügung.

5. § 265 I

248 K hielt die Sache für unversichert. Es fehlt ihm deshalb von vornherein jeder Tatbestandsvorsatz.

6. Ergebnis für K im Tatkomplex B

K bleibt im Tatkomplex B ebenfalls straflos.

C. Gesamtergebnis

249 **G:** straflos
K: §§ 242 I, 25 I Alt 2, 243 I 1, 2 Nr 1 und Nr 5
S: § 265 I

6 BGHSt 50, 174; OLG Düsseldorf NJW 1990, 923; OLG Saarbrücken NJW 1968, 262; *Krey/Hellmann/M. Heinrich*, BT2 Rn 557; *Lackner/Kühl*, § 263 Rn 26; *Fischer*, § 263 Rn 77; S/S/W-StGB-*Satzger*, § 263 Rn 121.
7 BGHSt 17, 206, 209; *Lackner/Kühl*, § 263 Rn 31; S/S-*Cramer/Perron*, § 263 Rn 63.

Definitionen zum Auswendiglernen

Einbrechen	iSv §§ **243 I 2 Nr 1, 244 I Nr 3** ist das gewaltsame, nicht notwendig substanzverletzende Öffnen einer dem Zutritt entgegenstehenden Umschließung *(Wessels/Hillenkamp, BT2 Rn 225).*
Einsteigen	iSv §§ **243 I 2 Nr 1, 244 I Nr 3** ist jedes Hineingelangen in ein Gebäude oder einen umschlossenen Raum durch eine zum ordnungsgemäßen Eintritt nicht bestimmte Öffnung unter Überwindung von Hindernissen oder Schwierigkeiten, die sich aus der Eigenart des Gebäudes oder der Umfriedung des umschlossenen Raumes ergeben *(Wessels/Hillenkamp, BT2 Rn 226).*
Falscher Schlüssel	iSv § **243 I 2 Nr 1** ist jeder Schlüssel, der zur Tatzeit vom Berechtigten nicht oder nicht mehr zum Öffnen des betreffenden Verschlusses bestimmt ist *(Wessels/Hillenkamp, BT2 Rn 227).*
Anderes Werkzeug	iSv § **243 I 2 Nr 1** ist ein solches beliebiger Art, welches vom Täter in einer Weise angewandt wird, dass der Mechanismus des Verschlusses ordnungswidrig in Bewegung gesetzt wird *(Wessels/Hillenkamp, BT2 Rn 229).*
Behältnis	iSv § **243 I 2 Nr 2** ist ein zur Aufnahme von Sachen dienendes und sie umschließendes Raumgebilde, das nicht dazu bestimmt ist, von Menschen betreten zu werden *(Wessels/Hillenkamp, BT2 Rn 234).*
Von Bedeutung für die Kunst	iSv § **243 I 2 Nr 5** ist eine Sache, wenn ihr Verlust eine spürbare Einbuße für diese Disziplin darstellen würde *(Fischer, § 243 Rn 20).*
Allgemein zugänglich	iSv § **243 I 2 Nr 5** ist eine Sammlung, wenn sie nicht lediglich einem begrenzten Kreis von Benutzern offen steht *(Wessels/Hillenkamp, BT2 Rn 241, 51).*
Wohnungen	iSv § **244 I Nr 3** sind umschlossene Räume, die als Mittelpunkt des privaten Lebens Selbstentfaltung, -entlastung und vertrauliche Kommunikation gewährleisten *(Wessels/Hillenkamp, BT2 Rn 290).*
Versichert	iSd § **265** ist eine Sache, wenn über sie ein Versicherungsvertrag abgeschlossen und förmlich zustande gekommen ist, mag er auch anfechtbar oder nach § 74 III VVG nichtig sein *(Wessels/Hillenkamp, BT2 Rn 657).*
Beiseiteschaffen	iSv § **265** ist jede Handlung, durch die ein Gegenstand räumlich so entfernt oder verborgen wird, dass der Versicherungsfall als eingetreten gilt *(Wessels/Hillenkamp, BT2 Rn 658).*

Weitere einschlägige Musterklausuren

Zum Problem der Mittäterschaft bei Tatbeitrag im Vorbereitungsstadium:

Berz, Jura 1990, 313; *Britz*, JuS 1997, 146; *Christmann*, in: *Coester-Waltjen* ua (Hrsg), Zwischenprüfung, S 37; *Eisenberg/Müller*, JA 1989, Ü 160; *Gaede*, JuS 2003, 774; *Geppert*, Jura 2002, 278; *ders*, in: *Coester-Waltjen* ua (Hrsg), Zwischenprüfung, S 41; *Gropp/Küpper/Mitsch*, [1] S 1; *Kargl*, Strafrecht, S 132, 139; *Krell*, Jura 2012, 150; *Küper*, Jura 1996, 205; *Kunz*, JuS 1997, 242; *Liebig/ Wiesen*, ZJS 2012, 530; *Marquardt/von Danwitz*, JuS 1998, 814; *Murmann*, Jura 2001, 258; *Radtke/*

Krutisch, JuS 2001, 258; *Radtke*, JuS 1995, 427; *ders*, JuS 1994, 589; *Rössner/Guhra*, Jura 2001, 403; *Rotsch*, Klausurenlehre Rn 1495; *Rotsch/Nolte/Peifer/Weitemeyer*, [20] S 286; *Rudolphi*, [9] S 101; *Safferling/Menz*, Jura 2008, 382; Schlüter-*Niehaus*, [20] S 286; *Schwabe*, AT [10] S 132; *Singelnstein*, JA 2011, 756; *Steinberg/Müller*, ZJS 2012, 807; *Weißer/Kreß*, JA 2003, 857

Zum Problem des Versuchsbeginns bei Mittäterschaft:

Ambos, Jura 2004, 492; *Britz*, JuS 1997, 146; *Christmann*, in: *Coester-Waltjen* ua (Hrsg), Zwischenprüfung, S 37; *Ebert*, Fälle, [3] 46; *Hilgendorf*, Klausurenkurs II [15] Rn 110; *Hörnle*, Jura 2001, 44; *Kindhäuser/Schumann/Lubig*, Klausurtraining [4] S 114; *Krell*, Jura 2012, 150; *Kromrey*, Jura 2013, 533; *Otto/Bosch* [17] S 379; *Otto/Petersen*, Jura 1999, 480; *Petermann*, JuS 2009, 1119; *Rotsch*, Klausurenlehre Rn 1911; *Scholz/Wohlers*, S 108; *Stoffers*, JuS 1994, 948; *Zopfs*, Jura 2013, 1072

Zum Problem des Versuchsbeginns bei vermeintlicher Mittäterschaft:

Bock, WuV AT [3] S 59; *Britz*, JuS 1997, 146; *Christmann*, in: *Coester-Waltjen* ua (Hrsg), Zwischenprüfung, S 37; *Hanft*, JuS 2005, 1010; *Hilgendorf*, Klausurenkurs III [10] Rn 38; *Kudlich*, Fälle AT [8] S 111; *ders*, JA 2008, 703; *Kunz*, JuS 1997, 242; *Otto/Bosch* [17] S 380; *Otto/Petersen*, Jura 1999, 480; *Riemenschneider*, JuS 1997, 627

Fall 9

Wer hat die Hosen an?

Als Jurastudent A seine Kommilitonin K im Kaufhaus trifft, erzählt diese ihm begeistert, 250 dass sie sich gerade in der Umkleidekabine eine neue Hose unter ihren fast bodenlangen Wintermantel angezogen habe, die man offensichtlich problemlos entwenden könne, da jedwede Diebstahlssicherung fehle. Ihre eigene abgetragene Cordhose habe sie einfach in der Kabine liegengelassen. Stolz öffnet K einen Spalt breit den Mantel und zeigt A das schöne, frisch erhaschte Stück. In diesem Moment erblicken K und A jedoch den herannahenden D, bei dem es sich – an seiner Uniform erkennbar – um den Hausdetektiv des Kaufhauskonzerns handelt. D hat den gesamten Vorgang heimlich beobachtet und will die K jetzt festnehmen. Blitzschnell rennt K los, um mit der Hose zu verschwinden, und ruft dem A zu: „Halt ihn auf, bis ich weg bin!“ Damit K die Hose behalten kann, streckt A ein Bein vor, sodass D in dem Moment, in dem er an A vorbeiläuft, ins Stolpern gerät und zu Boden fällt. Ehe sich der völlig unverletzt gebliebene D aufrichtet, kann K das Kaufhaus fluchtartig verlassen. D gibt jedoch nicht auf. Er rappelt sich auf, rennt auf die Straße und sieht dort tatsächlich in der Ferne den Blondschopf der K. Nach einer Minute hat D die K eingeholt und führt sie mit festem Faustgriff zurück zum Kaufhaus.

In seinem Büro angekommen, fertigt D in Gegenwart der K sofort eine Diebstahlsanzeige und adressiert sie an die zuständige Polizeidienststelle. Als K ihm jedoch vorjammert, dass eine Strafanzeige ihre spätere berufliche Karriere belasten würde, kommt D auf die Idee, die Situation finanziell auszunutzen. Er erklärt der – nach ihrer Kleidung zu urteilen – aus reichem Hause stammenden K, dass er die bereits fertige Strafanzeige wegen Ladendiebstahls gegen Zahlung eines einmaligen Betrages von 5000 € „aus dem Verkehr ziehen“ werde. K geht sofort darauf ein, verlässt erleichtert das Kaufhaus, hebt das Geld bei ihrer Hausbank, der Y-Bank, ab und zahlt es dem D in dessen Büro in bar aus. Daraufhin erklärt D die Angelegenheit für erledigt und wirft die Diebstahlsanzeige in den Papierkorb. Die Hose legt er in der Bekleidungsabteilung des Kaufhauses wieder auf die Verkaufstheke.

Wie haben sich A, D und K strafbar gemacht?

Evtl erforderliche Strafanträge sind gestellt.

Gedankliche Strukturierung des Falles (Kurzlösung)

251 **A. Die Hose (Geschehen bis zum Auftauchen des D)**

I. Strafbarkeit der K

1. § 242 I (+)

a) **Objektiver Tatbestand (+)**
- fremde bewegliche Sache (+)
- Wegnahme (+)

b) **Subjektiver Tatbestand (+)**
- Vorsatz (+)
- Absicht rechtswidriger Zueignung (+)

c) **Rechtswidrigkeit und Schuld (+)**

d) **Ergebnis**

2. § 246 I (+)
- aber subsidiär

3. § 123 I (–)

4. Ergebnis für K im Tatkomplex A
K ist strafbar gem § 242 I.

II. Strafbarkeit des A

1. §§ 242 I, 27 (–)

2. Ergebnis für A im Tatkomplex A
A ist straflos.

B. Die Hose (Geschehen nach dem Auftauchen des D)

I. Strafbarkeit des A

1. §§ 242 I, 25 II (–)

2. §§ 242 I, 27 (+)

a) **Objektiver Tatbestand (+)**
- vorsätzliche rechtswidrige Haupttat (+)
- Beihilfehandlung (+)

Problem Nr 50: Abgrenzung zwischen sukzessiver Beihilfe und Begünstigung (Rn 257)

b) **Subjektiver Tatbestand (+)**
- Vorsatz bzgl Haupttat (+)
- Vorsatz bzgl Beihilfehandlung (+)

c) **Rechtswidrigkeit und Schuld (+)**

d) **Ergebnis**

3. §§ 246 I, 27 (+)
- aber subsidiär

4. § 257 I (–)
- Vortat iSd § 257 I (+)
- Hilfeleistung (–)
- jedenfalls: § 257 III (+)

5. §§ 258 I, IV, 22, 23 I Alt 2 (–)
- Vereitelungshandlung (+)
- wissentlich oder absichtlich (–)

6. §§ 252, 249 (–)
- Absicht, sich im Besitz des gestohlenen Gutes zu erhalten (–)

7. §§ 253 I, 255, 22, 23 I Alt 1 (–)
- bloße „Sicherungserpressung"

8. §§ 240 I, III, 22, 23 I Alt 2 (+)

9. § 223 I (–)
- körperliche Misshandlung (–)
- Gesundheitsschädigung (–)

10. §§ 223 I, II, 22, 23 I Alt 2 (–)
- Tatentschluss (–)

11. Konkurrenzen

12. Ergebnis für A im Tatkomplex B
A hat sich gem §§ 242 I, 27 – § 52 – §§ 240 I, III, 22, 23 I Alt 2 strafbar gemacht.

II. Strafbarkeit der K

1. §§ 252, 249, 25 I Alt 2 (+)

a) **Objektiver Tatbestand (+)**

Problem Nr 51: Mittelbare Täterschaft durch ein absichtslos-doloses Werkzeug (Rn 267)

b) **Subjektiver Tatbestand (+)**

c) **Rechtswidrigkeit und Schuld (+)**

d) **Ergebnis**

2. §§ 240 I, III, 22, 23 I Alt 2, 26 (+)

a) **Objektiver Tatbestand (+)**

b) **Subjektiver Tatbestand (+)**

c) **Ergebnis**

3. Konkurrenzen

4. Ergebnis für K im Tatkomplex B
K ist strafbar gem §§ 252, 249, 25 I Alt 2.

III. Strafbarkeit des A als Teilnehmer

1. §§ 252, 249, 25 I Alt 2, 27 (+)

2. Gesamtkonkurrenzen für A im Tatkomplex B

3. Gesamtergebnis für A im Tatkomplex B
A ist strafbar gem §§ 252, 249, 25 I Alt 2, 27.
(aA vertretbar: §§ 252, 249, 25 I Alt 2, 27 – § 52 – §§ 240 I, III, 22, 23 I Alt 2)

IV. Strafbarkeit des D

1. § 240 I (-)

2. § 223 I (-)

3. § 239 I (-)

4. Ergebnis für D im Tatkomplex B
D ist straflos

C. Im Büro (Strafbarkeit des D)

1. § 253 I (+)

a) **Objektiver Tatbestand (+)**

Problem Nr 52: Drohung mit einem Unterlassen (Rn 274)

b) **Subjektiver Tatbestand (+)**

c) **Rechtswidrigkeit und Schuld (+)**

d) **Ergebnis**

2. § 240 I (+)

3. §§ 258 I, 13 (–)

4. § 274 I Nr 1 (–)
5. Konkurrenzen
6. Ergebnis für D im Tatkomplex C
D ist strafbar gem § 253 I.

D. Gesamtergebnis

A: §§ 252, 249, 25 I Alt 2, 27
(aA vertretbar: §§ 252, 249, 25 I Alt 2, 27 – § 52 – §§ 240 I, III, 22, 23 I Alt 2)
D: § 253 I
K: §§ 252, 249, 25 I Alt 2

Ausführliche Lösung von Fall 9

A. Die Hose (Geschehen bis zum Auftauchen des D)

I. Strafbarkeit der K

1. § 242 I

252 Indem K sich in der Umkleidekabine die Hose unter ihren Wintermantel anzog, könnte sie sich wegen Diebstahls strafbar gemacht haben.

a) Objektiver Tatbestand

K müsste eine fremde bewegliche Sache weggenommen haben. Die im Eigentum des Kaufhausinhabers stehende Hose war eine für K fremde bewegliche Sache. Wegnahme iSv § 242 I ist der Bruch fremden Allein- oder Mitgewahrsams und die Begründung neuen, nicht notwendig eigenen Gewahrsams. Gewahrsam wiederum ist die von einem natürlichen Herrschaftswillen getragene tatsächliche Sachherrschaft, deren Reichweite von der Verkehrsauffassung bestimmt wird. Grundsätzlich übt der Kaufhausinhaber, gegebenenfalls über Gewahrsamsgehilfen, die tatsächliche Sachherrschaft über die in seinem Laden dargebotenen Gegenstände aus. Dass die Hose ohne jede Sicherung in der Auslage lag und der Ladeninhaber möglicherweise keinen direkten Zugriff auf sie hatte, vermag daran nichts zu ändern. Es handelt sich allenfalls um eine Gewahrsamslockerung. Indem K sich die Hose an- und ihren eigenen Mantel darüber zog, hat sie die Sache in ihre körperliche Nahsphäre, sozusagen in ihre „Gewahrsamsenklave" gebracht. Auch wenn sie sich noch im fremden Gewahrsamsbereich aufhielt, wird ihr sozial-normativ der Gewahrsam an den von ihr am Körper getragenen Kleidungsstücken zugeordnet *(s o Fall 4 Problem Nr 20 Rn 93)*. Anders läge der Fall, wenn K die Hose lediglich anprobiert hätte, denn bei einer Anprobe wird der Gewahrsam nach der Verkehrsanschauung weiterhin dem Kaufhausinhaber zugeschrieben *(vgl o Fall 4 Rn 94)*. Da K aber ihren eigenen, bodenlangen Mantel überzog, wollte sie die Hose offenbar nicht wieder ausziehen und zurücklegen. Folglich hat K neuen, eigenen Gewahrsam an der Hose begründet. Dies geschah ohne das Einverständnis des früheren Gewahrsamsinhabers, der Gewahrsam des Ladeninhabers wurde also gebrochen, sodass eine Wegnahme vorliegt.

Da mit dem Überziehen des eigenen Mantels der Diebstahl bereits formell vollendet war, ist es unbeachtlich, dass K die Hose später zurückgegeben und damit den Gewahrsam wieder auf den Kaufhausinhaber übertragen hat. Auch die Tatsache, dass D das gesamte Geschehen beobachtet hat, ändert nichts an der Vollendung der Wegnahme, denn Diebstahl ist kein heimliches Delikt *(vgl o Fall 3 Problem Nr 17 Rn 79)*.

b) Subjektiver Tatbestand

K handelte mit dem Willen zur Verwirklichung des Straftatbestandes in Kenntnis aller seiner objektiven Tatumstände, also vorsätzlich. Darüber hinaus kam es ihr gerade darauf an, sich selbst die Hose unberechtigterweise anzueignen, wobei sie die dauernde

Enteignung des Kaufhausinhabers jedenfalls billigend in Kauf nahm. K handelte somit auch in der Absicht rechtswidriger Zueignung.

c) Rechtswidrigkeit und Schuld

Sie handelte rechtswidrig und schuldhaft.

d) Ergebnis

K hat sich gem § 242 I strafbar gemacht.

2. § 246 I

Indem K die Hose unter ihren Wintermantel anzog, könnte sie zugleich eine Unterschlagung begangen haben. **253**

Sie müsste sich die Hose zugeeignet haben. Nach der überzeugenden herrschenden Meinung stellt jede Manifestation des Zueignungswillens, dh jedes Verhalten des Täters, aus dem der objektive Beobachter auf einen Zueignungsvorsatz schließen kann, eine Zueignungshandlung iSv § 246 I dar *(vgl o Fall 5 Rn 137)*. Das Verstecken der Hose unter dem Wintermantel ist eine solche Manifestation des Zueignungswillens.

K handelte vorsätzlich, rechtswidrig und schuldhaft.

Somit hat K eine Unterschlagung begangen. Das Delikt ist jedoch gegenüber dem vollendeten Diebstahl subsidiär gem § 246 I aE.

3. § 123 I

Ks Betreten des Kaufhauses war von der generellen Zutrittserlaubnis des Kaufhausinhabers gedeckt *(vgl o Fall 4 Problem 23 Rn 100)*, stellt also keinen Hausfriedensbruch iSv § 123 I dar.

4. Ergebnis für K im Tatkomplex A

K hat sich gem § 242 I strafbar gemacht.

II. Strafbarkeit des A

1. §§ 242 I, 27

A hat bis zum Zeitpunkt des Auftauchens des D keinerlei Handlungen vorgenommen, die als Hilfeleistung zur vorsätzlichen und rechtswidrigen Tat der K aufzufassen wären. Eine Strafbarkeit wegen Unterlassens scheidet mangels Garantenstellung des A von vornherein aus. **254**

2. Ergebnis für A im Tatkomplex A

A ist straflos.

Aufgrund der Offensichtlichkeit des Ergebnisses ist die Prüfung der Strafbarkeit des A an dieser Stelle nicht unbedingt erforderlich.

B. Die Hose (Geschehen nach dem Auftauchen des D)

I. Strafbarkeit des A

1. §§ 242 I, 25 II

255 Indem A dem D ein Bein stellte, könnte er sich wegen Diebstahls in Mittäterschaft strafbar gemacht haben.

A selbst hat keine fremde bewegliche Sache weggenommen. In einer Handlung, die bezweckt, einem anderen den Gewahrsam an der weggenommenen Sache zu erhalten, kann keine eigene Wegnahmehandlung gesehen werden.

Möglicherweise muss er sich aber die Wegnahme durch K *(s o Rn 252)* nach den Regeln der Mittäterschaft, § 25 II, als eigene zurechnen lassen. In objektiver Hinsicht setzt die Mittäterschaft voraus, dass jeder Beteiligte aufgrund und im Rahmen des gemeinsamen Tatentschlusses einen für die Deliktsbegehung förderlichen Tatbeitrag leistet. Der objektive Tatbeitrag des A besteht darin, dass er dem D ein Bein stellt, wodurch er K die Flucht und damit die Sicherung der Beute ermöglicht. Eine derartige Unterstützungshandlung kommt im Prinzip als Mittäterschaftsbeitrag in Frage[1].

Problematisch ist jedoch, dass K den Diebstahl zum Zeitpunkt des Eingreifens des A bereits formell vollendet hatte *(s o Rn 252)*. Es stellt sich mithin die Frage, inwiefern Mitwirkungshandlungen in der Phase zwischen Vollendung und Beendigung eines Deliktes überhaupt eine Mittäterschaft begründen können. Nach Ansicht der Rechtsprechung[2] ist eine sog sukzessive Mittäterschaft, bei welcher der eine mit der Tat beginnt und sich der andere vor deren Beendigung in Kenntnis und Billigung des bisher Geschehenen durch Förderung der Tat anschließt, möglich.

Wie jede Mittäterschaft setzt auch die sukzessive Mittäterschaft einen gemeinsamen Tatplan und eine gemeinsame Tatausführung voraus. Ein gemeinsamer Tatplan könnte hier konkludent verabredet worden sein, indem K dem A zurief: „Halt ihn auf, bis ich weg bin!" und A dieser Aufforderung nachkam. Problematischer erscheint hingegen die Bejahung einer gemeinsamen Tatausführung. In Abgrenzung zur Beihilfe erfordert Mittäterschaft nach Ansicht der Rechtsprechung[3], dass der Tatbeteiligte nicht bloß fremdes Tun fördern will, sondern dass sein Beitrag Teil einer gemeinschaftlichen Tätigkeit sein soll. A hatte kein eigenes Interesse an der Begehung der Tat. Auch ist nicht erkennbar, dass er die Tatherrschaft innehatte. Allein durch die Möglichkeit, dem D ein Bein zu stellen, kommt A innerhalb des Tatablaufs keine leitende Funktion zu, die er im Übrigen auch gar nicht einnehmen wollte. Somit scheidet hier zumindest mangels gemeinsamer

---

1 Vgl BGHSt 14, 123; 37, 289; 40, 299.
2 BGH NStZ 2003, 85; 2008, 280; vgl auch *Wessels/Beulke/Satzger*, AT Rn 527.
3 BGH NStZ 1988, 406; NStZ-RR 2013, 40.

Tatausführung eine Mittäterschaft des A aus, ohne dass entschieden werden müsste, ob eine sukzessive Mittäterschaft nach Tatvollendung überhaupt anerkannt werden kann[4].

A hat sich nicht gem §§ 242 I, 25 II strafbar gemacht.

2. §§ 242 I, 27

a) Objektiver Tatbestand

A könnte jedoch eine Beihilfe zum Diebstahl (§ 242 I) begangen haben. Die entsprechende vorsätzliche rechtswidrige Haupttat eines anderen liegt vor *(s o Rn 252)*. 256

A müsste K zu dieser Tat Hilfe geleistet haben. Ein Hilfeleisten liegt in jedem Tatbeitrag, der die Haupttat ermöglicht, erleichtert oder die vom Täter begangene Rechtsgutsverletzung verstärkt[5]. Im vorliegenden Fall könnte aber auch eine Begünstigungshandlung iSv § 257 gegeben sein. Fraglich ist, wie diese von der Beihilfe zur Vortat abzugrenzen ist oder ob Begünstigung und Beihilfe zur Vortat nebeneinander vorliegen können.

Anerkannt ist, dass Mitwirkungshandlungen, die sich auf die Phase vor der Vollendung der Tat beschränken, nur als Beihilfe zu bestrafen sind, während für Tatbeiträge nach Beendigung der Tat nur eine Begünstigung in Betracht kommt. Erfolgt die Mitwirkung hingegen nach Vollendung, aber vor Beendigung des Delikts, ist ihre strafrechtliche Behandlung umstritten. Hier ist A tätig geworden, nachdem K die Hose unter ihren Mantel angezogen hatte. Der Diebstahl war zu diesem Zeitpunkt schon vollendet, jedoch noch nicht beendet, da K keinen gesicherten Gewahrsam an der Sache begründet hatte, solange sie sich mitsamt der Hose noch im Einflussbereich des Kaufhauses befand. Folglich liegt ein Fall der oben beschriebenen dritten Variante vor, sodass fraglich ist, ob das Beinstellen eine Beihilfehandlung darstellen kann.

Problem Nr 50: Abgrenzung zwischen sukzessiver Beihilfe und Begünstigung 257

(1) Nach einer sich im Vordringen befindenden Ansicht im **Schrifttum** ist eine sukzessive Beihilfe im Stadium zwischen Vollendung und Beendigung von vornherein ausgeschlossen, sodass hier eine Beihilfehandlung ausscheidet (LK-*Schünemann*, § 27 Rn 39 ff; *Kühl*, AT § 20 Rn 238; *ders*, JuS 2002, 729, 733 f; S/S/W-StGB-*Jahn*, § 257 Rn 11; *Wessels/Hillenkamp*, BT2 Rn 806).

Argument: Die Hilfeleistung nach der Tat ist vom Gesetzgeber durch §§ 257, 258, 259, 261 nur partiell unter Strafe gestellt worden, was durch eine extensive Anwendung der Beihilfe umgangen würde.

(2) Nach **anderer Ansicht** können Beihilfe und Begünstigung nebeneinander vorliegen (RGSt 58, 14; 73, 333; *Haft*, BT1 S 54 f; *Jescheck/Weigend*, § 64 III 2 b; S/S-*Stree/Hecker*, § 257 Rn 7).

Argument: Dies zeigt schon die Existenz des § 257 III. Ein Exklusivitätsverhältnis je nach Willensrichtung des Mitwirkenden – s u Ansicht (3) – muss ausscheiden, weil die Strafandro-

4 Dagegen S/S-*Heine*, § 25 Rn 91; MK-*Joecks*, § 25 Rn 208; LK-*Schünemann*, § 25 Rn 197; *Kühl*, AT § 20 Rn 129; *Maurach/Gössel/Zipf*, AT2 § 49 Rn 74; *Stratenwerth/Kuhlen*, AT § 12 Rn 88.

5 *Wessels/Beulke/Satzger*, AT Rn 582.

hung des § 257 so gering ist, dass die subjektive Sicht des Täters nicht darüber entscheiden kann, ob er wegen Mitwirkung an der Vortat oder wegen § 257 bestraft wird; es muss vielmehr beides gegeben sein.

(3) Die noch **herrschende Meinung im Schrifttum und in der Rechtsprechung** hält zutreffenderweise eine sukzessive Beihilfe für möglich (BGHSt 4, 132; BGH NStZ 2012, 264; *Hauf*, BT1 S 127; S/S-*Heine*, § 27 Rn 17; *Wessels/Beulke/Satzger*, AT Rn 583 mwN). Die Abgrenzung zwischen Teilnahme und Begünstigung bei Handlungen nach Vollendung und vor Beendigung der Tat nimmt sie nach der Willensrichtung des Mitwirkenden vor: Will er die Haupttat fördern, ist Beihilfe einschlägig, will er dagegen nur die Vorteile der Tat sichern, Begünstigung.

Argument: Unter einer Hilfeleistung kann man dem natürlichen Sprachgebrauch nach jede Unterstützung bis zur endgültigen Beeinträchtigung des Rechtsguts, dh bis zum Zeitpunkt der Deliktsbeendigung verstehen. Auch die der Vollendung unmittelbar nachfolgende Abschlussphase gehört sachlich noch zum tatbestandlich vertypten Unrecht und zur Realisierung der Rechtsgutsbeeinträchtigung. Wer hingegen nach Vollendung tätig wird, ohne dass ihn die Vortat interessiert, will seinen Tatbeitrag nicht der Begehung der Vortat zugute kommen lassen und nicht ihre Beendigung fördern. Vielmehr sieht er sich lediglich als „Bewahrer" der rechtswidrigen Folgen der Vortat. Seine Unterstützungshandlung stellt dann keine Beihilfe-, sondern eine Begünstigungshandlung dar. Umgekehrt liegt nur eine Beihilfe- und keine Begünstigungshandlung vor, wenn es dem Täter gerade darum geht, dass die Vortat abgeschlossen werden kann.

Zur Vertiefung: Wessels/Hillenkamp, BT2 Rn 806; S/S/W-StGB-Jahn, § 257 Rn 11 ff; Beck OK-Kudlich, § 27 Rn 8.

258 Nach der überzeugenden herrschenden Ansicht ist eine Beihilfe auch nach Vollendung und vor Beendigung der Tat möglich. Es handelt sich dann um eine sog sukzessive Beihilfe. Entscheidend für die Abgrenzung zur Begünstigungshandlung ist die subjektive Sicht desjenigen, der die Unterstützung leistet. A kam es darauf an, dass K die Flucht gelingt und sie die Hose behalten kann. Er wollte K nicht bloß den Erhalt eines bereits erlangten Vorteils sichern, sondern vor allem die materielle Beendigung einer bestimmten Tat ermöglichen. A wurde somit hauptsächlich zur Unterstützung der Vortat tätig, sodass seine Handlung als Hilfeleistung aufzufassen ist *(andere Sachverhaltsauslegung vertretbar).*

b) Subjektiver Tatbestand

A handelte sowohl hinsichtlich der vorsätzlichen rechtswidrigen Haupttat als auch bzgl seiner Beihilfehandlung vorsätzlich.

c) Rechtswidrigkeit und Schuld

Er handelte rechtswidrig und schuldhaft.

d) Ergebnis

A hat sich gem §§ 242 I, 27 strafbar gemacht.

3. §§ 246 I, 27

Die zugleich verwirklichte Beihilfe zur Unterschlagung gem §§ 246 I, 27 tritt kraft gesetzlicher Subsidiarität hinter §§ 242 I, 27 zurück.

4. § 257 I

Mit dem Diebstahl der K liegt eine (gegen das Vermögen eines anderen gerichtete) **259**
rechtswidrige Vortat eines anderen iSd § 257 I vor.

A müsste K Hilfe geleistet haben. Eine Hilfeleistung iSd § 257 ist jede Handlung, die objektiv geeignet und subjektiv darauf gerichtet ist, die durch die Vortat erlangten oder entstandenen Vorteile dagegen zu sichern, dass sie dem Vortäter zugunsten des Verletzten wieder entzogen werden (Restitutionsvereitelungsabsicht)[6]. Wie bereits dargelegt, trug A hier primär nicht zur Sicherung eines schon erlangten Vorteils, sondern zur Erreichung des Vorteils selbst bei, sodass keine Begünstigungshandlung, sondern eine Beihilfehandlung vorliegt *(s o Rn 258)*.

Wenn man der Ansicht folgt, dass zwischen Beihilfe zur Vortat und Begünstigung kein Exklusivitätsverhältnis besteht, und in Konstellationen wie der hier vorliegenden eine Begünstigungshandlung (zusätzlich zur Beihilfe) bejaht[7]*, greift zumindest § 257 III ein, da A an der Vortat teilgenommen hat.*

Eine Strafbarkeit gem § 257 I scheidet aus.

5. §§ 258 I, IV, 22, 23 I Alt 2

A könnte, indem er den Fuß vorgestreckt hat, eine versuchte Strafvereitelung begangen **260**
haben, die gemäß §§ 258 IV, 23 I Alt 2 strafbar ist. Wenn K die Flucht gelungen wäre, hätte D sie von vornherein nicht bei der Polizei anzeigen können. A hat aber nur an den Besitzerhalt gedacht und nicht an die Verhinderung einer Bestrafung, sodass er weder wissentlich noch absichtlich den Vereitelungserfolg herbeiführen wollte. Mangels Tatentschlusses entfällt also die Strafbarkeit wegen versuchter Strafvereitelung *(andere Auslegung des Sachverhalts erscheint denkbar)*.

6. §§ 252, 249

Indem A dem D ein Bein stellte, um diesen daran zu hindern, gegen die Diebin K ein- **261**
zuschreiten, könnte A einen räuberischen Diebstahl begangen haben. Aufgrund der Formulierung des letzten Halbsatzes des § 252 („sich") ist umstritten, wer überhaupt Täter dieses Delikts sein kann. Während nach herrschender Ansicht[8] nur derjenige Täter eines räuberischen Diebstahls sein kann, der an der Vortat gerade als Täter beteiligt war, wird von der Gegenauffassung[9] auch der Teilnehmer an der Vortat als tauglicher Täter ange-

6 BGHSt 4, 122; *Wessels/Hillenkamp*, BT2 Rn 808.
7 So zB S/S-*Stree/Hecker*, § 257 Rn 7.
8 Vgl S/S-*Eser/Bosch*, § 252 Rn 10 f; *Mitsch*, BT2/1 § 4 Rn 24; S/S/W-StGB-*Kudlich*, § 252 Rn 5.
9 BGHSt 6, 248, 250; *Otto*, BT § 46 Rn 65.

sehen, sofern sich die Beute in seinem Besitz befindet und er diese für sich sichern will. Ganz vereinzelt[10] wird sogar der Standpunkt vertreten, dass selbst derjenige, der an der Vortat überhaupt nicht beteiligt gewesen ist, einen räuberischen Diebstahl begehen kann. Da A lediglich Beihilfe zum Diebstahl der K geleistet hat *(s o Rn 258)*, ist er nach herrschender Ansicht – im Gegensatz zu den beiden anderen Ansichten – von vornherein kein tauglicher Täter des § 252. Dieser Streit kann hier jedoch dahinstehen, weil jedenfalls der subjektive Tatbestand des § 252 nicht erfüllt ist: A wollte nur der K ihren Besitz an der Hose sichern. Er handelte daher nicht in der Absicht, sich selbst im Besitz des gestohlenen Gutes zu erhalten. Wie der Vergleich mit dem Wortlaut anderer Vermögensdelikte (zB §§ 242 I, 246 I, 249 I, 263 I: „sich oder einem Dritten") ergibt, erfasst § 252 gerade nicht den mit Drittzueignungsabsicht Handelnden. Da der Gesetzeswortlaut in diesem Punkt eindeutig ist, muss jeder Versuch einer gegenteiligen Lösung am Analogieverbot des Art 103 II GG scheitern[11].

A hat sich nicht gem §§ 252, 249 strafbar gemacht.

7. §§ 253 I, 255, 22, 23 I Alt 1

262 Indem A den D daran hinderte, die Diebin K festzuhalten, könnte er eine räuberische Erpressung begangen haben. Da D letztlich die K aber doch im Faustgriff zurück in das Kaufhaus führen konnte, kommt nur eine versuchte räuberische Erpressung in Betracht, deren Strafbarkeit sich aus §§ 23 I Alt 1, 12 I ergibt. A wollte D durch Gewalt gegen dessen Person dazu nötigen, die Flucht der K mit der Hose zu dulden, mit der Folge, dass eine Durchsetzung des bestehenden Rückgabeanspruchs des Kaufhausinhabers vereitelt worden wäre. Die Tatsache, dass A hierbei lediglich fremdnützig zugunsten der K handelte, ist unschädlich, da § 253 – im Gegensatz zu § 252 *(s o Rn 261)* – Drittbereicherungsabsicht genügen lässt.

Durch die Tathandlung müsste A aber überhaupt einen Vermögensvorteil erstrebt haben. Dazu genügt es nicht, dass der Täter eine bereits hergestellte rechtswidrige Vermögenslage verfestigen will, da die bloße Sicherung erlangter Tatvorteile nicht zu einem neuen Schaden beim Opfer führt. Im vorliegenden Fall war mit der Wegnahme der Hose bereits eine rechtswidrige Vermögenslage entstanden. As Mitwirkung an der Herstellung dieser Vermögenslage ist schon durch die Strafbarkeit der Beihilfe zur Vortat abgegolten. Sein zusätzliches Bestreben, der K die Vorteile aus dem (vollendeten) Diebstahl zu sichern, führt weder zu einem neuen Vermögensvorteil noch zu einem erneuten Schaden, sodass eine räuberische Erpressung ausscheidet. Außerdem hätte die Annahme, dass § 253 in den Fällen einer solchen „Sicherungserpressung" einschlägig ist, zur Folge, dass die spezifischen Voraussetzungen des § 252 unterlaufen werden könnten. § 253 würde somit zu einem umfassenden Auffangdelikt für jede Art der Beutesicherung mit Hilfe von Raubmitteln[12].

Folglich hat sich A nicht gem §§ 253 I, 255, 22, 23 I Alt 1 strafbar gemacht.

---

10 *Arndt*, GA 1954, 269, 270.
11 S/S/W-StGB-*Kudlich*, § 252 Rn 16; aA *Weigend*, GA 2007, 274.
12 Vgl BGH NJW 1984, 501.

8. §§ 240 I, III, 22, 23 I Alt 2

Das Beinstellen, wodurch D an der Verfolgung der K und der Wiederabnahme der Beute gehindert werden sollte, könnte den Tatbestand der Nötigung erfüllen. Da sich D nach seinem Sturz aber sofort wieder aufrappelte, die K auf der Straße einholte und sie mit der gestohlenen Hose in sein Büro führte, ist der Nötigungserfolg ausgeblieben, sodass eine vollendete Nötigung ausscheidet. Die versuchte Nötigung ist strafbar gem §§ 240 III, 23 I Alt 2. **263**

A wollte D durch körperlich wirkenden Zwang, dh durch Gewalt *(vgl o Fall 2 Problem Nr 8 Rn 42)*, zum Unterlassen der Verfolgung der K zwingen. Indem er D ein Bein stellte, hat er zur Tatbestandsverwirklichung unmittelbar angesetzt.

Rechtswidrigkeit (inkl Verwerflichkeit gem § 240 II) und Schuld sind gegeben.

A hat sich gem §§ 240 I, III, 22, 23 I Alt 2 strafbar gemacht.

9. § 223 I

Indem A dem D ein Bein stellte, könnte er eine Körperverletzung begangen haben. Körperliche Misshandlung iSv § 223 I Alt 1 ist jede substanzverletzende Einwirkung auf den Körper des Opfers sowie jede üble, unangemessene Behandlung, durch die das körperliche Wohlbefinden oder die körperliche Unversehrtheit mehr als nur unerheblich beeinträchtigt wird. Gesundheitsschädigung iSv § 223 I Alt 2 ist das Hervorrufen, Steigern oder Aufrechterhalten eines krankhaften Zustands körperlicher oder seelischer Art[13]. D stolperte über As Bein und fiel zu Boden. Er blieb hierbei jedoch völlig unverletzt (kein pathologischer Zustand) und sein Wohlbefinden wurde nur unerheblich beeinträchtigt. **264**

A hat sich nicht gem § 223 I strafbar gemacht.

10. §§ 223 I, II, 22, 23 I Alt 2

Die Körperverletzung wurde nicht vollendet *(s o Rn 264)*. Der Versuch ist strafbar gem §§ 223 II, 23 I Alt 2.

Es ist nicht ersichtlich, dass A außer den tatsächlich eingetretenen Folgen (Straucheln des D und anschließender Sturz) einen weitergehenden Körperverletzungserfolg herbeiführen wollte oder diesen zumindest billigend in Kauf nahm. Er handelte folglich nicht vorsätzlich bzgl einer körperlichen Misshandlung oder Gesundheitsschädigung.

A hat sich nicht gem §§ 223 I, II, 22, 23 I Alt 2 strafbar gemacht.

11. Konkurrenzen

Die Beihilfe zum Diebstahl und die versuchte Nötigung wurden durch dieselbe Handlung (Bein stellen) verwirklicht. Da beide Straftatbestände unterschiedliche Rechtsgüter schützen, ist die Annahme von Idealkonkurrenz (§ 52) sachgerecht. **265**

---

13 *Wessels/Hettinger*, BT1 Rn 257.

12. Ergebnis für A im Tatkomplex B

A hat sich gem §§ 242 I, 27 – § 52 – §§ 240 I, III, 22, 23 I Alt 2 strafbar gemacht.

II. Strafbarkeit der K

1. §§ 252, 249, 25 I Alt 2

266 Durch ihren Zuruf an A könnte sich K wegen räuberischen Diebstahls in mittelbarer Täterschaft strafbar gemacht haben.

a) Objektiver Tatbestand

Die für § 252 erforderliche Vortat ist in Gestalt des vollendeten Diebstahls gegeben *(s o Rn 252)*. Aufgrund der Entdeckung durch D, welcher das rechtmäßige Gewahrsamsverhältnis wieder herstellen wollte, war K bei diesem Diebstahl „betroffen", und zwar im Hinblick auf die fehlende Beendigung der Tat und den engen räumlich-zeitlichen Zusammenhang auch „auf frischer Tat". Somit liegt die von § 252 vorausgesetzte Tatsituation vor.

In dieser Situation kam es zur Anwendung von Gewalt gegen die Person des D *(s o Rn 263)*, was auf Veranlassung der K geschah und dazu diente, diese im Besitz der gestohlenen Hose zu erhalten. Zwar hat K die Gewaltanwendung nicht selbst vorgenommen, sondern A, jedoch ist ihr dessen Verhalten zuzurechnen, wenn sie mittelbare Täterin iSv § 25 I Alt 2 ist.

Eine Stellung der K als mittelbare Täterin kann sich hier daraus ergeben, dass es sich bei A um ein qualifikationslos-doloses bzw absichtslos-doloses Werkzeug handelt, also um einen Tatmittler, der zwar aufgrund des Fehlens einer vom Tatbestand vorausgesetzten Eigenschaft oder Absicht selbst keine Täterqualität hat (Fehlen der Absicht des „Sich"-im-Besitz-der-Beute-Haltens, *s o Rn 261*), der im Übrigen jedoch über das deliktische Geschehen und die Tragweite seiner Handlung voll informiert ist und damit „dolos" handelt und auch die volle Herrschaft über seinen Tatbeitrag ausübt. Ob sich aber auf diese Weise eine mittelbare Täterschaft begründen lässt, ist umstritten.

267 **Problem Nr 51: Mittelbare Täterschaft durch ein absichtslos-doloses Werkzeug**

(1) Nach Ansicht der **Rechtsprechung** wird bei der Abgrenzung von Täterschaft und Teilnahme generell auf **subjektive** Kriterien abgestellt *(s o Fall 1 Problem Nr 4 Rn 20)*. Der Dieb muss sich deshalb das Verhalten eines anderen, der ohne eigene Beutesicherungsabsicht einen Dritten daran hindert, dem Dieb die Beute wieder abzunehmen, aufgrund seines überwiegenden eigenen Tatinteresses als mittelbarer Täter zurechnen lassen (BGH StV 1991, 349).

(2) Auf dem Boden der Tatherrschaftslehre steht hingegen ein **Teil des Schrifttums** auf dem Standpunkt, dass die Annahme einer mittelbaren Täterschaft durch Benutzen eines absichtslos-dolosen Werkzeugs ausgeschlossen ist (*Freund*, AT § 10 Rn 69 ff; *Jakobs*, AT Abschn 21 Rn 104, *Roxin*, Täterschaft und Tatherrschaft, S 338; LK-*Schünemann*, § 25 Rn 138; *Mitsch*, BT2/1 § 1 Rn 165, § 4 Rn 40; *Otto*, AT § 21 Rn 97; *Rengier*, BT1 § 2 Rn 82; *Stratenwerth/ Kuhlen*, AT § 12 Rn 37).

Argument: Es fehlt das charakteristische Übergewicht des mittelbaren Täters gegenüber dem Tatmittler bei der Steuerung des Tatgeschehens.

(3) Dagegen wird – ebenfalls auf der Grundlage einer Tatherrschaftslehre – von der wohl **herrschenden Ansicht** eine mittelbare Täterschaft des Hintermannes, der sich eines qualifikationslos-dolosen oder absichtslos-dolosen Werkzeuges bedient, allgemein für möglich erachtet (*Hillenkamp*, JuS 2003, 157, 160; *Jescheck/Weigend*, § 62 II 7; *Kudlich*, PdW AT S 206; *Kühl*, AT § 20 Rn 55).

Argument: Bei wertender Betrachtung der Tatbegehung liegt das rechtliche Übergewicht beim Hintermann, dessen spezifische Absicht die Tat erst zu dem macht, was sie ist. Man kann daher in diesen Fällen, in denen nur der Hintermann die vom Tatbestand geforderte Absicht hat, von normativer Tatherrschaft (quasi kraft überlegenen Wollens) sprechen.

Erst wenn der Vordermann ohne jegliches Defizit handelt, scheidet mittelbare Täterschaft im Regelfall aus. Lehnt man dagegen – wie Ansicht (2) – mittelbare Täterschaft auch bei einem absichtslos-dolosen Werkzeug ab, kann es zu unsachgerechten Strafbarkeitslücken kommen.

Zur Vertiefung: Fahl, JA 2004, 287; Weigend, GA 2007, 274; Dehne-Niemann, JuS 2008, 589; Krämer, Jura 2005, 833; Wessels/Beulke/Satzger, AT Rn 537.

Nach dem Ansatz der Rechtsprechung, die wesentlich stärker an subjektive Kriterien als **268**
an die Tatherrschaft anknüpft, ergibt sich die mittelbare Täterschaft der K bereits aus ihrem überwiegenden Eigeninteresse an der Tat[14]. Nach einer im Schrifttum weit verbreiteten Auffassung ist hingegen im Fall eines absichtslos-dolosen Werkzeuges mittelbare Täterschaft ausgeschlossen. Das generell gegen eine mittelbare Täterschaft in dieser Konstellation vorgebrachte Argument des fehlenden charakteristischen Übergewichts des mittelbaren Täters gegenüber dem Tatmittler bei der Steuerung des Tatgeschehens erscheint im vorliegenden Fall besonders plausibel, weil K die Gewaltanwendung des A nicht einmal ansatzweise mitbeherrschte. Sie nahm keinerlei Einfluss auf die Art und Weise, wie A den D aufhalten sollte. K erfüllte zwar im Gegensatz zu A die tatbestandsspezifischen besonderen Absichtserfordernisse, nicht aber die allgemeinen Täterschaftsanforderungen.

Dennoch sprechen die besseren Argumente für die herrschende Meinung, welche auf der Grundlage der zu befürwortenden Tatherrschaftslehre zu Recht das normative Übergewicht des Hintermannes bei der Tatbegehung in Rechnung stellt. Dieser besitzt zwar keine „äußere Macht“ über den Tatmittler, seine besondere Absicht ist jedoch ausschlaggebend für die Erfüllung des Tatbestandes und gibt dem Geschehen somit ein ganz anderes Gepräge. Im vorliegenden Fall ist folglich A, der zwar vorsätzlich, jedoch ohne (Eigen-)Zueignungsabsicht handelte *(s o Rn 261)*, absichtslos-doloses Werkzeug, während K als mittelbare Täterin „kraft überlegenen Wollens“ einzustufen ist.

b) Subjektiver Tatbestand

K handelte vorsätzlich.

14 Vgl BGH StV 1991, 349.

c) Rechtswidrigkeit und Schuld

Sie handelte auch rechtswidrig und schuldhaft.

d) Ergebnis

K hat sich gem §§ 252, 249, 25 I Alt 2 strafbar gemacht.

2. §§ 240 I, III, 22, 23 I Alt 2, 26

a) Objektiver Tatbestand

269 Die vorsätzliche rechtswidrige Haupttat liegt in Gestalt der von A begangenen versuchten Nötigung *(s o Rn 263)* vor.

K müsste den A zu dieser Tat bestimmt haben. Bestimmen iSd § 26 bedeutet Hervorrufen des Tatentschlusses durch eine Willensbeeinflussung im Wege des offenen geistigen Kontakts[15]. Durch ihren Zuruf hat K bei A den Tatentschluss hervorgerufen.

b) Subjektiver Tatbestand

Sowohl hinsichtlich der vorsätzlichen rechtswidrigen Haupttat des A als auch hinsichtlich der eigenen Anstiftungshandlung handelte K vorsätzlich.

c) Ergebnis

K hat sich gem §§ 240 I, III, 22, 23 I Alt 2, 26 strafbar gemacht.

3. Konkurrenzen

270 Der von K im Tatkomplex A begangene Diebstahl tritt als mitbestrafte Vortat hinter den in mittelbarer Täterschaft begangenen räuberischen Diebstahl zurück.

Die Anstiftung zur versuchten Nötigung wird im Wege der Spezialität verdrängt[16].

4. Ergebnis für K im Tatkomplex B

K hat sich gem §§ 252, 249, 25 I Alt 2 strafbar gemacht.

III. Strafbarkeit des A als Teilnehmer

271 *Der komplizierte Aufbau mit doppelter, separater Prüfung der Strafbarkeit des A (als Täter/als Teilnehmer) ist unvermeidlich, vgl allgemein: Beulke, Klausurenkurs I, Rn 45; speziell zum absichtslos-dolosen Werkzeug: Fahl, JA 1995, 845 ff.*

15 *Wessels/Beulke/Satzger*, AT Rn 568.

16 Vgl MK-*Sander*, § 252 Rn 19; NK-*Kindhäuser*, § 252 Rn 28; S/S/W-StGB-*Kudlich*, § 252 Rn 20.

1. §§ 252, 249, 25 I Alt 2, 27

Eine vorsätzliche rechtswidrige Haupttat liegt in Gestalt des von K begangenen räuberischen Diebstahls in mittelbarer Täterschaft vor *(s o Rn 266 ff)*.

Zu dieser Tat hat A durch den von ihm bewirkten Gewalteinsatz gegen D in Kenntnis aller Umstände vorsätzlich Hilfe geleistet.

Damit hat sich A gem §§ 252, 249, 25 I Alt 2, 27 strafbar gemacht.

Auch wenn das Ergebnis zunächst verwundert, ist A in dieser besonderen Konstellation also zugleich Tatmittler (Werkzeug) und Teilnehmer.

2. Gesamtkonkurrenzen für A im Tatkomplex B

Die Beihilfe des A zum räuberischen Diebstahl (in mittelbarer Täterschaft) verdrängt als lex specialis die Strafbarkeit wegen Beihilfe zum Diebstahl.

Die Beihilfe zum räuberischen Diebstahl verdrängt auch die versuchte Nötigung im Wege der Spezialität oder zumindest Konsumtion *(auch Idealkonkurrenz, § 52, vertretbar)*.

3. Gesamtergebnis für A im Tatkomplex B

A hat sich gem §§ 252, 249, 25 I Alt 2, 27 strafbar gemacht *(aA vertretbar: §§ 252, 249, 25 I Alt 2, 27 – § 52 – §§ 240 I, III, 22, 23 I Alt 2)*.

IV. Strafbarkeit des D

1. § 240 I

D könnte sich dadurch, dass er die K mit festem Faustgriff zum Kaufhaus führte, wegen **272**
Nötigung strafbar gemacht haben. Durch das zwangsweise Zurückführen ins Kaufhaus wird die K im Wege der vis absoluta zu einem von ihr nicht gewollten Verhalten gezwungen.

Da D die K auf frischer Tat (Diebstahl, *s o Rn 252*) betroffen und verfolgt hatte und die D zu flüchten versuchte, durfte er sie gem § 127 I 1 StPO vorläufig festnehmen. Er handelte also gerechtfertigt.

2. § 223 I

Der Einsatz eines festen Faustgriffs könnte uU als körperliche Misshandlung iSv § 223 I einzustufen sein. Der Rechtfertigungsgrund des Festnahmerechts gem § 127 I StPO legitimiert aber auch leichte Körperverletzungen, sofern sie mit der Festnahme zwangsläufig verbunden sind.[17]

17 *Beulke*, StPO Rn 237.

3. § 239 I

Auch die mit der Festnahme notwendig einhergehende Freiheitsberaubung ist durch § 127 I 1 StPO gerechtfertigt.

4. Ergebnis für D im Tatkomplex B

D ist straflos.

C. Im Büro (Strafbarkeit des D)

1. § 253 I

273 Indem D der K erklärte, dass er die Strafanzeige wegen Ladendiebstahls gegen Zahlung eines Betrages von 5000 € wieder „aus dem Verkehr ziehen" werde, könnte er sich wegen Erpressung strafbar gemacht haben.

a) Objektiver Tatbestand

Drohen ist das auf Einschüchterung des Opfers gerichtete Inaussichtstellen eines zukünftigen Übels, auf dessen Eintritt der Drohende sich Einfluss zuschreibt. Ein empfindliches Übel ist ein Nachteil von solcher Erheblichkeit, dass seine Ankündigung geeignet erscheint, den Bedrohten iSd Täterverlangens zu motivieren.

Problematisch ist, ob in der Ankündigung des D, die Strafanzeige gegen Zahlung von 5000 € nicht weiterzuleiten, eine Drohung mit einem empfindlichen Übel im vorgenannten Sinn zu erblicken ist. Die Besonderheit liegt darin, dass D nicht damit droht, irgendetwas zu tun (zB Anzeige zu erstatten), falls nicht gezahlt wird. Vielmehr stellt er für den Fall, dass er kein Geld erhält, in Aussicht, die Vernichtung der bereits geschriebenen Anzeige zu unterlassen. Es liegt also eine Drohung mit Unterlassen („Nicht-wieder-aus-dem-Verkehr-Ziehen") vor, deren Subsumtion unter § 253 I fraglich erscheint.

274 **Problem Nr 52: Drohung mit einem Unterlassen**

(1) Nach der **älteren Rechtsprechung** (OLG Hamburg NJW 1980, 2592) sowie **Teilen des Schrifttums** (*Joecks*, St-K, § 240 Rn 23; *Wessels/Hettinger*, BT1 Rn 407, 414) kann ein angedrohtes Unterlassen nur dann als Androhung eines empfindlichen Übels angesehen werden, wenn der Drohende zur Vornahme der Handlung, die er zu unterlassen androht, rechtlich verpflichtet ist.

Argument: Eine Drohung mit Unterlassen entspricht – wie ua § 13 zeigt – nur dann einer Drohung mit aktivem Tun, wenn eine Handlungspflicht besteht. Fehlt hingegen eine rechtliche Verpflichtung zum Tätigwerden, so wird dem Opfer durch das Abhängigmachen einer zukünftigen Handlung von einer bestimmten Gegenleistung lediglich eine zusätzliche Möglichkeit verschafft, diese Handlung, auf die das Opfer keinen Anspruch hat, herbeizuführen. Sein Handlungsspielraum wird also sogar erweitert. Der Täter macht diese Erweiterung des Handlungsspielraums des Opfers zwar von inkonnexen Bedingungen abhängig (Beispiel: Einstellen einer Bewerberin für eine Filmrolle gegen sexuelle Vorteile), das allein unterfällt aber noch nicht dem Anwendungsbereich der §§ 240, 253. Der Straftatbestand der Nötigung (bzw der Erpressung) will die Beugung der Willensfreiheit pönalisieren, nicht hingegen jedes Verhalten, das als sittlich anstößig empfunden werden mag. Wer Einzelabwägungen das Wort redet, provoziert völlig unberechenbare Ergebnisse, die mit dem Bestimmtheitsgrundsatz des Strafrechts unvereinbar sind.

(2) Die **neuere Rechtsprechung** (BGHSt 31, 195; BGH NJW 2008, 3012) und die **überzeugendere herrschende Ansicht in der Literatur** (*Geppert*, Jura 2006, 37; *Hillenkamp*, JuS 1994, 770; *Lackner/Kühl*, § 240 Rn 14; Beck OK-*Wittig*, § 253 Rn 3a; MK-*Sander*, § 253 Rn 12; *Volk*, JR 1981, 274) bejahen hingegen die Möglichkeit, dass auch eine Drohung mit einem Unterlassen unabhängig von einer Verpflichtung zur Vornahme dieser Handlung die Androhung eines empfindlichen Übels darstellen kann. Z.T. wird allerdings einschränkend verlangt, dass es sich bei der Handlung, die der Täter ankündigt nicht zu begehen, falls das Opfer sich nicht in bestimmter Weise verhalte, um eine rechtswidrige Handlung handeln müsse (*Rengier*, BT2 § 23 Rn 51: kein § 240, wenn Autofahrer die Anhalterin nur mitnimmt, falls sie mit ihm schlafe). Auch diejenigen, die im Prinzip jede Drohung ausreichen lassen, erkennen aber an, dass gleichwohl nicht jedes Abhängigmachen einer zukünftigen Handlung von einer inkonnexen Bedingung strafbar sein kann. Die Grenzen zwischen „verbotenen Drohungen" und „erlaubten Versuchungen" zieht diese Ansicht im Rahmen der allgemeinen Verwerflichkeitsprüfung des § 253 II (bzw des § 240 II). Danach muss die Verquickung von Zweck und Mittel bei der Bewertung aller Umstände als verwerflich angesehen werden. Außerdem hängt die Strafbarkeit der Drohung davon ab, ob der Täter als Herr des Geschehens einzustufen ist und ob ein „empfindliches" Übel in Aussicht gestellt wird. Letzteres ist abzulehnen, wenn vom Bedrohten in seiner konkreten Lage erwartet werden kann, der Bedrohung in „besonnener Selbstbehauptung" standzuhalten (Einzelheiten innerhalb dieser Ansicht sehr streitig, vgl zB BGHSt 31, 195 einerseits und *Roxin*, JR 1983, 333 andererseits).

Argument: Die psychische Situation und die Beeinträchtigung der Willensfreiheit des Opfers sind bei einer Drohung mit Unterlassen dieselbe bzw ebenso groß wie bei der Androhung eines Tuns, und zwar unabhängig davon, ob der Täter hinsichtlich des Unterlassens handlungspflichtig ist oder nicht. Der Opferschutz bedingt, dass die Grenzziehung zwischen strafbaren Eingriffen in die Autonomie des Genötigten und straflosem Inaussichtstellen akzeptabler Handlungsalternativen im Rahmen der allgemeinen Verwerflichkeitsprüfung vorzunehmen ist. Zudem darf die Strafbarkeit des Täters nicht von sprachlichen Nuancen abhängen, also davon, ob er sein angedrohtes Verhalten als die aktive Vornahme einer Handlung *(das Weiterleiten der Anzeige)* oder dessen Unterlassen *(das „Nicht-aus-dem-Verkehr-Ziehen" der Anzeige)* darstellt.

Zur Vertiefung: Wessels/Hettinger, BT1 Rn 407 ff.

Der Opferschutz verlangt, dass es für die Drohung iSv § 253 nicht darauf ankommen kann, ob der Täter, der ein Unterlassen androht, zur Vornahme der Handlung verpflichtet ist oder nicht. Die Zwangslage des Opfers ist in beiden Konstellationen die gleiche. Als notwendiges Korrektiv dafür, dass der Täter im Einzelfall nur den Handlungsspielraum des Opfers vergrößert und seine Drohung deshalb nicht strafbar erscheint, dient die erst an späterer Stelle vorzunehmende Verwerflichkeitsprüfung. Im vorliegenden Fall hat D durch die Ankündigung, die bereits gefertigte Diebstahlsanzeige nicht aus dem Verkehr zu ziehen, falls er kein Geld erhalte, eine Drohung mit einem empfindlichen Übel (Strafverfolgung) ausgesprochen, das abzuwenden in seiner Macht lag. 275

Aufgrund der Drohung des D hat K 5000 € gezahlt. Da diese Zahlung unstreitig eine Vermögensverfügung darstellt, kann der Streit darüber, welche Anforderungen generell an das abgenötigte Opferverhalten zu stellen sind *(s o Fall 2 Problem Nr 10 Rn 47)*, hier dahingestellt bleiben.

Dem Vermögen der K wurde durch die Zahlung des geforderten Betrages ein Nachteil zugefügt.

D hat den objektiven Tatbestand des § 253 erfüllt.

Hingegen spielt § 13 in der hier einschlägigen Konstellation keine Rolle, da D der K lediglich ***mit*** *einem Unterlassen droht, aber nicht* ***durch*** *ein Unterlassen. Raum für die Anwendung des § 13 wäre nur dann, wenn einem Unterlassen des D die Bedeutung einer Drohung zukäme, D der K also durch ein Verhalten, das als Unterlassen einzustufen ist, den Eintritt eines Übels androhen würde. Dies ist hier nicht gegeben. Vielmehr droht D durch ein aktives Tun ein zukünftiges Unterlassen an, sodass für Erwägungen iRd § 13 von vornherein kein Platz ist.*

b) Subjektiver Tatbestand

D handelte vorsätzlich und mit der erforderlichen Bereicherungsabsicht.

c) Rechtswidrigkeit und Schuld

Es sind keine Rechtfertigungsgründe ersichtlich. Des Weiteren müsste die Tat als verwerflich anzusehen sein. Verwerflich iSd § 253 II ist, was sozial unerträglich und wegen seines grob anstößigen Charakters sozialethisch in besonderem Maße zu missbilligen ist[18]. Zwar ist das Drohen mit dem „Nicht-aus-dem-Verkehr-Ziehen" einer begründeten Strafanzeige (Mittel) nicht als verwerflich anzusehen, und ob die Erlangung des Geldbetrages (5000 €), für den K eine bedeutsame Gegenleistung (Unterdrücken der Anzeige) bekommt, bereits als verwerflicher Zweck einzustufen ist, erscheint zweifelhaft (trotz der Rechtswidrigkeit der Bereicherung). Jedenfalls ist aber hier die Verknüpfung von Mittel und Zweck verwerflich. Die erheblichen strafrechtlichen Konsequenzen werden zu einer rechtswidrigen Bereicherung des D genutzt, ohne dass K in dieser Situation eine realistische Chance gehabt hätte, sich anders zu entscheiden. Ihre Autonomie ist in inakzeptabler Weise eingeschränkt worden[19].

Schließlich handelte D auch schuldhaft.

d) Ergebnis

D hat sich gem § 253 I strafbar gemacht.

2. § 240 I

276 D nötigte die K durch Androhung eines empfindlichen Übels („Nicht-aus-dem-Verkehr-Ziehen" der Strafanzeige) zu einem Tun (Zahlung der 5000 €). Dass er mit einem Unterlassen drohte, schließt die Anwendung des § 240 I ebenso wenig aus wie jene des § 253 I *(vgl o Problem Nr 52 Rn 274)*. D handelte vorsätzlich. Wegen der Zwangssitua-

18 *Wessels/Hettinger*, BT1 Rn 426.

19 Ebenso OLG Karlsruhe NJW 2004, 3724; NK-*Kindhäuser*, § 253 Rn 41; *Werneke*, JA 2005, 332.

tion, in die D die Diebin K brachte, liegt hier entweder schon ein verwerflicher Zweck (rechtswidrige Bereicherung), zumindest aber eine verwerfliche Mittel-Zweck-Relation vor. Die Tat ist deshalb als verwerflich iSd § 240 II einzustufen.

§ 240 ist also erfüllt.

3. §§ 258 I, 13

Indem D die Anzeige gegen K nicht an die Polizei weiterleitete, könnte er eine Straf- **277**
vereitelung durch Unterlassen begangen haben. Als Detektiv, der von einem privaten Kaufhaus angestellt ist, hat D jedoch nur seinem Arbeitgeber gegenüber eine Anzeigepflicht. § 258 I schützt aber nicht den privaten Rechtsverkehr, sondern nur die öffentliche Strafverfolgung[20]. Gegenüber dem Staat treffen K keinerlei (Garanten-)Pflichten[21]. Deshalb scheidet eine Strafvereitelung durch Unterlassen aus.

4. § 274 I Nr 1

Durch das Wegwerfen der Strafanzeige gegen K könnte D sich einer Urkundenunter- **278**
drückung gem § 274 I Nr 1 strafbar gemacht haben. Die Strafanzeige ist zwar eine Urkunde *(vgl o Fall 4 Rn 102)*, D war jedoch zu dem Zeitpunkt, als sie noch auf seinem Schreibtisch lag, allein verfügungsberechtigt, sodass sie ihm selbst ausschließlich gehörte. Der Tatbestand des § 274 I Nr 1 ist folglich nicht erfüllt.

5. Konkurrenzen

§ 253 I verdrängt § 240 I im Wege der Spezialität. **279**

6. Ergebnis für D im Tatkomplex C

D hat sich gem § 253 I strafbar gemacht.

D. Gesamtergebnis

A: §§ 252, 249, 25 I Alt 2, 27 **280**
(aA vertretbar: §§ 252, 249, 25 I Alt 2, 27 – § 52 – §§ 240 I, III, 22, 23 I Alt 2)
D: § 253 I
K: §§ 252, 249, 25 I Alt 2

20 BGH NStZ 1992, 540.
21 § 258 ausdrücklich für Warenhausdetektive ablehnend auch S/S-*Stree/Hecker*, § 258 Rn 17; S/S/W-StGB-*Jahn*, § 258 Rn 22.

Definitionen zum Auswendiglernen

Drohen	iSd §§ **240, 253** ist das auf Einschüchterung des Opfers gerichtete Inaussichtstellen eines zukünftigen Übels, auf dessen Eintritt der Drohende sich Einfluss zuschreibt *(Wessels/Hettinger, BT1 Rn 402)*.
Empfindliches Übel	iSd §§ **240, 253** ist ein Nachteil von solcher Erheblichkeit, dass seine Ankündigung geeignet erscheint, den Bedrohten iSd Täterverlangens zu motivieren *(Wessels/Hettinger, BT1 Rn 411)*.
Verwerflich	iSd §§ **240 II, 253 II** ist, was sozial unerträglich und wegen seines grob anstößigen Charakters sozialethisch in besonderem Maße zu missbilligen ist *(Wessels/Hettinger, BT1 Rn 426)*. Es können das (Nötigungs-)Mittel, der Zweck und/oder die Zweck-Mittel-Relation als verwerflich einzustufen sein.
Auf frischer Tat betroffen	iSv § **252** ist der Täter dann, wenn er bei der Ausführung alsbald nach Vollendung der Wegnahme am Tatort oder in dessen unmittelbarer Nähe von einem anderen wahrgenommen, bemerkt oder schlicht angetroffen wird *(Wessels/Hillenkamp, BT2 Rn 397)*.

Weitere einschlägige Musterklausuren

Zum Problem der Abgrenzung zwischen sukzessiver Beihilfe und Begünstigung:

Beulke, Klausurenkurs III [7] Rn 278; *Bock*, WuV BT2 [10] S 293; *Eisenberg*, Jura 1987, 265; *Gropp/Küpper/Mitsch*, [14] S 261; *Roxin/Schünemann/Haffke*, [12] S 232; *Samson*, St2 [26] S 233; *Sengbusch*, Jura 2007, 623

Zum Problem der mittelbaren Täterschaft durch ein absichtslos-doloses Werkzeug:

Dehne-Niemann, Jura 2008, 742; *Gropengießer*, JuS 1997, 1010; *Hillenkamp*, JuS 2003, 157; *Mitsch*, JuS 2004, 323; *Neumann*, JuS 1993, 746

Zum Problem der Drohung mit einem Unterlassen:

Dannecker, JuS 1989, 215; *Gössel*, [1] S 33; *Hartmann*, JA 1998, 946; *Hillenkamp*, JuS 1997, 82

2. Kapitel

Die Hausarbeit aus der Fortgeschrittenenübung

Fall 10

Himmel und Hölle

Die 79-jährige Witwe Franziska (F), die an einer unheilbaren Krankheit leidet und seit Anfang Februar 2014 in einem irreversiblen Wachkoma liegt, wird in einem Pflegeheim über einen Zugang in der Bauchdecke (sog. PEG-Sonde) künstlich ernährt. Es besteht keinerlei Hoffnung auf eine Verbesserung des Zustandes der F, wobei sie über die künstliche Ernährung noch mehrere Wochen am Leben erhalten werden kann. Bereits im Juli 2013 hat sie, nachdem eine Bekannte von ihr nach einigen Jahren des Wachkomas verstorben war, sowohl ihren beiden volljährigen Kindern Uriel (U) und Lucifer (L) als auch ihrem behandelnden Arzt Gottfried (G) mitgeteilt, dass sie, falls sie jemals in eine solche Lage geraten sollte, weitere Behandlungsmaßnahmen ablehnen und lieber sterben wollen würde. Anfang Februar 2014 änderte F ihre Meinung jedoch noch einmal und äußerte gegenüber L ausdrücklich ihren Wunsch, in jedem Fall weitere Behandlungsmaßnahmen vornehmen zu lassen. Es gelang ihr aber nicht mehr, ihre Entscheidung auch U und G mitzuteilen, da sie noch am selben Tag ins Wachkoma fiel. 281

L, der damit als einziger weiß, dass F keinen Todeswunsch hegt, will das „ohnehin unausweichliche Sterben" seiner Mutter jedoch nicht noch länger hinauszögern, da sie damit seiner Ansicht nach nur unnötigen Leiden und einem menschenunwürdigen Sterben ausgesetzt wäre. In einer Unterredung überzeugt L seinen Bruder U, der zwischenzeitlich zum Betreuer der Mutter bestellt worden ist, und G, dass der Abbruch der künstlichen Ernährung die einzig richtige und auch legale Entscheidung zum Wohle der F sei. L lässt U und G dabei aber im Unklaren darüber, dass F ihre Ablehnung von lebenserhaltenden Maßnahmen bereits widerrufen hat, da er zu Recht annimmt, dass U und G bei Kenntnis dieser Sachlage mit dem seiner Ansicht nach vor der Willensänderung der F straflosen, nun aber strafbaren Abbruch der künstlichen Ernährung nicht einverstanden wären. Von L überzeugt, gehen U und G fälschlicherweise davon aus, dass die Einstellung der Ernährung dem tatsächlichen Wunsch der F entspricht.

Lediglich die Heimleitung widerspricht diesem Vorgehen, nicht aber weil sie den wahren Willen der F kennt – auch sie geht davon aus, dass diese sterben will –, sondern weil sie sich davor scheut, die moralische und ggf. strafrechtliche Verantwortung auf sich zu nehmen.

Nach erneuter Rücksprache mit L, der ihm noch einmal versichert, dass allein der Abbruch der Ernährung dem Wunsch der F entspricht und sie ihre Entscheidung auch nicht widerrufen hat, schneidet U am nächsten Tag – wie mit L besprochen – die Sonde mit einer Schere durch, drapiert diese aber so, dass der Schnitt nicht sogleich bemerkt werden kann. Als das Pflegepersonal die durchgeschnittene PEG-Sonde erkennt, ist eine Rettung der F nicht mehr möglich. Sie stirbt infolge des Nahrungsmangels.

Um bezüglich der rechtlichen Makellosigkeit seines Vorgehens ganz sicher zu gehen, hatte U kurz vorher – ohne L darüber zu informieren – den Fachanwalt für Medizinrecht, insbesondere für Palliativmedizin, Rechtsanwalt Dr. Schlau (S) angerufen. Im festen Glauben, F sei – wie von U geschildert – mit der Einstellung der künstlichen Ernährung einverstanden, empfahl auch dieser seinem Mandanten, die PEG-Sonde „einfach durchzuschneiden". S erteilte diesen Rat, obwohl er der Ansicht war, U würde sich durch ein derartiges Verhalten strafbar machen.

Wie haben sich U, L und S strafbar gemacht?

282 *Zu den wichtigsten Formalien einer Strafrechtshausarbeit:*

Die Einhaltung von Formalien darf nicht zum Selbstzweck ausarten. Eine gute und ansprechende äußere Form ist jedoch dazu geeignet, den wissenschaftlichen Charakter einer Hausarbeit zu verdeutlichen und dem Korrektor das Lesen so einfach wie möglich zu machen.

Die Hausarbeit ist auf DIN A 4-Papier abzugeben, das nur einseitig beschrieben wird. Die einzelnen Seiten sind mindestens in einem Schnellhefter zusammenzufassen; wer möchte, kann sie auch binden lassen. Manche Studenten nehmen von einer Spiralbindung Abstand, weil es Korrektoren angeblich bevorzugen, die Gliederung zur besseren Übersicht neben die Hausarbeit zu legen. Meines Erachtens spricht indes nichts gegen eine Abgabe in gebundener Form.

Auf der ersten Seite, dem Deckblatt, trägt der Bearbeiter seinen Namen, seine Adresse, sein Fachsemester und die Matrikelnummer ein, ferner in der Mitte der Seite die Veranstaltung (Übung für Fortgeschrittene im Strafrecht/Semester), in deren Rahmen die Hausarbeit angeboten wird, sowie den Namen des Dozenten.

Auf der zweiten Seite folgt der Aufgabentext. Dieser sollte nochmals abgetippt werden (was leider mehrheitlich nicht gemacht wird) – nicht nur, damit die Hausarbeit ein einheitliches Bild abgibt, sondern auch, damit der Bearbeiter den Sachverhalt wirklich verinnerlicht und keine Details vergisst. Zudem macht ein Sachverhalt mit Unterstreichungen und Skizzen auf den Korrektor keinen guten Eindruck.

Im Anschluss folgt das Inhaltsverzeichnis. Es muss alle Überschriften aus dem Gutachten enthalten, aber auch nur diese. Es empfiehlt sich regelmäßig, nach Tatkomplexen, der Strafbarkeit der einzelnen Beteiligten und den jeweils in Betracht kommenden Tatbeständen zu gliedern. Allerdings sollte man keine Kurzfassung der Arbeit liefern. Geschickt ist es, die Gliederung so zu erstellen, dass die Hauptprobleme der Arbeit bereits erkennbar sind. Die Gliederungspunkte in Inhaltsverzeichnis und Gutachten müssen dieselben sein, auf 1. muss immer 2. folgen, wer a) sagt, muss auch b) sagen. Mögliche Gliederungsebenen sind zB A I. 1. a) aa) etc. Selbstverständlich sind auch andere Systeme zulässig (zB 1 – 1.1 – 1.1.1). Ebenso wie der Gutachtentext sollten auch die Überschriften keine direkten Fragen enthalten.

Auf der nächsten Seite beginnt das Literaturverzeichnis. Zu achten ist auf eine genaue und vor allem einheitliche Zitierweise. Es sollte nur die neueste Auflage eines Buches verwendet werden, sofern nicht ausschließlich eine ältere Ausgabe – zB aufgrund ei-

ner dort (noch) vertretenen abweichenden Meinung – gemeint ist. Die Rechtsprechung ist nicht im Literaturverzeichnis aufzuführen. Bis hierher sind die Seiten in römischen Ziffern zu nummerieren, beginnend mit II auf der zweiten Seite, also beim Aufgabentext.

An die Formalia schließt sich das eigentliche Gutachten an. Es ist übersichtlich zu gestalten. Auf den Seiten des Gutachtens (nach überwiegender Ansicht nicht bei der Gliederung und nicht beim Literaturverzeichnis) ist links 1/3 des Blattes als Rand freizuhalten. Die Seitennummerierung erfolgt hier in arabischen Ziffern – beginnend mit der ersten Seite des Gutachtens. Die Vorgaben des Aufgabenstellers sind zu beachten.

Fußnoten sind immer dort anzubringen, wo fremde Meinungen oder Gedanken wiedergegeben werden. Nur Ausführungen, die vom Bearbeiter selbst stammen, bleiben ohne Fußnoten. Formulierungen fremder Autoren werden im Text der Hausarbeit grundsätzlich nicht wörtlich wiedergegeben; erscheint dies ausnahmsweise erforderlich, ist das Zitierte in Anführungszeichen zu setzen.

Eine Quellenangabe ist nur sinnvoll, wenn sie sich auf abstrakte Aussagen bezieht, nicht hingegen im Rahmen der Subsumtion, also der Anwendung von Rechtssätzen auf den konkreten Sachverhalt. Negativbeispiel: „A hat B in konkrete Lebensgefahr gebracht und somit § 224 I Nr 5 verwirklicht." Fußnote: „Fischer, StGB, § 224 Rn 12". Herr Fischer kennt den konkreten Sachverhalt nicht. In diesem Fall muss man zumindest mit „vgl" arbeiten oder – noch besser – das Zitat gänzlich weglassen.

Verweisungen im Text sind nur auf Vorangegangenes zulässig („s o"). Wird hingegen auf später folgende Ausführungen verwiesen („s u"), offenbart dies einen Aufbaufehler. Für Hausarbeiten gilt insofern dasselbe wie für Klausuren (s auch Klausurenkurs I Rn 14).

Die Arbeit ist am Ende zu unterschreiben.

Zu den Formalien der Hausarbeit s ferner: Dietrich, Jura 1998, 142; Garcia-Scholz, JA 2000, 956; Jahn, JA 2002, 481; Kett-Straub/Müller, JA 2013, 182; Kosman, Wie schreibe ich juristische Hausarbeiten?, 1997; Möllers, JuS 2002, 828; Otto/Bosch, Übungen S 25 ff; Putzke, Juristische Arbeiten erfolgreich schreiben, S 36 ff; Schwind/Franke/Winter, Übungen im Strafrecht für Anfänger, S 1 ff; Schimmel/Weinert/Basak, Juristische Themenarbeiten, 2011; Scholz/Wohlers, Klausuren und Hausarbeiten im Strafrecht, S 68 ff; Walter, Kleine Stilkunde für Juristen, S 244 ff.

Gedankliche Strukturierung des Falles (Inhaltsverzeichnis und Kurzlösung)

283 *Aus didaktischen Gründen wird hier – ebenso wie bei den vorangegangenen Fällen – vorab kein bloßes Inhaltsverzeichnis, sondern eine Kurzlösung des Falles abgedruckt. Wer eine Hausarbeit im Rahmen einer Übung oder des Examens erstellen muss, hat hingegen seinen Ausführungen nur ein Inhaltsverzeichnis voranzustellen. Hierfür müssten aus der folgenden Kurzlösung zunächst alle abgekürzten Ergebnismitteilungen (d.h. + bzw -) gestrichen werden. Ferner fehlt im Inhaltsverzeichnis natürlich der Hinweis auf die einzelnen „Probleme" des Falles; ggf kann der Gegenstand des Problems jedoch als Gliederungspunkt aufgenommen werden.*

Uneinheitlich wird die Frage beantwortet, ob das Inhaltsverzeichnis bereits die Ergebnisse der Hausarbeitslösung erkennen lassen darf (zB „Ergebnis: § 212"). Meines Erachtens trägt dies zum besseren Verständnis bei. Zumindest im Hinblick auf das Gesamtergebnis erscheint es mir ratsam, nicht nur den Gliederungspunkt zu benennen („Gesamtergebnis zur Strafbarkeit des B"), sondern das Ergebnis auch mitzuteilen („§ 212 – § 52 – § 303"). Der Korrektor kann so auf einen Blick erkennen, ob der Bearbeiter die Aufgabe sinnvoll gelöst hat. Viele Prüfer sehen dies jedoch – bedauerlicherweise – anders und wünschen im Inhaltsverzeichnis nur den Gliederungspunkt („Ergebnis"). Der Bearbeiter muss sich daher erkundigen, welche Vorgehensweise insoweit lokal akzeptiert wird.

Anders als in der folgenden Kurzlösung, ist im Inhaltsverzeichnis hinter jedem Gliederungspunkt die entsprechende Seitenzahl zu vermerken. Eine Seitenbegrenzung sollte immer respektiert werden, um Punktabzug zu vermeiden. Die nachfolgende Musterlösung bewegt sich – auch ohne die kursiv gedruckten Hinweise – an der oberen Grenze des bei einer Fortgeschrittenenhausarbeit üblicherweise zulässigen Umfangs.

284 **I. Strafbarkeit des U**

1. § 216 I (–)

2. § 212 I (–)

a) Objektiver Tatbestand (+)

- Tod der F (+)
- Tötungshandlung (+)

Problem Nr 53: Abgrenzung aktives Tun/ Unterlassen bei Behandlungsabbruch (Rn 290)

- Kausalität (+)
- Objektive Zurechnung (+)

b) Subjektiver Tatbestand (+)

c) Rechtswidrigkeit (+)

aa) Nothilfe, § 32 (–)

bb) Notstandshilfe, § 34 (–)

cc) Einwilligung (–)

dd) Mutmaßliche Einwilligung (–)

ee) Ergebnis

d) Schuld (–)

aa) Entschuldigender Notstand, § 35 (–)

bb) Übergesetzlicher Notstand (–)

cc) Erlaubnistatbestandsirrtum (+)

(1) Nothilfe, § 32 (–)

(2) Notstandshilfe, § 34 (–)

(3) Einwilligung (+)

Problem Nr 54: Strafrechtliche Beurteilung des Behandlungsabbruchs (Rn 301)

(4) Behandlung des Erlaubnistatbestandsirrtums

Problem Nr 55: Behandlung des Erlaubnistatbestandsirrtums (Rn 306)

e) Ergebnis

3. § 211 (–)

4. § 222 (–)

5. § 221 I Nr 1 und Nr 2, II Nr 1, III (–)

6. §§ 223 I, 224 I Nr 2, 3 und 5 (–)

7. § 303 I bzgl der Sonde (–)

a) Tatbestand (+)

b) Rechtswidrigkeit (+)

aa) Nothilfe, § 32 (–)
bb) Notstandshilfe, § 34 (–)
c) Schuld (–)
aa) Notstandshilfe, § 35 (–)
bb) Erlaubnistatbestandsirrtum (+)
(1) Nothilfe, § 32 (+)
(2) Notstandshilfe, § 228 BGB (+)
d) Ergebnis
8. § 123 I Alt 1 (–)
9. Ergebnis hinsichtlich der Strafbarkeit des U
U ist straflos.

II. Strafbarkeit des L

1. §§ 212 I, 25 I Alt 2 (+)
a) Objektiver Tatbestand (+)
- Tod der F (+)
- Tatherrschaft (+)

b) Subjektiver Tatbestand (+)
c) Rechtswidrigkeit und Schuld (+)
2. §§ 211, 25 I Alt 2 (–)
3. §§ 221 I Nr 1, II Nr 1, III, 25 I Alt 2 (+)
4. § 221 I Nr 2 (+), II Nr 1 (–), III (+)
5. §§ 223 I, 224 I Nr 2 Alt 2, 3, 5, 25 I Alt 2 (+)
6. §§ 303 I, 25 I Alt 2 (+)
7. Konkurrenzen
8. Ergebnis hinsichtlich der Strafbarkeit des L
§§ 212, 25 I Alt 2 – § 52 – §§ 303 I, 25 I Alt 2

III. Strafbarkeit des S

1. §§ 212 I, 25 II (–)
2. §§ 212 I, 25 I Alt 2 (–)

Problem Nr 56: Abgrenzung Tatbestandsirrtum/ Verbotsirrtum/Versuch/Wahndelikt (Rn 323)

3. §§ 212 I, 22, 23 I Alt 1, 25 I Alt 2 (–)
4. §§ 212 I, 26 (–)
5. § 222 (–)
6. §§ 221 I Nr 1 und 2, II Nr 1, III, 26 (–)
7. §§ 223 I, 224 I Nr 2, 3, 5, 26 (–)
8. §§ 303 I, 26 (–)
9. Ergebnis hinsichtlich der Strafbarkeit des S
S ist straflos.

IV. Gesamtergebnis

U: straflos
L: §§ 212, 25 I Alt 2 – § 52 – §§ 303 I, 25 I Alt 2
S: straflos

Problem Nr 57: Überblick über die verschiedenen Fallgruppen der Sterbehilfe (Rn 329)

Schrifttumsverzeichnis

Wie das Schrifttumsverzeichnis gegliedert werden soll, wird unterschiedlich beurteilt. Manche bevorzugen die Aufteilung „1) Lehrbücher und Monographien, 2) Aufsätze und Festschriftbeiträge, 3) Entscheidungsanmerkungen und -besprechungen". Ganz überwiegend wird jedoch ein rein alphabetischer Aufbau ohne Untergliederung empfohlen (so zB Otto/Bosch, Übungen S 29 ff; Schwind/Franke/Winter, Übungen S 11, 71 und 137; Scholz/Wohlers, Klausuren und Hausarbeiten, S 110). Letztlich handelt es sich um eine bloße Geschmacksfrage. Der Bearbeiter sollte sich nach den örtlichen Usancen erkundigen. Im Zweifel ist die alphabetische Reihenfolge zu wählen. **285**

Grundsätzlich ist in das Schrifttumsverzeichnis jeder Titel aufzunehmen, der in den Fußnoten des Textes Erwähnung findet. Dies gilt nicht für Gerichtsentscheidungen. Beiträge, die der Bearbeiter gelesen und inhaltlich ausgewertet hat, ohne sie in einer Fußnote zu nennen, finden keine Erwähnung. Werden Gedanken aus fremden Veröffentlichungen übernommen, ist die Quelle jedoch selbstverständlich zu kennzeichnen. Bei Kommentaren, Lehrbüchern und Monographien sind zwingend Auflage und Erscheinungsjahr anzugeben; der Erscheinungsort kann hingegen weggelassen werden. Eine zusätzliche Aufnahme der Vornamen von Autoren bzw. Herausgebern hilft dem Leser beim Auffinden der Veröffentlichungen in der Bibliothek und beugt Verwechslungen vor. Stammt ein Werk von mehreren Autoren (zB Wessels/Beulke/Satzger) kann auf die Nennung der Vornamen verzichtet werden. Bei häufiger zitierten Werken sollte man der Einfachheit halber eine Abkürzung für den Nachweis in der Fußnote wählen und diese Zitierweise im Schrifttumsverzeichnis kenntlich machen.

286 *Arzt/Weber/Heinrich/Hilgendorf* – Strafrecht Besonderer Teil, 2. Aufl 2009 (zitiert: *Arzt/Weber/Heinrich/Hilgendorf*, BT § Rn)

Baumann/Weber/Mitsch – Strafrecht Allgemeiner Teil, 11. Aufl 2003 (zitiert: *Baumann/Weber/Mitsch*, AT § Rn)

Beck, Susanne – Kurzfälle aus dem Medizinstrafrecht, Teil 2, ZJS 2013, 156

Beck'scher OnlineKommentar – Strafgesetzbuch, Kommentar; *von Heintschel-Heinegg* (Hrsg), Stand: 22.7. 2013 (zitiert: BeckOK-*Bearbeiter*, § Rn)

Beulke, Werner – Klausurenkurs im Strafrecht I, 6. Aufl 2013 (zitiert: *Beulke*, Klausurenkurs I [Fall Nr] Rn)

Beulke, Werner – Klausurenkurs im Strafrecht III, 4. Aufl 2013 (zitiert: *Beulke*, Klausurenkurs III [Fall Nr] Rn)

Bosch, Nikolaus – Rechtfertigung von Sterbehilfe, JA 2010, 908

Brammsen, Joerg – Bemerkungen zur mittelbaren Unterlassungstäterschaft – Eine Ergänzung zu BGHSt 40, 257, NStZ 2000, 337

Brunhöber, Beatrice – Sterbehilfe aus strafrechtlicher und rechtsphilosophischer Sicht, JuS 2011, 401

Duttge, Gunnar – Anmerkung zum Urteil des BGH vom 25.6.2010 – 2 StR 454/09 – Zulässigkeit der Sterbehilfe durch Behandlungsabbruch, MedR 2011, 36

Dölling, Dieter – Gerechtfertigter Behandlungsabbruch und Abgrenzung von Tun und Unterlassen, ZIS 2011, 345

Dölling/Duttge/Rössner (Hrsg) – Gesamtes Strafrecht, StGB/StPO/Nebengesetze, Handkommentar, 3. Aufl 2013 (zitiert: HK-GS-*Bearbeiter*, § Rn)

Eidam, Lutz – Wider die Bevormundung eines selbstbestimmten Sterbens – Zugleich Besprechung von BGH, Urteil vom 25.6.2010, GA 2011, 232

Eisele, Jörg – Strafrecht – Besonderer Teil I, Straftaten gegen die Person und die Allgemeinheit, 2. Aufl 2012 (zitiert: *Eisele*, BT1 Rn)

Eisele, Jörg – Strafrecht – Besonderer Teil II, Eigentumsdelikte und Vermögensdelikte, 2. Aufl 2012 (zitiert: *Eisele*, BT2 Rn)

Engländer, Armin – Die Anwendbarkeit von § 34 StGB auf intrapersonale Interessenkollisionen, GA 2010, 15

Engländer, Armin – Von der passiven Sterbehilfe zum Behandlungsabbruch – Zur Revision der Sterbehilfedogamtik durch den 2. Strafsenat des BGH, JZ 2011, 513

Fateh-Moghadam/Kohake – Übungsfall: Selbstjustiz auf der Intensivstation, ZJS 2012, 98

Fischer, Thomas – Direkte Sterbehilfe – Anmerkung zur Privatisierung des Lebensschutzes, in: Strafrecht als Scientia Universalis – Festschrift für Claus Roxin zum 80. Geburtstag am 15. Mai 2011, S 557 (zitiert: *Fischer*, Roxin-II-FS S)

Fischer, Thomas – Strafgesetzbuch, 61. Aufl 2014 (zitiert: *Fischer*, § Rn)

Frister, Helmut – Strafrecht Allgemeiner Teil, 6. Aufl 2013 (zitiert: *Frister*, AT Kap Rn)

Frister/Lindemann/Peters – Arztstrafrecht, 2011 (zitiert: *Frister/Lindemann/Peters*, Kap Rn)

Gaede, Karsten – Durchbruch ohne Dammbruch – Rechtssichere Neuvermessung der Grenzen strafloser Sterbehilfe, NJW 2010, 2925

Geerds, Detlev – Der vorsatzausschließende Irrtum, Jura 1990, 421

Gössel/Dölling – Strafrecht Besonderer Teil, Band 1, 2. Aufl 2004 (zitiert: *Gössel/Dölling*, BT1 § Rn)

Gropp, Walter – Strafrecht Allgemeiner Teil, 3. Aufl 2005 (zitiert: *Gropp*, AT § Rn)

Hecker, Bernd – Strafrecht AT und BT: Sterbehilfe durch Behandlungsabbruch, JuS 2010, 1027

Heghmanns, Michael – Strafrecht für alle Semester, Besonderer Teil, 2009 (zitiert: *Heghmanns*, BT Kap Rn)

Heinrich, Bernd – Strafrecht Allgemeiner, 3. Aufl 2012 (zitiert: *B. Heinrich*, AT Rn)

Hettinger, Michael – Petitessen, in: Festgabe des Instituts für Strafrecht und Kriminologie der Juristischen Fakultät der Julius-Maximilians-Uinversität Würzburg für Rainer Paulus zum 70. Geburtstag am 20. Januar 2009, S 73 (zitiert: *Hettinger*, Paulus-FG S)

Herzberg, Rolf Dietrich – Sterbehilfe als gerechtfertige Tötung im Notstand, NJW 1996, 3043

Hilgendorf/Valerius – Strafrecht Allgemeiner Teil, 2013 (zitiert: *Hilgendorf/Valerius*, AT § Rn)

Hillenkamp, Thomas – 32 Probleme aus dem Strafrecht Allgemeiner Teil, 14. Aufl. 2012 (zitiert: *Hillenkamp*, AT Problemnummer S)

Hirsch, Hans Joachim	Anmerkung zum Urteil des BGH vom 25.6.2010, JR 2011, 37
Hirsch, Hans Joachim	Behandlungsabbruch und Sterbehilfe, in: Festschrift für Karl Lackner zum 70. Geburtstag am 18. Februar 1987, S 597 (zitiert: *Hirsch*, Lackner-FS S)
Höfling, Tobias	Eine rechtliche Beurteilung der Sterbebegleitung unter besonderer Berücksichtigung der Kodifizierung der Patientenverfügung, 2013 (zitiert: *Höfling*, S)
Hoffmann-Holland, Klaus	Strafrecht Allgemeiner Teil, 2. Aufl 2011 (zitiert: *Hoffmann/Holland*, AT Rn)
Hoerr, Christof	Passive Sterbehilfe und betreuungsrechtliche Kontrolle, Die Strafbarkeit von Arzt und Betreuer beim Behandlungsabbruch an einwilligungsunfähigen Patienten, 2011 (zitiert: *Hoerr*, S)
Hufen, Fridhelm	In dubio pro dignitate, NJW 2001, 849
Ingelfinger, Ralph	Grundlagen und Grenzbereiche des Tötungsverbots, 2004 (zitiert: *Ingelfinger*, S)
Jäger, Christian	Examensrepetitorium Strafrecht Allgemeiner Teil, 6. Aufl 2013 (zitiert: *Jäger*, AT § Rn)
Jäger, Christian	Examensrepetitorium Strafrecht Besonderer Teil, 5. Aufl 2013 (zitiert: *Jäger*, BT § Rn)
Jakobs, Günther	Strafrecht Allgemeiner Teil, 2. Aufl 1993 (zitiert: *Jakobs*, AT Abschn Rn)
Jakobs, Günther	Zur Auslegung der Heimtücke, JZ 1984, 996
Jescheck/Weigend	Lehrbuch des Strafrechts Allgemeiner Teil, 5. Aufl 1996 (zitiert: *Jescheck/Weigend*, AT § Abschnitt S)
Joecks, Wolfgang	Studienkommentar StGB, 10. Aufl 2012 (zitiert: *Joecks*, St-K § Rn)
Joerden, Jan C.	Die neue Rechtsprechung zur Sterbehilfe und der Knobe-Effekt, in: Strafrecht als Scientia Universalis – Festschrift für Claus Roxin zum 80. Geburtstag am 15. Mai 2011, S 593 (zitiert: *Joerden*, Roxin-II-FS S)
Kindhäuser, Urs	Lehr- und Praxiskommentar, 5. Aufl 2013 (zitiert: *Kindhäuser*, LPK § Rn)
Kindhäuser, Urs	Strafrecht Allgemeiner Teil, 6. Aufl 2013 (zitiert: *Kindhäuser*, AT § Rn)
Kindhäuser, Urs	Strafrecht Besonderer Teil I, 5. Aufl 2012 (zitiert: *Kindhäuser*, BT1 § Rn)
Knobloch, Nils	Examensrelevante Irrtümer im Strafrecht – Eine systematische Darstellung, JuS 2010, 864
Kraatz, Erik	Arztstrafrecht, 2013 (zitiert: *Kraatz*, Rn)
Krey/Esser	Deutsches Strafrecht Allgemeiner Teil, 5. Aufl 2012 (zitiert: *Krey/Esser*, AT Rn)
Krey/Hellmann/Heinrich M.	Strafrecht Besonderer Teil, Band 1, 15. Aufl 2012 (zitiert: *Krey/Hellmann/M. Heinrich*, BT1 Rn)
Kubiciel, Michael	Anmerkung zum Urteil des BGH vom 25.6.2010, ZJS 2010, 656
Kubiciel, Michael	Gott, Vernunft, Paternalismus – Die Grundlagen des Sterbehilfeverbots, JA 2011, 86
Kuhlen, Lothar	Die Unterscheidung von vorsatzausschließendem und nichtvorsatzausschließendem Irrtum, 1987 (zitiert: *Kuhlen*, S)
Kühl, Kristian	Strafrecht Allgemeiner Teil, 7. Aufl 2012 (zitiert: *Kühl*, § Rn)
Küper, Wilfried	Strafrecht Besonderer Teil, Definitionen mit Erläuterungen, 8. Aufl 2012 (zitiert: *Küper*, BT S)
Kutzer, Klaus	Vorausverfügter Verzicht auf lebenserhaltende Maßnahmen und das Verbot der Tötung auf Verlangen, in: Festschrift für Rissing-van-Saan zum 65. Geburtstag am 25. Januar 2011, S 337 (zitiert: *Kutzer*, Rissing-van-Saan-FS S)
Lackner/Kühl	Strafgesetzbuch, 27. Aufl 2011 (zitiert: *Lackner/Kühl*, § Rn)
Ladiges, Manuel	Die Aussetzung nach § 221 StGB, JuS 2012, 687
Langer, Winrich	Vorsatztheorie und strafgesetzliche Irrtumsregelung – Zur Kompetenzabgrenzung von Strafgesetzgebung, Verfassungsgerichtsbarkeit und Strafrechtswissenschaft, GA 1976, 193
Lanzrath/große Deters	Nothilfe durch Eingriff in Rechtsgüter des Angegriffenen? Zugleich Anm. zu BGH, Urteil vom 25.6.2010, 2 StR 454/09 = HRRS 2010 Nr. 704, HRRS 2011, 161
Leipziger Kommentar	Leipziger Kommentar Strafgesetzbuch, Band. 1, 12. Aufl 2007, Band 2, 12. Aufl 2006, Band 6, 11. Aufl 2005, Band 8, 11. Aufl 2005 (zitiert: LK-*Bearbeiter*, § Rn)

Lorenz, Dieter	Aktuelle Verfassungsfragen der Euthanasie, JZ 2009, 57
Mandla, Christoph	Sterbehilfe durch Behandlungsabbruch, Anmerkung zum Urteil des BGH vom 25.6.2010 – 2 Str. 454/09, NStZ 2010, 698
Matt/Renzikowski (Hrsg)	Strafgesetzbuch, 2013 (zitiert: Matt/Renzikowski-*Bearbeiter*, § Rn)
Maurach/Schroeder/Maiwald	Strafrecht Besonderer Teil, Teilband 1, 10. Aufl 2009 (zitiert: *Maurach/Schroeder/Maiwald*, BT1 § Rn)
Merkel, Reinhard	Aktive Sterbehilfe – Anmerkung zum Stand der Diskussion und zum Gesetzgebungsvorschlag des „Alternativ-Entwurfs Sterbebegleitung", Festschrift für Friedrich-Christian-Schroeder zum 70. Geburtstag, S 297 (zitiert: *Merkel*, Schroeder-FS S)
Merkel, Reinhard	Tödlicher Behandlungsabbruch und mutmaßliche Einwilligung bei Patienten im apallischen Syndrom, ZStW 107 [1995], 545
Münchener Kommentar zum Strafgesetzbuch	Münchener Kommentar Strafgesetzbuch, Band 1, 2. Aufl 2011, Band 4, 2. Aufl 2012 (zitiert: MK-*Bearbeiter*, § Rn)
Murmann, Uwe	Grundkurs Strafrecht, 2. Aufl. 2013 (zitiert: *Murmann*, GK § Rn)
Nomos-Kommentar	Nomos-Kommentar zum StGB, Gesamtredaktion *Neumann* und *Schild* (herausgegeben von *Kindhäuser, Neumann, Paeffgen*), Band 2, 4. Aufl 2013) (zitiert: NK-*Bearbeiter*, § Rn)
Otto, Harro	Die strafrechtliche Problematik der Sterbehilfe, Jura 1999, 434
Otto, Harro	Zum Mordmerkmal der Heimtücke, JR 1991, 383
Plaschke, Michaela	Ein Nagetier schreibt Rechtsgeschichte: Der Doppelirrtum im Strafrecht, Jura 2001, 235
Puppe, Ingeborg	Tatirrtum, Rechtsirrtum, Subsumtionsirrtum, GA 1990, 145
Rengier, Rudolf	Strafrecht Allgemeiner Teil, 5. Aufl 2013 (zitiert: *Rengier*, AT § Rn)
Rengier, Rudolf	Strafrecht Besonderer Teil II, Delikte gegen die Person und die Allgemeinheit, 14. Aufl 2013 (zitiert: *Rengier*, BT2 § Rn)
Rieger, Gregor	Die mutmaßliche Einwilligung in den Behandlungsabbruch, 1998 (zitiert: *Rieger*, S)
Rissing-van Saan, Ruth	Strafrechtliche Aspekte der aktiven Sterbehilfe, Nach dem Urteil des 2. Strafsenats des BGH v. 25.6.2010 – 2 Str. 454/09, ZIS 2011, 544
Rosenau, Henning	Aktive Sterbehilfe, in: Strafrecht als Scientia Universalis – Festschrift für Claus Roxin zum 80. Geburtstag am 15. Mai 2011, S 577 (zitiert: *Rosenau*, Roxin-II-FS S)
Rosenau, Henning	Die Neuausrichtung der passiven Sterbehilfe – Der Fall *Putz* im Urteil des BGH vom 25.6.2010 – 2 StR 454/09; in: Festschrift für Rissing-van-Saan zum 65. Geburtstag am 25. Januar 2011, S 547 (zitiert: *Rosenau*, Rissing-van-Saan-FS S)
Roxin, Claus	An der Grenze von Begehung und Unterlassen, in: Festschrift für Karl Engisch zum 70. Geburtstag, 1969 (zitiert: *Roxin*, Engisch-FS, S)
Roxin, Claus	Strafrecht Allgemeiner Teil, Band 1, Grundlagen, Aufbau der Verbrechenslehre, 4. Aufl 2006 (zitiert: *Roxin*, AT1 § Rn)
Roxin, Claus	Strafrecht Allgemeiner Teil, Band 2, Besondere Erscheinungsformen der Straftat, 2003 (zitiert: *Roxin*, AT2 § Rn)
Roxin, Claus	Tötung auf Verlangen und Suizidteilnahme – Geltendes Recht und Reformdiskussion, GA 2013, 313
Roxin/Schroth (Hrsg)	Handbuch des Medizinstrafrechts, 4. Aufl 2010 (zitiert: Roxin/Schroth-*Bearbeiter*, S)
Satzger/Schluckebier/ Widmaier (Hrsg)	StGB – Strafgesetzbuch, 2. Aufl 2014 (zitiert: S/S/W-StGB-*Bearbeiter*, § Rn)
Sax, Walter	Zur rechtlichen Problematik der Sterbehilfe durch vorzeitigen Abbruch einer Intensivbehandlung, JZ 1975, 137
Schmidhäuser, Eberhard	Strafrecht Allgemeiner Teil, 2. Aufl 1984 (zitiert: *Schmidhäuser*, AT Kap Rn)
Schmidt, Rolf	Strafrecht Allgemeiner Teil, Grundlagen der Strafbarkeit, Methodik der Fallbearbeitung. 12. Aufl. 2013 (zitiert: *Schmidt*, AT Rn)
Schmidt/Priebe	Strafrecht Besonderer Teil I, Straftaten gegen die Person und die Allgemeinheit, 12. Aufl 2013 (zitiert: *Schmidt/Priebe*, BT1 Rn)

Schneider, Christian — Tun und Unterlassen beim Abbruch lebenserhaltender medizinischer Behandlung, 1997

Schöch, Heinz — Beendigung lebenserhaltender Maßnahmen – Zugleich eine Besprechung der Sterbehilfeentscheidung des BGH vom 13.9.1994, NStZ 1995, 153

Schönke/Schröder — Strafgesetzbuch, 28. Aufl 2010, fortgeführt von *Lenckner, Cramer, Stree, Eser, Heine, Perron, Sternberg-Lieben, Eisele, Bosch, Hecker* und *Kinzig* (zitiert: S/S-*Bearbeiter*, § Rn)

Schroth, Ulrich — Sterbehilfe als strafrechtliches Problem: Selbstbestimmung und Schutzwürdigkeit des tödlich Kranken, GA 2006, 549

Schumann, Kay — Telefonische Sterbehilfe? – Zu der Beteiligungsfrage im „Sterbehilfe-Urteil" des BGH, JR 2011, 142

Schünemann/Greco — Der Erlaubnistatbestandsirrtum und das Strafrechtssystem – Oder: Das Peter-Prinzip in der Strafrechtsdogmatik, GA 2006, 777

Systematischer Kommentar zum Strafgesetzbuch — Systematischer Kommentar zum Strafgesetzbuch, Band 1, Allgemeiner Teil, 8. Aufl, von *Rudolphi, Horn, Samson, Günther, Hoyer, Rogall, Schall, Sinn, Stein, Wolter* und *Wolters*, Stand: August 2013 (zitiert: SK-*Bearbeiter*, § Rn)

Sternberg-Lieben/Fisch — Der neue Tatbestand der (Gefahr-)Aussetzung (§ 221 StGB n.F.), Jura 1999, 45

Stoffers, Kristian F. — Behandlungsabbruch zwischen Betreuungsrecht und Strafrecht, Zur (straf-) rechtlichen Bedeutung der vormundschaftsgerichtlichen Genehmigung i.S.d § 1904, 2011 (zitiert: *Stoffers*, S)

Stratenwerth/Kuhlen — Strafrecht Allgemeiner Teil I, 6. Aufl 2011 (zitiert: *Stratenwerth/Kuhlen*, § Rn)

Schuster, Frank Peter — Der Doppelirrtum auf Rechtfertigungsebene, JuS 2007, 617

Tag, Brigitte — Der Körperverletzungstatbestand im Spannungsfeld zwischen Patientenautonomie und Lex artis (zitiert: *Tag*, S)

Tröndle, Herbert — Strafrechtlicher Lebensschutz und Selbstbestimmungsrecht des Patienten – Betrachtungen zum „Ravensburger Fall", in: Kriminalität – Personlichkeit, Lebensgeschichte und Verhalten, Festschrift für Hans Göppinger zum 70. Geburtstag, 1990, S 595

Ulsenheimer, Klaus — Arztstrafrecht in der Praxis, 5. Aufl. 2014 (zitiert: *Ulsenheimer*, Rn)

Verrel, Torsten — Ein Grundsatzurteil? – Jedenfalls bitter nötig! Besprechung der Sterbehilfeentscheidung des BGH vom 25.6.2010 – 2 StR 454/09, NStZ 2010, 671

Walter, Tonio — Sterbehilfe: Teleologische Reduktion des § 216 StGB statt Einwilligung! Oder: Vom Nutzen der Dogmatik – Zugleich Besprechung von BGH, Urt. v. 25.6.2010 – 2 StR 454/09, ZIS 2011, 76.

Wasserburg, Klaus — Rechtsprechungsübersicht zum Arztstrafrecht – Juli 2006 bis Juli 2012 – (Teil 1), NStZ 2013, 147

Wessels, Johannes — Strafrecht Besonderer Teil 1, 21. Aufl 1997 (zitiert: *Wessels*, BT1 Rn)

Wessels/Beulke/Satzger — Strafrecht Allgemeiner Teil, 43. Aufl 2013 (zitiert: *Wessels/Beulke/Satzger*, AT Rn)

Wessels/Hettinger — Strafrecht Besonderer Teil 1, 37. Aufl 2013 (zitiert: *Wessels/Hettinger*, BT1 Rn)

Wessels/Hillenkamp — Strafrecht Besonderer Teil 2, 36. Aufl 2013 (zitiert: *Wessels/Hillenkamp*, BT2 Rn)

Zieschang, Frank — Strafrecht Allgemeiner Teil, 3. Aufl. 2012 (zitiert: *Zieschang*, AT Rn)

Ausführliche Lösung von Fall 10

287 *Der Fall wurde in leicht abgewandelter Form im Examensklausurenkurs der Universität Passau als Klausur gestellt. Dabei zeigte sich, dass er in fünf Stunden ohne Rückgriff auf Rechtsprechung und Literatur kaum zu lösen ist, weshalb er nunmehr als Fortgeschrittenenhausarbeit eingestuft wird.*

Die Lösung entspricht somit den Anforderungen an eine Fortgeschrittenenhausarbeit. Sie kann ebenso als Raster für Anfänger- und Examenshausarbeiten gelten, die sich lediglich in der Problemfülle sowie Problemtiefe vom vorliegenden Muster unterscheiden. Aus der Gesamtkonzeption des Buches, das zugleich ein Medium zur Stoffwiederholung sein soll, ergeben sich jedoch folgende Besonderheiten:

- *Wie immer sind aus dem „offiziellen" Text alle kursiv geschriebenen Passagen wegzudenken.*
- *Die als Lernhilfe gedachten Kästen, die bei Klausuren über das hinausgehen, was ein Bearbeiter in der Kürze der ihm zur Verfügung stehenden Zeit zu Papier bringen kann, sind hier als Teil der Hausarbeit einzustufen. Wegzulassen wären im Text der Hausarbeit also nur die Umrandung sowie die durch die Grautönung erreichte Hervorhebung.*

I. Strafbarkeit des U

288 *Immer wieder lege ich den Bearbeitern von Strafrechtsfällen ans Herz, im Rahmen der Lösung grundsätzlich nach Tatkomplexen zu gliedern (ausführlich: Beulke, Klausurenkurs I Rn 35 ff). Hier erscheint jedoch ein anderes Vorgehen ratsam. Da es nur um die Bewertung eines zentralen Geschehens geht – nämlich um das Durchschneiden der Sonde – und sich die Probleme nahezu ausschließlich um diese Konstellation der Sterbehilfe ranken, erscheint es sinnvoll, die Lösung der Hausarbeit nur nach Tatbeteiligten (U, L und S) zu gliedern.*

Steht eine Strafbarkeit nach §§ 211 ff im Raum, rate ich den Studenten, die Prüfung grundsätzlich zunächst mit § 212 I zu beginnen, selbst wenn man § 211 und § 216 im Einklang mit der Rechtsprechung gegenüber § 212 als delicta sui generis begreift (vgl hierzu o Rn 12; Klausurenkurs I Rn 55 und [3] Rn 152; Klausurenkurs III [3] Rn 92). Vorliegend empfiehlt sich aber ausnahmsweise eine andere Vorgehensweise: Da hier ein Fall der Sterbehilfe im Raum steht und § 216 in diesem Themenfeld vielfach als Argumentationshilfe herangezogen wird, erscheint es sinnvoll, mit der Prüfung von § 216 I zu beginnen.

Übersicht zu den verschiedenen Formen der Sterbehilfe s u Problem Nr 57 Rn 329.

1. § 216 I

Indem U die PEG-Sonde mit einer Schere durchtrennte, könnte er sich wegen Tötung auf Verlangen strafbar gemacht haben.

U müsste durch das ausdrückliche und ernstliche Verlangen seiner Mutter, der F, zur Tötung bestimmt worden sein. Als er die Sonde durchtrennte, hatte F ihren ursprünglichen Wunsch, im Falle einer lebensbedrohlichen Erkrankung keine lebensverlängernde Behandlung zu erhalten, jedoch bereits unmissverständlich gegenüber L revidiert. Objektiv lag somit im Tatzeitpunkt kein Todesverlangen der F vor.

U wusste aber nicht, dass seine Mutter ihre Meinung zwischenzeitlich geändert hatte. Auch auf Grundlage seiner Vorstellung sind die Voraussetzungen des § 216 I indes nicht erfüllt, sodass § 16 II nicht eingreift: An das Todesverlangen sind hohe Anforderungen zu stellen. „Verlangen" ist mehr als die bloße Einwilligung[1] und erfordert eine zielgerichtete Einwirkung des Opfers auf den Willen des Täters[2]. F hat ihren Wunsch, im Falle einer lebensbedrohlichen Erkrankung keine weitere Behandlung zu erfahren, bereits viele Monate vor der Tat, nämlich im Juli 2013, im Zusammenhang mit dem Gesundheitszustand einer Bekannten geäußert. Ungeachtet der späteren Willensänderung konnte dieser Wunsch mangels hinreichenden Situationsbezugs im Tatzeitpunkt nicht mehr als „ernstliches" Todesverlangen iSd § 216 I verstanden werden. Sollte U dies gleichwohl angenommen haben, unterlag er insoweit einem rechtlich unbeachtlichen Subsumtionsirrtum.

U hat sich folglich nicht nach § 216 I strafbar gemacht.

2. § 212 I

U könnte einen Totschlag begangen haben.

a) Objektiver Tatbestand

F ist tot. Den Tod müsste U durch eine kausale und objektiv zurechenbare Handlung verursacht haben. Vorliegend geht es um einen Fall der Sterbehilfe in Form des Abbruchs einer lebenserhaltenden medizinischen Behandlung bei einer lebensbedrohlich erkrankten Person (sog Behandlungsabbruch). **289**

Zur Abgrenzung der verschiedenen Formen der Sterbehilfe s u Problem Nr 57 Rn 329.

Fraglich ist zunächst, ob von einem positiven Tun gesprochen werden kann oder ob nicht vielmehr ein (strafbares) Unterlassen vorliegt.

Teilweise wird vertreten, bei Abgrenzung der Handlungsformen komme es darauf an, ob Körperkraft eingesetzt wird[3]. Nach der hM ist hingegen grundsätzlich darauf abzustellen, wo bei normativer Betrachtung und bei Berücksichtigung des sozialen Handlungssinns der Schwerpunkt des in Rede stehenden Verhaltens liegt[4]. Ehe jedoch nach Maßgabe dieser Kriterien eine Abgrenzung der Handlungsformen für den konkreten Fall vorgenommen wird, ist zu hinterfragen, ob für die Konstellation einer Tötung in Form eines Behandlungsabbruchs besondere Regeln gelten.

---

1 BGHSt 50, 80, 92; RGSt 68, 306, 307; *Kraatz*, Rn 176; krit. *Arzt/Weber/Heinrich/Hilgendorf*, BT § 3 Rn 12 ff.
2 NK-*Neumann*, § 216 Rn 10; MK-*Schneider*, § 216 Rn 13.
3 So etwa SK-*Rudolphi/Stein*, Vor § 13 Rn 82; *T. Walter*, ZIS 2011, 76 f.
4 S/S-*Stree/Bosch*, Vor § 13 Rn 158; *Wessels/Beulke/Satzger*, AT Rn 700; zur Abgrenzung zwischen aktivem Tun und Unterlassen im Allgemeinen vgl bereits o [5] Rn 148.

290 **Problem Nr 53: Abgrenzung aktives Tun/Unterlassen bei Behandlungsabbruch**

(1) **Die frühere Rechtsprechung** (BGHSt 40, 257, 265 f) und die **früher herrschende, noch heute teils vertretene Lehre** (*Frister*, Samson-FS, S 19, 27 f; *Hoerr*, S 69 ff u. 115 ff; *Roxin*, Engisch-FS, S 398 ff; *ders*, GA 2013, 313, 316; Roxin/Schroth-*Roxin*, S 95; *Schneider*, S 174 ff; *Schöch*, NStZ 1995, 153, 154; *Schroth*, GA 2006, 549, 551) unterschied danach, ob der Abbruch der Behandlung bei einem mittels technischer Apparaturen am Leben gehaltenen Patienten durch einen Arzt oder einen externen Dritten erfolgte. Während bei einem **Arzt** – auch wenn er aktiv ein Beatmungsgerät abschaltete oder eine PEG-Sonde durchtrennte – der Schwerpunkt des Verhaltens im Unterlassen gesehen wurde (sog. **Tun durch Unterlassen**; vgl. *Jäger*, BT § 1 Rn 62; S/S/W-StGB-*Kudlich*, § 13 Rn 7; *Roxin*, Engisch-FS, S 398 ff), bejahte man bei **Dritten** stets ein **aktives Tun**. Entsprach das todbringende ärztliche Unterlassen dem ausdrücklichen oder mutmaßlichen Willen des Patienten, wurde eine denkbare, aus dem Arzt-Patienten-Verhältnis resultierende Garantenpflicht (Behandlungspflicht) des Arztes abgelehnt, was zur Folge hatte, dass eine Strafbarkeit des Arztes wegen Totschlags durch Unterlassen ausschied. Bei Dritten wurde dasselbe Verhalten hingegen als strafbare Tötung durch aktives Tun angesehen.

Argument: Schaltet ein Arzt ein Beatmungsgerät ab bzw durchtrennt er eine PEG-Sonde, über die der Patient künstlich am Leben erhalten wird, unterscheidet sich dieses Verhalten im sozialen Sinngehalt nicht wesentlich von der Situation, dass das Beatmungsgerät bzw die PEG-Sonde erst gar nicht angeschaltet bzw gelegt worden wäre. Es liegt daher immer ein Unterlassen vor. Entfernt dagegen ein Dritter die lebenserhaltenden Apparaturen, ergibt sich keine Vergleichbarkeit mit einem Unterlassen, da ein Dritter keinen Einfluss auf die Entscheidung „Einschalten" bzw „Anhängen" hatte. Vielmehr liegt dann ein aktiver Eingriff in einen rettenden Kausalverlauf vor.

(2) Eine **andere Ansicht** (*Hettinger*, Paulus-FG, 73, 84 f; *Hirsch*, Lackner-FS S 604 f; LK-*Jähnke*, Vor § 211 Rn 18; *Otto*, Jura 1999, 434, 438; *Wessels/Hettinger*, BT1 Rn 37) hat diese Differenzierung nach dem jeweiligen Status des Handelnden seit jeher abgelehnt und stattdessen immer die Annahme positiven Tuns befürwortet.

Argument: Die Differenzierung zwischen Ärzten und Dritten kann nicht überzeugen: Ohne sachlichen Grund wird ein und dasselbe Verhalten einmal als aktives Tun, ein anderes Mal als Unterlassen qualifiziert. Wer das Abschalten einer lebenserhaltenden Apparatur durch einen Arzt in ein Unterlassen umdeutet, begnügt sich letztlich mit einer bloßen Fiktion.

(3) Für den Fall der Beendigung einer medizinischen Behandlung eines lebensbedrohlich erkrankten Patienten (= **Behandlungsabbruch**) hat inzwischen auch der **BGH** in einer **wegweisenden Grundsatzentscheidung** (BGHSt 55, 191) die oben dargestellte **Differenzierung aufgegeben**. Stattdessen fasst er alle Verhaltensweisen, die im Zusammenhang mit der Beendigung einer lebenserhaltenden medizinischen Behandlung stehen, unter dem normativ-wertenden Oberbegriff des Behandlungsabbruchs zusammen.

Argument: Für die Abgrenzung zwischen Tun und Unterlassen darf nicht allein auf die äußerliche Handlungsqualität abgestellt werden. Denn abgesehen von der Strafmilderungsmöglichkeit in § 13 II sieht das Gesetz grundsätzlich vor, Unterlassen und Tun wertungsmäßig gleich zu behandeln. Zudem kann die Abgrenzung zwischen diesen beiden Verhaltensformen nicht zuverlässig nach naturalistischen Ansätzen vorgenommen werden. Die Umdeutung des Entfernens einer lebenserhaltenden Apparatur in ein Unterlassen erscheint als „dogmatisch unzulässiger Kunstgriff" und ist daher abzulehnen.

Zur Vertiefung: Brammsen, NStZ 2000, 337, 341; Brunhöber, JuS 2011, 401; Hecker, JuS 2010, 1027; Joerden, Roxin-II-FS S 593; Kubiciel, JA 2011, 86; MK-Schneider, Vorbem zu § 211 ff Rn 118; Wessels/Beulke/Satzger, AT Rn 703 ff.

Im vorliegenden Fall durchtrennte kein Arzt die Sonde, sondern U, ein Sohn der F und damit ein Dritter im Sinne der oben dargelegten Differenzierung. Sowohl die Anhänger der früher herrschenden Ansicht als auch diejenigen, die eine Unterscheidung nach dem Status des Handelnden mit überzeugenden Gründen ablehnen, gelangen daher hier zu dem Schluss, dass das Verhalten des U ein positives Tun darstellt[5]. Auch die neuere Rechtsprechung, welche die Subsumtion unter den Oberbegriff „Behandlungsabbruch" favorisiert, kommt in diesem Fall nicht zu einem Unterlassen. **291**

Unabhängig davon, welcher Ansicht man folgt, ist das Durchtrennen der Sonde durch U unter Zuhilfenahme einer Schere somit als ein positives Tun einzustufen.

Obwohl der 2. Strafsenat des BGH für die Fälle des Behandlungsabbruchs einen normativ-wertenden Oberbegriff geschaffen hat, kann mE auch in Zukunft nicht auf die Einordnung des jeweiligen Verhaltens in die Kategorien Tun/Unterlassen verzichtet werden. Denn unabhängig davon, ob der BGH neben der Differenzierung zwischen Arzt und externen Dritten zugleich die Unterscheidung zwischen den Handlungsformen beim Behandlungsabbruch einebenen wollte, darf diese Frage nicht offenbleiben: § 13 verlangt zum einem als zusätzliche Voraussetzung für die Strafbarkeit des Unterlassens eine Garantenpflicht des Täters, zum anderen sieht § 13 II eine fakultative Strafmilderung vor. Der BGH führt zwar aus, dass diese Differenzierung die Möglichkeit offen lässt, Tun und Unterlassen wertungsmäßig gleich zu gewichten (BGHSt 55, 191, 202 f). § 13 II ermöglicht aber nur im Rahmen eines Unterlassens die Gewährung einer Strafmilderung. Bei der Einordnung als aktives Tun dagegen muss – soweit kein minder schwerer Fall vorliegt – der reguläre Strafrahmen Anwendung finden (so auch T. Walter, ZIS 2011, 76, 77 f u 80; Gaede, NJW 2010, 2925, 2926; Verrel, NStZ 2010, 671, 674; vgl. auch Beck, ZJS 2013, 156 ff).

Ferner gilt es zu klären, ob das Durchtrennen der Sonde als Tötungshandlung zu qualifizieren ist. Vereinzelt wird in der Literatur die Ansicht vertreten, der objektive Tatbestand des § 212 sei nicht erfüllt, wenn in Fällen der Sterbehilfe der unumkehrbare Sterbeprozess bereits vor der Einwirkung des Täters eingesetzt habe[6]. Das Verhalten sei nach dem sozialen Sinngehalt nicht gegen das Leben gerichtet, sondern diene vielmehr der Verwirklichung eines menschenwürdigen Lebens[7]. Vorliegend hatte der Sterbeprozess indes noch nicht eingesetzt, als U die Sonde durchtrennte; vielmehr befand sich F „lediglich" im Wachkoma. Überdies lässt sich das Durchtrennen der Sonde schwerlich als eine Handlung begreifen, die nicht gegen das Leben gerichtet ist[8]. Eine Tötungshandlung liegt somit vor. **292**

Das Durchtrennen der Sonde kann auch nicht hinweggedacht werden, ohne dass der Tod der F entfiele; es war damit kausal iSd Äquivalenztheorie. Unerheblich ist, dass F womöglich ohnehin zeitnah gestorben wäre. Jede auch noch so geringfügige Lebensverkürzung ist als Tötungshandlung einzustufen. Überdies dürfen Reserveursachen im Rahmen der strafrechtlichen Kausalitätsprüfung keine Berücksichtigung finden[9].

---

5 Vgl. auch *Dölling*, ZIS 2011, 345, 347.
6 *Wessels*, BT1 Rn 25.
7 Ua dieser Argumentation bedient sich auch *Tröndle*, Göppinger-FS, S 595, 607 ff.
8 Vgl für entspr. Konstellationen *Rosenau*, Roxin-II-FS, S 577, 583.
9 *Schmidt*, AT Rn 158.

293 Der Todeserfolg müsste U objektiv zurechenbar sein. Objektiv zurechenbar ist ein Erfolg, wenn durch menschliches Verhalten eine rechtlich relevante Gefahr geschaffen wurde, die sich im tatbestandsmäßigen Erfolg verwirklicht hat[10].

Insoweit könnte man daran zweifeln, ob das Verhalten des U vom Schutzzweck des § 212 erfasst ist[11]. Allerdings schützen die §§ 211 ff das Leben ohne Rücksicht auf dessen vermeintlichen „Wert" oder die voraussichtlich verbleibende Lebenszeit; Schutz verdient deshalb auch das erlöschende Leben[12]. Durch die Tötung der F ist der Schutzzweck des § 212 folglich tangiert.

Die objektive Zurechnung könnte ferner mit dem Argument abgelehnt werden, der Handelnde schaffe in den Fällen des Behandlungsabbruchs keine rechtlich relevante Gefahr[13]. Es handle sich in diesen Fällen vielmehr um ein erlaubtes[14] bzw ein sozialadäquates[15] Risiko. Schließlich sei der Arzt zum Abbruch der Behandlung verpflichtet, wenn der Patient dies fordere[16]. Diesem Gedanken ist zuzugestehen, dass Ärzte grds nicht berechtigt sind, eine Behandlung gegen den Willen des Patienten durchzuführen oder fortzusetzen. Eine Pflicht zum Behandlungsabbruch kann Ärzte jedoch nur insoweit treffen, als dem nicht das Tötungsverbot der §§ 211 ff entgegensteht. Allein der Hinweis auf das Selbstbestimmungsrecht des Patienten vermag die Handlungsverbote der §§ 211 ff, insbesondere im Hinblick auf § 216, nicht auszuhebeln. Zudem kann von einem erlaubten „Risiko" nicht mehr die Rede sein, wenn der Behandlungsabbruch aus ex-ante-Sicht zwangsläufig den Eintritt des Todeserfolges bewirkt[17].

Dementsprechend ist der objektive Tatbestand des § 212 erfüllt.

b) Subjektiver Tatbestand

294 U müsste vorsätzlich gehandelt haben, § 15. Vorsätzlich handelt der Täter jedenfalls dann, wenn er die Tatumstände kennt und den Erfolg billigt, vgl § 16 I 1. U handelte beim Durchtrennen der Sonde mit Wissen um die Tatbestandsverwirklichung. Zudem wollte er den Tod seiner Mutter, ihm kam es gerade darauf an. Vorsatz in Form der Absicht ist damit gegeben[18].

c) Rechtswidrigkeit

Eine Strafbarkeit des U gem § 212 wäre ausgeschlossen, wenn zu seinen Gunsten ein Rechtfertigungsgrund eingreifen würde.

---

10 *Wessels/Beulke/Satzger*, AT Rn 179.
11 So *Gaede*, NJW 2010, 2925, 2927; auf den Schutzzweck der Norm beruft sich auch *Sax*, JZ 1975, 137, 142 ff; ebenfalls eine Tatbestandslösung bevorzugend: *Rissing-van Saan*, ZIS 2011, 544, 550.
12 BeckOK-*Eschelbach*, § 211 Rn 8.
13 *Fateh-Moghadam/Kohake*, ZJS 2012, 98, 102.
14 LK-*Jähnke*, Vor § 211 Rn 16.
15 *Herzberg*, NJW 1996, 3043, 3049 f und Fn 32.
16 *Engländer*, JZ 2011, 513, 518; LK-*Jähnke*, Vor § 211 Rn 16.
17 Vgl für die Fälle der indirekten Sterbehilfe: *Merkel*, Schroeder-FS, S 297, 300.
18 Vgl BGHSt 16, 1; *Gropp*, AT § 5 Rn 92; *Hoffmann-Holland*, AT Rn 159.

aa) Nothilfe, § 32

Das Handeln des U könnte durch Nothilfe gem § 32 I gerechtfertigt sein. Voraussetzung dafür ist, dass zum Zeitpunkt der Tat ein gegenwärtiger, rechtswidriger Angriff, mithin eine Notwehrlage, bestand, vgl § 32 II Alt 2. Ein Angriff iSv § 32 liegt in jeder durch menschliches Verhalten drohenden Verletzung rechtlich geschützter Güter oder Interessen[19]. Gegenwärtig ist der Angriff, wenn er unmittelbar bevorsteht, bereits begonnen hat oder noch fortdauert[20]. Rechtswidrig ist ein Angriff, der den Bewertungsnormen des Rechts objektiv zuwiderläuft und nicht durch einen Erlaubnissatz gedeckt ist[21]. **295**

Fraglich ist hier bereits, ob ein Angriff vorlag. Denkbar wäre, dass die Heimleitung durch ihre ablehnende Haltung gegenüber einem Behandlungsabbruch einen Angriff auf das Selbstbestimmungsrecht sowie die körperliche Unversehrtheit der F verübt hat. Zu beachten ist indes, dass die künstliche Ernährung der F nicht gegen deren Willen erfolgt ist[22]. Vielmehr wollte diese im Zeitpunkt der Tat nicht sterben, sondern hatte ihren Verzicht auf lebenserhaltende Maßnahmen revidiert. Eine Beeinträchtigung der genannten Güter scheidet daher aus.

Das Handeln des U ist nicht nach § 32 gerechtfertigt.

bb) Notstandshilfe, § 34

In Betracht kommt ferner eine Rechtfertigung gem § 34. Aber auch diese scheidet letztlich aus: Da F nicht sterben wollte, lag keine Gefahr für die eben genannten Rechtsgüter vor.

cc) Einwilligung

Angesichts des von F im Februar 2014 ausdrücklich geäußerten Wunsches, alle Behandlungsmöglichkeiten auszuschöpfen, scheidet eine Einwilligung als Rechtfertigungsgrund aus. **296**

dd) Mutmaßliche Einwilligung

Schließlich könnte Us Verhalten durch eine mutmaßliche Einwilligung gerechtfertigt sein. Dies setzt jedoch voraus, dass eine ausdrückliche Willensentscheidung des Rechtsgutsträgers fehlt. Vorliegend kann nicht mehr auf das Rechtsinstitut der mutmaßlichen Einwilligung zurückgegriffen werden, da F ihre früher erteilte Einwilligung ausdrücklich widerrufen hat. Überdies liegen die subjektiven Voraussetzungen der mutmaßlichen Einwilligung nicht vor: U hat sich keine Gedanken über den mutmaßlichen Willen der F gemacht, da er irrtümlich annahm, es liege eine ausdrückliche Einwilligung vor.

---

19 *Wessels/Beulke/Satzger*, AT Rn 325.
20 *Wessels/Beulke/Satzger*, AT Rn 328.
21 *Wessels/Beulke/Satzger*, AT Rn 331.
22 Zur Maßgeblichkeit des früher erklärten Patientenwillens über den Zeitpunkt der Einwilligungsunfähigkeit hinaus s *Stoffers*, S 69 ff, 420 ff.

ee) Ergebnis

Insgesamt ist somit kein Grund erkennbar, der das Verhalten des U rechtfertigen könnte.

d) Schuld

U müsste schuldhaft gehandelt haben.

aa) Entschuldigender Notstand, § 35

U könnte nach den Grundsätzen des entschuldigenden Notstands gem § 35 I 1 entschuldigt sein. Dafür hätte im Zeitpunkt der Tat eine gegenwärtige, nicht anders abwendbare Gefahr für Leben, Leib oder Freiheit der F bestehen müssen. Dies war jedoch – wie bereits dargelegt – nicht der Fall.

bb) Übergesetzlicher Notstand

Unter den gegebenen Umständen kommt auch kein übergesetzlicher Notstand in Betracht.

cc) Erlaubnistatbestandsirrtum

297 Möglicherweise erlag U aber einem Erlaubnistatbestandsirrtum. Ein solcher liegt vor, wenn sich der Täter über die sachlichen Voraussetzungen eines anerkannten Rechtfertigungsgrundes irrt, dh im Zeitpunkt seines Handelns Umstände für gegeben hält, welche die Tat im Falle ihres wirklichen Gegebenseins rechtfertigen würden[23].

Fraglich ist deshalb, ob auf der Basis der irrtümlichen Annahme des U, wonach seine Mutter für den Fall eines irreversiblen Wachkomas ausdrücklich die Beendigung lebenserhaltender Maßnahmen wünschte, ein Rechtfertigungsgrund eingreifen würde.

(1) Nothilfe, § 32

Insoweit käme eine Nothilfe iSd § 32 in Betracht. Hätte F tatsächlich einen der Vorstellung des U entsprechenden Sterbewunsch gehegt, hätte die von der Heimleitung veranlasste künstliche Ernährung einen Angriff iSd § 32 auf ihre körperliche Unversehrtheit (Art 2 II 1 GG) sowie auf ihr in Art 1 I iVm Art 2 I GG wurzelndes Selbstbestimmungsrecht dargestellt[24]. Die künstliche Ernährung dauerte zum Zeitpunkt der Tat an, sodass der Angriff gegenwärtig gewesen wäre. Auch an der Rechtswidrigkeit des Angriffs hätten keine Zweifel bestanden.

Allerdings muss sich eine Nothilfehandlung iSv § 32 immer gegen den Angreifer richten[25]. Hier richtete sich die Handlung des U aber nicht oder zumindest nicht ausschließlich gegen Rechtsgüter der Pflegeeinrichtung (Eigentumsverletzung durch Zerschneiden

23 *Wessels/Beulke/Satzger*, AT Rn 467.
24 Vgl BGHSt 11, 111, 113; BGH NJW 2003, 1588; *Hufen*, NJW 2001, 849, 853 f.
25 *Rengier*, AT § 18 Rn 31; *Stratenwerth/Kuhlen*, § 7 Rn 76.

der Sonde), sondern vor allem gegen (höchstpersönliche) Rechtsgüter der F selbst[26]. Auch auf Grundlage der Vorstellung des U ist sein Verhalten damit keine taugliche Verteidigungshandlung. Selbst wenn F dem Abbruch lebenserhaltender Maßnahmen zugestimmt hätte, wäre die Tat des U nicht durch Nothilfe (§ 32) gerechtfertigt[27].

(2) Notstandshilfe, § 34

Möglicherweise stellt sich Us Tathandlung – gemessen an seinem Kenntnisstand von den Tatumständen – als eine rechtfertigende Notstandshilfe dar. Eine ungewollte künstliche Ernährung der F hätte eine gegenwärtige Gefahr für ihre körperliche Unversehrtheit und ihr Selbstbestimmungsrecht bedeutet. Das Durchtrennen der Sonde wäre unter diesen Vorzeichen geeignet gewesen, diese Gefahr zu beenden. Fraglich ist jedoch, ob das Vorgehen des U auch erforderlich gewesen wäre. Dies ist der Fall, wenn ihm in der Tatsituation kein milderes, gleich effektives Mittel zur Verfügung stand, um die (vermeintliche) Gefahr abzuwenden. Da die Heimleitung einer Einstellung der künstlichen Ernährung bereits widersprochen hatte, gab es für U keine andere Möglichkeit, die künstliche Ernährung seiner Mutter umgehend zu beenden. Das Durchtrennen der Sonde wäre somit eine erforderliche Maßnahme im Rahmen der Notstandshilfe gewesen, sofern tatsächlich ein entsprechender Wunsch der F vorgelegen hätte. 298

Hier hätte man die Erforderlichkeit unter Hinweis auf die Möglichkeit ablehnen können, im Wege des einstweiligen Rechtsschutzes eine relativ zeitnahe gerichtliche Entscheidung herbeizuführen.[28] *Realistischerweise wird aber in einem solchen Fall, in dem es um Leben oder Tod geht, kaum eine vorläufige Entscheidung zugunsten des Abschaltens der lebenserhaltenden Apparaturen getroffen werden [unzulässige Vorwegnahme der Hauptsache].*

Darüber hinaus kommt eine Rechtfertigung gem § 34 I 1 nur in Betracht, wenn das gerettete Rechtsgut das geopferte wesentlich überwiegt. Dabei kann zunächst festgehalten werden, dass das menschliche Leben – wie nicht zuletzt § 216 I belegt – unantastbar ist und an oberster Stelle steht, sodass es andere Rechtsgüter regelmäßig überwiegt[29]. Gleichwohl ist in Fällen des Behandlungsabbruchs auf Wunsch des Patienten das Ergebnis der Rechtsgüterabwägung umstritten. Auch hier muss indes der Gesichtspunkt leitend bleiben, dass das Leben als höchstrangiges Rechtsgut keiner saldierenden Abwägung zugänglich ist. Das Selbstbestimmungsrecht der F wiegt also nicht schwerer als ihr Lebenserhaltungsinteresse. Dieses Ergebnis entspricht der aktuellen Rechtsprechung und der herrschenden Lehre. Es kann daher dahingestellt bleiben, ob § 34 bei intrapersonalen Konflikten generell nicht herangezogen werden kann, wie im Schrifttum teils behauptet wird[30]. Auch auf Basis des von U irrtümlich angenommenen Sachverhalts wäre sein Verhalten also nicht durch § 34 gerechtfertigt. 299

26 S. dazu BGHSt 55, 191, 197 f; *Eidam*, GA 2011, 232, 241 f; *Lanzrath/große Deters*, HRRS 2011, 161, 162 f; aA: MK-*Schneider*, § 32 Rn 173.

27 Für eine Rechtfertigung in diesen Fällen aber *Duttge*, MedR 2011, 36, 38; *Mandla*, NStZ 2010, 698; *Wasserburg*, NStZ 2013, 147, 153.

28 Vgl hierzu *Kutzer*, Rissing-van-Saan-FS S 337, 352.

29 *Roxin*, AT1 § 16 Rn 29; MK-*Erb*, § 34 Rn 111 f.

30 *Engländer*, GA 2010, 15; *ders*, JZ 2011, 513, 517.

(3) Einwilligung

300 In Betracht kommt schließlich in Fällen des Behandlungsabbruchs auf Wunsch des Patienten eine Rechtfertigung durch Einwilligung. Fraglich ist, ob die Voraussetzungen einer rechtfertigenden Einwilligung auf Basis der irrtümlichen Vorstellungen des U erfüllt sind.

Dazu müsste zunächst nach Vorstellung des U eine Einwilligungserklärung der F vorgelegen haben. Aus Sicht des U wollte F sterben; dies hatte sie ihm gegenüber persönlich geäußert. Sein Bruder L hatte ihm diesen Wunsch nochmals bestätigt. Unter Zugrundelegung der irrtümlichen Annahme des U wurde auch das Verfahren des § 1901b BGB eingehalten[31], indem die Lage mit dem behandelnden Arzt G erörtert wurde und dieser mit der Einstellung der künstlichen Ernährung einverstanden war. Einer Genehmigung durch das Betreuungsgericht hätte es nur bei Uneinigkeit zwischen G und U bedurft (vgl § 1904 IV BGB). U hielt die erforderliche Einwilligungserklärung der F somit für gegeben.

Problematisch erscheint jedoch die Verfügungsbefugnis der F im Hinblick auf das konkret betroffene Rechtsgut „Leben“. Grundsätzlich steht das Leben nicht zur Disposition des Rechtsgutsträgers[32]. Allerdings könnte im Rahmen des Behandlungsabbruchs eine andere Bewertung angezeigt sein.

301 **Problem Nr 54 : Die strafrechtliche Beurteilung des Behandlungsabbruchs auf Wunsch des Patienten**

(1) Eine **Mindermeinung** im Schriftum hält in Fällen des Behandlungsabbruchs bereits den objektiven Tatbestand des § 212 für nicht erfüllt **(Tatbestandslösungen)**. Ganz überwiegend wird dabei die objektive Zurechenbarkeit des Todeserfolgs verneint (*Herzberg*, NJW 1996, 3043, 3049 f Fn 32; LK-*Jähnke*, Vor §§ 211 Rn 16 ff; *Rissing-van-Saan*, ZIS 2011, 544, 550; vgl auch *Gaede*, NJW 2010, 2925, 2927). Es soll sich um ein **erlaubtes** bzw nach dem **Schutzzweck der Norm** rechtlich nicht missbilligtes oder ein **sozialadäquates** Risiko handeln.

Argument: Wenn der Patient die Beendigung der Behandlung fordert, ist der Arzt zum Abbruch der Behandlung rechtlich verpflichtet. Der Täter schafft in einer solchen Konstellation keine rechtlich relevante Gefahr.

Gegenargument: Von einem erlaubten „Risiko“ kann nicht die Rede sein, wenn die geplante Handlung aus der ex-ante-Sicht zwangsläufig den Erfolgseintritt bewirkt. Zudem kann den Arzt eine Pflicht zum Behandlungsabbruch mit tödlichen Folgen nur insoweit treffen, als dem nicht das in §§ 211 ff statuierte Tötungsverbot entgegensteht. Ob bei der ggf vorzunehmenden Abwägung der aus dem Selbstbestimmungsrecht des Patienten resultierenden Pflicht zum Behandlungsabbruch oder aber dem Tötungsverbot größeres Gewicht zukommt, ist keine Frage des Tatbestands, der das generelle Unrecht der Auslöschung menschlichen Lebens normiert, sondern der Rechtfertigung. Die Frage, ob Umstände des konkreten Einzelfalls ausnahmsweise zur Überwindung des Tötungsverbots führen, ist daher richtigerweise erst auf Rechtfertigungsebene zu beantworten.

(2) Die **herrschende Ansicht** sucht eine Lösung für die Fälle des Behandlungsabbruchs auf Ebene der Rechtfertigung (**Rechtfertigungslösungen**).

---

31 Zu diesem Erfordernis s BGH NStZ 2011, 274 m. abl. Anm. *Verrel*; zust. *Dölling*, ZIS 2011, 348.
32 *Joecks*, St-K Vor § 32 Rn 23.

(a) Notstandslösung, § 34

Einige Autoren sprechen sich in Fällen des Behandlungsabbruchs auf Wunsch des Patienten für eine Lösung im Rahmen des **rechtfertigenden Notstands** gem. **§ 34** (*Bosch*, JA 2010, 911; *Ingelfinger*, S 311 f; *Merkel*, Schroeder-FS, S 297; *Roxin*, GA 2013, 313) bzw **§ 34 analog** (*Rosenau*, Rissing-van-Saan-FS, 547, 559 ff; *ders*, Roxin-II-FS S 577, 584) aus.

Argument: Der Patientenwille muss jenseits der Regelung des § 216 auch im Rahmen des § 212 I Berücksichtigung finden. Daher ist es zulässig, dem Wunsch des Patienten, unter menschenwürdigen Bedingungen zu sterben, im Rahmen der erforderlichen einzelfallbezogenen Abwägung einen höheren Stellenwert einzuräumen als dem Recht auf Leben. Die Rechtsordnung lässt an verschiedenen Stellen eine Relativierung des Lebensschutzes zu und gibt der Autonomie des Rechtsgutträgers den Vorzug. Zugleich gründet sich das Recht auf ein menschenwürdiges Sterben auf der in Art 1 I GG geschützten Menschenwürde, die verfassungssystematisch den höchsten Stellenwert einnimmt.

Gegenargument: Das Leben genießt absoluten Schutz. Dies ergibt sich nicht zuletzt aus § 216. Ein anderes Rechtsgut kann das Rechtsgut „Leben" niemals aufwiegen (BayObLG NJW 1957, 1245; *Fischer*, § 34 Rn 14; *Lorenz*, JZ 2009, 57, 58 f).

§ 34 ist bei intrapersonalen Konflikten wie der vorliegenden Abwägung, bei der Rechtsgüter ein und derselben Person betroffen sind, generell nicht anwendbar (*Engländer*, GA 2010, 15; *ders*, JZ 2011, 513, 517; *Höfling*, S 91 u 140; *Hoerr*, S 119; *T. Walter*, ZIS 2011, 76, 81). Die Vorschrift ist vorwiegend als eine Verkörperung des Solidaritätsgedankens anzusehen. Sind Rechtsgüter ein und desselben Rechtsgutsträgers tangiert, kommt der Solidaritätsgedanke jedoch nicht zum Tragen, da der Einzelne sich selbst keine Solidarität schuldet.

Hiergegen wenden **Vertreter der Notstandslösung** ein: Im Hinblick auf die Anwendbarkeit des § 34 ist es unbeachtlich, dass es sich um Rechtsgüter ein und desselben Rechtsgutsträgers handelt. Zum einen ist dem Wortlaut der Regelung keine Beschränkung auf intrapersonale Rechtsgüter zu entnehmen. Zum anderen basiert § 34 nicht ausschließlich auf dem Solidaritätsgedanken, sondern auch auf Utilitaritätserwägungen sowie dem Prinzip der Güter- und Pflichtenabwägung. Die Frage nach der Nützlichkeit der Aufopferung eines Rechtsguts zulasten eines anderen stellt sich indes auch bei intrapersonalen Interessenkollisionen. Selbst wenn man § 34 nicht unmittelbar auf Fälle intrapersonaler Interessenkonflikte anwenden möchte, gebietet ein Erst-Recht-Schluss zumindest eine analoge Anwendung der Norm: Darf in das aufgeopferte Rechtsgut bereits zugunsten fremder Interessen eingegriffen werden, muss Gleiches erst recht zugunsten eigener Interessen gelten (*Rosenau*, Roxin-II-FS S 77, 584; *ders*, Rissing-van-Saan-FS S 547, 560 f).

(b) Einwilligungslösung

Bereits **früher** hielt eine **Mindermeinung** (*Rieger*, S 58) eine rechtfertigende **Einwilligung** des Patienten in seinen Tod in Fällen des Behandlungsabbruchs für möglich. Seit der **Grundsatzentscheidung** vom 25.6.2010 (**BGHSt 55, 191**; ebenso BGH NJW 2011, 161; zust *Fischer*, Roxin-II-FS S 557, 572; *Frister/Lindemann/Peters*, 1. Kap Rn 196; *Hirsch*, JR 2011, 37 ff; *Krey/Hellmann/M. Heinrich*, BT1 Rn 12 ff; *Verrel*, NStZ 2010, 671; zust wohl auch *Kindhäuser*, BT1 § 3 Rn 7) hält auch der **BGH** die Sterbehilfe in Form des Behandlungsabbruchs durch **(mutmaßliche) Einwilligung** des Patienten für gerechtfertigt, sofern folgende **Voraussetzungen** erfüllt sind:

- Die betroffene Person muss **lebensbedrohlich erkrankt** sein.
- Es muss sich um den **Abbruch einer lebenserhaltenden oder -verlängernden Maßnahme** handeln, die zwar **medizinisch indiziert** ist, aber **dem (mutmaßlichen) Willen des Betroffenen widerspricht**.
- Das zu rechtfertigende Verhalten muss **objektiv und subjektiv darauf gerichtet** sein, **die medizinische Behandlung entsprechend dem Willen des Patienten zu verhindern oder zu beenden**.

Infolge dieser überzeugenden neuen Rechtsprechung ist ein strafloser Behandlungsabbruch auf Wunsch des Patienten fortan nicht mehr nur durch medizinisches Personal möglich, sondern auch durch Dritte.

Argument: Die Einführung der §§ 1901 ff BGB belegt, dass der Gesetzgeber dem Selbstbestimmungsrecht lebensbedrohlich Erkrankter mehr Gewicht beimessen wollte. Zwar lassen diese Vorschriften die §§ 212 I, 216 I grundsätzlich unberührt. Gleichwohl strahlt die gesetzgeberische Wertung, die der zivilrechtlichen Regelung zu dieser Sachfrage zu entnehmen ist, vor dem Hintergrund einer einheitlichen Rechtsordnung auch auf das Strafrecht aus. Die in § 216 enthaltene Einwilligungssperre muss in Fällen des Behandlungsabbruchs auf Wunsch des Patienten eine teleologische Reduktion erfahren, damit dem Selbstbestimmungsrecht des Patienten hinreichend Rechnung getragen werden kann.

Unabhängig davon, ob ein Arzt oder ein Dritter die Beendigung von Behandlungsmaßnahmen herbeiführt, darf das Selbstbestimmungsrecht des Patienten nicht unberücksichtigt bleiben.

Zur Vertiefung: Fischer, Vor §§ 211-216, Rn 37 ff; Kubiciel, ZJS 2010, 656; Merkel, ZStW 107 [1995], 545, 570; HK-GS-Rössner/Wenkel, Vorbem zu § 211 ff StGB Rn 22 f; MK-Schneider, Vor §§ 211 ff Rn 122 ff; Tag, S 234; Ulsenheimer, Rn 270 ff; Wessels/Beulke/Satzger, AT Rn 316c, 322; Wessels/Hettinger, BT1 Rn 34 ff.

302 *Um eine didaktische Übersicht zu den wichtigsten Meinungsströmungen zum Behandlungsabbruch geben zu können, wurden im Problemkasten erneut die Tatbestands- sowie die Notstandslösung dargelegt, die im Lösungstext bereits an früherer Stelle (Rn 292 f u 298) erörtert worden sind. Im Rahmen der Hausarbeitslösung dürfte jede Meinung selbstverständlich nur einmal dargelegt werden.*

303 Nach Vorstellung des U waren im vorliegenden Fall alle drei Voraussetzungen des Behandlungsabbruchs erfüllt, welche der 2. Strafsenat des BGH im Rahmen der genannten Grundsatzentscheidung etabliert hat, um einer Einwilligung rechtfertigende Wirkung im Hinblick auf einen sog Behandlungsabbruch beimessen zu können:

Als U die Sonde durchtrennte, lag F in einem irreversiblen Wachkoma und war somit lebensbedrohlich erkrankt. Bei der künstlichen Ernährung handelte es sich um eine medizinisch indizierte, lebenserhaltende Maßnahme, die jedoch – legt man den Kenntnisstand des U zugrunde – dem Willen der F widersprach. Diese hatte nämlich im Juli 2013 gegenüber U unmissverständlich zum Ausdruck gebracht, dass sie im Falle eines irreversiblen Wachkomas keine weitere Behandlung wünsche. Dies tat sie im Vollbesitz ihrer geistigen Kräfte und war somit einwilligungsfähig. Auch Willensmängel seitens der F sind nicht erkennbar. U ging im Zeitpunkt der Tathandlung davon aus, dass die Einwilligung fortwirkt, da er keine Kenntnis von dem zwischenzeitlich erfolgten Widerruf hatte. Er handelte ausschließlich aufgrund der vermeintlich vorliegenden Einwilligung.

304 Ehe zu untersuchen ist, wie sich das Vorliegen eines Erlaubnistatbestandsirrtums auf die Strafbarkeit des Täters auswirkt, ist zu prüfen, ob U nicht gar einem sog Doppelirrtum erlag, der anerkanntermaßen wie ein bloßer Erlaubnisirrtum (indirekter Verbotsirrtum) zu behandeln wäre[33]. Jenseits des Irrtums über das Fortwirken der Einwilligung im Zeit-

33 *Wessels/Beulke/Satzger*, AT Rn 485.

punkt der Tathandlung unterlag U indes keiner weiteren Fehlvorstellung. Insbesondere irrte er nicht über die rechtliche Bewertung des Sachverhalts, von dem er irrtümlich ausging. Rechtsanwalt S hatte ihm die Auskunft erteilt, das Durchtrennen der Sonde sei infolge der von F erteilten, (vermeintlich) fortwirkenden Einwilligung rechtmäßig. Dies war rechtlich zutreffend. Dass S sich seinerseits in einem Irrtum hinsichtlich der Rechtslage befand, da er das Vorgehen – entgegen seiner Auskunft – für strafbar hielt, ist im Hinblick auf die Strafbarkeit des U ohne Bedeutung.

Folglich lagen nach Us Kenntnisstand im Zeitpunkt der Tat alle Voraussetzungen einer rechtfertigenden Einwilligung seitens der F vor.

Für Fälle der direkten Sterbehilfe wie den vorliegenden wird hier der Meinung des BGH gefolgt, während ich in Fällen indirekter Sterbehilfe, bei denen der Tod nicht zielgerichtet herbeigeführt wird, sondern lediglich als mögliche Nebenfolge einer schmerzlindernden Behandlung eintritt (vgl u Problem Nr 57 Rn 329) nach wie vor eine Lösung über § 34 bevorzuge (vgl Wessels/Beulke/Satzger, AT Rn 316d). Ungeachtet dessen rate ich studentischen Bearbeitern in Prüfungsarbeiten zum Thema Sterbehilfe fortan der Auffassung des BGH zu folgen, da dies dem Erwartungshorizont des Aufgabenstellers sowie des Korrektors entsprechen dürfte. 305

(4) Behandlung des Erlaubnistatbestandsirrtums

Fraglich ist, welche Folgen der Erlaubnistatbestandsirrtum zeitigt, dem U zum Zeitpunkt der Tat erlegen ist.

Problem Nr 55: Behandlung des Erlaubnistatbestandsirrtums 306

(1) Nach der **Vorsatztheorie** (*Geerds*, Jura 1990, 421, 429 f; *Langer*, GA 1976, 193, 208; *Schmidhäuser*, AT Kap 5 Rn 6, Kap 7 Rn 36 u Kap 7 Rn 89) ist das Unrechtsbewusstsein ein Teil des Vorsatzes. Fehlt es infolge eines – wie auch immer gearteten – Irrtums, entfällt folglich der Vorsatz. Geht der Täter irrtümlich vom Vorliegen der tatsächlichen Voraussetzungen eines Rechtfertigungsgrundes aus, handelt es sich dementsprechend um einen Tatbestandsirrtum, sodass der Vorsatz gem § 16 I 1 entfällt.

Argument: Rückt man von der Vorsatztheorie ab, führt dies zu einem Verstoß gegen das Schuldprinzip, welches verfassungsrechtlich verankert ist (Art. 1 und 20 GG) und daher der einfachgesetzlichen Regelung des § 17 vorgeht. Nur die Vorsatztheorie gewährleistet, dass eine Bestrafung wegen vorsätzlicher Tat ausschließlich bei aktuellem Unrechtsbewusstsein erfolgt.

(2) Nach der **strengen Schuldtheorie** (NK-*Paeffgen*, Vor §§ 32–35 Rn 108 ff, 123; *Zieschang*, AT Rn 359) bezieht sich der Vorsatz nur auf den objektiven Tatbestand, nicht auch auf die Rechtswidrigkeit.

Argument: Nach der Entscheidung des Gesetzgebers (§ 17) ist das Unrechtsbewusstsein ein selbstständiger Bestandteil der Schuld. Umgekehrt kann auch sein Fehlen nur im Rahmen der Schuld Berücksichtigung finden. Das StGB enthält keine Sonderregelung für den Fall, dass sich der Irrtum speziell auf die tatsächlichen Voraussetzungen eines Rechtfertigungsgrundes bezieht. Deshalb ist auch insoweit von einem Verbotsirrtum iSv § 17 auszugehen.

(3) Auch nach der **eingeschränkten Schuldtheorie** (**hM**, BGHSt 3, 105; *Jäger*, AT Rn 214, 218; *Lackner/Kühl*, § 17 Rn 10 ff; LK-*Vogel*, § 16 Rn 110–126) lässt das Fehlen des Unrechtsbewusstseins den Vorsatz grundsätzlich unberührt. Die strenge Schuldtheorie wird jedoch insoweit eingeschränkt, als der Irrtum über die tatsächlichen Voraussetzungen eines Rechtfertigungsgrundes aus dem Anwendungsbereich des § 17 herausgenommen und in seinen Rechtsfolgen dem Tatbestandsirrtum gleichgestellt wird.

Argument: Die Ergebnisse der strengen Schuldtheorie sind vielfach nur schwer mit dem Rechtsgefühl vereinbar. Erliegt der Täter einem Erlaubnistatbestandsirrtum, befindet er sich in einer völlig anderen Lage, als wenn ein Verbotsirrtum vorliegt: Beim Erlaubnistatbestandsirrtum muss er sich lediglich den Vorwurf mangelnder Aufmerksamkeit und nachlässiger Einstellung zu den Sorgfaltsanforderungen des Rechts gefallen lassen, nicht jedoch den Vorwurf rechtsfeindlicher Gesinnung. Anders als in Fällen des Verbotsirrtums ist sein Tatbestandsvorsatz nicht Ausdruck einer Auflehnung gegen die Wertentscheidungen der Rechtsordnung; vielmehr ist er an sich rechtstreu. Er ist ein „Schussel", kein „Schurke". Ihn trifft ein Schuldvorwurf, der qualitativ einem Fahrlässigkeitsschuldvorwurf entspricht.

Im Ergebnis entfällt daher die Bestrafung wegen vorsätzlicher Tatbegehung. Beruht der Irrtum auf Fahrlässigkeit, wird der Täter wegen fahrlässiger Tatbegehung bestraft, soweit diese im konkreten Fall mit Strafe bedroht ist, § 16 I 2. Die **Herleitung** dieses Ergebnisses ist wiederum **umstritten**.

(a) Nach der **Lehre von den negativen Tatbestandsmerkmalen** (SK-*Hoyer*, Vor § 32 ff Rn 50; *Kindhäuser*, LPK Vor §§ 32-35 Rn 39; *Schünemann/Greco*, GA 2006, 777 ff) ist § 16 I unmittelbar anzuwenden.

Argument: Die einzelnen Rechtfertigungsvoraussetzungen sind „negative Tatbestandsmerkmale". Zum Vorsatz zählt neben der Kenntnis aller positiven Tatbestandsmerkmale die Vorstellung, dass die negativen Tatbestandsmerkmale fehlen. Zumindest darf sich der Täter insoweit überhaupt keine Vorstellungen machen.

Zudem hat der Gesetzgeber die Zuordnung eines Sachverhaltes zur Gruppe der den Tatbestand oder aber zur Gruppe der die Rechtswidrigkeit ausschließenden Gründe mehr oder weniger zufällig und ohne Bezug zur Irrtumslehre getroffen. Es ist deshalb nicht gerechtfertigt, den Irrtum über das Nichtvorhandensein positiver Tatumstände anders zu behandeln als den über das Vorhandensein negativer Tatbestandsmerkmale.

(b) Die eingeschränkte Schuldtheorie ieS (*Frister*, AT 14. Kap Rn 30; *Kühl,* AT § 13 Rn 73; *Roxin*, AT1 § 14 Rn 64 ff) wendet § 16 I in Fällen des Erlaubnistatbestandsirrtums analog an, sodass das vorsätzliche Unrecht entfällt.

Argument: Die Schuldtheorie muss insoweit eingeschränkt werden, als der Irrtum über die tatsächlichen Voraussetzungen eines Rechtfertigungsgrundes aus dem Anwendungsbereich des § 17 herausgenommen und in seinen Rechtsfolgen dem Tatbestandsirrtum gleichgestellt wird. Ein im Erlaubnistatbestandsirrtum Handelnder will zwar die Rechtsgutsverletzung; er geht aber davon aus, dass er sie wegen der rechtfertigenden Sachlage herbeiführen dürfe. Sein Wille ist daher ebenso wenig auf einen Erfolgsunwert gerichtet wie beim Tatbestandsirrtum. Damit fehlt es am Handlungsunwert einer vorsätzlichen Tat.

(c) Die **rechtsfolgenverweisende eingeschränkte Schuldtheorie** (BGH NStZ 2012, 272 *[„Hells Angels Fall"]*; *Fischer*, § 16 Rn 22d; *Wessels/Beulke/Satzger*, AT Rn 478 f) lässt bei einem Irrtum über dieVoraussetzungen eines Rechtfertigungsgrundes zu Recht nicht den Tatbestandsvorsatz als Verhaltensform entfallen, wohl aber die Vorsatzschuld, sodass eine Bestrafung wegen vorsätzlicher Tat ausscheidet. Der Erlaubnistatbestandsirrtum wird somit lediglich in seinen Rechtsfolgen dem in § 16 I 1 geregelten Tatbestandsirrtum gleichgestellt. Beruht die Fehlvorstellung des Täters auf einem Sorgfaltsmangel, kommt analog § 16 I 2 eine Bestrafung wegen fahrlässiger Tatbegehung in Betracht.

Argument: Die oben unter (a) dargestellte Ansicht verkennt die Selbstständigkeit der Erlaubnisnormen, die in atypischen Situationen Eingriffsrechte gewähren, und sieht in ihnen lediglich

Einschränkungen der Verbotsnormen. Sie berücksichtigt damit nicht den Wertunterschied zwischen einem von vornherein tatbestandslosen Verhalten und einem Tatgeschehen, das geschützte Rechtsgüter tatbestandlich beeinträchtigt und erst durch einen besonderen Rechtfertigungsgrund noch mit der Rechtsordnung in Einklang gebracht wird. Auch das Gesetz spricht in den §§ 32, 34 von „nicht rechtswidrig" und bringt damit zum Ausdruck, dass Rechtfertigungsgründe nicht schon den Tatbestand als solchen entfallen lassen. Außerdem ist es wegen der akzessorischen Natur von Anstiftung und Beihilfe problematisch, einem Erlaubnistatbestandsirrtum vorsatzausschließende Wirkung beizumessen. Strafbarkeitslücken bei bösgläubigen Teilnehmern wären unvermeidbar. Es fehlte an einer „vorsätzlich" begangenen Haupttat iSv §§ 26, 27.

Gegen die unter (b) dargestellte Meinung spricht, dass auch sie die Strafbarkeitslücken nicht vermeiden kann, die dadurch entstehen, dass die Verneinung des Vorsatzunrechts beim Haupttäter die Straflosigkeit des Teilnehmers zur Folge hat.

Ferner kann der Erlaubnistatbestandsirrtum wertungsmäßig nicht ohne weiteres dem Tatbestandsirrtum gleichgestellt werden. Die irrige Annahme rechtfertigender Tatumstände ändert nichts daran, dass der Täter den gesetzlichen Tatbestand wissentlich und willentlich verwirklicht. Ein Erlaubnistatbestandsirrtum lässt den „Tatbestandsvorsatz" als solchen also unberührt. Durch die Bejahung des Tatbestandsvorsatzes wird insbes die Bestrafung des Teilnehmers an der Tat eines derartig Irrenden ermöglicht. Das ist kriminalpolitisch wünschenswert.

Zur Vertiefung: Wessels/Beulke/Satzger, AT Rn 467 ff u. 888 ff; Frister, AT, 14. Kap Rn 26 ff; B. Heinrich, AT Rn 1123 ff; Hillenkamp, AT 10. Problem S 74 ff; Kindhäuser, AT § 29 Rn 11 ff; Krey/Esser, AT Rn 736 ff; Kühl, AT § 13 Rn 63 ff; Rengier, AT § 30 Rn 1 ff; zu Aufbauproblemen: Beulke, Klausurenkurs I [7] Rn 256; Heuchemer, JuS 2012, 795; Stiebig, Jura 2009, 274.

Die Tatsache, dass U im Zeitpunkt der Tathandlung einem Irrtum über das Vorliegen **307**
einer rechtfertigenden Einwilligung erlag, führt nach der aus den genannten Gründen vorzugswürdig erscheinenden rechtsfolgenverweisenden eingeschränkten Schuldtheorie zum Entfallen der Vorsatzschuld. U handelte daher nicht schuldhaft.

e) Ergebnis

U ist nicht nach § 212 I strafbar.

3. § 211

Da § 212 mangels schuldhaften Verhaltens nicht erfüllt ist, entfällt auch eine Strafbarkeit gem § 211.

Die in Betracht kommenden Mordmerkmale werden an dieser Stelle (noch) nicht erörtert. Angesichts der Tatsache, dass eine Strafbarkeit wegen Mordes aufgrund des Erlaubnistatbestandsirrtums mit Sicherheit ausscheidet, erscheint es vorzugswürdig, die Prüfung der Mordmerkmale dort vorzunehmen, wo sie im Ergebnis von Relevanz ist – nämlich im Rahmen der Prüfung der Strafbarkeit des L (Rn 317).

4. § 222

Möglich erscheint jedoch eine Strafbarkeit gem § 222. Wie dargelegt, war Us Verhalten, **308**
das auf einem Erlaubnistatbestandsirrtum beruhte, für den Tod der F kausal iSd Äquivalenztheorie.

Fraglich ist, ob der Irrtum auf Fahrlässigkeit beruhte. Zunächst müsste insofern eine objektive Sorgfaltspflichtverletzung seitens des U erfolgt sein; er müsste also die im Verkehr erforderliche Sorgfalt missachtet haben. F hatte gegenüber U im Juli 2013 ausdrücklich und unmissverständlich zum Ausdruck gebracht, dass sie im Falle eines irreversiblen Wachkomas keine weiteren lebenserhaltenden Behandlungsmaßnahmen wünscht. Aus Sicht des U gab es keinen Grund, im Zeitpunkt der Tathandlung am Fortbestand dieser Willensentscheidung zu zweifeln. Insbesondere versicherte er sich diesbezüglich bei seinem Bruder L, der U den Sinneswandel der Mutter verschwieg und ihn in seiner Überzeugung bestärkte, allein der Abbruch der künstlichen Ernährung entspräche dem Willen der F. Zudem hielt U Rücksprache mit dem behandelnden Arzt G und fällte seine Entscheidung zugunsten eines Behandlungsabbruchs im Einvernehmen mit diesem, weshalb es keiner Genehmigung seitens des Betreuungsgerichts bedurfte (vgl § 1904 II, IV BGB). Auch im Übrigen wurde das in §§ 1901a ff BGB vorgesehene Verfahren befolgt. Gleichwohl hatte U keine Möglichkeit zu erkennen, dass F ihre Einwilligung zwischenzeitlich widerrufen hatte. Um sich abzusichern, hat er vor der Tat schließlich den Rat des Rechtsanwalts R gesucht und wurde von diesem in seinem Ansinnen bestärkt. Damit hat er alle ihm zur Verfügung stehenden Mittel zur Hinterfragung seines Vorgehens ausgeschöpft. Eine Sorgfaltspflichtverletzung scheidet deshalb aus.

Der Tatbestand des § 222 ist nicht erfüllt.

5. § 221 I Nr 1 und Nr 2, II Nr 1, III

309 Indem er die Sonde durchschnitt und dadurch den Tod seiner Mutter bewirkte, könnte U eine Aussetzung begangen haben.

Ob sein Verhalten insofern tatbestandsmäßig und rechtswidrig war, bedarf indes keiner näheren Prüfung, denn auch im Hinblick auf § 221 bewirkt der Erlaubnistatbestandsirrtum, in dem sich U befand, den Wegfall des einschlägigen Schuldvorwurfs. Da das Vorliegen einer Einwilligung seitens der F, das U voraussetzte, nach überzeugender, neuerer Rechtsprechung selbst eine Tötungshandlung gerechtfertigt hätte, muss Gleiches erst recht bezüglich der damit notwendigerweise verbundenen Gefährdung im Wege der Aussetzung gelten.

U hat sich nicht nach § 221 I Nr 1 und Nr 2, II Nr 1, III strafbar gemacht.

6. §§ 223 I, 224 I Nr 2, 3 und 5

310 U könnte durch das Durchschneiden der Sonde eine gefährliche Körperverletzung begangen haben.

U müsste die F körperlich misshandelt oder an ihrer Gesundheit geschädigt haben.

Körperliche Misshandlung ist jede üble und unangemessene Behandlung, die das körperliche Wohlbefinden oder die körperliche Unversehrtheit mehr als unerheblich beeinträchtigt[34]. Das Durchtrennen der Sonde führte zum Tod der F. Die Beeinträchtigung des körperlichen Wohlbefindens ist insoweit ein notwendiges Durchgangsstadium.

34 *Lackner/Kühl*, § 223 Rn 4; *Wessels/Hettinger*, BT1 Rn 255.

Gesundheitsschädigung iSv § 223 I Alt 2 ist das Hervorrufen, Steigern oder Aufrechterhalten eines krankhaften Zustands körperlicher oder seelischer Art[35]. Der Todeseintritt ist der denkbar schwerste Krankheitszustand.

Die Schere könnte ein gefährliches Werkzeug iSd § 224 I Nr 2 Alt 2 darstellen. Gefährlich ist ein Werkzeug, das nach seiner objektiven Beschaffenheit und Art seiner Verwendung im konkreten Fall geeignet ist, erhebliche Verletzungen herbeizuführen[36].

Das Durchschneiden der PEG-Sonde mit der Schere war geeignet, das Verhungern der F herbeizuführen. Das stellt eine erhebliche körperliche Misshandlung sowie Gesundheitsschädigungen dar, so dass die Schere als gefährliches Werkzeug einzustufen ist.

Die Gesundheitsschädigung könnte U auch mittels eines hinterlistigen Überfalls begangen haben, § 224 I Nr 3. Überfall ist jeder plötzliche, unerwartete Angriff auf einen Ahnungslosen[37]. Hinterlistig ist ein Überfall, wenn der Täter seine wahre Absicht planmäßig berechnend verdeckt, um gerade dadurch dem Angegriffenen die Abwehr zu erschweren[38]. Gegenüber F selbst konnte U aufgrund des Wachkomas seine Absichten nicht planvoll-berechnend verdecken. Ähnlich wie beim Mordmerkmal der Heimtücke kann insofern jedoch auf das Pflegepersonal abgestellt werden. Durch das Drapieren der Sonde glaubte dieses zunächst, F werde weiterhin künstlich ernährt. Infolgedessen wurde der Gefahr des Verhungerns nicht begegnet, sodass diese schließlich nicht mehr abgewendet werde konnte.

U hat mit dem Durchtrennen der Sonde zudem das Leben der F – sowohl abstrakt als auch konkret – in Gefahr gebracht, sodass er auch § 224 I Nr 5 verwirklicht hat[39].

Den objektiven Tatbestand der genannten Qualifikationstatbestände hat U somit erfüllt.

Er handelte bei Verwirklichung der Körperverletzungstatbestände als Durchgangsdelikte[40] mit Wissen und Wollen[41] sowie mit der für 224 I Nr 3 erforderlichen[42] Absicht.

Da F ihre Einwilligung bezüglich des Abbruchs der künstlichen Ernährung widerrufen hatte, handelte U auch rechtswidrig. Infolge des entsprechenden Irrtums entfällt jedoch auch im Hinblick auf die Körperverletzungsdelikte die Vorsatzschuld und somit die Strafbarkeit.

Die Prüfung der §§ 223 ff hätte auch unterbleiben können (vgl Beulke, Klausurenkurs I [1] Rn 117). Hilfsweise wäre es möglich gewesen, die Körperverletzungsdelikte – ähnlich wie die Aussetzung – nur kurz anzusprechen, dann aber – ohne nähere Prüfung der einzelnen Tatbestandsmerkmale – sofort auf den Wegfall der Vorsatzschuld infolge des Erlaubnistatbestandsirrtums zu verweisen.

35 *Wessels/Hettinger*, BT1 Rn 257.
36 *Jäger*, BT Rn 78; *Wessels/Hettinger*, BT1 Rn 275.
37 S/S-*Stree/Sternberg-Lieben*, § 224 Rn 10; *Wessels/Hettinger*, BT1 Rn 279.
38 BGH NStZ 2005, 40; *Wessels/Hettinger*, BT1 Rn 279.
39 Matt/Renzikowski-*Engländer*, § 224 Rn 14; *Wessels/Hettinger*, BT1 Rn 282.
40 Herrschende Einheitstheorie, vgl *Beulke*, Klausurenkurs I [1] Problem Nr 5 Rn 116.
41 *Wessels/Beulke/Satzger*, AT Rn 203.
42 MK-*Hardtung*, § 224 Rn 46.

7. § 303 I bzgl der Sonde

311 Indem U die PEG-Sonde durchschnitt, könnte er eine Sachbeschädigung begangen haben.

a) Tatbestand

U müsste eine fremde bewegliche Sache beschädigt oder zerstört haben.

Beschädigt ist eine Sache, wenn ihre Brauchbarkeit derart vermindert ist, dass sie im Verhältnis zu ihrer bisherigen Beschaffenheit mangelhaft ist[43]. Zerstört ist sie, wenn sie in ihrer Existenz vernichtet wird oder für ihren bestimmungsmäßigen Zweck völlig unbrauchbar geworden ist[44]. Fremd ist eine Sache, wenn sie zumindest auch im Eigentum eines anderen steht.

Die Sonde, ein beweglicher Gegenstand, stand im Eigentum des Trägers der Pflegeeinrichtung und war damit für U eine fremde Sache. Nachdem U die Sonde durchschnitten hatte, konnte sie ihren bestimmungsmäßigen Zweck, einen Patienten künstlich zu ernähren, dauerhaft nicht mehr erfüllen. Sie wurde mithin durch U zerstört.

U handelte vorsätzlich.

b) Rechtswidrigkeit

312 Möglicherweise greift zu seinen Gunsten jedoch ein Rechtfertigungsgrund ein.

aa) Nothilfe, § 32

In Betracht kommt ein Handeln in Nothilfe, § 32 I, II Alt 2. Da F jedoch ihren ursprünglich geäußerten Willen, nicht weiterbehandelt zu werden, im Zeitpunkt der Tat bereits wieder aufgegeben hatte, lag kein Angriff auf ihr Selbstbestimmungsrecht vor. Es fehlt also bereits an einer Nothilfelage.

bb) Notstandshilfe, § 34

Mangels gegenwärtiger Gefahr für das Selbstbestimmungsrecht der F scheidet auch eine Rechtfertigung gem § 34 aus.

c) Schuld

U könnte schuldlos gehandelt haben.

aa) Notstandshilfe, § 35

Da keine Gefahr für eines der in § 35 genannten Rechtsgüter bestand, kommt eine Entschuldigung nach Maßgabe der Norm nicht in Betracht.

43 BGH NStZ 1982, 508 f; LK-*Wolff*, § 303 Rn 9; *Wessels/Hillenkamp*, BT2 Rn 34.
44 *Eisele*, BT2 Rn 467; *Rengier*, BT2 § 24 Rn 7; *Wessels/Hillenkamp*, BT2 Rn 36.

bb) Erlaubnistatbestandsirrtum

Denkbar ist jedoch, dass U auch insofern einem Erlaubnistatbestandsirrtum erlag, der – wie oben dargelegt – seine Vorsatzschuld entfallen ließe.

Er müsste an einen in Wirklichkeit nicht bestehenden, unter Zugrundelegung seiner Vorstellung von den Tatumständen aber einschlägigen Rechtfertigungsgrund geglaubt haben. In Betracht kommt insofern ein vermeintliches Handeln in Nothilfe (§ 32) sowie in Notstandshilfe (§ 228 BGB). Anders als im Rahmen des § 212 scheidet ein Irrtum bezüglich einer vermeintlich vorliegenden Einwilligung im Hinblick auf § 303 hingegen aus: U wusste, dass die Heimleitung in Vertretung des Eigentümers einer Zerstörung der Sonde zwecks Beendigung der künstlichen Ernährung gerade nicht zugestimmt hat.

(1) Nothilfe, § 32

U müsste seiner Vorstellung nach durch die Zerstörung der Sonde einen gegenwärtigen **313**
rechtswidrigen Angriff auf F abgewehrt haben. Vom Standpunkt des U aus widersprach die vom Pflegeheim veranlasste, künstliche Ernährung dem Willen der F und bedeutete daher einen Angriff auf ihr Selbsbestimmungsrecht sowie ihre körperliche Unversehrtheit *(s o Rn 297)*. Dieser vermeintliche Angriff dauerte bis zum Tatzeitpunkt an. Aus der Sicht des U bestand somit eine Nothilfelage.

Die vermeintliche Nothilfehandlung des U, das Durchschneiden der Sonde, dessen Eigentümerin der Träger des Pflegeheims war, richtete sich gegen den mutmaßlichen Angreifer. Fraglich ist indes, ob sie erforderlich war, also einerseits zur Abwehr des Angriffs geeignet, andererseits das mildeste unter mehreren gleich wirksamen Abwehrmitteln[45]. Durch Kappung der Sonde konnte der vermeintliche Angriff auf das Selbstbestimmugnsrecht der F erfolgreich beendet werden. Da sich die Heimleitung weigerte, die künstliche Ernährung einzustellen, gab es auch kein milderes Mittel, diese zu beenden. Schließlich handelte U mit Verteidigungswillen. Seine Tathandlung wäre demnach – auf der Grundlage der von ihm fälschlicherweise zugrunde gelegten Tatumstände – gem § 32 gerechtfertigt gewesen.

(2) Notstandshilfe, § 228 BGB

Weiterhin könnte Us Verhalten gem § 228 BGB gerechtfertigt sein, wenn die von F ur- **314**
sprünglich erteilte Einwilligung in den Behandlungsabbruch – wie von U irrtümlich angenommen – im Tatzeitpunkt tatsächlich fortgewirkt hätte.

Von der Sonde wäre dann eine gegenwärtige Gefahr für das Selbstbestimmungsrecht und die körperliche Unversehrtheit der F ausgegangen, sodass eine Notstandslage bestanden hätte. U wählte unter dieser Prämisse mit dem Durchschneiden ein geeignetes und erforderliches Mittel, welches in verhältnismäßiger Weise angewandt wurde. Zudem handelte er mit Verteidigungswillen.

Auch § 228 BGB wäre bei dieser Sachlage also einschlägig gewesen.

---

45 S *Krey/Esser*, AT Rn 503.

Folglich lag ein Erlaubnistatbestandsirrtum seitens des U vor, der den Wegfall seiner Vorsatzschuld zur Folge hat *(s o Rn 306 f)*.

d) Ergebnis

U hat sich nicht gem § 303 I Alt 1 strafbar gemacht.

8. § 123 I Alt 1

315 Durch das Betreten des Pflegeheims und des Zimmers der F könnte sich U gem § 123 I wegen Hausfriedensbruchs strafbar gemacht haben.

Zweifelhaft ist bereits, ob er widerrechtlich in die entsprechenden Räumlichkeiten eindrang. Eindringen iSd § 123 I ist das Betreten gegen den ausdrücklich erklärten oder mutmaßlichen Willen des Berechtigten[46]. Zwar widerspricht Us Absicht, die F zu töten, dem Willen des Hausrechtsinhabers, vertreten durch die Heimleitung. Gleichwohl kann ein widerrechtliches Betreten nur angenommen werden, wenn das äußere Erscheinungsbild so sehr von dem gestatteten Eintreten abweicht, dass mit einem Einverständnis des Hausrechtsinhabers billigerweise nicht mehr gerechnet werden kann[47]. Selbst wenn man hinsichtlich des Pflegeheims keine generelle, sondern lediglich eine auf Angehörige und sonstige Besucher beschränkte Zutrittserlaubnis annähme, würde U, der selbst Angehöriger ist, dieser unterfallen. Ein Betreten gegen den Willen liegt daher nicht vor.

U ist nicht gem § 123 I Alt 1 strafbar.

9. Ergebnis hinsichtlich der Strafbarkeit des U

U ist straflos.

II. Strafbarkeit des L

1. §§ 212 I, 25 I Alt 2

316 *Hier wird mit der Prüfung des § 212 begonnen. Zur Zulässigkeit dieses Aufbaus auch auf der Basis des von der Rechtsprechung vertretenen Standpunkts zum Verhältnis §§ 211 – 212 s oben Rn 12 sowie Beulke, Klausurenkurs I Rn 55 u [3] Rn 152.*

a) Objektiver Tatbestand

F ist infolge unzureichender Nahrungsaufnahme über die PEG-Sonde verstorben. Die Tathandlung, nämlich das Durchtrennen der Sonde, erfolgte aber nicht durch L, sondern durch U. Dessen Verhalten muss sich L jedoch gem § 25 I Alt 2 zurechnen lassen, sofern es sich um einen Fall mittelbarer Täterschaft handelt. Auf Basis der subjektiven

46 *Fischer*, § 123 Rn 14 ff; *Wessels/Hettinger*, BT1 Rn 584 f.
47 *Kindhäuser*, BT1 § 33 Rn 26 f; *Maurach/Schroeder/Maiwald*, BT1 § 30 Rn 14; s auch *Beulke*, Klausurenkurs III [3] Rn 131.

Theorie, wonach die Abgrenzung zwischen Täterschaft und Teilnahme[48] nach Maßgabe der Willensrichtung der Beteiligten vorzunehmen ist, kann L problemlos als mittelbarer Täter eingestuft werden, da er ein starkes Eigeninteresse am Taterfolg, also am Tod der F, hatte. Aber auch auf Grundlage der hM, welche auf die Tatherrschaft abstellt, erscheint L als mittelbarer Täter kraft überlegenen Wissens[49]: Im Wissen um den zwischenzeitlich erfolgten Widerruf der Einwilligung durch F und somit in Kenntnis ihres wahren Willens wirkte L auf den insofern ahnungslosen U ein, die Nahrungszufuhr durch das Durchtrennen der Sonde zu beenden und auf diese Weise den Tod der F herbeizuführen. L hat den Strafbarkeitsmangel, der bei U in Form eines Erlaubnistatbestandsirrtums vorlag, ausgenutzt und L als „menschliches Werkzeug" für seine Zwecke eingesetzt.

Der Umstand, dass auch S ohne Wissen des L das Verhalten des U beeinflusst hat, indem er diesem nochmals versichert hat, das geplante Durchtrennen der Sonde sei rechtlich unbedenklich, ändert an der mittelbaren Täterschaft des L nichts, sondern führt allenfalls zu einer Nebentäterschaft des S.

b) Subjektiver Tatbestand

L handelte hinsichtlich des durch U herbeigeführten Erfolges vorsätzlich. Der Anruf des Tatmittlers U bei S stellt aus Sicht des L lediglich eine unbeachtliche Abweichung vom gewollten Kausalverlauf dar.

c) Rechtswidrigkeit und Schuld

L verwirklichte den Tatbestand zudem rechtswidrig und schuldhaft.

Eine Strafbarkeit gem §§ 212 I, 25 I Alt 2 ist zu bejahen.

2. §§ 211, 25 I Alt. 2

L könnte zudem ein Mordmerkmal (in mittelbarer Täterschaft) verwirklicht haben. **317**

Insbesondere könnte U heimtückisch gehandelt haben, was sich L – sofern von ihm vorhergesehen und beabsichtigt – ebenfalls gem § 25 I Alt 2 zurechnen lassen müsste. Heimtücke iSv § 211 ist die bewusste Ausnutzung der Arg- und Wehrlosigkeit des Opfers in feindlicher Willensrichtung[50]. Arglos ist, wer sich im Zeitpunkt der Tat keines tätlichen Angriffs auf seine körperliche Unversehrtheit oder sein Leben versieht[51]. Wehrlos ist, wer infolge seiner Arglosigkeit zur Verteidigung außerstande oder in seiner Verteidigung stark eingeschränkt ist[52]. Die Arg- und Wehrlosigkeit nutzt der Täter aus, wenn er die von ihm herbeigeführte oder vorgefundene Lage der Arg- und Wehrlosigkeit im Wege des listigen, hinterhältigen oder planmäßig-berechnenden Vorgehens bewusst zu einem Überraschungsangriff nutzt und das Opfer so daran hindert, sich zu

48 S dazu Fall 1 Problem Nr 4 Rn 20.
49 Vgl *Roxin*, AT2 § 25 Rn 67.
50 BGH NStZ 2005, 688, 689; *Wessels/Hettinger*, BT1 Rn 107.
51 *Wessels/Hettinger*, BT1 Rn 110.
52 *Wessels/Hettinger*, BT1 Rn 112.

verteidigen, zu fliehen, Hilfe herbeizurufen oder dem Anschlag auf sein Leben sonst wie Hindernisse entgegenzusetzen[53].

F selbst fehlte im Tatzeitpunkt infolge des Komas die Fähigkeit zum Argwohn. Während bei Schlafenden stets die Möglichkeit besteht, dass sie aufwachen, können bewusstlose Personen nicht jederzeit aus dem Zustand der Bewusstlosigkeit heraustreten[54]. Ihre Wehrlosigkeit beruht nicht auf Arglosigkeit. Allerdings könnte man stattdessen auf das Pflegepersonal als Verkörperung eines sog „schutzbereiten Dritten“ abstellen, der die konsitutionell fehlende Schutzmöglichkeit des Opfers kompensiert[55]. Das Heimpersonal war nicht über das Vorhaben des U informiert. Zudem drapierte U entsprechend der mit L getroffenen Absprache die Sonde dergestalt, dass die Manipulation nicht sofort erkennbar war. Im Ergebnis kann somit eine auf Arglosigkeit beruhende Wehrlosigkeit der F bejaht werden.

Diese müsste in feindlicher Willensrichtung ausgenutzt worden sein[56]. Sowohl U als auch L handelten jedoch aus Mitleid gegenüber F. U ging es darum, dem vermeintlichen Willen der F zur Durchsetzung zu verhelfen; L wollte seiner Mutter ein unnötiges Leiden ersparen. Das Merkmal der Heimtücke ist somit nicht erfüllt.

Möglicherweise handelte L grausam. Grausam tötet, wer dem Opfer im Rahmen der Tötungshandlung aus gefühlloser, unbarmherziger Gesinnung durch Dauer, Stärke oder Wiederholung der Schmerzverursachung besonders schwere Qualen körperlicher oder seelischer Art zufügt[57]. Da L jedoch nur handelte, um seiner Mutter Qualen zu ersparen, liegt die Annahme einer gefühllosen, unbarmherzigen Gesinnung fern. Auch dieses Mordmerkmal ist folglich nicht erfüllt.

L könnte aus niedrigen Beweggründen gehandelt haben. Niedrige Beweggründe iSv § 211 II sind alle Tatantriebe, die nach allgemeiner rechtlich-sittlicher Wertung auf tiefster Stufe stehen, durch hemmungslose Eigensucht bestimmt und deshalb besonders verachtenswert sind[58]. L wollte seine Mutter vor unnötigem Leiden und einem menschenunwürdigen Sterben bewahren. Darin kann keine verachtenswerte Motivation erblickt werden.

Weitere Mordmerkmale sind nicht ersichtlich, sodass L § 211 nicht verwirklicht hat.

3. §§ 221 I Nr 1, II Nr 1, III, 25 I Alt 2

318 L könnte sich wegen Aussetzung in mittelbarer Täterschaft strafbar gemacht haben.

Unabhängig davon, ob U die genannten Tatbestände als Tatmittler überhaupt verwirklicht hat und L dieses Geschehen infolge des Erlaubnistatbestandsirrtums, dem U erlag,

53 *Wessels/Hettinger*, BT1 Rn 114.
54 Vgl BGH NJW 1969, 2292.
55 BGHSt 18, 37 f; BGH NStZ 2008, 93; NStZ 2013, 158; S/S-*Eser*, § 211 Rn 24a; *Heghmanns*, BT 3. Kap. Rn 151; NK-*Neumann*, § 211 Rn 59.
56 Zu diesem Erfordernis s. BGHSt 9, 385; 30, 105, 119; 32, 382, 383 f; BGH NStZ 1995, 230; *Küper*, BT S 189, 198; stattdessen für einen verwerflichen Vertrauensbruch *Jakobs*, JZ 1984, 996 ff; *Otto*, JR 1991, 383.
57 *Wessels/Hettinger*, BT1 Rn 102.
58 BGH NStZ 2006, 97; *Wessels/Hettinger*, BT1 Rn 95.

in Händen hielt, würde eine Strafbarkeit gem §§ 221 I Nr 1, II Nr 1, III, 25 I Alt 2 ohnehin im Rahmen der Konkurrenzen durch das vorsätzlich begangene Tötungsdelikt (§§ 212 I, 25 I Alt 2) verdrängt[59].

4. § 221 I Nr 2, II Nr 1, III

Ferner ist zu erwägen, ob L als unmittelbarer Täter (§ 25 I Alt 1) einer Aussetzung iSv § 221 I Nr 2, II Nr 1, III einzustufen ist. **319**

Zwar hat er die Sonde der F nicht eigenhändig durchtrennt und seine Mutter somit nicht selbst iSd § 221 I Nr 1 in eine hilflose Lage versetzt. Möglicherweise hat er sie aber trotz bestehender Garantenstellung in einer hilflosen Lage im Stich gelassen und sie dadurch der Todesgefahr ausgesetzt, § 221 I Nr 2. Ungeachtet der Anwesenheit hilfs- und schutzbereiter Dritter in Gestalt des Pflegepersonals kann vorliegend davon ausgegangen werden, dass F sich nach Kappung der Sonde in einer hilflosen Lage befand, da die Chancen auf rechtzeitige Hilfe erheblich verringert waren[60]: U hatte die Sonde so drapiert, dass der Abbruch der künstlichen Ernährung nicht ohne weiteres erkennbar war. Als Sohn trafen den L gegenüber seine Mutter Schutzpflichten aufgrund enger familiärer Verbundenheit[61]. Diese verletzte er, als er in Kenntnis ihrer hilflosen Situation jegliche lebenserhaltende Hilfeleistung unterließ und sie damit vorsätzlich dem Tod preisgab.

Fraglich ist, ob L auch § 221 II Nr 1 verwirklicht hat. Anders als seinem Bruder U, der zum Betreuer der F bestellt wurde, war L seine Mutter nicht anvertraut worden. Demnach scheidet eine Strafbarkeit gem § 221 II Nr 1 aus.

Mit dem Eintritt des Todes, den L als sicher voraussah, hat er ferner § 221 III (Erfolgsqualifikation) rechtswidrig und schuldhaft erfüllt.

Auch die in unmittelbarer Täterschaft begangene Aussetzung tritt jedoch als Gefährdungsdelikt auf Konkurrenzebene hinter das Erfolgsdelikt des §§ 212 I, 25 I Alt 2 zurück.

5. §§ 223 I, 224 I Nr 2 Alt 2, 3, 5, 25 I Alt 2

L hat – vermittelt durch U – eine gefährliche Körperverletzung in mittelbarer Täterschaft begangen. Diese tritt aber ebenfalls im Wege der Gesetzeskonkurrenz (Subsidiarität) hinter §§ 212 I, 25 I Alt 2 zurück[62].

6. §§ 303 I, 25 I Alt 2

Ferner hat L eine Sachbeschädigung in mittelbarer Täterschaft begangen.

---

59 BGH NJW 2012, 546, 547; *Ladiges*, JuS 2012, 687, 690.
60 Vgl. *Eisele*, BT1 Rn 242; *Gössel/Dölling*, BT1 § 7 Rn 10; *Sternberg-Lieben/Fisch*, Jura 1999, 45, 47.
61 Vgl *Fischer*, § 221 Rn 12.
62 HM, s nur BGH NStZ 2005, 332, 333; NK-*Paeffgen*, § 224 Rn 42; *Schmidt/Priebe*, BT1 Rn 465; *Wessels/Hettinger*, BT1 Rn 320.

7. Konkurrenzen

Die jeweils in mittelbarer Täterschaft verwirklichten Delikte des Totschlags und der Sachbeschädigung beruhen beide auf derselben Einwirkungshandlung des L auf seinen Bruder U. Diese stellt sich als eine Handlung im natürlichen Sinne dar[63]. Da § 303 einerseits und § 212 andererseits dem Schutz völlig unterschiedlicher Rechtsgüter dienen, ist von Tateinheit (§ 52) auszugehen.

8. Ergebnis hinsichtlich der Strafbarkeit des L

L ist strafbar wegen Totschlags in mittelbarer Täterschaft in Tateinheit mit Sachbeschädigung in mittelbarer Täterschaft, §§ 212 I, 25 I Alt – § 52 – §§ 303 I, 25 I Alt 2.

III. Strafbarkeit des S

1. §§ 212 I, 25 II

320 S könnte sich wegen eines mittäterschaftlich begangenen Totschlags strafbar gemacht haben.

S hat keine eigene Tötungshandlung begangen. Möglicherweise muss er sich aber das Handeln des U gem § 25 II als Mittäter zurechnen lassen. U seinerseits nahm eine Tötungshandlung vor, die jedoch wegen Vorliegens eines Erlaubnistatbestandsirrtums nicht schuldhaft war *(s o Rn 297 ff)*. Die fehlende Schuld bei U steht allerdings einer Mittäterschaft seitens des S nicht entgegen (§ 29). Mittäterschaft ist die gemeinschaftliche Begehung einer Straftat durch bewusstes und gewolltes Zusammenwirken[64]. Erforderlich sind demnach ein gemeinsamer Tatplan und die gemeinsame Tatausführung. Hier fehlt bereits der gemeinsame Tatplan. U wollte mit S keine gemeinsame Tat begehen; er wollte von S vielmehr nur einen rechtlichen Rat einholen. S seinerseits wollte die Tat nicht iSe „gewollten Zusammenwirkens" bzw einer „funktionellen Tatherrschaft" mit U zusammen ausführen[65], sondern allein dessen (von ihm selbst herbeigeführten) vermeintlichen Verbotsirrtum ausnutzen.

S ist nicht gem §§ 212 I, 25 II strafbar.

2. §§ 212 I, 25 I Alt 2

321 S könnte aber mittelbarer Täter eines Totschlags sein. Mit dem Tod der F ist der tatbestandliche Erfolg eingetreten. Fraglich erscheint jedoch, ob S insoweit kraft überlegenen Wissens oder Wollens die Tatherrschaft innehatte.

Eine mögliche Herrschaft des S über das Tatgeschehen kraft überlegenen Wissens könnte zunächst darauf beruhen, dass U irrtümlich davon ausging, seine Mutter habe die ursprünglich erteilte Einwilligung in den Behandlungsabbruch im Tatzeitpunkt noch nicht

63 Vgl *Wessels/Beulke/Satzger*, AT Rn 758
64 *Wessels/Beulke/Satzger*, AT Rn 524.
65 Vgl dazu auch *Schumann*, JR 2011, 142 (zum insoweit etwas anders gelagerten Fall BGHSt 55, 191).

widerrufen. Der Widerruf war allerdings auch S nicht bekannt. Er irrte sich also gleichermaßen über das tatsächliche Vorliegen einer Einwilligung wie U. Dementsprechend hatte er insofern kein überlegenes Wissen, aus dem sich eine Tatherrschaft ableiten ließe.

Grundlage für eine Tatherrschaft des S kraft überlegenen Wissens könnte ferner sein, dass er dem U zu einem Handeln geraten hat, welches er selbst insgeheim für strafbar hielt. S war der Auffassung, das Verhalten des U würde einen Straftatbestand erfüllen, wollte ihn aber von dessen Legalität überzeugen. Er wollte damit Tatherrschaft über das Geschehen ausüben. Da die Tat jedoch im Falle einer tatsächlich bestehenden Einwilligung seitens der F gerechtfertigt gewesen wäre *(s o Rn 300 f)* und S von eben dieser Situation ausging, irrte er über die Grenzen der Rechtswidrigkeit. Sein vermeintlicher Wissensvorsprung beruhte lediglich auf einer rechtlichen Fehleinschätzung.

Somit lässt sich zusammenfassen: Den Strafbarkeitsmangel, der bei U besteht (Irrtum über den Fortbestand der von F ursprünglich erteilten Einwilligung), kannte S nicht; der Strafbarkeitsmangel, den er zu kennen meinte (Verbotsirrtum des U), bestand hingegen in Wirklichkeit nicht. Folglich kann allenfalls von einer vermeintlichen Tatherrschaft des S gesprochen werden, weshalb eine mittelbare Täterschaft auf Basis der von der herrschenden Meinung vertretenen Tatherrschaftslehre ausscheidet. Zu einem anderen Ergebnis gelangt man indes womöglich, wenn man im Hinblick auf die Abgrenzung von Täterschaft und Teilnahme der – traditionell von der Rechtsprechung vertretenen – subjektiven Theorie folgt und dementsprechend bereits dem bloßen „Willen zur Tatherrschaft“ täterschaftsbegründende Wirkung beimisst[66].

Gleichwohl soll an dieser Stelle keine endgültige Positionierung im Rahmen des Mei- **322**
nungsstreits bezüglich der Abgrenzung der Beteiligungsformen[67] erfolgen. Die Frage kann nämlich offen bleiben, wenn die Art der subjektiven (Fehl-)Vorstellung des S nach sämtlichen Ansichten die Annahme einer mittelbaren Täterschaft verbietet. Um dies beurteilen zu können, bedarf es zunächst einer weiteren Konkretisierung des Irrtums, welchem S erlag.

Problem Nr 56: Abgrenzung Tatbestandsirrtum/Verbotsirrtum/Versuch/Wahndelikt **323**

Folgendes System von Irrtümern ist zu unterscheiden:

(1) Befindet sich der Täter im **Tatbestandsirrtum**, entfällt der Vorsatz, § 16 (Beispiel: Der Förster erschießt einen Menschen, den er in der Dämmerung irrtümlich für ein jagbares Reh hielt).

Bei einem **umgekehrten Tatbestandsirrtum** liegt ein **Versuch** vor (Beispiel: Der Förster erschießt ein Reh, das er in der Dämmerung für seinen Intimfeind hielt).

(2) Erliegt der Täter einem **Verbotsirrtum**, so kann die Schuld nach § 17 entfallen.

(a) **Direkter Verbotsirrtum:** Irrtum über das Bestehen einer Verbotsnorm (Beispiel: Verführen einer geisteskranken Frau zum Beischlaf in Kenntnis ihres Zustandes, aber in Unkenntnis des rechtlichen Verbots gem § 179).

66 Vgl statt vieler BGH NStZ 2008, 273, 275; s.a. *Beulke*, Klausurenkurs III [5] Rn 210.

67 Vgl zur Abgrenzung Täterschaft und Teilnahme bei Beteiligung an einem Begehungsdelikt durch ein positives Tun s o Fall 1 Problem Nr 4 Rn 20.

(b) **Indirekter Verbotsirrtum (Erlaubnisirrtum):** Irrtum über das Bestehen oder den Umfang eines Rechtfertigungsgrundes (Beispiel: Der Lehrer gibt dem Schüler eine Backpfeife im irrtümlichen Glauben, dies sei durch sein Erziehungsrecht gedeckt. Oder: Der gelähmte Greis glaubt, die Kirschen pflückenden Kinder, die er sonst nicht erreicht, mit der Schrotflinte schwer verletzen zu dürfen.)

(3) Beim **umgekehrten Verbotsirrtum** ist von einem straflosen **Wahndelikt** auszugehen.

(a) **Umgekehrter direkter Verbotsirrtum:** Der Täter hält eine Strafnorm unzutreffend für anwendbar. (Beispiel: Der Täter hält die Förderung sexueller Handlungen mit einer 19-jährigen Frau für strafbar, obwohl § 180 I derartige Handlungen nur bei Minderjährigen unter 16 Jahren mit Strafe bedroht.)

(b) **Umgekehrter indirekter Verbotsirrtum (umgekehrter Erlaubnisirrtum):** Der Täter hält eine an sich gerechtfertigte Handlung für rechtswidrig. (Beispiel: Im Rahmen eines bewaffneten Raubüberfalls, bei dem das Opfer mittels vorgehaltener Pistole zur Herausgabe von Edelsteinen im Wert von einer Million Euro gezwungen werden soll, wehrt sich das Opfer mittels eines erforderlichen Messerstichs in den Arm des Angreifers im irrtümlichen Glauben, dies sei nicht durch Notwehr gerechtfertigt, weil der Räuber es nicht auf sein Leben abgesehen habe.)

Zur Vertiefung: Wessels/Beulke/Satzger, AT Rn 453 ff.; Kühl, AT § 15 Rn 96 ff; Murmann, GK § 28 Rn 45 ff.

324 Bei genauer Betrachtung fällt auf, dass die vermeintliche mittelbare Täterschaft des S auf einer irrtümlichen Vorstellung über die Haupttat gründet, die beim Täter üblicherweise als strafloses „Wahndelikt" behandelt wird[68]: S befindet sich bezüglich der Strafbarkeit des U in einem umgekehrten Erlaubnisirrtum, der jedenfalls dann als strafloses „Wahndelikt" zu klassifizieren wäre, wenn nicht zusätzlich der Irrtum über das tatsächliche Vorliegen rechtfertigender Umstände hinsichtlich der Haupttat (Einwilligung der F) hinzuträte. Um klären zu können, ob die Kombination beider Irrtümer zur Folge hat, dass S doch als mittelbarer Täter bestraft werden kann (beide Irrtümer könnten sich im Sinne eines „Minus mal Minus macht Plus" gegenseitig aufheben), muss zunächst ermittelt werden, wie dieser Doppelirrtum normalerweise behandelt wird:

Die vorliegende Konstellation ist mit den sog Maus-Wiesel-Fällen vergleichbar, bei denen der Täter ebenfalls einem doppelten Irrtum erliegt[69]: Im Vergleichsfall verwechselt der Täter zunächst ein Wiesel, das dem Bundesjagdschutzgesetz unterfällt und damit Objekt einer Jagdwilderei sein kann, mit einer Maus, die kein Tatobjekt iSv § 292 darstellt. Er schießt also tatsächlich auf ein Wiesel, das er jedoch für eine Maus hält. Isoliert betrachtet würde dieser Tatbestandsirrtum (§ 16) zur Straflosigkeit führen. Darüber hinaus stuft der Täter jedoch irrtümlich das an sich straflose Jagen einer Maus als strafbare Handlung iSv § 292 ein. Zum Tatbestandsirrtum tritt also ein umgekehrter Subsumtionsirrtum hinzu. Einige Autoren wie etwa *Puppe* gelangen in derartigen Fällen im Rahmen einer „Gesamtbetrachtung" zu einer Bestrafung wegen vollendeter Vorsatztat, weil der Täter den Tod des Wiesels „objektiv" wahrnimmt und er auch sub-

68 Vgl *Wessels/Beulke/Satzger*, AT Rn 621 ff.

69 Zu einem derartigen Irrtum: vgl. *Baumann/Weber/Mitsch*, AT § 21 Rn 56 f; BeckOK-*Heuchemer*, § 17 Rn 24; *Plaschke*, Jura 2001, 235 f.

jektiv von einer Strafbarkeit ausgeht.[70] Nach zutreffender hM fällt der Täter bei einem derartigen Doppelirrtum indes letztlich einem straflosen Wahndelikt anheim[71].

Diese Argumentation lässt sich nun auf die vorliegende Konstellation übertragen. S beurteilt zwar im Ergebnis das durch seine Einwirkung verwirklichte Unrecht richtig (Wegen des Fehlens einer Einwilligung der F im Tatzeitpunkt handelt es sich bei dem Behandlungsabbruch um einen rechtswidrigen Totschlag, auf den S nicht hinwirken darf); seine Begründung für dieses Ergebnis – sozusagen der Weg dorthin – ist jedoch falsch. S stellt sich einen Sachverhalt vor, der, würde seine Vorstellung der Realität entsprechen, für U kein rechtswidriges Vorgehen bedeuten würde und auch für ihn selbst keine Wissensherrschaft begründen könnte, aufgrund derer ihm der Erfolg des Handelns von U zurechenbar wäre. Das Verhalten beider würde auf dieser tatsächlichen Grundlage von der Strafrechtsordnung als nicht strafwürdig empfunden. Auch hierüber irrt S jedoch. Damit erliegt er zwar einem „doppelten" Irrtum, gleichwohl muss er sich aber keine fehlerhafte Einstellung zur Rechtsordnung vorwerfen lassen, denn von dem eigentlichen Unrecht der Tat, das aus der fehlenden Einwilligung der F resultiert, hat er keine Kenntnis. Von diesen Umständen kann sich S daher bei Beurteilung der Strafbarkeit des U sowie des eigenen Verhaltens nicht leiten lassen. Die Aspekte, denen er für seine rechtliche Beurteilung der Tat Relevanz beimisst (nach seiner Ansicht soll eine Einwilligung in den Behandlungsabbruch generell nicht möglich sein), finden hingegen in der bestehenden Rechtsordnung keinen Niederschlag (mehr).[72] Das ist die Konstellation eines umgekehrten Erlaubnisirrtums, der als Wahndelikt zu behandeln ist. Parallel zum „klassischen Doppelirrtum" (Beispiel: Der Täter geht irrtümlich von einer Notwehrsituation aus und wehrt sich ferner zu vehement, da er diese Art der Gegenwehr bei dem angenommenen Angriff irrtümlich für erlaubt hält.), bei dem letztlich schon deshalb von einem Verbotsirrtum ausgegangen wird, weil der Täter nicht besser stehen kann, weil zu seinem Verbotsirrtum ein Tatsachenirrtum hinzutritt[73], muss auch bei der Kombination eines Irrtums des „mittelbaren Täters" über das Vorliegen rechtfertigender Umstände beim Tatmittler mit einem „umgekehrten" Erlaubnisirrtum die Straflosigkeit des „mittelbaren Täters" bejaht werden, weil dieser nicht dadurch in den Bereich einer Strafbarkeit gelangen kann, dass er zusätzlich ein (an sich strafloses) Wahndelikt begeht. Das Ergebnis entspricht also dem der hA im Maus-Wiesel-Fall. Die abweichende „Gesamtbetrachtung"[74], bei der wegen der „Kreuzung" beider Irrtümer ergebnisorientiert ein vollendetes vorsätzliches Delikt bejaht wird (S weiß, dass F von U getötet werden wird und er hält dies auch für strafbar.), missachtet, dass sich das Unrechtsbewusstsein immer auf das konkrete Unrecht der jeweiligen Tat beziehen muss. 325

70 *Puppe*, GA 1990, 145, 156.

71 Ebenso *Baumann/Weber/Mitsch*, AT § 21 Rn 56 f; *Heinrich*, AT Rn 1147; BeckOK-*Heuchemer*, § 17 Rn 24; LK-*Hillenkamp*, § 22 Rn 239; *Knobloch*, JuS 2010, 864, 868; *Kühl*, AT § 15 Rn 100; *Plaschke*, Jura 2001, 235 f; S/S-*Sternberg-Lieben*, § 17 Rn 11.

72 Vgl. hierzu auch die Argumentation bei den Maus-Wiesel-Fällen bei *Baumann/Weber/Mitsch*, AT § 21 Rn 56 f und *Plaschke*, Jura 2001, 235 f.

73 *Wessels/Beulke/Satzger*, AT Rn 485; *Hilgendorf/Valerius*, AT § 8 Rn 59; *Schuster*, JuS 2007, 617, 621.

74 *Puppe*, GA 1990, 145, 156; iE ebenso *Jescheck/Weigend*, AT § 50 III S 534; *Kuhlen*, S 494.

Es kann hier also dahingestellt bleiben, welche Kriterien für die Abgrenzung von Täterschaft und Teilnahme letztlich maßgeblich sind[75]. Sowohl bei Zugrundelegung der subjektiven Theorie als auch auf der Basis der Tatherrschaftstheorie scheitert die Annahme eines Totschlags in mittelbarer Täterschaft durch S wegen seiner bloß wahnhaften Annahme einer Strafbarkeit des U und damit auch der bloß wahnhaften Bejahung der eigenen mittelbaren Täterschaft.

S ist nicht gem §§ 212 I, 25 I Alt 2 strafbar.

3. §§ 212 I, 22, 23 I Alt 1, 25 I Alt 2

326 S könnte sich wegen versuchten Totschlags in mittelbarer Täterschaft §§ 212 I, 22, 23 I Alt 1, 25 I Alt 2 strafbar gemacht haben. Wie soeben bereits dargelegt, beging er jedoch lediglich ein strafloses Wahndelikt, als er in dem Glauben, der von U beabsichtigte Behandlungsabbruch sei trotz vermeintlich erteilter Einwilligung der F strafbar, den von U erbetenen Rechtsrat erteilte und dadurch auf dessen Willensentschluss einwirkte. Somit scheidet auch eine Strafbarkeit wegen Versuchs aus[76].

4. §§ 212 I, 26

327 Indem er U riet, die PEG-Sonde „einfach durchzuschneiden", könnte sich S wegen Anstiftung zum Totschlag strafbar gemacht haben. Eine vorsätzliche, rechtswidrige Haupttat seitens des U liegt vor *(s o Rn 289 ff)*.

S müsste U zur Tatbegehung bestimmt haben. Bestimmen meint das Hervorrufen des Tatentschlusses durch Willensbeeinflussung im Wege des offenen, geistigen Kontakts, durch die der Täter zur Begehung der Haupttat zumindest angeregt wird[77]. Hier könnte problematisch sein, dass U möglicherweise zur Begehung des Totschlags bereits fest entschlossen war, mithin nicht mehr angestiftet werden konnte (sog. omnimodus facturus). U rief S jedoch in der Absicht an, sich über die strafrechtlichen Risiken seines in Aussicht genommenen Handlens zu informieren. Eine Anstiftung desjenigen, der trotz genereller Tatgeneigtheit weiterhin unschlüssig ist, ob er die in Erwägung gezogene Tat ausführen soll, ist möglich[78]. Im Falle einer negativen Beratung hätte U das Vorhaben nicht durchgeführt. Daher war die Einflussnahme des S auf den Willen des U für den Taterfolg (mit-)ursächlich. Ein Bestimmen liegt in Form des Rechtsrats an U somit vor.

S müsste mit Vorsatz gehandelt haben – zum einen bezüglich der Haupttat, also des von U verübten Totschlags, zum anderen im Hinblick auf das Hervorrufen des entsprechenden Tatentschlusses bei U (Doppelvorsatz). Vorsatz hinsichtlich eines vorsätzlichen Totschlags seitens des U zulasten der F lag bei S vor. Problematisch ist jedoch, ob sein Vorsatz auch die Rechtswidrigkeit der Haupttat umfasste, was erforderlich ist, sofern man diese im Einklang mit der hA im Rahmen des § 26 als normatives Tatbestands-

75 Überblick bei *Wessels/Beulke/Satzger*, AT Rn 510 ff.
76 Vgl LK-*Hillenkamp*, § 22 Rn 239.
77 Zur Auslegung des „Bestimmens" iSv § 26 s *Beulke*, Klausurenkurs I [3] Problem Nr 14 Rn 161.
78 *Jakobs*, AT Abschn 25 Rn 30; NK-*Schild,* § 26 Rn 8; *Wessels/Beulke/Satzger*, AT Rn. 569.

merkmal begreift[79]. Als S seinen Rat erteilte, ging er davon aus, F habe in den Behandlungsabbruch eingewilligt. Diese Einwilligung hätte nach neuerer höchstrichterlicher Rechtsprechung, der hier gefolgt wird *(s o Rn 301, 303)*, rechtfertigende Wirkung entfaltet. S irrte demnach über ein normatives Tatbestandsmerkmal, was vorliegend zur Folge hat, dass der Vorsatz gem § 16 I 1 entfällt. Dass S gleichzeitig glaubte, die eigentlich straflose Haupttat sei strafbar, weil er davon ausging, in einen Behandlungsabbruch könne seitens des Patienten nicht mit rechtfertigender Wirkung eingewilligt werden, ist als umgekehrter Erlaubnisirrtum zu werten und damit als Wahndelikt irrelevant.

S hat sich nicht gem §§ 212 I, 26 strafbar gemacht.

5. § 222

Weiterhin kommt eine Strafbarkeit des S wegen fahrlässiger Tötung in Betracht, da S **328**
dem Irrtum hinsichtlich des Vorliegens einer Einwilligung der F fahrlässig erlegen sein könnte.

Durch Erteilung des Rechtsrats an U hat S eine Bedingung in der Kausalkette gesetzt, die nicht hinweggedacht werden kann, ohne dass der tatbestandliche Erfolg, der Tod der F, entfiele.

Fraglich ist, ob S seine Sorgfaltspflichten als Anwalt objektiv verletzt hat und infolgedessen keine Kenntnis davon erlangt hat, dass F ihre ursprünglich erteilte Einwilligung widerrufen hatte. Gewichtige Gründe sprechen dafür, dass er den Sachverhalt, um dessen rechtliche Beurteilung U ihn gebeten hatte, im Gespräch mit U hinreichend aufgeklärt hat und damit seinen anwaltlichen Sorgfaltspflichten gerecht wurde. Jedenfalls fehlt es mangels objektiver Vermeidbarkeit des Erfolgs am erforderlichen Pflichtwidrigkeitszusammenhang, da auch U, der als Gesprächspartner des S fungierte, sowie der behandelnde Arzt G keine Kenntnis vom Sinneswandel der F hatten, sodass selbst weitere intensive Erkundigungen seitens des S insofern nicht zu einem Erkenntnisgewinn hätten beitragen können. L, der den Widerruf als einziger kannte, entschied sich bewusst dafür, zu schweigen.

S hat sich somit nicht gem § 222 strafbar gemacht.

6. §§ 221 I Nr 1 und 2, II Nr 1, III, 26

Mangels Vorsatzes scheitert auch eine Strafbarkeit wegen Anstiftung zur Aussetzung.

7. §§ 223 I, 224 I Nr 2, 3, 5, 26

Hinsichtlich einer Anstiftung zur Körperverletzung fehlt ebenfalls der Vorsatz.

8. §§ 303 I, 26

Schließlich liegt keine Anstiftung zur Sachbeschädigung vor: Da S glaubte, es werde ein Angriff auf das Selbstbestimmungsrecht der F verübt, und er insoweit von einem

79 *Frister*, AT 28. Kap Rn 29; S/S-*Heine*, § 26 Rn 19; MK-*Joecks*, § 26 Rn 55 f; *Rengier*, AT § 45 Rn 45; abweichend: Matt/Renzikowski-*Haas*, § 26 Rn 29; SK-*Hoyer*, Vor § 26 Rn 41.

Handeln des U ausging, das objektiv nach den Regeln der Nothilfe und der Notstandshilfe *(s o Rn 311 f)* gerechtfertigt gewesen wäre, fehlt auch insoweit der erforderliche Vorsatz hinsichtlich der Rechtswidrigkeit der Haupttat.

9. Ergebnis hinsichtlich der Strafbarkeit des S

S ist straflos.

IV. Gesamtergebnis

U und S sind straflos.
L ist strafbar gem §§ 212, 25 I Alt 2 - § 52 - §§ 303 I, 25 I Alt. 2

329 **Problem Nr 57: Überblick über die verschiedenen Fallgruppen der Sterbehilfe**

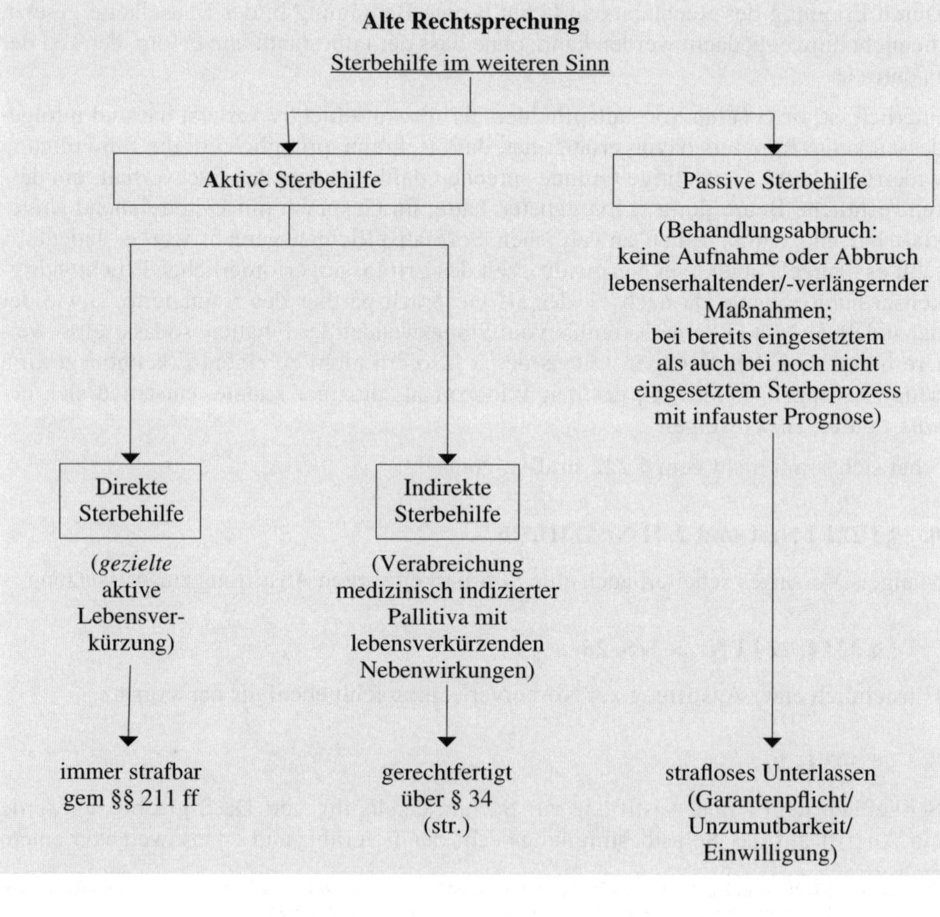

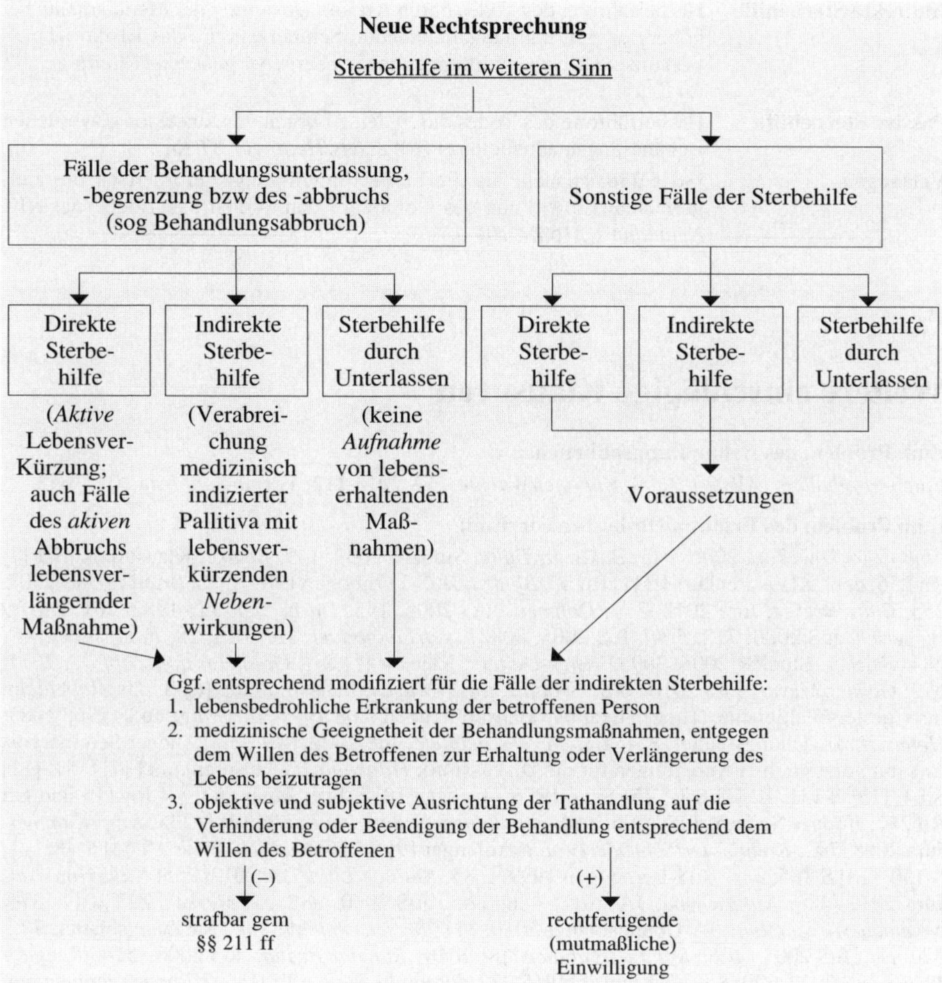

Definitionen zum Auswendiglernen

Aktive Sterbehilfe Herbeiführung des Todes durch aktives Handeln zum Zwecke des schmerzlosen Todes eines Sterbenden oder hoffnungslos Dahinsiechenden *(vgl Wessels/Hettinger BT Rn 28)*

Behandlungsabbruch Summe aller Handlungen, die in Fällen lebensbedrohlicher Erkrankung mit der Beendigung oder Begrenzung einer ärztlichen Behandlung in Zusammenhang stehen, welche zur Erhaltung oder Verlängerung des Lebens geeignet ist *(vgl BGHSt 55, 191, 204)*

Indirekte Sterbehilfe	Herbeiführung des Todes durch Art und Dosierung der Medikamente bei höhergradigen und langanhaltenden Schmerzen, die das Risiko lebensverkürzender Nebenwirkungen in sich bergen *(vgl Wessels/Hettinger BT Rn 31a)*
Passive Sterbehilfe	Herbeiführung des Todes durch den Abbruch von zwecklos gewordenen Behandlungsmaßnahmen *(vgl Wessels/Hettinger BT Rn 35)*
Verlangen	iSd **§ 216** ist mehr als die bloße Einwilligung; gefordert ist die zielgerichtete Einwirkung des Opfers auf den Willen des Täters *(vgl* NK-*Neumann § 216 Rn 10)*

Weitere einschlägige Klausuren

Zum Problem des Behandlungsabbruchs:

Fateh-Moghadam, ZJS 2012, 98; *Kubiciel/Wachter*, JA 2013 112; *Vormbaum,* Jura 2012, 652

Zum Problem des Erlaubnistatbestandsirrtum:

Ambos/Rackow, Jura 2006, 945; *Bakowitz/Bülte*, StudZR 2009, 149; *Beulke*, Klausurenkurs I [7] Rn 256; *ders*, Klausurenkurs III [1] Rn 45; *Bindzus*, JuS-Lernbogen 1989, L 28; *Brüning,* JuS 2007, 255; *Bülte/Becker*, Jura 2012, 319; *Dohmen*, Jura 2006, 143; *Dornseifer*, JuS 1982, 761; *Dürre/Wegerich*, JuS 2006, 712; *Fahl*, JuS 2005, 808; *Esser/Langbauer*, JA 2013, 28; *Fahl*, Jura 2009, 234; *Fricker*, StudZR 2005, 309; *Frister-Deiters*, Klausur [1] S 4; *Gaul/Haseloff/Zapf*, JA 2011, 672; *Geisler/Meyer*, Jura 2010, 388; *Gropp/Küpper/Mitsch*, Fallsammlung [6] S 120; *Habenicht*, in: Coester-Waltjen ua (Hrsg), Examensklausurenkurs IV, S 199; *Hardtung*, JuS 1996, 1088; *Helmrich*, JA-Übungsblätter, 351; *Herzberg/Scheinfeld*, JuS 2002, 649 [sehr schöner Seminarvortrag mit vorzüglichen Anregungen für die Diskussion]; *Hilgendorf*, Klausurenkurs I [7] S 51, [11] S 84, [15] S 131; II, [2] S 12, [5] S 54, [9] S 114; III, [10] S 119; *Jäger*, AT § 4 Rn 119 und § 5 Rn 217; *Käßner/Seibert*, JuS 2006, 810; *Kindhäuser/Schumann/Lubig*, [9] S 205; *Kipp/Kummer*, Jura 2008, 792; *Kleinbauer/Schröder/Voigt*, Anfänger [9] S 125; *Kudlich*, Fälle AT [4] S 48, [11] S 150, [13] S 185; *ders*, JuS-Lernbogen 1999, L 85; *Kudlich/Litau*, JA 2012, 755; *Kühl/Hinderer*, Jura 2012, 488; *Kühl/Kneba*, JA 2011, 426; *Lotz*, JuS 2010, 982; *G. Merkel*, ZJS 2011, 376; *Neubacher/Bachmann*, JA-Übungsblätter 2010, 711; *Noltensmeier/Henn*, JA-Übungsblätter, 772; *Norouzi*, JuS 2007, 146; *Rauda/Zenthöfer*, [8] S 48; *Rengier/Brand*, JuS 2008, 514; *Rengier/Braun*, JuS 2012, 999; *Rotsch*, Klausur [19] S 282; *Rudolphi*, Fälle AT [4] S 40; *Roxin/Schünemann/Haffke*, Klausurenlehre [5] S 102; *Saliger*, JuS 1995, 1004; *Schwabe*, AT [20] S 254; *Seier*, in: Seier, Die Anfängerklausur, [8] S 92, 98; *Schmelz*, Jura 2002, 391; *Schwind/Franke/Winter*, Übungen S 87, 121; *Simon*, JuS 2001, 639; *Steinberg*, in: Schlüter ua (Hrsg), Examensklausurenkurs, S 225; *Tiedemann*, Anfängerübung [2] S 172; *Zenger*, Ad Legendum 2013, 48

Zum Problem des Wahndelikts:

Diener, JuS 2007, 459; *Jahn/Ebner*, JuS 2008, 1086

Zum Problem des Doppelirrtums:

Ebert-*Bruckauf*, Fälle [6] S 105; *Gropp/Küpper/Mitsch*, Fallsammlung [6] S 123; *Hermle*, JuS 1987, 976; *Jäger*, AT § 5 Rn 219; *Kienapfel*, Strafrechtsfälle S 141; *Momsen/Sydow*, JuS 2001, 1194; *Stoffers*, Jura 1993, 376.

3. Kapitel

Zur Wiederholung und Vertiefung

I. Behandelte Problemschwerpunkte – geordnet nach der Gesetzessystematik

Große Schrift / gerade / grau unterlegt: vorliegender Klausurenkurs II (KK II) **330**

Kleine Schrift / kursiv: Klausurenkurs I

Zu §	Problem Nr	Problematik Probleme aus KK II sind grau unterlegt	Vorgeschlagene Lösung	Ausführliche Erörterung in Fall Nr Rn
Vor § 1	*3*	*Objektive Zurechnung, wenn der Täter glaubt, den Erfolg schon durch einen ersten Akt erreicht zu haben, während erst der zweite Teilakt den Erfolg bewirkt*	*Objektive Zurechnung ist gegeben.*	*KK I Fall 1 Rn 111*
Vor § 1	*6*	*Erfolgsherbeiführung durch ganz atypischen Kausalverlauf*	*Objektiver Tatbestand entfällt, da keine objektive Zurechnung stattfindet.*	*KK I Fall 2 Rn 124*
Vor § 1	*7*	*Kausalität iSv § 35 I 2*	*Notstandsausschluss nur bei nicht sozialadäquatem Vorverhalten.*	*KK I Fall 2 Rn 131*
Vor § 1	40	Aufbauschema erfolgsqualifiziertes Delikt	Siehe Schaubild.	KK II Fall 7 Rn 200
§ 13	*30*	*Garantenstellung aus vorangegangenem rechtmäßigen Tun*	*Zumindest bei bloßer Verletzung eines anderen Verkehrsteilnehmers trotz fehlerfreier, sorgfaltsgerechter Fahrweise entsteht keine Garantenpflicht.*	*KK I Fall 6 Rn 244*
§ 13	34	Abgrenzung positives Tun – Unterlassen	Schwerpunkttheorie.	KK II Fall 5 Rn 148
§ 13	53	Abrenzung aktives Tun/ Unterlassen bei Behandlungsabbruch	Keine Differenzierung zwischen Arzt und Drittem. Ausgegangen wird von positivem Tun.	KK II Fall 10 Rn 290
§ 16	*2*	*Abgrenzung dolus eventualis – bewusste Fahrlässigkeit*	• *Dolus eventualis: Der Täter nimmt die Möglichkeit der Rechtsverletzung ernst (Wissenselement) und findet sich mit ihr ab (Willenselement).*	*KK I Fall 1 Rn 107*

Zu §	Problem Nr	Problematik **Probleme aus KK II sind grau unterlegt**	Vorgeschlagene Lösung	Ausführliche Erörterung in Fall Nr Rn
			• *Bewusste Fahrlässigkeit: Der Täter hofft auf das Ausbleiben des Erfolgs.*	
§ 16	*4*	*Dolus generalis? (im Vollendungszeitpunkt fehlt Vorsatz, da Täter von früherer Vollendung ausgeht)*	*Kein dolus generalis, aber: Bei unwesentlicher Abweichung vom vorgestellten Kausalverlauf wird Vollendung zugerechnet.*	*KK I Fall 1 Rn 112*
§ 16	*12*	*Error in objecto vel persona beim Täter (Irrtum über das Handlungsobjekt)*	*Bei tatbestandlicher Gleichwertigkeit wird Vollendungsvorsatz bejaht.*	*KK I Fall 3 Rn 153*
§ 16	*17*	*Aberratio ictus*	*Versuch in Tateinheit mit vollendetem fahrlässigen Delikt.*	*KK I Fall 3 Rn 169*
§ 16	*31* 55	*Erlaubnistatbestandsirrtum*	*Vorsatzschuld entfällt – es kann uU wegen fahrlässiger Tatbegehung bestraft werden.*	*KK I Fall 7 Rn 256* KK II Fall 10 Rn 306
§ 16 *§ 17*	*33*	*Doppelirrtum*	*Es greifen die Regeln des Erlaubnisgrenzirrtums ein.*	*KK I Fall 7 Rn 270*
§ 16 § 17	56	Abgrenzung Tatbestandsirrtum / Verbotsirrtum / Versuch / Wahndelikt	Siehe Schaubild.	KK II Fall 10 Rn 323
§ 16 *§ 17*	*15*	*Error in objecto vel persona (beim Täter) – Auswirkungen auf den Anstifter*	*Irrtum ist auch für Anstifter unbeachtlich (Anstiftervorsatz wird bejaht).*	*KK I Fall 3 Rn 162*
§ 17	*32*	*Verbotsirrtum*	*Geregelt in § 17:* • *direkter Verbotsirrtum (Erlaubnisnormirrtum)* • *indirekter Verbotsirrtum (Erlaubnisgrenzirrtum).*	*KK I Fall 7 Rn 264*
§ 16 § 17	19	Irrtum über die Rechtswidrigkeit der Zueignung (Abgrenzung von Tatbestands- und Verbotsirrtum)	Irrtum über normatives Tatbestandsmerkmal. Irrtum innerhalb der Parallelwertung in der Laiensphäre: Tatbestandsirrtum, § 16. Irrtum außerhalb der Parallelwertung: nach § 17 zu behandelnder Subsumtionsirrtum.	KK II Fall 3 Rn 83

Zu §	Problem Nr	Problematik **Probleme aus KK II sind grau unterlegt**	Vorgeschlagene Lösung	Ausführliche Erörterung in Fall Nr Rn
Vor § 20	*50*	*Vorsätzliche actio libera in causa, alic*	*Schuldausnahmemodell.*	*KK I Fall 11 Rn 409*
Vor § 20	*51*	*Fahrlässige actio libera in causa*	*Zumeist entbehrlich.*	*KK I Fall 11 Rn 421*
§ 22	*39*	*Versuchsbeginn beim Unterlassungsdelikt*	*Bei unmittelbarer Gefährdung des geschützten Rechtsguts durch Verstreichenlassen der ersten Rettungsmöglichkeit, im Übrigen, wenn Gefahr in akutes Stadium tritt und Garant untätig bleibt oder Möglichkeit des rettenden Eingriffs aus der Hand gibt.*	*KK I Fall 9 Rn 315*
§ 22	41	Versuch des erfolgsqualifizierten Delikts	Versuch der Erfolgsqualifikation möglich. Erfolgsqualifizierter Versuch möglich, wenn qualifizierender Erfolg mit Tathandlung verknüpft ist; nicht möglich, wenn er auf Erfolg des Grunddelikts aufbaut.	KK II Fall 7 Rn 202
§ 22 § 23	*18* 1	Abgrenzung Vorbereitungshandlung – Versuch	Gemischt subjektiv-objektive Theorie (aus Sicht des Täters): • unmittelbar letzter Teilakt vor der eigentlichen Tatbestandsverwirklichung • Rechtsgutsgefährdung	*KK I Fall 4 Rn 178* und KK II Fall 1 Rn 5
§ 22 § 25	*23* 27	Versuchsbeginn bei mittelbarer Täterschaft	Versuch beginnt, wenn der Hintermann das von ihm in Gang gesetzte Geschehen aus der Hand gegeben hat.	*KK I Fall 4 Rn 194* und KK II Fall 4 Rn 115
§ 22 § 25	*46* 48	Versuchsbeginn bei Mittäterschaft	Gesamtlösung.	*KK I Fall 11 Rn 380* und KK II Fall 8 Rn 238

Zu §	Problem Nr	Problematik **Probleme aus KK II sind grau unterlegt**	Vorgeschlagene Lösung	Ausführliche Erörterung in Fall Nr Rn
§ 22 § 25	49	Versuchsbeginn bei vermeintlicher Mittäterschaft	Vermeintlicher Mittäter ist nur Alleintäter. Er muss selbst zum Versuch angesetzt haben.	KK II Fall 8 Rn 240
§ 24	*19*	*Freiwilligkeit beim Rücktritt, § 24*	• *Freiwilligkeit: autonome Motive* • *Unfreiwilligkeit: heteronome Motive*	*KK I* *Fall 4* *Rn 180*
§ 24	*20*	*Rücktritt gem § 24 II bei mehreren Beteiligten*	*§ 24 II, Teilnehmer muss Vollendung verhindern.*	*KK I* *Fall 4* *Rn 184*
§ 24	*21*	*Freiwilligkeit iSv § 24 bei Angst vor Strafe*	*Freiwilligkeit ist gegeben.*	*KK I* *Fall 4* *Rn 186*
§ 24	*24*	*Rücktritt im Vorbereitungsstadium*	*Mitwirkungshandlung darf sich nicht mehr ausgewirkt haben (§ 24 II analog).*	*KK I* *Fall 4* *Rn 197*
§ 24	*40*	*Strafbarkeit des Täters bei Irrtum über die Wirksamkeit des bereits Getanen (Rücktritt trotz Erfolgseintritts?)*	*Vollendungsstrafbarkeit – Rücktritt ist ausgeschlossen.*	*KK I* *Fall 9* *Rn 319*
§ 24	*41*	*Rücktritt bei mehraktigem Geschehen*	*Gesamtbetrachtungslehre, Lehre vom Rücktrittshorizont.*	*KK I* *Fall 9* *Rn 323*
§ 24	*42*	*Ist ein Rücktritt noch möglich, wenn der Täter sein außertatbestandliches Ziel bereits erreicht hat?*	*Ja.*	*KK I* *Fall 10* *Rn 333*
§ 24	*43*	*Muss der Täter die Tat endgültig aufgeben wollen?*	*Das Abstandnehmen von der konkreten Tat ist ausreichend.*	*KK I* *Fall 10* *Rn 336*
§ 24	*44*	*Muss der Täter das Optimum tun, um die Vollendung zu vermeiden?*	*Nein.*	*KK I* *Fall 10* *Rn 344*
§ 25	*22*	*Fallgruppen der mittelbaren Täterschaft*	*Defizite auf der Ebene* • *des Tatbestandes* • *der Rechtswidrigkeit* • *der Schuld,* *ferner Sonderfälle:* • *organisatorischer Machtapparat*	*KK I* *Fall 4* *Rn 192*

Zu §	Problem Nr	Problematik **Probleme aus KK II sind grau unterlegt**	Vorgeschlagene Lösung	Ausführliche Erörterung in Fall Nr Rn
§ 25 § 26	*35*	*Vermeintliche mittelbare Täterschaft: Unmittelbar Handelnder ist bösgläubig, Hintermann hält ihn für gutgläubig*	*Anstiftung zum vollendeten Delikt (fehlender Anstiftervorsatz wird nach Plus-Minus-Verhältnis unterstellt).*	*KK I Fall 8 Rn 284, 288*
§ 25 § 26	*36*	*Fehlgeschlagene Anstiftung: Vermeintlicher Täter ist gutgläubig, sodass objektiv mittelbare Täterschaft vorliegt*	*Versuchte Anstiftung zum vorgestellten Delikt.*	*KK I Fall 8 Rn 297*
§ 25	*13* 4	Abgrenzung Täterschaft – Teilnahme bei Beteiligung an einem Begehungsdelikt durch positives Tun	Tatherrschaftslehre.	*KK I Fall 3 Rn 159* und KK II Fall 1 Rn 20
§ 25	6	Abgrenzung Täterschaft – Teilnahme bei Beteiligung an einem Begehungsdelikt durch Unterlassen	Anhand Tatherrschaftslehre.	KK II Fall 1 Rn 29
§ 25	51	Mittelbare Täterschaft durch ein absichtslos-doloses Werkzeug	Möglich.	KK II Fall 9 Rn 267
§ 25	*45* 47	Mittäterschaft bei Tatbeitrag im Vorbereitungsstadium	Funktionelle Tatherrschaftstheorie.	*KK I Fall 11 Rn 378* und KK II Fall 8 Rn 236
§ 26	*14*	*Wie ist der Begriff des „Bestimmens" iSv § 26 auszulegen?*	*Hervorrufen des Tatentschlusses durch eine Willensbeeinflussung im Wege des offenen geistigen Kontakts.*	*KK I Fall 3 Rn 161*
§ 27	*47*	*Kausalität der Beihilfe*	*Kausalbeziehung ist nicht erforderlich.*	*KK I Fall 11 Rn 389*
§ 28	*16* 5	Wie ist das Verhältnis von § 212 zu § 211? Ist § 28 I oder II oder § 29 anwendbar?	Qualifikation; § 29 ist anwendbar.	*KK I Fall 3 Rn 165* und KK II Fall 1 Rn 24

Zu §	Problem Nr	Problematik **Probleme aus KK II sind grau unterlegt**	Vorgeschlagene Lösung	Ausführliche Erörterung in Fall Nr Rn
Vor § 32	*54*	Die strafrechtliche Beurteilung des Behandlungsabbruchs	Rechtfertigung durch Einwilligung möglich.	*KK II Fall 10 Rn 301*
§ 32	*26*	*Notwehreinschränkung bei verschuldeter Notwehrlage*	*Gebotenheit iSv § 32 I kann entfallen, Schutzwehr geht vor Trutzwehr.*	*KK I Fall 5 Rn 213*
§ 32	*28*	*Einfluss von Art 2 II a EMRK auf § 32*	*Art 2 II a EMRK bindet nur staatliche Organe.*	*KK I Fall 6 Rn 232*
§ 32	*29*	*Notwehreinschränkung beim Schutz geringwertiger Sachgüter*	*Zumindest schwere Körperverletzungen sowie Tötungen sind nicht geboten iSv § 32 I.*	*KK I Fall 6 Rn 234*
§ 32	*37*	*Fehlen des subjektiven Rechtfertigungselements (bei Vorsatzdelikten)*	*Strafbarkeit wegen Versuchs.*	*KK I Fall 9 Rn 307*
§ 33	*48*	*Bewusste Notwehrüberschreitung bei § 33*	*§ 33 ist nicht ausgeschlossen.*	*KK I Fall 11 Rn 398*
§ 33	*49*	*Scheidet eine Anwendung von § 33 aus, wenn der Täter die Notwehrlage provoziert hat?*	*§ 33 ist nicht ausgeschlossen (anders im Falle der Absichtsprovokation).*	*KK I Fall 11 Rn 400*
§ 34	*9*	*Welche Interessen sind im Rahmen des rechtfertigenden Notstandes (zB § 34) auf der Opferseite in die Abwägung einzubeziehen?*	*Es ist stets auf das Interesse abzustellen, dessen Schutz der gerade geprüfte Tatbestand bezweckt.*	*KK I Fall 2 Rn 134*
§ 35	*8*	*Verschuldete Herbeiführung der Gefahrenlage iSv § 35 I 2 bei Gefährdung Angehöriger bzw nahestehender Personen?*	*Da der Motivationsdruck durch eigenes Verschulden eher noch verstärkt wird, scheitert Notstand nicht an § 35 I 2.*	*KK I Fall 2 Rn 132*
Vor § 52	*25*	*Fortgesetzte Handlung*	*Wird nicht mehr anerkannt.*	*KK I Fall 4 Rn 199*
§ 123	23	Grenzen eines generellen Zutrittsrechts bei § 123	Äußeres Erscheinungsbild weicht so vom gestatteten Eintreten ab, dass mit Einverständnis des Hausrechtsinhabers billigerweise nicht zu rechnen ist.	KK II Fall 4 Rn 100
§§ 185 ff	11	Die Systematik der Beleidigungsdelikte (§§ 185–187)	Siehe Schaubild.	KK II Fall 2 Rn 52

Zu §	Problem Nr	Problematik **Probleme aus KK II sind grau unterlegt**	Vorgeschlagene Lösung	Ausführliche Erörterung in Fall Nr Rn
§§ 185 ff	12	Abgrenzung Tatsachenbehauptung – Werturteil bei §§ 185 ff	Tatsachen: • konkrete Vorgänge/Zustände der Vergangenheit/Gegenwart, die wahrnehmbar in die Wirklichkeit getreten und deshalb dem Beweis zugänglich sind. Werturteile: • subjektive Meinungen, die nicht durch Tatsachen belegt werden können.	KK II Fall 2 Rn 54
§ 185	13	Beleidigung von Personengemeinschaften – Beleidigung unter einer Kollektivbezeichnung	Beleidigung in beiden Fallgruppen möglich.	KK II Fall 2 Rn 57
§ 186	15	Behandlung der Nichterweislichkeit der Wahrheit der ehrenrührigen Tatsache iRd § 186	Objektive Bedingung der Strafbarkeit.	KK II Fall 2 Rn 63
§ 193	14	§ 193 bei Meinungsäußerungen	Außer bei Formalbeleidigung grundsätzlich anwendbar.	KK II Fall 2 Rn 59
§ 211	*34*	*Verlangt Heimtücke einen verwerflichen Vertrauensbruch?*	*Nein, es genügt die Ausnutzung der Arg- und Wehrlosigkeit in feindlicher Willensrichtung.*	*KK I Fall 8 Rn 278*
§ 211	3	Allgemeine Verwerflichkeitsprüfung bei Mord	Nein, weder positive noch negative Typenkorrektur.	KK II Fall 1 Rn 15
§ 212	*5*	*Verhältnis Totschlag – Körperverletzung*	*Körperverletzung ist nur Durchgangsstadium.*	*KK I Fall 1 Rn 116*
§ 212	57	Überblick über die verschiedenen Fallgruppen der Sterbehilfe	Siehe Schaulbild.	KK II Fall 10 Rn 329
§ 218	2	Vollendeter Schwangerschaftsabbruch durch Tötung des Kindes nach fehlgeschlagener Abtötung der Leibesfrucht?	Nein: vollendetes Tötungsdelikt + versuchter Schwangerschaftsabbruch.	KK II Fall 1 Rn 10
§ 224	*38*	*Können unbewegliche Gegenstände gefährliche Werkzeuge iSv § 224 I Nr 2 sein?*	*Ja.*	*KK I Fall 9 Rn 311*
§ 224	7	Körperteile als gefährliche Werkzeuge	Nein.	KK II Fall 2 Rn 39

Zu §	Problem Nr	Problematik **Probleme aus KK II sind grau unterlegt**	Vorgeschlagene Lösung	Ausführliche Erörterung in Fall Nr Rn
§ 227	42	Knüpft § 227 an den Körperverletzungserfolg oder an die Körperverletzungshandlung an?	An die Körperverletzungshandlung.	KK II Fall 7 Rn 204
§ 240	8	Der strafrechtliche Gewaltbegriff	Körperlich wirkender Zwang durch (un-)mittelbare Einwirkung auf einen anderen, die nach Vorstellung des Täters dazu bestimmt und geeignet ist, tatsächlich geleisteten/ erwarteten Widerstand zu überwinden/ unmöglich zu machen.	KK II Fall 2 Rn 42
§ 240 § 253	52	Drohung mit einem Unterlassen	Ist Androhung eines empfindlichen Übels.	KK II Fall 9 Rn 274
§ 242	30	Übereignung von Benzin an Selbstbedienungstankstellen	Übereignung an der Kasse oder Übereignung unter Eigentumsvorbehalt beim Einfüllen.	KK II Fall 5 Rn 132
§ 242	31	Vorliegen eines (unbedingten) tatbestandsausschließenden Einverständnisses beim Tanken an einer Selbstbedienungstankstelle	Unbedingtes tatbestandsausschließendes Einverständnis.	KK II Fall 5 Rn 134
§ 242	9	Enteignung – Aneignung	Aneignung: • mind. vorübergehendes Einverleiben der Sache selbst/des verkörperten Sachwertes in Vermögen des Täters/eines Dritten. Enteignung: • endgültige Ausschließung/ Verdrängung des Eigentümers aus wirtschaftlicher Position.	KK II Fall 2 Rn 44
§ 242 § 246	32	Objekt der Zueignung bei §§ 242 I, 246 I	Sache selbst (Substanztheorie) oder der in ihr verkörperte Sachwert (Sachwerttheorie).	KK II Fall 5 Rn 140
§ 242 § 246	33	Zueignung durch Lesen eines Taschenbuchs	Nein.	KK II Fall 5 Rn 142

Zu §	Problem Nr	Problematik **Probleme aus KK II sind grau unterlegt**	Vorgeschlagene Lösung	Ausführliche Erörterung in Fall Nr Rn
§ 242	21	Eigen- oder Drittzueignungsabsicht, wenn der Täter die Sache weiterverschenken will	Eigenzueignungsabsicht, wenn der Schenker sich als Eigentümer geriert.	KK II Fall 4 Rn 95
§ 242	20	Gewahrsamsbegründung in fremder Gewahrsamssphäre	Bei kleineren Gegenständen genügt für Gewahrsamswechsel Verbringen in Gewahrsamsenklave.	KK II Fall 4 Rn 93
§ 242	17	Beobachtete Wegnahme	Vollendete Wegnahme, da Diebstahl kein „heimliches Delikt" ist.	KK II Fall 3 Rn 79
§ 242	18	Rechtswidrigkeit der Zueignung bei fälligem Anspruch auf die Geldsumme	Zueignung nur dann nicht rechtswidrig, wenn fälliger, einredefreier Anspruch auf Übereignung gerade dieser Sache besteht (Stückschulden: (+); Gattungs- und Geldschulden: erst nach Konkretisierung).	KK II Fall 3 Rn 81
§ 242 § 263	35	Abgrenzung von Betrug und Diebstahl beim Passieren der Kasse in SB-Märkten	Kein Verfügungsbewusstsein der Kassiererin bzgl versteckter Waren. Es kommt nur Diebstahl in Betracht.	KK II Fall 6 Rn 161
§ 243	22	Warenanhänger als besondere Schutzvorrichtung iSd § 243 I 2 Nr 2?	Nein.	KK II Fall 4 Rn 97
§ 246	25	Erneute Zueignung einer durch ein mit Zueignungsabsicht begangenes Vermögensdelikt erlangten Sache	Konkurrenzlösung.	KK II Fall 4 Rn 108
§ 249 § 253 § 255	10	Abgrenzung Raub – räuberische Erpressung/ Erforderlichkeit einer Vermögensverfügung iRd §§ 253, 255	Erpressung erfordert Vermögensverfügung des Genötigten.	KK II Fall 2 Rn 47
§ 257	50	Abgrenzung zwischen sukzessiver Beihilfe und Begünstigung	Sukzessive Beihilfe möglich. Abgrenzung nach Intention des Täters.	KK II Fall 9 Rn 257
§ 259	38	Vortat eines „anderen" iSv § 259 trotz Teilnahme an der Vortat	Ja.	KK II Fall 6 Rn 183
§ 259	39	Ersatzhehlerei	Straflos.	KK II Fall 6 Rn 185

Zu §	Problem Nr	Problematik **Probleme aus KK II sind grau unterlegt**	Vorgeschlagene Lösung	Ausführliche Erörterung in Fall Nr Rn
§ 263	26	Der sog „Dreiecksbetrug“	„Lagertheorie“ (mehr als faktische Einwirkungsmöglichkeit, weniger als rechtliche Befugnis).	KK II Fall 4 Rn 113
§ 263	16	Täuschungshandlung und Aufklärungspflicht bei nachträglich eingetretener Leistungsunfähigkeit iRv Austauschverträgen	Keine Aufklärungspflicht.	KK II Fall 3 Rn 72
§ 263	36	Vermögensschaden beim Eingehungs- und beim Erfüllungsbetrug	Eingehungsbetrug: • Vergleich der beiderseitigen Vertragsverpflichtungen. Erfüllungsbetrug: • Vergleich geschuldete – tatsächlich erbrachte Leistung.	KK II Fall 6 Rn 171
§ 263	37	Strafrechtlicher Vermögensbegriff	Juristisch-ökonomischer Vermögensbegriff.	KK II Fall 6 Rn 179
§ 267	28	Anforderungen an das Verfälschen von Urkunden iSv § 267 I Var 2	Verfälschung ist jede Veränderung der Beweisrichtung und des gedanklichen Inhalts einer echten Urkunde, sodass diese nach dem Eingriff etwas anderes zum Ausdruck bringt als vorher (also nicht bloßer Unterfall der Herstellung einer unechten Urkunde).	KK II Fall 4 Rn 121
§ 267	29	Konkurrenzverhältnis zwischen Herstellen bzw Verfälschen und Gebrauchmachen bei § 267	Von vornherein bestimmter Gebrauch des Falsifikats geplant und dann realisiert: nur auf den Gebrauch abzustellen. Verwendung nur in allgemeinen Umrissen geplant: späterer Gebrauch ist neue selbstständige Straftat die zum vorausgegangenen Fälschungsakt in Tatmehrheit steht.	KK II Fall 4 Rn 123
§ 303	*1*	*Tiere als Sachen im Sinne des Strafrechts*	*IE unstreitig zu bejahen.*	*KK I Fall 1 Rn 104*

Zu §	Problem Nr	Problematik **Probleme aus KK II sind grau unterlegt**	Vorgeschlagene Lösung	Ausführliche Erörterung in Fall Nr Rn
§ 303	*10* 24	Sachbeschädigung durch Brauchbarkeitsminderung	Kombinierte Substanzverletzungs- und Funktionsvereitelungstheorie.	*KK I Fall 2 Rn 144* und KK II Fall 4 Rn 104
§ 304	*11*	*„Zum öffentlichen Nutzen dienen" iSv § 304 I*	*Erforderlich ist „Unmittelbarkeit". Dass Dritter den Gebrauch des Gegenstandes durch das Publikum ermöglichen muss, steht dem nicht entgegen.*	*KK I Fall 2 Rn 147*
§ 315c	44	Notwendiges Ausmaß der Gefährdung des Beifahrers iRd § 315c	„Beinahe-Unfall", bei dem guter Ausgang bei lebensnaher objektiver Betrachtung nur noch vom Zufall abhängt.	KK II Fall 7 Rn 214
§ 315c	45	Gehören tatbeteiligte Mitfahrer zu dem durch § 315c geschützten Personenkreis?	Tatbeteiligter Mitfahrer (Anstifter oder Gehilfe) nicht geschützt.	KK II Fall 7 Rn 216
§ 315c	46	Einwilligung in die Gefährdung des Straßenverkehrs durch das gefährdete Opfer	Keine Einwilligung möglich, da Dispositionsbefugnis fehlt.	KK II Fall 7 Rn 219
§ 316	43	Alkoholbedingte Fahruntüchtigkeit	• Relative Fahruntüchtigkeit: ab ca 0,3 ‰ zuzüglich Ausfallerscheinungen. • Absolute Fahruntüchtigkeit: ab 1,1 ‰.	KK II Fall 7 Rn 209

II. Definitionen – geordnet nach der Gesetzessystematik

331 Die folgende Tabelle ist eine Zusammenstellung wichtiger Definitionen, die in den Übungsfällen in diesem Klausurenkurs (KK II) und/oder dem Klausurenkurs für Anfänger (KK I) vorkommen.

Ausführliche Definitionssammlung ua bei:

Fahl/Winkler, Definitionen Strafrecht
Küper, Strafrecht Besonderer Teil, Definitionen und Erläuterungen

§	Begriff	Definition	Leitfall in KK I	/ in KK II
Vor § 1	**Kausal**	iSd Strafrechts ist jede Bedingung für einen Erfolg, die nicht hinweggedacht werden kann, ohne dass der Erfolg in seiner konkreten Gestalt entfiele (conditio sine qua non = sog Äquivalenztheorie, *Wessels/Beulke/Satzger, AT Rn 156*).	KK I Fall 2 Rn 122	KK II Fall 1 Rn 28
Vor § 1	**Unterlassenskausalität**	ist gegeben, wenn die rechtlich erwartete Handlung nicht hinzugedacht werden kann, ohne dass der tatbestandsmäßige Erfolg mit an Sicherheit grenzender Wahrscheinlichkeit entfiele *(BGHSt 6, 1, 2; 37, 106, 126; Wessels/Beulke/Satzger, AT Rn 711).*		KK II Fall 1 Rn 28
Vor § 1	**Abweichungen vom Kausalverlauf**	sind unwesentlich, wenn sie sich noch in den Grenzen des nach allgemeiner Lebenserfahrung Voraussehbaren halten und keine andere Bewertung der Tat rechtfertigen *(Wessels/Beulke/Satzger, AT Rn 258).*		KK II Fall 7 Rn 193
Vor § 1	**Objektiv zurechenbar**	iSd Strafrechts ist ein Erfolg dann, wenn der Handelnde eine rechtlich relevante Gefahr geschaffen hat, die sich im tatbestandsmäßigen Erfolg realisiert (sog Grundformel, *Wessels/Beulke/Satzger, AT Rn 179*).	KK I Fall 1 Rn 111	KK II Fall 7 Rn 193
§ 16	**Vorsatz**	iSd § 16 ist der Wille zur Verwirklichung eines Straftatbestandes in Kenntnis aller seiner objektiven Tatumstände bzw verkürzt: Wissen und Wollen der Tatbestandsverwirklichung *(Wessels/Beulke/Satzger, AT Rn 203).*	KK I Fall 1 Rn 106	
§ 16	**Tatbestandsirrtum**	iSv § 16 I 1 liegt vor, wenn der Täter bei Begehung der Tat einen Umstand nicht kennt, der zum gesetzlichen Tatbestand (dh zu den vorsatzbezogenen Merkmalen des objektiven Unrechtstatbestandes) gehört *(vgl Gesetzestext; Wessels/Beulke/Satzger, AT Rn 244, 455, 823).*		KK II Fall 3 Rn 83
§ 16	**Error in objecto vel persona**	(Irrtum über das Handlungsobjekt) ist eine Fehlvorstellung, die sich auf die Identität oder sonstige Eigenschaften des Tatobjekts oder der betreffenden Person bezieht *(Wessels/Beulke/Satzger, AT Rn 247).*	KK I Fall 3 Rn 153	

§	Begriff	Definition	Leitfall in KK I	/ in KK II
§ 16	**Aberratio ictus**	(Fehlgehen der Tat) ist ein Sachverhalt, bei dem der Täter seinen Angriff auf ein bestimmtes, von ihm individualisiertes Tatobjekt lenkt, dieser Angriff jedoch fehlgeht und ein anderes Objekt trifft, das der Täter nicht anvisiert hatte und gar nicht verletzen wollte *(Wessels/Beulke/Satzger, AT Rn 250).*	KK I Fall 3 Rn 169	
§ 16	**Erlaubnis-tatbestands-irrtum**	liegt vor, wenn sich der Täter über die sachlichen Voraussetzungen eines anerkannten Rechtfertigungsgrundes irrt, dh irrig Umstände für gegeben hält, die im Falle ihres wirklichen Gegebenseins die Tat rechtfertigen würden *(Wessels/Beulke/Satzger, AT Rn 467).*	KK I Fall 7 Rn 256	KK II Fall 10 Rn 297
§ 17	**Verbots-irrtum**	iSv § 17 liegt vor, wenn dem Täter bei Begehung der Tat die Einsicht fehlt, Unrecht zu tun *(vgl Gesetzestext; Wessels/Beulke/Satzger, AT Rn 456, 461).*	KK I Fall 7 Rn 264	
§ 17	**Subsumtions-irrtum**	ist gegeben, wenn der Täter irrig glaubt, ein Merkmal, das er seinem Wesen nach kennt, falle nicht unter die gesetzliche Begriffsbestimmung *(vgl Wessels/Beulke/Satzger, AT Rn 242).*		KK II Fall 3 Rn 83
§ 22	**Unmittel-bares Ansetzen**	als objektives Unrechtselement des Versuchs ist gegeben, wenn der Täter objektiv Handlungen vornimmt, die unmittelbar ohne wesentliche Zwischenakte in die Tatbestandsverwirklichung einmünden sollen, und er subjektiv die Schwelle zum „Jetzt-geht's-los" überschreitet *(Wessels/Beulke/Satzger, AT Rn 601).*		KK II Fall 1 Rn 5
§ 24	**Fehl-geschlagen**	ist der Versuch einer Straftat in erster Linie dann, wenn die zu ihrer Ausführung vorgenommenen Handlungen ihr Ziel nicht erreicht haben und der Täter erkannt hat, dass er mit den ihm zur Verfügung stehenden Mitteln den tatbestandlichen Erfolg entweder gar nicht mehr oder zumindest nicht ohne zeitlich relevante Zäsur herbeiführen kann *(Wessels/Beulke/Satzger, AT Rn 628).*	KK I Fall 4 Rn 179	
§ 24	**Unbeendet**	iSv § 24 I 1. Alt. ist der Versuch, wenn der Täter noch nicht alles getan zu haben glaubt, was nach seiner Vorstellung von der Tat zu ihrer Vollendung notwendig ist *(Wessels/Beulke/Satzger, AT Rn 631).*	KK I Fall 4 Rn 179	
§ 24	**Aufgeben**	der Tat iSv § 24 bedeutet, von der weiteren Realisierung des Entschlusses, den gesetzlichen Tatbestand zu verwirklichen, aufgrund eines entsprechenden „Gegenentschlusses" Abstand zu nehmen *(Wessels/Beulke/Satzger, AT Rn 641).*	KK I Fall 10 Rn 335	

§	Begriff	Definition	Leitfall in KK I	/ in KK II
§ 24	**Freiwillig**	ist ein Rücktritt vom Versuch iSv § 24, wenn er nicht durch zwingende Hinderungsgründe veranlasst wird, sondern der eigenen autonomen Entscheidung des Täters entspringt *(Wessels/Beulke/Satzger, AT Rn 651).*	KK I Fall 10 Rn 338	
§ 25	**Tatherrschaft**	bedeutet das vom Vorsatz umfasste In-den-Händen-Halten des tatbestandsmäßigen Geschehensablaufs *(Wessels/Beulke/Satzger, AT Rn 512).*	KK I Fall 3 Rn 159	KK II Fall 1 Rn 20
§ 25	**Mittäterschaft**	iSv § 25 II ist die gemeinschaftliche Begehung einer Straftat durch bewusstes und gewolltes Zusammenwirken *(Wessels/Beulke/Satzger, AT Rn 524).* Erforderlich sind also ein gemeinsamer Tatplan und eine gemeinsame Tatausführung.	KK I Fall 3 Rn 158	KK II Fall 1 Rn 19
§ 25	**Mittelbarer Täter**	iSv § 25 I Alt 2 ist, wer die Straftat durch einen anderen begeht *(vgl Gesetzestext).*	KK I Fall 4 Rn 192	
§ 26	**Anstifter**	ist gem § 26, wer vorsätzlich einen anderen zu dessen vorsätzlich begangener rechtswidriger Tat bestimmt *(vgl Gesetzestext).*	KK I Fall 3 Rn 161	KK II Fall 1 Rn 8
§ 26	**Bestimmen**	iSv § 26 bedeutet Hervorrufen des Tatentschlusses durch eine Willensbeeinflussung im Wege des offenen geistigen Kontakts *(Wessels/Beulke/Satzger, AT Rn 568).*		KK II Fall 1 Rn 8
§ 26	**Omnimodo facturus**	ist ein zur konkreten Tat schon fest Entschlossener, der nicht mehr angestiftet werden kann *(Wessels/Beulke/Satzger, AT Rn 569).*	KK I Fall 4 Rn 189	KK II Fall 1 Rn 22
§ 27	**Hilfeleisten**	iSv § 27 liegt in jedem Tatbeitrag, der die Haupttat ermöglicht oder erleichtert oder die vom Täter begangene Rechtsgutverletzung verstärkt *(Wessels/Beulke/Satzger, AT Rn 582).*	KK I Fall 4 Rn 189	KK II Fall 1 Rn 31
§ 27	**Gehilfe**	ist gem § 27, wer vorsätzlich einem anderen zu dessen vorsätzlich begangener rechtswidriger Tat Hilfe leistet *(vgl Gesetzestext).*	KK I Fall 4 Rn 189	KK II Fall 1 Rn 31
Vor § 32	**Behandlungsabbruch**	Summe aller Handlungen, die in Fällen lebensbedrohlicher Erkrankung mit der Beendigung oder Begrenzung einer ärztlichen Behandlung in Zusammenhang stehen, welche zur Erhaltung oder Verlängerung des Lebens geeignet ist *(vgl BGHSt 55, 191, 204).*		KK II Fall 10 Rn 301
§ 32	**Angriff**	iSv § 32 ist jede durch menschliches Verhalten drohende Verletzung rechtlich geschützter Güter oder Interessen *(Wessels/Beulke/Satzger, AT Rn 325).*	KK I Fall 5 Rn 207	KK II Fall 2 Rn 64

§	Begriff	Definition	Leitfall in KK I	in KK II
§ 32	**Gegenwärtig**	iSv § 32 ist der Angriff, der unmittelbar bevorsteht, begonnen hat oder noch fortdauert *(Wessels/Beulke/Satzger, AT Rn 328).*	KK I Fall 5 Rn 207	KK II Fall 2 Rn 64
§ 32	**Rechtswidrig**	iSv § 32 ist jeder Angriff, der den Bewertungsnormen des Rechts objektiv zuwiderläuft und nicht durch einen Erlaubnissatz gedeckt ist *(Wessels/Beulke/Satzger, AT Rn 331).*		KK II Fall 2 Rn 64
§ 32	**Erforderlich**	iSv § 32 ist die Verteidigungshandlung, die zur Angriffsabwehr geeignet ist, dh die grundsätzlich dazu in der Lage ist, den Angriff entweder ganz zu beenden oder ihm wenigstens ein Hindernis in den Weg zu legen, und die das mildeste zur Verfügung stehende Gegenmittel darstellt *(Wessels/Beulke/Satzger, AT Rn 335).*	KK I Fall 5 Rn 207	
§ 34	**Notstandslage**	iSv § 34 ist eine gegenwärtige Gefahr für Leben, Leib, Freiheit, Ehre, Eigentum oder ein anderes Rechtsgut, die nicht anders abgewendet werden kann als durch Einwirkung auf eben-falls rechtlich anerkannte Interessen *(Wessels/Beulke/Satzger, AT Rn 299).*	KK I Fall 2 Rn 128	KK II Fall 2 Rn 64
§ 34	**Gegenwärtige Gefahr**	iSv § 34 ist ein Zustand, dessen Weiterentwicklung den Eintritt oder die Intensivierung eines Schadens ernstlich befürchten lässt, sofern nicht alsbald Abwehrmaßnahmen ergriffen werden *(Wessels/Beulke/Satzger, AT Rn 303).*	KK I Fall 2 Rn 128	KK II Fall 2 Rn 64
§ 34	**Erforderlich**	iSv § 34 ist, was zur Abwehr der Gefahr geeignet ist und unter Berücksichtigung aller ex ante erkennbaren Umstände aus der Sicht eines sachkundigen objektiven Betrachters als der sicherste Weg zur Erhaltung des gefährdeten Gutes erscheint und was zugleich das relativ mildeste Mittel darstellt *(Wessels/Beulke/Satzger, AT Rn 308).*	KK I Fall 2 Rn 128	
§ 123 § 243	**Geschäftsräume**	iSv §§ 123 I, 243 I Nr 1 sind Räumlichkeiten, die bestimmungsgemäß für gewerbliche, geschäftliche, berufliche, künstlerische oder wissenschaftliche Zwecke verwendet werden *(Wessels/Hettinger, BT1 Rn 580; Wessels/Hillenkamp, BT2 Rn 224).*		KK II Fall 4 Rn 99
§ 123	**Befriedetes Besitztum**	iSv § 123 I ist ein Grundstück, das durch zusammenhängende, nicht unbedingt lückenlose Schutzwehren in äußerlich erkennbarer Weise gegen das willkürliche Betreten durch andere gesichert ist *(Wessels/Hettinger, BT1 Rn 582).*	KK I Fall 4 Rn 182	

§	Begriff	Definition	Leitfall in KK I	/ in KK II
§ 123	**Eindringen**	iSv § 123 I ist das Betreten gegen den ausdrücklich erklärten oder mutmaßlichen Willen des Berechtigten *(Wessels/Hettinger, BT1 Rn 584 f).*	KK I Fall 4 Rn 182	KK II Fall 4 Rn 99
§ 142	**Unfall**	iSv § 142 I ist jedes plötzliche, mit dem Straßenverkehr und seinen Gefahren ursächlich zusammenhängende Ereignis, das einen nicht völlig belanglosen Personen- oder Sachschaden zur Folge hat *(Wessels/Hettinger, BT1 Rn 1004).*	KK I Fall 6 Rn 247	
§ 185	**Beleidigen**	iSv § 185 ist die Kundgabe von Missachtung oder Nichtachtung *(Wessels/Hettinger, BT1 Rn 508).*	KK I Fall 7 Rn 266	KK II Fall 2 Rn 56
§§ 185 ff	**Tatsachen**	iSv §§ 185 ff sind konkrete Vorgänge oder Zustände der Vergangenheit oder Gegenwart, die wahrnehmbar in die Wirklichkeit getreten und infolgedessen dem Beweis zugänglich sind *(Wessels/Hettinger, BT1 Rn 492).*		KK II Fall 2 Rn 54
§ 185	**Werturteile**	iSv § 185 sind lediglich subjektive Meinungen, die nicht durch Tatsachen belegt werden können *(Wessels/Hettinger, BT1 Rn 504).*		KK II Fall 2 Rn 54
§§ 185 ff	**Ehrenrührig**	iSv §§ 185 ff ist eine Tatsache, wenn sie geeignet ist, den Betroffenen verächtlich zu machen oder ihn in der öffentlichen Meinung herabzuwürdigen *(Wessels/Hettinger, BT1 Rn 493).*		KK II Fall 2 Rn 61
§ 186	**Öffentlich**	iSv § 186 Alt 2 ist eine Behauptung, wenn sie unabhängig von der Öffentlichkeit des fraglichen Ortes von einem größeren, individuell nicht begrenzten und durch nähere Beziehung nicht verbundenen Personenkreis unmittelbar wahrgenommen werden kann *(S/S-Lenckner/Eisele, § 186 Rn 19).*		KK II Fall 2 Rn 65
§ 202a § 303a	**Datum**	iSv § 202 a sind nur solche Informationen, die elektronisch, magnetisch oder sonst nicht unmittelbar wahrnehmbar gespeichert oder übermittelt werden *(vgl Gesetzeswortlaut § 202a II).*		KK II Fall 4 Rn 105
§ 211	**Habgier**	iSv § 211 ist ein ungezügeltes und rücksichtsloses Streben nach Gewinn um jeden Preis, gleichgültig, ob es dabei um einen Vermögenszuwachs oder um die Vermeidung von Aufwendungen als unmittelbare Folge der Tötungshandlung geht *(Wessels/Hettinger, BT1 Rn 94b).*	KK I Fall 8 Rn 280	KK II Fall 1 Rn 14
§ 211	**Sonstige niedrige Beweggründe**	iSv § 211 sind alle Tatantriebe, die nach allgemeiner rechtlich-sittlicher Wertung auf tiefster Stufe stehen, durch hemmungslose Eigensucht bestimmt und deshalb besonders verachtenswert sind *(Wessels/Hettinger, BT1 Rn 95).*	KK I Fall 1 Rn 114	KK II Fall 1 Rn 14

§	Begriff	Definition	Leitfall in KK I	/ in KK II
§ 211	**Heimtücke**	iSv § 211 ist die bewusste Ausnutzung der Arg- und Wehrlosigkeit des Opfers in feindlicher Willensrichtung *(Wessels/Hettinger, BT1 Rn 107).*	KK I Fall 1 Rn 114	KK II Fall 1 Rn 14
§ 211	**Arglos**	iSv § 211 ist, wer sich im Zeitpunkt der Tat keines tätlichen Angriffs auf seine körperliche Unversehrtheit oder sein Leben versieht *(Wessels/Hettinger, BT1 Rn 110).*		KK II Fall 1 Rn 14
§ 211	**Wehrlos**	iSv § 211 ist, wer infolge seiner Arglosigkeit zur Verteidigung außerstande oder in seiner Verteidigung stark eingeschränkt ist *(Wessels/Hettinger, BT1 Rn 112).*		KK II Fall 1 Rn 14
§ 211	**Ausnutzen**	der Arg- und Wehrlosigkeit iSv § 211 ist gegeben, wenn der Täter die von ihm herbeigeführte oder vorgefundene Lage der Arg- und Wehrlosigkeit im Wege des listigen, hinterhältigen oder planmäßig berechnenden Vorgehens bewusst zu einem Überraschungsangriff benutzt und das Opfer so daran hindert, sich zu verteidigen, zu fliehen, Hilfe herbeizurufen, dem Anschlag auf sein Leben in sonstiger Form zu begegnen oder dessen Durchführung wenigstens zu erschweren *(Wessels/Hettinger, BT1 Rn 114).*		KK II Fall 1 Rn 14
§ 211	**Grausam**	iSv § 211 tötet, wer dem Opfer im Rahmen der Tötungshandlung aus gefühlloser, unbarmherziger Gesinnung durch Dauer, Stärke oder Wiederholung der Schmerzverursachung besonders schwere Qualen körperlicher oder seelischer Art zufügt *(Wessels/Hettinger, BT1 Rn 102).*		KK II Fall 1 Rn 14
§ 212	**Aktive Sterbehilfe**	Herbeiführung des Todes durch aktives Handeln zum Zwecke des schmerzlosen Todes eines Sterbenden oder hoffnungslos Dahinsiechenden *(vgl Wessels/Hettinger, BT1 Rn 28).*		KK II Fall 10 Rn 329
§ 212	**Indirekte Sterbehilfe**	Herbeiführung des Todes durch Art und Dosierung der Medikamente bei höhergradigen und langanhaltenden Schmerzen, die das Risiko lebensverkürzender Nebenwirkungen in sich bergen *(vgl Wessels/Hettinger, BT1 Rn 31a).*		KK II Fall 10 Rn 289, 329
§ 212	**Passive Sterbehilfe**	Herbeiführung des Todes durch den Abbruch von zwecklos gewordenen Behandlungsmaßnahmen *(vgl Wessels/Hettinger, BT1 Rn 35).*		KK II Fall 10 Rn 329
§ 216	**Verlangen**	iSd § 216 ist mehr als die bloße Einwilligung; gefordert ist die zielgerichtete Einwirkung des Opfers auf den Willen des Täters *(vgl NK-Neumann, § 216 Rn 10).*		KK II Fall 10 Rn 288

§	Begriff	Definition	Leitfall in KK I	/ in KK II
§ 218	**Abbrechen der Schwangerschaft**	iSv § 218 I ist die Vornahme eines Eingriffs, der die Abtötung der Leibesfrucht bezweckt oder in Kauf nimmt. Der Taterfolg liegt im Absterben der Leibesfrucht *(Wessels/Hettinger, BT1 Rn 225).*		KK II Fall 1 Rn 3
§ 221	**In eine hilflose Lage versetzen**	iSv § 221 I Nr 1 wird ein Mensch, wenn er unter dem bestimmenden Einfluss des Täters in eine Situation gebracht wird, in der er sich ohne fremde Hilfe nicht gegen Gefahren für sein Leben oder seine Gesundheit schützen kann und er solcher Hilfe entbehrt *(Wessels/Hettinger, BT1 Rn 199).*		KK II Fall 5 Rn 152
§ 221	**Im-Stich-Lassen**	iSv § 221 I Nr 2 liegt vor, wenn der Beistandspflichtige sich der Beistandsleistung vorsätzlich (nicht unbedingt durch räumliches Verlassen) entzieht, obwohl er dazu in der Lage wäre *(Wessels/Hettinger, BT1 Rn 202).*		KK II Fall 5 Rn 153
§ 223	**Körperliche Misshandlung**	iSv § 223 I Alt 1 ist jede substanzverletzende Einwirkung auf den Körper des Opfers sowie jede üble, unangemessene Behandlung, durch die das körperliche Wohlbefinden oder die körperliche Unversehrtheit mehr als nur unerheblich beeinträchtigt wird *(Wessels/Hettinger, BT1 Rn 255).*	KK I Fall 2 Rn 133	KK II Fall 7 Rn 220
§ 223	**Gesundheitsschädigung**	iSv § 223 I Alt 2 ist das Hervorrufen, Steigern oder Aufrechterhalten eines vom Normalzustand der körperlichen Funktionen des Opfers nachteilig abweichenden krankhaften Zustandes körperlicher oder seelischer Art *(vgl Wessels/Hettinger, BT1 Rn 257).*	KK I Fall 2 Rn 133	KK II Fall 7 Rn 220
§ 224	**Gift**	iSv § 224 I Nr 1 Alt 1 ist ein organischer oder anorganischer Stoff, der unter bestimmten Bedingungen (etwa Einatmen, Aufnahme über die Haut) durch chemische oder chemisch-physikalische Wirkung geeignet ist, zumindest eine erhebliche Gesundheitsschädigung zu bewirken *(Wessels/Hettinger, BT1 Rn 263, 267).*	KK I Fall 9 Rn 321	
§ 224	**Andere gesundheitsschädliche Stoffe**	iSv § 224 I Nr 1 Alt 2 sind solche Substanzen, die die Gesundheit zu schädigen geeignet sind und die mechanisch oder thermisch wirken [im Gegensatz zu den Giften iSd 1. Alt, die chemisch oder chemisch-physikalisch wirken] sowie krankheitserregende Mikroorganismen *(Wessels/Hettinger, BT1 Rn 263, 264).*	KK I Fall 5 Rn 215	

§	Begriff	Definition	Leitfall in KK I	/ in KK II
§ 224	**Beigebracht**	ist das Gift oder der andere gesundheitsschädliche Stoff iSv § 224 I Nr 1, wenn der Täter das Gift/den Stoff derart mit dem Körper des Opfers in Verbindung gebracht hat, dass es/er seine gesundheitsschädigende Wirkung entfalten kann *(Wessels/Hettinger, BT1 Rn 265).*	KK I Fall 9 Rn 321	
§ 224 § 243 § 244 § 250	**Waffe**	iSv § 224 I Nr 2 Alt 1, § 243 I 1, 2 Nr 7, § 244 I Nr 1a bzw § 250 I Nr 1 a ist ein gebrauchsfertiges Werkzeug, das nach Art seiner Anfertigung nicht nur geeignet, sondern auch allgemein dazu bestimmt ist, Menschen durch seine mechanische oder chemische Wirkung körperlich zu verletzen, sog Waffe im technischen Sinn *(Wessels/Hettinger, BT1 Rn 273).*	KK I Fall 8 Rn 281; Fall 11 Rn 371	
§ 224	**Gefährliches Werkzeug**	iSd § 224 I Nr 2 Alt 2 ist jeder – nach bisher hM bewegliche – Gegenstand, der nach seiner objektiven Beschaffenheit und der Art seiner Verwendung im konkreten Fall geeignet ist, erhebliche Verletzungen zuzufügen *(vgl Wessels/Hettinger, BT1 Rn 275).*	KK I Fall 2 Rn 136	KK II Fall 1 Rn 17
§ 224	**Überfall**	iSd § 224 I Nr 3 ist jeder plötzliche, unerwartete Angriff auf einen Ahnungslosen *(Wessels/Hettinger, BT1 Rn 279).*	KK I Fall 8 Rn 281	KK II Fall 1 Rn 17
§ 224	**Hinterlistig**	iSd § 224 I Nr 3 ist ein Überfall, wenn der Täter seine wahre Absicht planmäßig berechnend verdeckt, um gerade dadurch dem Angegriffenen die Abwehr zu erschweren *(Wessels/Hettinger, BT1 Rn 279).*	KK I Fall 8 Rn 281	KK II Fall 1 Rn 17
§ 224	**Mit einem anderen Beteiligten gemeinschaftlich**	iSd § 224 I Nr 4 verlangt, dass bei der Körperverletzung mindestens zwei Personen unmittelbar am Tatort als Angreifer einverständlich zusammenwirken, sei es in Form der Mittäterschaft, sei es in Form von Täterschaft und Teilnahme *(Wessels/Hettinger, BT1 Rn 281).*	KK I Fall 11 Rn 415	KK II Fall 1 Rn 17
§ 224	**Eine das Leben gefährdende Behandlung**	iSv § 224 I Nr 5 liegt vor, wenn die Verletzungshandlung den konkreten Umständen nach objektiv geeignet ist, das Leben des Opfers in Gefahr zu bringen; die tatsächlich erlittene Verletzung braucht dabei nicht lebensgefährlich zu sein *(Wessels/Hettinger, BT1 Rn 282).*	KK I Fall 9 Rn 304	KK II Fall 1 Rn 17
§ 225	**Quälen**	iSv § 225 I ist das Zufügen länger dauernder oder sich wiederholender Schmerzen oder Leiden körperlicher oder seelischer Art *(Wessels/Hettinger, BT1 Rn 313).*		KK II Fall 1 Rn 18

§	Begriff	Definition	Leitfall in KK I / in KK II
§ 225	**Roh**	iSv § 225 I ist eine Misshandlung, die einer gefühllosen, fremde Leiden missachtenden Gesinnung entspringt und sich in Handlungsfolgen von erheblichem Gewicht für das körperliche Wohlbefinden des Opfers äußert *(Wessels/Hettinger, BT1 Rn 313).*	KK II Fall 1 Rn 18
§ 225	**Böswillig**	iSv § 225 I handelt, wer die ihm obliegende Sorgfaltspflicht aus besonders verwerflichen Gründen verletzt, wie etwa aus Hass, Bosheit, Geiz oder rücksichtslosem Egoismus *(Wessels/Hettinger, BT1 Rn 313).*	KK II Fall 1 Rn 18
§ 226	**Geistige Krankheit**	iSv § 226 I Nr 3 meint alle krankhaft – seelischen Störungen *(Wessels/Hettinger, BT1 Rn 294).*	KK II Fall 5 Rn 151
§ 226	**Geistige Behinderung**	iSv § 226 I Nr 3 ist jede nicht nur unerhebliche und nicht nur vorübergehende Störung der Gehirntätigkeit *(S/S-Stree/Sternberg-Lieben, § 226 Rn 7).*	KK II Fall 5 Rn 151
§ 240 § 253	**Drohen**	iSv §§ 240, 253 ist das auf Einschüchterung des Opfers gerichtete Inaussichtstellen eines zukünftigen Übels, auf dessen Eintritt der Drohende sich Einfluss zuschreibt *(Wessels/Hettinger, BT1 Rn 402).*	KK II Fall 9 Rn 273
§ 240 § 253	**Empfindliches Übel**	iSd §§ 240, 253 ist ein Nachteil von solcher Erheblichkeit, dass seine Ankündigung geeignet erscheint, den Bedrohten iSd Täterverlangens zu motivieren *(Wessels/Hettinger, BT1 Rn 411).*	KK II Fall 9 Rn 273
§ 240	**Gewalt**	iSv § 240 I ist der körperlich wirkende Zwang durch die Entfaltung von Kraft oder durch eine physische Einwirkung sonstiger Art, die nach ihrer Zielrichtung, Intensität und Wirkungsweise dazu bestimmt und geeignet ist, die Freiheit der Willensentschließung oder Willensbetätigung eines anderen aufzuheben oder zu beeinträchtigen *(vgl BGHSt 41, 182, 183; Wessels/Hettinger, BT1 Rn 383).*	KK II Fall 2 Rn 49
§ 240	**Nötigen**	iSv § 240 I heißt, dem Betroffenen ein seinem Willen widerstrebendes Verhalten (Handeln, Dulden oder Unterlassen) aufzuzwingen *(Wessels/Hettinger, BT1 Rn 380).*	KK II Fall 2 Rn 49
§ 240 § 253	**Verwerflich**	iSd §§ 240 II, 253 II ist, was sozial unerträglich und wegen seines grob anstößigen Charakters sozialethisch in besonderem Maße zu missbilligen ist *(Wessels/Hettinger, BT1 Rn 426).* Es können das (Nötigungs-)Mittel, der Zweck und/oder die Zweck-Mittel-Relation als verwerflich einzustufen sein.	KK II Fall 9 Rn 275

§	Begriff	Definition	Leitfall in KK I	in KK II
§§ 242 ff § 303	**Sachen**	iSd §§ 242 ff, 303 sind alle körperlichen Gegenstände ohne Rücksicht auf ihren wirtschaftlichen Wert *(Wessels/Hillenkamp, BT2 Rn 18, 74).*	KK I Fall 1 Rn 103	KK II Fall 2 Rn 41
§§ 242 ff § 303 § 306	**Fremd**	iSv §§ 242 ff, 303, 306 ist eine Sache, wenn sie im (Allein-, Mit- oder Gesamthands-)Eigentum eines anderen steht, also weder herrenlos iSd §§ 958 ff BGB ist noch ausschließlich dem Täter selbst gehört *(Wessels/Hillenkamp, BT2 Rn 79).*	KK I Fall 1 Rn 105	
§§ 242 ff	**Wegnahme**	iSv § 242 ff ist der Bruch fremden Allein- oder Mitgewahrsams und die Begründung neuen, nicht notwendig, aber regelmäßig eigenen Gewahrsams *(Wessels/Hillenkamp, BT2 Rn 82).*	KK I Fall 1 Rn 109	KK II Fall 2 Rn 41
§§ 242 ff	**Gewahrsam**	iSv § 242 ff ist die tatsächliche Sachherrschaft eines Menschen über eine Sache, die von einem natürlichen Herrschaftswillen getragen und deren Reichweite von der Verkehrsauffassung bestimmt wird *(vgl Wessels/Hillenkamp, BT2 Rn 82 mit der Forderung nach verstärkter Einbeziehung sozial-normativer Komponenten).*	KK I Fall 1 Rn 109	KK II Fall 2 Rn 41
§§ 242 ff	**Gewahrsamsbruch**	iSd §§ 242 ff liegt vor, wenn die Sachherrschaft des bisherigen Gewahrsamsinhabers gegen seinen Willen oder zumindest ohne sein Einverständnis aufgehoben wird *(Wessels/Hillenkamp, BT2 Rn 115).*		KK II Fall 2 Rn 41
§§ 242 ff	**Zueignungsabsicht**	iSd §§ 242 ff ist die Absicht, sich oder einem Dritten die fremde Sache oder den in ihr verkörperten Sachwert anzueignen, gepaart mit dem Vorsatz, den Eigentümer zu enteignen *(vgl Wessels/Hillenkamp, BT2 Rn 163 ff).*		KK II Fall 2 Rn 43
§§ 242 ff	**Aneignung**	iSd §§ 242 ff ist das – wenn auch nur vorübergehende – Einverleiben der fremden Sache selbst oder des in ihr verkörperten Sachwertes in das Vermögen des Täters oder eines Dritten *(vgl Wessels/Hillenkamp, BT2 Rn 150 ff).*		KK II Fall 2 Rn 44
§§ 242 ff	**Enteignung**	iSd §§ 242 ff bedeutet die endgültige Ausschließung bzw Verdrängung des Eigentümers aus seiner wirtschaftlichen Position. Sie muss auf Dauer angelegt sein *(vgl Wessels/Hillenkamp, BT2 Rn 150, 156).*		KK II Fall 2 Rn 44
§ 243 § 244	**Einbrechen**	iSv §§ 243 I 2 Nr 1, 244 I Nr 3 ist das gewaltsame, nicht notwendig substanzverletzende Öffnen einer dem Zutritt entgegenstehenden Umschließung *(Wessels/Hillenkamp, BT2 Rn 225).*	KK I Fall 4 Rn 182	KK II Fall 8 Rn 229

§	Begriff	Definition	Leitfall in KK I	/ in KK II
§ 243 § 244	**Einsteigen**	iSv §§ 243 I 2 Nr 1, 244 I Nr 3 ist jedes Hineingelangen in ein Gebäude oder einen umschlossenen Raum durch eine zum ordnungsgemäßen Eintritt nicht bestimmte Öffnung unter Überwindung von Hindernissen oder Schwierigkeiten, die sich aus der Eigenart des Gebäudes oder der Umfriedung des umschlossenen Raums ergeben *(Wessels/Hillenkamp, BT2 Rn 226)*.	KK I Fall 4 Rn 182	KK II Fall 8 Rn 229
§ 243	**Falscher Schlüssel**	iSv § 243 I 2 Nr 1 ist jeder Schlüssel, der zur Tatzeit vom Berechtigten nicht oder nicht mehr zum Öffnen des betreffenden Verschlusses bestimmt ist *(Wessels/Hillenkamp, BT2 Rn 227)*.		KK II Fall 8 Rn 229
§ 243	**Anderes Werkzeug**	iSv § 243 I 2 Nr 1 ist ein solches beliebiger Art, welches vom Täter in einer Weise angewandt wird, dass der Mechanismus des Verschlusses ordnungswidrig in Bewegung gesetzt wird *(Wessels/Hillenkamp, BT2 Rn 229)*.		KK II Fall 8 Rn 229
§ 243	**Behältnis**	iSv § 243 I 2 Nr 2 ist ein zur Aufnahme von Sachen dienendes und sie umschließendes Raumgebilde, das nicht dazu bestimmt ist, von Menschen betreten zu werden *(Wessels/Hillenkamp, BT2 Rn 234)*.		KK II Fall 8 Rn 229
§ 243	**Schutzvorrichtungen**	iSv § 243 I 2 Nr 2 sind alle Vorkehrungen und technischen Mittel, die dazu bestimmt und geeignet sind, Sachen gegen Entwendung zu schützen, den ungehinderten Zugriff auf sie auszuschließen und ihre Wegnahme mindestens zu erschweren *(Wessels/Hillenkamp, BT2 Rn 235)*.		KK II Fall 4 Rn 96
§ 243 § 260 § 263	**Gewerbsmäßig**	iSv § 243 I 2 Nr 3, § 260 I Nr 1, § 263 III Nr 1 handelt, wer sich aus der wiederholten Tatbegehung eine fortlaufende Einnahmequelle von einigem Umfang und einer gewissen Dauer verschaffen will *(Wessels/Hillenkamp, BT2 Rn 239)*.	KK I Fall 11 Rn 368	
§ 243	**Von Bedeutung für die Kunst**	iSv § 243 I 2 Nr 5 ist eine Sache, wenn ihr Verlust eine spürbare Einbuße für diese Disziplin darstellen würde *(Fischer, § 243 Rn 20)*.		KK II Fall 8 Rn 229
§ 243	**Allgemein zugänglich**	iSv § 243 I 2 Nr 5 ist eine Sammlung, wenn sie nicht lediglich einem begrenzten Kreis von Benutzern offen steht *(Wessels/Hillenkamp, BT2 Rn 241, 48)*.		KK II Fall 8 Rn 229
§ 243 § 248a	**Gering**	iSv §§ 243 II, 248a ist der Wert der Sache, wenn er nach der allgemeinen Verkehrsauffassung für den Gewinn wie für den Verlust als unerheblich anzusehen ist; dies wird derzeit bei einem Wert von etwa 50 € angenommen *(Wessels/Hillenkamp, BT2 Rn 252)*.		KK II Fall 4 Rn 98

§	Begriff	Definition	Leitfall in KK I / in KK II
§ 244 § 244a	**Bande**	iSv § 244 I Nr 1a und § 244a I ist der Zusammenschluss von mindestens drei Personen, die sich mit dem Willen verbunden haben, künftig für eine gewisse Dauer mehrere selbstständige, im Einzelnen noch ungewisse Straftaten des im Gesetz genannten Deliktstyps zu begehen. Ein „gefestigter Bandenwille" oder ein „Tätigwerden in einem übergeordneten Bandeninteresse" ist nicht erforderlich *(BGHSt GrS 46, 321 ff).*	KK I Fall 11 Rn 369
§ 244	**Wohnungen**	iSv § 244 I Nr 3 sind umschlossene Räume, die als Mittelpunkt des privaten Lebens Selbstentfaltung, -entlastung und vertrauliche Kommunikation gewährleisten *(Wessels/Hillenkamp, BT2 Rn 290).*	KK II Fall 8 Rn 229
§ 246	**Zueignung**	iSv § 246 ist die Manifestation des Zueignungswillens *(Wessels/Hillenkamp, BT2 Rn 311).*	KK II Fall 3 Rn 85
§ 248b	**Gebrauchsanmaßung**	iSv § 248b ist die nur vorübergehende Nutzung einer fremden Sache mit dem Ziel, sie dem Eigentümer nach der Nutzung zurückzugeben *(vgl Wessels/Hillenkamp, BT2 Rn 434).*	KK II Fall 2 Rn 44
§ 249	**Gewalt gegen eine Person**	iSv § 249 I ist die Ausübung körperlich wirkenden Zwanges durch eine unmittelbare oder mittelbare Einwirkung auf einen anderen, die nach der Vorstellung des Täters dazu bestimmt und geeignet ist, einen tatsächlich geleisteten oder erwarteten Widerstand zu überwinden oder unmöglich zu machen *(Wessels/Hillenkamp, BT2 Rn 347).*	KK II Fall 2 Rn 43
§ 249	**Vis absoluta**	iSv § 249 I ist das Ausschalten der Willensbildung oder das Unmöglichmachen der Willensbetätigung durch Gewalt *(Wessels/Hettinger, BT1 Rn 396).*	KK II Fall 2 Rn 46
§ 249	**Vis compulsiva**	iSv § 249 I ist das Hervorrufen eines bestimmten Willensentschlusses durch Gewalt *(vgl Wessels/Hettinger, BT1 Rn 396).*	KK II Fall 2 Rn 46
§ 252	**Auf frischer Tat betroffen**	iSv § 252 ist der Täter dann, wenn er bei der Ausführung alsbald nach Vollendung der Wegnahme am Tatort oder in dessen unmittelbarer Nähe von einem anderen wahrgenommen, bemerkt oder schlicht angetroffen wird *(Wessels/Hillenkamp, BT2 Rn 397).*	KK II Fall 9 Rn 266
§ 253	**Vermögensverfügung**	iSv § 253 [Tatbestandsvoraussetzung nach hL] umfasst jedes bewusste und willensgetragene Verhalten des Genötigten, das bei diesem selbst oder bei einem Dritten unmittelbar zu einer	KK II Fall 2 Rn 46

§	Begriff	Definition	Leitfall in KK I / in KK II
		Vermögensminderung im wirtschaftlichen Sinne führt *(Wessels/Hillenkamp, BT2 Rn 714).*	
§ 257	**Hilfeleisten**	iSv § 257 I stellt eine Handlung dar, die objektiv geeignet und subjektiv darauf gerichtet ist, die durch die Vortat erlangten oder entstandenen Vorteile gegen Entziehung zugunsten des Verletzten zu sichern *(Wessels/Hillenkamp, BT2 Rn 808).*	KK II Fall 6 Rn 188
§ 259	**Sichverschaffen**	iSv § 259 I bedeutet die bewusste und gewollte Übernahme der tatsächlichen Verfügungsgewalt zu eigenen Zwecken im Wege des abgeleiteten Erwerbs und des einverständlichen Zusammenwirkens mit dem Vortäter oder dem sonstigen Vorbesitzer *(Wessels/Hillenkamp, BT2 Rn 846).*	KK II Fall 6 Rn 186
§ 263	**Täuschungshandlung**	iSv § 263 ist das Vorspiegeln falscher Tatsachen oder die Entstellung oder Unterdrückung wahrer Tatsachen *(krit: Wessels/Hillenkamp, BT2 Rn 492).*	KK II Fall 3 Rn 70
§ 263	**Tatsachen**	iSv § 263 sind konkrete Vorgänge oder Zustände der Vergangenheit oder Gegenwart, die dem Beweis zugänglich sind *(Wessels/Hillenkamp, BT2 Rn 493).*	KK II Fall 3 Rn 70
§ 263	**Irrtum**	iSv § 263 ist jede unrichtige, der Wirklichkeit nicht entsprechende Vorstellung über Tatsachen *(Wessels/Hillenkamp, BT2 Rn 510).*	KK II Fall 4 Rn 106
§ 263	**Vermögensverfügung**	iSv § 263 umfasst jedes freiwillige tatsächliche Handeln, Dulden oder Unterlassen des Getäuschten, das bei diesem selbst oder bei einem Dritten unmittelbar zu einer Vermögensminderung im wirtschaftlichen Sinne führt *(Wessels/Hillenkamp, BT2 Rn 515).*	KK II Fall 4 Rn 112
§ 263	**Vermögensschaden**	iSv § 263 bezeichnet eine nachteilige Vermögensdifferenz, die nicht durch ein unmittelbar aus der Vermögensverfügung fließendes Äquivalent wirtschaftlich voll ausgeglichen wird *(Wessels/Hillenkamp, BT2 Rn 538).*	KK II Fall 6 Rn 171
§ 263	**Vermögen**	iSv § 263 umfasst nach dem **wirtschaftlichen Vermögensbegriff** alle geldwerten Güter einer Person *(Wessels/Hillenkamp, BT2 Rn 531).*	KK II Fall 6 Rn 179
§ 263	**Vermögen**	iSv § 263 umfasst nach der **juristisch-ökonomischen Vermittlungslehre** alle Güter und Positionen, denen ein wirtschaftlicher Wert beizumessen ist und die mangels ausdrücklicher rechtlicher Missbilligung unter dem Schutz der Rechtsordnung stehen *(Wessels/Hillenkamp, BT2 Rn 532, 535).*	KK II Fall 6 Rn 179

§	Begriff	Definition	Leitfall in KK I / in KK II
§ 263	**Bereicherungsabsicht**	iSv § 263 ist gegeben, wenn es dem Täter auf die Erlangung eines rechtswidrigen Vermögensvorteils ankommt, mag dieser Vorteil von ihm auch nur als Mittel zu einem anderweitigen Zweck und damit als Zwischenziel erstrebt werden *(Wessels/Hillenkamp, BT2 Rn 583).*	KK II Fall 6 Rn 172
§ 263	**Rechtswidrig**	ist der erstrebte Vermögensvorteil iSd § 263, wenn auf ihn kein rechtlich begründeter Anspruch besteht *(Wessels/Hillenkamp, BT2 Rn 585).*	KK II Fall 6 Rn 172
§ 263	**Stoffgleichheit**	der beabsichtigten rechtswidrigen Bereicherung iRd § 263 liegt vor, wenn der Täter den rechtswidrigen Vermögensvorteil in der Weise erstrebt, dass er unmittelbar zulasten des geschädigten Vermögens geht und damit die Kehrseite des Schadens bildet *(Wessels/Hillenkamp, BT2 Rn 588).*	KK II Fall 6 Rn 172
§ 265	**Versichert**	iSv § 265 ist eine Sache, wenn über sie ein Versicherungsvertrag abgeschlossen und förmlich zustande gekommen ist, mag er auch anfechtbar oder nach § 74 II VVG nichtig sein *(Wessels/Hillenkamp, BT2 Rn 657).*	KK II Fall 8 Rn 227
§ 265	**Beiseiteschaffen**	iSv § 265 ist jede Handlung, durch die ein Gegenstand räumlich so entfernt oder verborgen wird, dass der Versicherungsfall als eingetreten gilt *(Wessels/Hillenkamp, BT2 Rn 658).*	KK II Fall 8 Rn 227
§ 266	**Vermögensbetreuungspflicht**	iSv § 266 I ist die Pflicht zur Wahrnehmung fremder Vermögensinteressen, welche den typischen und wesentlichen Inhalt des rechtlich begründeten oder faktisch bestehenden Treueverhältnisses bildet, also dessen Hauptgegenstand und nicht eine bloße Nebenpflicht ist *(Wessels/Hillenkamp, BT2 Rn 769).*	KK II Fall 6 Rn 169
§§ 267 ff	**Urkunde**	iSd materiellen Strafrechts ist jede verkörperte Gedankenerklärung, die zum Beweis im Rechtsverkehr geeignet und bestimmt ist und die einen Aussteller erkennen lässt *(Kindhäuser, BT1 § 55 Rn 8).*	KK II Fall 4 Rn 102
§§ 267 ff	**Zusammengesetzte Urkunde**	iSd materiellen Strafrechts ist eine verkörperte Gedankenerklärung, die mit ihrem Bezugsobjekt räumlich fest (= nicht notwendig untrennbar) zu einer Beweismitteleinheit derart verbunden ist, dass beide zusammen einen einheitlichen Beweis- und Erklärungsinhalt in sich vereinigen *(Wessels/Hettinger, BT1 Rn 816).*	KK II Fall 4 Rn 120

§	Begriff	Definition	Leitfall in KK I / in KK II
§ 267	**Aussteller einer Urkunde**	iSv § 267 I ist nicht, wer die Urkunde körperlich hergestellt hat, sondern derjenige, dem das urkundlich Erklärte im Rechtsverkehr zugerechnet wird und von dem die Erklärung in diesem Sinne geistig herrührt, weil er sich zu ihr als Urheber bekennt *(sog Geistigkeitstheorie; Wessels/Hettinger, BT1 Rn 801).*	KK II Fall 4 Rn 120
§ 267	**Unecht**	ist eine Urkunde iSv § 267 I, wenn sie nicht von demjenigen herrührt, der aus ihr als Aussteller („Erklärender") hervorgeht *(Wessels/Hettinger, BT1 Rn 821).*	KK II Fall 4 Rn 120
§ 267	**Herstellen**	einer unechten Urkunde iSv § 267 I Var 1 liegt vor, wenn eine Identitätstäuschung über den wahren Aussteller bewirkt werden soll, dh ein Handeln zum Zwecke der Herbeiführung oder Aufrechterhaltung eines Irrtums über die Person des wirklichen Ausstellers *(Wessels/Hettinger, BT1 Rn 821).*	KK II Fall 4 Rn 122
§ 267	**Verfälschen**	einer Urkunde iSv § 267 I Var 2 ist jede Veränderung der Beweisrichtung und des gedanklichen Inhalts einer echten Urkunde, sodass diese nach dem Eingriff etwas anderes zum Ausdruck bringt als vorher *(Wessels/Hettinger, BT1 Rn 842).*	KK II Fall 4 Rn 121
§ 267	**Gebrauchmachen**	einer Urkunde iSv § 267 I Var 3 ist gegeben, wenn die Urkunde selbst und nicht nur ihre schlichte Abschrift oder Ablichtung dem zu Täuschenden in der Weise zugänglich gemacht wird, dass er die Möglichkeit zur Kenntnisnahme hat *(Wessels/Hettinger, BT1 Rn 851).*	KK II Fall 4 Rn 122
§ 274	**Nicht gehören**	iSv § 274 I Nr 1 bedeutet, dass außer dem Täter auch andere dazu befugt sind, die Urkunde zum Beweis im Rechtsverkehr zu gebrauchen *(vgl Wessels/Hettinger, BT1 Rn 889).*	KK II Fall 4 Rn 125
§ 274	**Vernichten**	iSv § 274 I Nr 1 bedeutet die völlige Beseitigung der beweiserheblichen Substanz einer Urkunde *(Wessels/Hettinger, BT1 Rn 891).*	KK II Fall 4 Rn 125
§ 274	**Beschädigen**	iSv § 274 I Nr 1 bedeutet eine derartige Veränderung der Urkunde, dass sie in ihrem Wert als Beweismittel beeinträchtigt ist *(Wessels/Hettinger, BT1 Rn 892).*	KK II Fall 4 Rn 125
§ 274	**Unterdrücken**	iSv § 274 I Nr 1 ist jede Handlung, durch die dem Beweisführungsberechtigten die Benutzung des Beweismittels dauernd oder zeitweilig entzogen oder vorenthalten wird *(Wessels/Hettinger, BT1 Rn 893).*	KK II Fall 4 Rn 125

§	Begriff	Definition	Leitfall in KK I	in KK II
§ 289	**Wegnahme**	iSv § 289 I setzt keinen Gewahrsamsbruch, sondern nur die räumliche Entfernung der Sache aus dem tatsächlichen Macht- und Zugriffsbereich des Rechtsinhabers voraus *(Wessels/Hillenkamp, BT2 Rn 471).*		KK II Fall 3 Rn 77
§ 303	**Beschädigt**	iSv § 303 I ist eine Sache, wenn der Täter auf die Sache als solche in einer Weise körperlich eingewirkt hat, dass ihre Unversehrtheit oder bestimmungsgemäße Brauchbarkeit mehr als nur unerheblich beeinträchtigt und im Vergleich zu ihrer bisherigen Beschaffenheit nachteilig verändert worden ist *(Wessels/Hillenkamp, BT2 Rn 34).*	KK I Fall 1 Rn 105	KK II Fall 4 Rn 105
§ 303	**Zerstört**	iSv § 303 I ist eine Sache, wenn sie aufgrund der erfolgten Einwirkung in ihrer Existenz vernichtet oder so wesentlich beschädigt ist, dass sie ihre bestimmungsgemäße Brauchbarkeit völlig verloren hat *(Wessels/Hillenkamp, BT2 Rn 36).*	KK I Fall 1 Rn 105	
§ 303	**Verändern des Erscheinungsbildes**	iSv § 303 II liegt vor, wenn der Täter durch sein Verhalten die sinnlich wahrnehmbare Oberfläche der Sache in einen vom ursprünglichen abweichenden Zustand versetzt *(Satzger, Jura 2006, 428, 434).*	KK I Fall 1 Rn 108	
§ 303a	**Daten**	iSv § 303a sind nicht unmittelbar wahrnehmbare Informationen *(vgl Gesetzestext des § 202a II).*		KK II Fall 4 Rn 105
§ 304	**Gegenstände, die zum öffentlichen Nutzen dienen**	iSv § 304 I sind solche, die im Rahmen ihrer Zweckbestimmung der Allgemeinheit unmittelbar zugute kommen, sei es in Form des Gebrauchs oder in anderer Weise *(Wessels/Hillenkamp, BT2 Rn 53).*	KK I Fall 2 Rn 146	
§ 315c	**Konkrete Gefährdung**	iSd § 315c I bezeichnet eine nach der Lebenserfahrung im Einzelfall zu beurteilende naheliegende Gefahr, bei der das Ausbleiben eines Verletzungsschadens weitgehend vom Zufall abhängt *(Wessels/Hettinger, BT1 Rn 990).*		KK II Fall 7 Rn 213
§ 316	**Fahruntüchtigkeit**	iSv § 316 liegt vor, wenn der Fahrzeugführer nicht fähig ist, sein Fahrzeug über eine längere Strecke sicher zu führen *(Wessels/Hettinger, BT1 Rn 986, 1024).*		KK II Fall 7 Rn 208
§ 323c	**Unglücksfall**	iSv § 323c ist jedes plötzlich eintretende Ereignis, das die unmittelbare Gefahr eines erheblichen Schadens für andere Menschen oder fremde Sachen von bedeutendem Wert hervorruft *(Wessels/Hettinger, BT1 Rn 1044).*	KK I Fall 6 Rn 248	KK II Fall 7 Rn 206

III. Aufbau der Falllösung

332 Die folgenden Schemata entsprechen inhaltlich denen im Lehrbuch *Wessels/Beulke/Satzger*, Strafrecht AT, Rn 871 ff. Sie spiegeln die dort und auch im vorliegenden Buch vertretene Auffassung eines optimalen Aufbaus wider, die selbstverständlich in dem einen oder anderen Detail nicht unangefochten bleiben wird, die aber der Ansicht der weit überwiegenden Mehrheit aller Prüfer entsprechen dürfte. Die Aufbaumuster sind gegenüber dem Lehrbuch zusätzlich vereinfacht worden, damit sie der Student für den Ernstfall der Klausur leichter auswendig lernen kann. Diese Lösungsraster muss wirklich jeder jederzeit präsent haben, wobei die Reihenfolge der jeweiligen Unterpunkte je nach Delikt und Fallgestaltung variieren kann.

Vollendetes Begehungsdelikt	**Versuchtes Delikt**
	Vorprüfung
	• Keine Tatvollendung • Strafbarkeit des Versuchs
a) Tatbestandsmäßigkeit	
aa) Objektiver Tatbestand • Erfolgseintritt *(entfällt bei Tätigkeitsdelikten)* • Tathandlung • Besondere Tätermerkmale *(zB Amtsträger)* • Kausalität • Objektive Zurechnung bb) Subjektiver Tatbestand • Vorsatz bzgl aller Merkmale des objektiven Tatbestandes • Sonstige subjektive TB-Merkmale	aa) Subjektiver Tatbestand (Tatentschluss) • Vorsatz bzgl aller Merkmale, die sonst im objektiven TB geprüft werden, zB – *Tötungshandlung* – *Tatherrschaft* – *Garantenstellung* • Sonstige subjektive TB-Merkmale, zB – *Zueignungsabsicht* bb) Objektiver Tatbestand (unmittelbares Ansetzen) Abgrenzung zur Vorbereitungshandlung
cc) Tatbestandsannex: Objektive Bedingungen der Strafbarkeit *(zB Rauschtat bei § 323a)*	
b) Rechtswidrigkeit	
• Einwilligung/mutmaßliche Einwilligung • Notwehr/-hilfe, § 32 • Erlaubte Selbsthilfe, §§ 229, 562 b I, 859, 1029 BGB • Zivilrechtlicher Notstand, §§ 228, 904 BGB • Allgemeiner rechtfertigender Notstand, § 34, § 16 OWiG • Wahrnehmung berechtigter Interessen, § 193 • Züchtigungsrecht/Erziehungsrecht • Festnahmerecht, § 127 I StPO • Amtsbefugnisse, Dienstrecht, besondere Rechtspflichten von Amtsträgern • Politisches Widerstandsrecht, Art 20 IV GG	} dto

Fortsetzung

Vollendetes Begehungsdelikt	Versuchtes Delikt
c) Schuld	
• Schuldfähigkeit • Vorsatzschuld *(kein Erlaubnistatbestandsirrtum)* • Unrechtsbewusstsein *(kein unvermeidbarer Verbotsirrtum)* • Entschuldigungsgründe – Entschuldigender Notstand, § 35 – Notwehrexzess, § 33 • Spezielle Schuldmerkmale *(zB Böswilligkeit in § 225 I)*	dto
d) Persönliche Strafausschließungs- oder Strafaufhebungsgründe	
insbes • § 257 III • § 258 V, VI	insbes • Rücktritt gem § 24 I, II
e) Strafzumessung	
• Vermeidbarer Verbotsirrtum • Regelbeispiele	dto
f) Strafverfolgungsvoraussetzungen (insbes Strafantrag) oder -hindernisse	
insbes • § 194 (Beleidigung) • § 230 (Körperverletzung) • § 248a (geringer Wert bei Diebstahl etc) • § 303c (Sachbeschädigung)	dto

333 **Unechtes Unterlassungsdelikt** | **Fahrlässiges Begehungsdelikt**

Vorprüfung

- Tun oder Unterlassen

a) Tatbestandsmäßigkeit

Unechtes Unterlassungsdelikt:

aa) Objektiver Tatbestand
- Eintritt des tatbestandlichen Erfolgs
- Nichtvornahme der gebotenen Handlung trotz physisch-realer Abwehrmöglichkeit
- Kausalität
- Garantenstellung, insbes aus
  - rechtlicher Verpflichtung
  - enger Lebens- und Gefahrgemeinschaft
  - freiwilliger Übernahme von Schutz- und Beistandspflichten
  - Ingerenz
- Entsprechungsklausel, § 13
- Objektive Zurechnung (inklusive Garantenstellung begründender Umstände)

bb) Subjektiver Tatbestand
- Vorsatz bzgl aller Merkmale des objektiven TB
- Sonstige subjektive TB-Merkmale (*zB Zueignungsabsicht*)

cc) Tatbestandsannex: Objektive Bedingungen der Strafbarkeit (*zB Rauschtat bei § 323a*)

Fahrlässiges Begehungsdelikt:

aa) Erfolgseintritt

bb) Kausalität

cc) Objektive Sorgfaltspflichtverletzung bei objektiver Vorhersehbarkeit des Erfolgs und des wesentlichen Kausalverlaufs

dd) Objektive Zurechnung, insbes
- Pflichtwidrigkeitszusammenhang (Vermeidbarkeit?)
- Schutzzweckzusammenhang
- Eigenverantwortlichkeitsprinzip

ee) Tatbestandsannex: Objektive Bedingungen der Strafbarkeit (*zB Rauschtat bei § 323a*)

b) Rechtswidrigkeit

- Allgemeine Rechtfertigungsgründe wie beim vorsätzlichen Begehungsdelikt
- **Zusätzlich:** rechtfertigende Pflichtenkollision

c) Schuld

Unechtes Unterlassungsdelikt:

- Schuldfähigkeit
- Vorsatzschuld (*kein Erlaubnistatbestandsirrtum*)
- Unrechtsbewusstsein *(kein unvermeidbarer Verbotsirrtum, insbes bzgl Bestehen und Umfang der Garantenpflicht)*
- Entschuldigungsgründe
  - Entschuldigender Notstand, § 35
  - Notwehrexzess, § 33
  - **Zusätzlich:** Unzumutbarkeit normgemäßen Verhaltens
- Spezielle Schuldmerkmale *(zB Böswilligkeit in § 225 I)*

Fahrlässiges Begehungsdelikt:

- Schuldfähigkeit
- Subjektive Sorgfaltspflichtverletzung bei
  - individueller Vorhersehbarkeit und
  - individueller Vermeidbarkeit des Erfolgs
- Möglichkeit der Unrechtseinsicht *(potenzielles Unrechtsbewusstsein)*
- Entschuldigungsgründe
  - Entschuldigender Notstand, § 35
  - Notwehrexzess, § 33
  - **Zusätzlich:** Unzumutbarkeit normgemäßen Verhaltens
- Spezielle Schuldmerkmale *(zB Rücksichtslosigkeit, § 315c I Nr 2 iVm III Nr 2)*

Fortsetzung

Unechtes Unterlassungsdelikt	Fahrlässiges Begehungsdelikt
d) Persönliche Strafausschließungs- oder Strafaufhebungsgründe	
insbes – § 257 III – § 258 V, VI	– zB § 163 II
e) Strafzumessung	
• Vermeidbarer Verbotsirrtum • Regelbeispiele	• Vermeidbarer Verbotsirrtum
f) Strafverfolgungsvoraussetzungen (insbes Strafantrag) oder -hindernisse	
– § 194 (Beleidigung) – § 248a (geringer Wert bei Diebstahl, etc.) – § 303c (Sachbeschädigung) – § 230 (Körperverletzung)	– § 230 (Körperverletzung)

334

Mittäterschaft	Mittelbare Täterschaft
a) Tatbestandsmäßigkeit	
aa) Objektiver Tatbestand • Besondere Tätermerkmale *(zB § 331 I: Amtsträger)* • Keine eigenhändige Verwirklichung aller Tatbestandsmerkmale • Zurechnung gem § 25 II (funktionelle Tatherrschaft) – Gemeinsamer Tatplan – Gemeinsame Tatausführung *(hier: Abgrenzung zur Teilnahme: Tatherrschaftstheorie in Abgrenzung zur subjektiven Theorie)*	aa) Objektiver Tatbestand • Besondere Tätermerkmale *(zB § 331 I: Amtsträger)* • Keine eigenhändige Verwirklichung aller Tatbestandsmerkmale • Zurechnung gem § 25 I Alt 2 (Wissens- oder Willensherrschaft) Werkzeugeigenschaft wegen eines Defektes des Tatmittlers: – im objektiven Tatbestand – im subjektiven Tatbestand – in der Rechtswidrigkeit – in der Schuld – Sonderfall: Organisationsherrschaft
bb) Subjektiver Tatbestand • Vorsatz bzgl der Merkmale des objektiven TB *(inklusive Tatherrschaft)* • Sonstige subjektive TB-Merkmale *(zB Zueignungsabsicht)*	bb) Subjektiver Tatbestand • Vorsatz bzgl aller Merkmale des objektiven TB *(inklusive Tatherrschaft)* • Sonstige subjektive TB-Merkmale *(zB Zueignungsabsicht)*
cc) Tatbestandsannex: Objektive Bedingungen der Strafbarkeit (*zB Tod bei § 231*)	
b) Tatbestandsverschiebung nach § 28 II	
c) Rechtswidrigkeit	
• Einwilligung/mutmaßliche Einwilligung • Notwehr/-hilfe, § 32 • Erlaubte Selbsthilfe, §§ 229, 562b I, 859, 1029 BGB • Zivilrechtlicher Notstand, §§ 228, 904 BGB • Allgemeiner rechtfertigender Notstand, § 34, § 16 OWiG • Rechtfertigende Pflichtenkollision • Wahrnehmung berechtigter Interessen, § 193 • Züchtigungsrecht/Erziehungsrecht • Festnahmerecht, § 127 I StPO • Amtsbefugnisse, Dienstrecht, besondere Rechtspflichten von Amtsträgern • Politisches Widerstandsrecht, Art 20 IV GG	dto

Fortsetzung

Mittäterschaft	Mittelbare Täterschaft
d) Schuld	
• Schuldfähigkeit • Vorsatzschuld *(kein Erlaubnistatbestandsirrtum)* • Unrechtsbewusstsein *(kein unvermeidbarer Verbotsirrtum)* • Entschuldigungsgründe – Entschuldigender Notstand, § 35 – Notwehrexzess, § 33 • Spezielle Schuldmerkmale *(zB Böswilligkeit in § 225 I)*	dto
e) Persönliche Strafausschließungs- oder Strafaufhebungsgründe	
insbes – § 257 III – § 258 V, VI	dto
f) Strafzumessung	
• vermeidbarer Verbotsirrtum • Regelbeispiele	dto
g) Strafverfolgungsvoraussetzungen (insbes Strafantrag) oder -hindernisse	
insbes – § 194 (Beleidigung) – § 230 (Körperverletzung) – § 248a (geringer Wert bei Diebstahl etc) – § 303c (Sachbeschädigung)	dto

335

Anstiftung	Beihilfe

a) Tatbestandsmäßigkeit

Anstiftung	Beihilfe
aa) Objektiver Tatbestand • Teilnahmefähige Haupttat – Objektiv tatbestandsmäßig – Vorsätzlich – Rechtswidrig • Anstiftungs- bzw Beihilfehandlung *(hier Abgrenzung zur Täterschaft)* – Anstiftung: Hervorrufen des Tatentschlusses – Beihilfe: Förderung der Haupttat bb) Subjektiver Tatbestand (= doppelter Anstifter- oder Gehilfenvorsatz) • Vorsatz bzgl der Haupttat • Vorsatz bzgl der Anstiftungs- bzw Beihilfehandlung cc) Tatbestandsannex: Objektive Bedingungen der Strafbarkeit	dto

b) Tatbestandsverschiebung nach § 28 II

c) Rechtswidrigkeit

Anstiftung	Beihilfe
• Einwilligung/mutmaßliche Einwilligung • Notwehr/-hilfe, § 32 • Erlaubte Selbsthilfe, §§ 229, 562b I, 859, 1029 BGB • Zivilrechtlicher Notstand, §§ 228, 904 BGB • Allgemeiner rechtfertigender Notstand, § 34, § 16 OWiG • Rechtfertigende Pflichtenkollision • Wahrnehmung berechtigter Interessen, § 193 • Züchtigungsrecht/Erziehungsrecht • Festnahmerecht, § 127 I StPO • Amtsbefugnisse, Dienstrecht, besondere Rechtspflichten von Amtsträgern • politisches Widerstandsrecht, Art 20 IV GG	dto

Fortsetzung

Anstiftung	Beihilfe
d) Schuld	
• Schuldfähigkeit • Vorsatzschuld (*kein Erlaubnistatbestandsirrtum*) • Unrechtsbewusstsein (*kein unvermeidbarer Verbotsirrtum*) • Entschuldigungsgründe – Entschuldigender Notstand, § 35 – Notwehrexzess, § 33 • Spezielle Schuldmerkmale (*zB Böswilligkeit in § 225 I*)	dto
e) Persönliche Strafausschließungs- oder Strafaufhebungsgründe	
insbes – § 257 III – § 258 V, VI – § 24 II	dto
f) Strafzumessung	
• Vermeidbarer Verbotsirrtum • Regelbeispiele • **Zusätzlich:** § 28 I – Fehlen eines besonderen strafbegründenden persönlichen Merkmals beim Teilnehmer	dto
g) Strafverfolgungsvoraussetzungen (insbes Strafantrag) oder -hindernisse	
insbes – § 194 (Beleidigung) – § 230 (Körperverletzung) – § 248a (geringer Wert bei Diebstahl, etc) – § 303c (Sachbeschädigung)	dto

336

Versuchte Anstiftung (§ 30 I)	**Anstiftung zum Versuch**
Der Aufbau des Versuchs einer Anstiftung entspricht dem **Versuchsaufbau**, o Rn 283	Der Aufbau der Anstiftung zum Versuch entspricht der **Teilnahmeprüfung**, o Rn 286

Vorprüfung

- Nichtvorliegen einer erfolgreichen Anstiftung
- Verbrechenscharakter der Haupttat (nach Vorstellung des Anstifters, str.)

a) Tatbestandsmäßigkeit

Versuchte Anstiftung (§ 30 I)	Anstiftung zum Versuch
aa) Subjektiver Tatbestand (Tatentschluss) • Vorsatz bzgl einer vollendeten, vorsätzlichen, rechtswidrigen Haupttat mit Verbrechenscharakter • Vorsatz bzgl der Anstiftungshandlung bb) Objektiver Tatbestand Unmittelbares Ansetzen iSd § 22 (Einwirkung auf den Anzustiftenden)	aa) Objektiver Tatbestand • Teilnahmefähige (versuchte) Haupttat, dazu gehört insbes (idR bereits vorher beim Täter geprüft): – Keine Tatvollendung – Strafbarkeit des Versuchs – Tatentschluss bzgl einer vollendeten, vorsätzlichen, rechtswidrigen Haupttat – Unmittelbares Ansetzen durch den Täter – Rechtswidrigkeit der versuchten Haupttat • Anstiftungshandlung bb) Subjektiver Tatbestand (= doppelter Anstiftervorsatz) • Vorsatz bzgl einer vollendeten, vorsätzlichen, rechtswidrigen Haupttat • Vorsatz bzgl der Anstiftungshandlung

cc) Tatbestandsannex: Objektive Bedingungen der Strafbarkeit

b) Tatbestandsverschiebung nach § 28 II

c) Rechtswidrigkeit

Versuchte Anstiftung (§ 30 I)	Anstiftung zum Versuch
• Einwilligung/mutmaßliche Einwilligung • Notwehr/-hilfe, § 32 • Erlaubte Selbsthilfe, §§ 229, 562b I, 859, 1029 BGB • Zivilrechtlicher Notstand, §§ 228, 904 BGB • Allgemeiner rechtfertigender Notstand, § 34, § 16 OWiG • Rechtfertigende Pflichtenkollision • Wahrnehmung berechtigter Interessen, § 193	} dto

Fortsetzung

Versuchte Anstiftung (§ 30 I)	**Anstiftung zum Versuch**
• Züchtigungsrecht/Erziehungsrecht • Festnahmerecht, § 127 StPO • Amtsbefugnisse, Dienstrecht, besondere Rechtspflichten von Amtsträgern • Politisches Widerstandsrecht, Art 20 IV GG	dto

d) Schuld

• Schuldfähigkeit • Vorsatzschuld *(kein Erlaubnistatbestandsirrtum)* • Unrechtsbewusstsein *(kein unvermeidbarer Verbotsirrtum)* • Entschuldigungsgründe – Entschuldigender Notstand, § 35 – Notwehrexzess, § 33 • Spezielle Schuldmerkmale *(zB Böswilligkeit in § 225 I)*	dto

e) Persönliche Strafausschließungs- oder Strafaufhebungsgründe

insbes • § 31 I Nr 1	insbes • § 24 II • § 258 V, VI

f) Strafzumessung

• Vermeidbarer Verbotsirrtum • Regelbeispiele • **Zusätzlich:** § 28 I – Fehlen eines besonderen persönlichen Merkmals beim Teilnehmer	dto

g) Strafverfolgungsvoraussetzungen (insbes Strafantrag oder -hindernisse)

	insbes – § 230 (Körperverletzung) – § 248a (geringer Wert bei Diebstahl, etc) – § 303c (Sachbeschädigung)

IV. Überblick über die wichtigsten Falllösungsbücher und Anleitungsaufsätze

337 *Arzt*	Die Strafrechtsklausur
Barton/Jost (Hrsg)	Anwaltsorientierung im rechtswissenschaftlichen Studium, Fälle und Lösungen in Ausbildung und Prüfung
Baumann/Arzt/Weber	Strafrechtsfälle und Lösungen
Beulke	Klausurenkurs im Strafrecht I
Beulke	Klausurenkurs im Strafrecht III
Bock	Wiederholungs- und Vertiefungskurs Strafrecht AT
Bock	Wiederholungs- und Vertiefungskurs Strafrecht BT – Vermögensdelikte
Bock	Wiederholungs- und Vertiefungskurs Strafrecht BT – Nichtvermögensdelikte
Bringewat	Methodik der juristischen Fallbearbeitung
Chowdhury/Meier/Schröder	Standardfälle Strafrecht für Fortgeschrittene
Coester-Waltjen ua (Hrsg)	Examensklausurenkurs, 1. Aufl 2000, 2. Aufl 2004, 3. Aufl 2008, 4. Aufl 2011
Coester-Waltjen ua (Hrsg)	Zwischenprüfung
Dencker	30 Klausuren aus dem Strafrecht
Dietrich	Jura 1998, 142
Ebert	Strafrecht, Allgemeiner Teil, 16 Fälle mit Lösungen
Fahse/Hansen	Übungen für Anfänger im Zivil- und Strafrecht
Freund	JuS 1997, 235, 331
Frister	Die strafrechtliche Klausur
Geilen	Jura 1979, 536
Geppert	Jura 2002, 278
Gössel	Strafrecht mit Anleitungen zur Fallbearbeitung und zur Subsumtion
Gropp/Küpper/Mitsch	Fallsammlung zum Strafrecht. Juristische Examensklausuren
Haft	Strafrecht, Fallrepetitorium zum Allgemeinen und Besonderen Teil
Hardtung	JuS 1996, 610, 706, 807
v. Heintschel-Heinegg	Prüfungstraining Strafrecht, Bd 1 und 2
Hellmann/Beckemper	Fälle zum Wirtschaftsstrafrecht
Herzberg	JuS 1990, 728, 810
Herzberg	JuS 1996, 377
Hilgendorf	Fallsammlung zum Strafrecht
Hilgendorf	Fälle zum Strafrecht für Anfänger, Klausurenkurs I
Hilgendorf	Fälle zum Strafrecht für Fortgeschrittene, Klausurenkurs II
Hilgendorf	Fälle zum Strafrecht für Examenskandidaten, Klausurenkurs III
Jahn	JA 2000, 852 und JA 2002, 481
Jescheck	Fälle und Lösungen
Jung/Müller-Dietz	Anleitung zur Bearbeitung von Strafrechtsfällen
Kampf	JuS 2012, 309
Kargl	Strafrecht
Kern/Langer	Anleitung zur Bearbeitung von Strafrechtsfällen
Kienapfel	Strafrechtsfälle
Kindhäuser	Strafrechtsrepetitorium, Besonderer Teil I

Klaas/Scheinfeld	Jura 2010, 542
Kleinbauer/Schröder/Voigt	Standardfälle Strafrecht für Anfänger, Band 1
Koch/Dorn	JA 2012, 675
Kosman	Wie schreibe ich juristische Hausarbeiten?
Kudlich	Prüfe dein Wissen, Rechtsfälle in Frage und Antwort, Strafrecht, Allgemeiner Teil
Kudlich	Prüfe dein Wissen, Rechtsfälle in Frage und Antwort, Strafrecht, Besonderer Teil I, Vermögensdelikte
Kudlich	Prüfe dein Wissen, Rechtsfälle in Frage und Antwort, Strafrecht, Besonderer Teil II, Delikte gegen die Person und die Allgemeinheit
Kudlich	JuS 2002, 1071
Lagodny	Gesetzestexte suchen, verstehen und in der Klausur anwenden
Lange	Jurastudium erfolgreich
Langer	Meurer-GS 2003, S 23
Marxen	Kompaktkurs Strafrecht, Allgemeiner Teil
Marxen	Kompaktkurs Strafrecht, Besonderer Teil
Merten	20 Standardfälle Strafrecht: Zur gezielten Vorbereitung auf die Übung für Anfänger
Meurer/Kahle/Dietmeier	Übungskriminalität für Einsteiger
Möllers	JuS 2001, L 65 und 81
Murmann	JA 2012, 728
Niederle	20 Standardfälle Strafrecht: Zur gezielten Vorbereitung auf die Übung für Fortgeschrittene
Oelmüller/Peters	Die erste Strafrechtshausarbeit
Otto/Bosch	Übungen im Strafrecht
Pieth	Fallsammlung Strafrecht BT: Übungsfälle zum Besonderen Teil mit Lösungsvorschlägen
Priebe	Fälle zum Strafrecht – mit prozessualen Zusatzfragen
Priebe	Fallrepetitorium Strafrecht Allgemeiner Teil
Petersen	Jura 2002, 105
Preis/Prütting/Sachs/Weigend	Die Examensklausur
Puppe	JA 1989, 345
Putzke	Juristische Arbeiten erfolgreich schreiben
Reimer	StudZR 2012, 270
Rotsch	Strafrechtliche Klausurenlehre
Rotsch/Nolte/Pfeifer/Weitemeyer	Die Klausur im Ersten Staatsexamen
Roxin/Schünemann/Haffke	Strafrechtliche Klausurenlehre
Rudolphi	Fälle zum Strafrecht, Allgemeiner Teil
Samson	Strafrecht I
Samson	Strafrecht II
Scheffler	Jura 1994, 549
Schimmel	Juristische Klausuren und Hausarbeiten richtig formulieren
Schlehofer	JuS 1992, 572, 659
Schlüter/Niehaus/Schröder	Examensklausurenkurs im Zivil-, Straf- und Öffentlichen Recht
Schmidt	JuS 2003, 649
Scholz/Wohlers	Klausuren und Hausarbeiten im Strafrecht
Schroeder	JuS 1984, 699
Schwind/Franke/Winter	Übungen im Strafrecht für Anfänger

Schwind/Nawratil/Nawratil	Strafrecht leicht gemacht – Kleiner Strafrechtsschein
Seelmann	Grundfälle zu den Eigentums- und Vermögensdelikten
Seher	Jura 2001, 814
Seier/Jörgens	JA 1980, 49, 103 und 154
Sonnen/Mitto/Nugel	Strafrecht, Besonderer Teil – Fälle
Steinberg	Angewandte juristische Methodenlehre für Anfänger
Stiebig	Jura 2007, 908
Strauß	Strafrecht, Fälle und Lösungen
Tiedemann	Die Anfängerübung im Strafrecht
Valerius	Einführung in den Gutachtenstil
Wagner	Fälle zum Strafrecht, Besonderer Teil
Walter	Kleine Stilkunde für Juristen
Wörner	ZJS 2012, 630
Wolters	Fälle mit Lösungen für Fortgeschrittene im Strafrecht

V. Klausuren und Hausarbeiten der Fortgeschrittenenübung in Zeitschriften (Auswahl)

338

Zeitschrift	**Jahrgang**	**Seite**	**Autor**	**Thema**
JuS	1963	405 ff	*Blei*	Eidesdelikte mit Täterschaft – Teilnahme und Versuchsbeginn; § 158; Betrug; Konkurrenzen („Klammerwirkung“)
JuS	1968	468 ff	*Schmitt*	Beleidigung unter Kollektivbezeichnung; §§ 185 ff: Rechtfertigung nach § 193 bei Kollektivbeleidigung
JuS	1969	428 ff	*Wahle*	Abgrenzung Diebstahl – Betrug; Rechtswidrigkeit iRv § 242 (Irrtum bei Geldschuld); Diebstahl in mittelbarer Täterschaft; Hehlerei
JuS	1970	400 ff	*Ebert*	Aussagedelikte mit Rechtfertigungs- bzw Entschuldigungsgründen; mittelbare Falschbeurkundung; Garantenstellung bei Aussagedelikten; Beihilfe, insbes durch Unterlassen; Irrtum über Tatbestandsmerkmale und Verbotsirrtum in Abgrenzung bei §§ 153 ff
JuS	1971	412 ff	*Müller-Dietz* *Backmann*	Körperverletzungsqualifikationen (aF!); error in persona und Auswirkung auf Anstifter; Versuch; Aussetzung (aF!); Abgrenzung der Teilnahmeformen; Diebstahl unter Erfüllung eines Regelbeispiels; Raub (mit Qualifikationen)
JuS	1972	709 ff	*Hruschka* *Kässer*	Wahrheitsbegriff des § 183; Wahndelikt – untauglicher Versuch bei § 154; weitere Probleme zu Aussagedelikten (va Teilnahme); Prozessbetrug; Begünstigung
JuS	1976	660 ff	*Rüping* *Kamp*	Beleidigung und üble Nachrede; Rechtfertigung durch § 127 StPO; Verbotsirrtum; Nötigung
JuS	1977	35 ff	*Beulke*	Betrug (Vermögensverfügung, -schaden); Urkundenfälschung
JuS	1980	367 ff	*Vormbaum*	Aussagedelikte; Teilnahme; Aussagenotstand
Jura	1980	651 ff	*Weigend*	Vermögensdelikte (Betrug, Unterschlagung; Untreue) – „Sparbuchfall“
Jura	1981	86 ff	*Erbe*	Gewahrsamsenklave; Selbstbedienungsladen: Diebstahl oder Betrug; Unterschlagung (§ 246 aF!); § 229 BGB als Rechtfertigungsgrund
Jura	1981	660 ff	*Krüger* *Steinhilper*	Straßenverkehrsdelikte (§§ 315b und c); Fahrlässigkeitsdelikte; Gewaltbegriff bei Nötigung; Unfallflucht: berechtigt = entschuldigt?
Jura	1982	317 ff	*Berz*	Gewalt bei § 249; Raubqualifikationen (aF!); Qualifikationen zu § 223 (aF!); Versuch
Jura	1985	605 ff	*Bollweg*	Diebstahl: Zueignung, Geldwechsel, Rechtswidrigkeit der Zueignung; Betrug
Jura	1985	327 ff	*Wegscheider*	Amtsdelikte: Bestechung – Bestechlichkeit, Vorteilsannahme

Zeit-schrift	Jahr-gang	Seite	Autor	Thema
Jura	1986	438 ff	*Geerds*	Betrug; Mittäterschaft; Urkundsdelikte
JuS	1986	217 ff	*Seier*	Rechtfertigungsprobleme (Notwehr, Notstand, Putativnotstand); Schuld (Verbotsirrtum, Notstand); Unterlassen
JuS	1987	125 ff	*Beulke* *Mayer*	eigenverantwortliche Selbstgefährdung – Einwilligung in Fremdgefährdung; Garantenstellung
JA	1987	147 ff	*Müller*	Untreue; Unterschlagung; Urkundenunterdrückung; Hehlerei
JA	1987	43 ff	*Müller* *Krüger*	Brandstiftung (alte Rechtslage!); Rücktritt; Mordmerkmale; Versicherungsbetrug
Jura	1988	201 ff	*Füllkrug*	räuberische Erpressung mit Qualifikationen; § 239a
Jura	1988	489 ff	*Fünfsinn*	Wegnahme; Mittäterschaft; Betrug – Diebstahl; Freiheitsberaubung mit Rechtfertigung durch § 127 I StPO; Erpressung
JuS	1988	554 ff	*Meyer*	Beleidigungsdelikte (Beleidigung – üble Nachrede, Wahrnehmung berechtigter Interessen, Beleidigungsfähigkeit von Personenmehrheiten, üble Nachrede durch Unterlassen)
JuS	1988	799 ff	*Seier*	Betrug (Vierecks-Betrug), Zueignungsdelikte (va Gewahrsamsbegriff); Urkundenfälschung
JA	1989	7 ff	*Aldejohann*	Diebstahl im besonders schweren Fall; Eidesdelikte und Beteiligung daran
JuS	1989	49 ff	*Baumann* *Bühler*	missbräuchliche Benutzung von ec-Automaten und ec-Karten: Betrug, Diebstahl, Sachbeschädigung, Urkundsdelikte
JuS	1989	475	*Bieber*	missbräuchliche Benutzung von ec-Automaten und ec-Karten: Betrug, Diebstahl, Sachbeschädigung, Urkundsdelikte
Jura	1989	651 ff	*Bühler*	Unterschlagung; Dreiecksbetrug; Sicherungsbetrug; Eingehungsbetrug; Hehlerei und Vortat; Straßenverkehrsdelikte; Garantenstellun
Jura	1989	362 ff	*Füllkrug*	Abgrenzung Diebstahl – Betrug; Urkundsdelikte; Hausfriedensbruch
JA	1989	71 ff	*Krüger* *Helmke*	Eidesdelikte; § 35; Vortäuschen einer Straftat; Prozessbetrug
Jura	1989	99 ff	*Laubenthal*	Unmittelbares Ansetzen zu Regelbeispielen; Hausfriedensbruch; Abgrenzung Raub – räuberische Erpressung; Geiselnahme
Jura	1989	263 ff	*Schlehofer*	ärztlicher Heileingriff; AIDS-Problematik; Körperverletzung durch Unterlassen; objektive Zurechnung; Einwilligung

Zeitschrift	Jahrgang	Seite	Autor	Thema
JuS	1989	918 ff	*Scholderer*	Sterbehilfe: Tötung auf Verlangen – strafbare Suizid-Beihilfe/fahrlässige Förderung des Suizids/Unterlassen der Suizidverhinderung
JA	1990	246 ff	*Berz*	Vermögensverfügung bei §§ 253, 255; Raub mit Qualifikationen; Anstiftung – Beihilfe
JuS	1990	213 ff	*Freund*	Fahrlässigkeitsdelikte; Unterlassungserfolgsdelikt; Beihilfe durch Unterlassen
Jura	1990	200 ff	*Hohmann* *König*	Notwehrprovokation; Teilnahmeproblematik bzgl §§ 211, 28; Körperverletzungsdelikte (aF!); Mord
JA	1990	202 ff	*Seier*	Straßenverkehrsdelikte (§§ 315b und c, 316) und Beteiligung daran; Unerlaubtes Entfernen vom Unfallort; Konkurrenzen bei Verkehrsunfall
JuS	1990	914 ff	*Stein*	Entwenden einer Euroscheckkarte und Benutzen an einem Geldautomaten, Ausstellen eines ungedeckten Euroschecks, Rücktritt vom Versuch, Täterschaft und Teilnahme bei Pflichtdelikten
JuS	1992	1031 ff	*Hamm*	Wahlfeststellung; actio libera in causa; Grundsatz in dubio pro reo; Lehre von den Auffangtatbeständen; Vollrauschtatbestand
JA	1993	101 ff	*Laubenthal* *Baier*	Diebstahl an wildlebenden Tieren – Jagdwilderei; § 142; Versuch, va von Regelbeispielen; Hehlerei; Begünstigung; Sachbeschädigung
JuS	1993	746 ff	*Neumann*	Eigentums- bzw. Vermögensdelikte (absichtslos-doloses Werkzeug, Drittzueignung bei § 242 aF!, Betrug bei sittenwidrigen Absprachen, Vermögensbegriff); mittelbare Täterschaft
Jura	1993	256 ff	*Philipps* *Boley*	ärztliche Heilbehandlung; Unterlassen; Nötigung; mittelbare Täterschaft; Betrug; Urkundsdelikte; Totschlag
JuS	1994	1032 ff	*Eifert*	Raub; räuberische Erpressung; Körperverletzung; Strafantragsrecht; Sachverhaltsfeststellung; Einstellung des Verfahrens nach § 153 StPO
JuS	1994	589 ff	*Radtke*	Betrug gegenüber einem Makler: va Vermögensverfügung und -schaden, Vermögensbegriff; Mittäterschaft; Urkundenfälschung, Urkundenunterdrückung; Untreue
JuS	1995	48 ff	*Amelung* *Cirener* *Grüner*	§ 239a Zwei-Personen-Verhältnis; Geldwäsche iSd neuen § 261; Abgrenzung der Anstiftung von der Beihilfe im Falle der Umstimmung eines Tatentschlossenen
JuS	1995	801 ff	*Freund* *Schaumann*	Körperverletzungsdelikte; Raub; Hehlerei; Aussetzung; Totschlag sowie Mord durch begehungsgleiches Unterlassen; Mittäterschaft; Erfolgsqualifikationen
JA	1995	32 ff	*Mitsch*	Irrtum; Rechtfertigungsgründe; Täterschaft und Teilnahme; Unfallflucht; Betrug

Zeitschrift	Jahrgang	Seite	Autor	Thema
JuS	1995	236 ff	*Radtke*	Urkundsdelikte: Urkundenqualität von Kopien; Anstellungsbetrug; Versuch
JuS	1995	427 ff	*Radtke*	Anwendung von § 251 bei Vorliegen von Tötungsvorsatz, Fortbestehen strafrechtlicher „Haftung" eines Tatbeteiligten trotz zwischenzeitlicher Lossagung von der Tat
Jura	1995	427 ff	*Saal*	Brandstiftungsdelikte (aF!); Versicherungsbetrug
JA	1995	390 ff	*Schulz*	Tötungsdelikte; Mordmerkmale; erfolgsqualifizierte Vergiftung; Notwehrprovokation; Teilnahme durch Rechtsrat
JuS	1996	327 ff	*Buttel Rotsch*	§§ 212, 211, 223a (aF!) und §§ 142, 113 sowie § 148; Kausalität; objektive Zurechnung
JuS	1996	713 ff	*Buttel Rotsch*	bewusster Ortswechsel im Rahmen der §§ 242, 243; Anwendbarkeit von § 32 beim Handeln von Polizeibeamten
JuS	1996	522 ff	*Hellmann*	räuberische Erpressung; Raub; Eigentums- und Gewahrsamsverhältnisse; Zwei-Personen-Verhältnisse
Jura	1996	89 ff	*Kelker*	Aussagedelikte; Beihilfe durch aktives Tun bzw durch Unterlassen zu einem Aussagedelikt
JuS	1996	39 ff	*Kunz*	actio libera in causa; Vollrausch; objektive Bedingung der Strafbarkeit; Notwehr, Körperverletzungsdelikte
JuS	1996	1000 ff	*Miehe*	Mordmerkmale; Bestechung – Bestechlichkeit/Vorteilsannahme – Vorteilsgewährung; Brandstiftung (aF!); Versuch; Strafvereitelung (auch im Amt); Anstiftung
JuS	1997	146 ff	*Britz*	Gewaltbegriff; Scheinwaffenproblematik; Abgrenzung Raub-Erpressung; teleologische Reduktion der §§ 239a, 239b; Mittäterschaft in Kombination mit untauglichem Versuch; Beweisverwertungsverbot
JuS	1997	1010 ff	*Gropengießer*	Eigentumsdelikte: Drittzueignung (aF!) und Rechtswidrigkeit bei § 242, Abgrenzung Zueignung – Sachentziehung; Versuch: Rücktritt bei sinnlos gewordenem Tatplan; mittelbare Täterschaft bei absichtslos-dolosem Werkzeug; Bestimmtheit des Anstiftervorsatzes
JA	1997	474 ff	*Hauf*	räuberische Erpressung mit Qualifikationen; räuberischer Angriff auf Kraftfahrer; Mittäterschaft
Jura	1997	366 ff	*Heinrich*	Wegnahme bei § 242; § 303 mit (mutmaßlicher) Einwilligung; § 246; Betrug – Diebstahl im Selbstbedienungsladen; Erpressung; Notwehr
JuS	1997	242 ff	*Kunz*	Versuch bei vermeintlicher Mittäterschaft; Mittäterschaft und Versuch; Eigentumsdelikte
JA	1997	655 ff	*Mitsch*	Eigentumsdelikte: Gewahrsamsenklave bei § 242, Qualifikation zu § 242, Raub – räuberischer Diebstahl, Qualifikation bei räuberischem Diebstahl; Vermögensverfügung bei § 253 erforderlich?; Verdeckungs- und Ermöglichungsabsicht

Zeitschrift	Jahrgang	Seite	Autor	Thema
Jura	1997	477 ff	*Radtke*	Raub mit Qualifikationen und Vorsatzproblemen; Aufgabe des ursprünglichen Vorsatzes bei Diebstahl und Wechsel des Objekts; Mittäterschaft – Beihilfe; Diebstahl; untauglicher Versuch des Unterlassens; Mordmerkmale; § 323c
JuS	1997	1101 ff	*Siebrecht*	Körperverletzungs- und Tötungsdelikte; Tatsachenalternativität; in dubio pro reo; Wahlfeststellung; Stufenverhältnisse
Jura	1997	266 ff	*Vassilaki Hütig*	Notwehr; error in persona mit Auswirkungen auf Anstifter; § 229 (aF!)
JA	1998	127 ff	*Schulz*	Diebstahl; räuberischer Diebstahl; Nötigung; Mord
JuS	1998	46 ff	*Seier*	Bankrottdelikt; Untreue
Jura	1999	254 ff	*Aselmann Krack*	Notstand; mutmaßliche Einwilligung; Pflichtenkollision; Straßenverkehrsdelikte (§§ 315c, 316); § 142
Jura	1999	533 ff	*Bohnert*	Rechtfertigung (§§ 32, 34, Züchtigungsrecht); Körperverletzungsdelikte; Beleidigung; § 171 durch Unterlassen
Jura	1999	88 ff	*Eschenbach*	objektive Zurechnung; dolus eventualis – bewusste Fahrlässigkeit; Notwehr; rechtfertigender Notstand; entschuldigender Notstand; mittelbare Täterschaft – Anstiftung; Unterlassen
Jura	1999	585 ff	*Heinrich*	Betrug: Vermögensverfügung und -schaden, schadensgleiche Vermögensgefährdung, Dreiecksbetrug; mittelbare Täterschaft; Urkundenfälschung, -unterdrückung; Unterschlagung: Subsumtionsirrtum bzgl Fremdheit
Jura	1999	304 ff	*Jordan*	Bankrott; § 14 bei GmbH-Geschäftsführer; Mittäterschaft; Schuldnerbegünstigung; Untreue; Beihilfe; Betrug (Irrtum, Vermögensverfügung); Unterschlagung
JuS	1999	L 61 ff	*Kudlich*	Vermögensdelikte: Selbst-, Drittzueignung bei § 246, Rechtswidrigkeit der Zueignung, § 266, § 242 - § 246, Betrug
Jura	1999	643 ff	*Meurer Dietmeier*	Raub (Gewalt, Wegnahme – Vermögensverfügung bei § 255); aberratio ictus; Abgrenzung § 242 - § 248a; räuberischer Diebstahl
JA	1999	203 ff	*Schulz*	Gefährliche Körperverletzung; Körperverletzung mit Todesfolge; Widerstand gegen die Staatsgewalt; Rücktritt
JuS	2000	1194 ff	*Britz Jung*	Diebstahl: Zueignungsabsicht; Betrug: Vermögensschaden; Erpressung: Vermögensschaden; gefährliche Körperverletzung
JuS	2000	1243 f	*Freund*	Mordmerkmale; Störung der Totenruhe; Körperverletzung
JA	2000	946 ff	*Heuchemer*	Wahndelikt – untauglicher Versuch; Untreue; Unterschlagung; Strafvereitelung

Zeitschrift	Jahrgang	Seite	Autor	Thema
JuS	2001	475 ff	*Freund*	Zurechnung: Schutzzweck der Norm, spezifische Gefahrrealisierung bei rechtmäßigem Alternativverhalten; Fahrlässigkeit; § 123 bei genereller Zutrittserlaubnis; gefährliche Körperverletzung
Jura	2001	44 ff	*Hörnle*	Raub und Qualifikationen; Verdeckungsabsicht bei § 211; Rücktritt vom Versuch: Freiwilligkeit
JA	2001	771	*Kudlich* *Roy*	Diebstahl mit Qualifikationen und Regelbeispielen; Versuch der Regelbeispiele; wiederholte Zueignung bei § 246
JuS	2001	258 ff	*Radtke* *Krutisch*	Eigentums- und Vermögensdelikte: Vermögensinhaberschaft der GmbH; Zustimmung der Gesellschafter zu schädigenden Handlungen; Mittäterschaft – Beihilfe bei Beteiligung im Versuchsstadium
Jura	2001	403 ff	*Rössner* *Guhra*	Korruptionskriminalität; Submissionsbetrug; Dreiecksbetrug; Bestechungsdelikte; Vorsatz; Teilnahme
JA	2001	400 ff	*Schenkewitz*	Brandstiftungsdelikte; Versicherungsmissbrauch; Betrug in besonders schwerem Fall
Jura	2001	854 ff	*Schott*	§§ 253, 255: Gewalt, Vermögensschaden, Stoffgleichheit
JA	2002	305 ff	*Heimann* *Prisille*	Rechtfertigungsgründe aus Polizeirecht (Schusswaffengebrauch); §§ 32, 35 für Polizist bei Selbstverteidigung; Vorsatz bei Tötung; Unterlassen
Jura	2002	854 ff	*Burger* *Peglau*	Betrug: Vermögensgefährdung, Stoffgleichheit, besonders schwerer Fall; Hehlerei; Geldwäsche durch Strafverteidiger
Jura	2002	137 ff	*Dedy*	Kopie als Urkunde oder technische Aufzeichnung; Abgrenzung untauglicher Versuch – Wahndelikt; Eingehungsbetrug; Diebstahl im Selbstbedienungsladen; Vollendung bei § 246
JuS	2002	1192 ff	*Ellbogen* *Richter*	Urkundsdelikte (§§ 267, 274); Straßenverkehrsdelikte (§§ 315c, 316); Beleidigung; Garantenstellung des in Notwehr Handelnden; einverständliche Fremdgefährdung
Jura	2002	278 ff	*Geppert*	Versuch: Ansetzen, Fehlschlag, untauglicher Versuch; Mittäterschaft – Anstiftung – Beihilfe; §§ 28, 29 bei Mord; Unterlassen: Garantenstellung (Ingerenz); Raub – räuberischer Diebstahl – einfacher Diebstahl; Diebstahl im Selbstbedienungsladen; Diebesfalle; agent provocateur
JA	2002	560 ff	*Jahn*	Körperverletzungsdelikte; mittelbare Täterschaft bei Opfer als Werkzeug gegen sich selbst; Rechtfertigungsgründe
JA	2002	867 ff	*Keiser* *Strohmeyer*	Betrug; Versuch: unmittelbares Ansetzen bei erforderlicher Opfermitwirkung; Mordmerkmale
JuS	2002	27 ff	*Kudlich*	Versuch bei Beteiligung mehrerer; Vorstufen der Beteiligung (§ 30)

Zeitschrift	Jahrgang	Seite	Autor	Thema
JuS	2002	359 ff	*Laue*	Kreditkarteneinsatz im Internet: Erlangung von Karten (§§ 242, 246, 263, 266), Computerbetrug, Fälschung beweiserheblicher Daten, Erschleichen von Leistungen
Jura	2002	781 ff	*Rosenau Witteck*	Kriminalität im Internet; gefährlicher Eingriff in den Bahnverkehr; Nötigung; Strafvereitelung bei Amtsträger und außerdienstlicher Kenntniserlangung
JuS	2002	237 ff	*Seier*	Untreue: Abgrenzung von Missbrauchs- und Treubruchstatbestand, Schaden; Unterlassen
JA	2003	40 ff	*Eisele*	Straßenverkehrsdelikte (§§ 315b und c); Aussagedelikte (§§ 154, 160; §§ 154, 26); Rechtfertigungsgründe; Kausalität; objektive Zurechnung
Jura	2003	60 ff	*Fahl*	Vorsatz bei Gewalthandlungen (Hemmschwellentheorie); Eifersucht als niedriger Beweggrund; Gegensatztheorie; Rechtfertigung bei Fahrlässigkeitsdelikten; Notwehrexzess; dolus eventualis – bewusste Fahrlässigkeit
JuS	2003	1097 ff	*Gröseling*	Betrug: Dreiecksbetrug, Schaden bei sozialer Zweckverfehlung; Diebstahl; § 248b
Jura	2003	711 ff	*Jeßberger*	Strafbarkeit der Folter; Aussageerpressung; Notwehr bei Amtsträgern; Gebotenheit der Notwehr
JuS	2003	243 ff	*Kudlich*	Tatbestandsirrtum – Verbotsirrtum bei außerstrafrechtlichem Rechtsirrtum; Diebstahl: Rechtswidrigkeit der Zueignung
JuS	2003	32 ff	*Kudlich*	Notwehr; objektive Zurechnung; unmittelbares Ansetzen; Körperverletzungsdelikte
JA	2003	218 ff	*Rackow*	Suizidbeteiligung: Freiverantwortlichkeit des Suizidenten; Versuchbeginn bei mittelbarer Täterschaft
JuS	2003	263 ff	*Samson*	Diebstahl – § 248b; Erpressung
JA	2003	656 ff	*Schrödl*	Tötungs- und Körperverletzungsdelikte; Notwehrprovokation; actio illicita in causa
Jura	2004	492 ff	*Ambos*	versuchter Mord in Mittäterschaft; error in persona mit Auswirkung auf Hintermann; Rücktritt; § 28 bei Mordmerkmalen; Versuch der Beteiligung; Kettenanstiftung
JuS	2004	225 ff	*Braum*	Betrug: Täuschung durch Unterlassen, Vermögensschaden; Untreue; Bestechlichkeit – Bestechung im geschäftlichen Verkehr
JA	2004	460 ff	*Daleman Heuchemer*	aberratio ictus; Mordmerkmale; Zurechnung zur Mittäterschaft
Jura	2004	273 ff	*Esser*	Garantenstellung bei Produkthaftung; Selbstgefährdung; Erpressung durch Täuschung; Vortäuschen von Straftaten
JA	2004	891 ff	*Hellmann Beckemper*	Urkundenfälschung; Betrug durch Bestellung im Versandhandel mit fremder Kreditkarte; Gewahrsamsbegründung

Zeitschrift	Jahrgang	Seite	Autor	Thema
JuS	2004	409 ff	*Kaspar*	omnimodo facturus; objektive Zurechnung; rechtfertigende Einwilligung; Irrtümer; Körperverletzung im Sport
JA	2004	532 ff	*Rotsch*	Diebstahl in mittelbarer Täterschaft – Dreiecksbetrug (Sammelgaragenfall); Zueignungsabsicht bei Diebstahl; Diebstahl – Betrug im Selbstbedienungsladen
Jura	2004	777 ff	*Rotsch*	Zueignungsabsicht bei Rückgabewillen; Drittzueignung; Pseudobote
JuS	2004	312 ff	*Schroeder*	Vollrausch; Körperverletzungsdelikte
JA	2005	37 ff	*Baier*	Trunkenheit im Verkehr; Unerlaubtes Entfernen vom Unfallort; StPO: vorläufige Entziehung der Fahrerlaubnis, Sicherstellung des Führerscheins
Jura	2005	204 ff	*Eisele* *Freudenberg*	Bestechungsdelikte; Betrug; Untreue; Beteiligung
JuS	2005	808 ff	*Fahl*	Herbeiführen einer Überschwemmung (§ 313); Notstand (§§ 228, 904 BGB; § 34); Erlaubnistatbestandsirrtum
JuS	2005	718 ff	*von Lewinski*	Urkundsdelikte; Betrug durch Vorlage falscher Zeugnisse beim Bewerbungsgespräch (sog Anstellungsbetrug)
JuS	2005	340 ff	*Mitsch*	Teilnahme (§§ 30, 31); Versuch; Rücktritt bei Aussagedelikten
Jura	2005	709 ff	*Vogel* *Hocke*	Tötung auf Verlangen, Behandlungsabbruch bei Komapatienten, Todeskriterium, Entscheidung des Vormundschaftsgericht als Rechtfertigungsgrund
JA	2006	855 ff	*Kaspar*	Handlungsbegriff; Garantenstellung (Überwachungsgarant für den Menschen als „Gefahrenquelle"); Irrtum über die Garantenstellung; Notwehr; Verbotsirrtum
JA	2006	715 ff	*Kreß* *Weisser*	Brandstiftungsdelikte; Rücktritt vom erfolgsqualifizierten Versuch; Rücktritt vom beendeten Versuch; Zurechnung bei Retterschäden
JA	2006	779 ff	*Kudlich* *Roy* *Tyszkiewicz*	Raub und räuberische Erpressung mit Qualifikationen (Scheinwaffe)
Jura	2006	544 ff	*Noak* *Collin*	Brandstiftungsdelikte (gemischt-genutztes Gebäude, Entwidmung, besonders schwere Brandstiftung); objektive Zurechnung bei „Retter"-Fällen; Brandstiftung durch Unterlassen
JuS	2006	531 ff	*Norouzi*	Erfolgsqualifizierter Versuch (§ 227); eigenverantwortliche Selbstgefährdung; Abweichung vom Kausalverlauf; error in persona
Jura	2006	706 ff	*Perron* *Bott* *Gutfleisch*	Drohungs- und Gewaltbegriff (§ 240 und § 249); strafrechtlicher Vermögensbegriff; Zueignung iSv § 246; Abgrenzung Vorsatz – Fahrläsigkeit; Mordmerkmale; Rücktritt

Zeitschrift	Jahrgang	Seite	Autor	Thema
JuS	2006	326 ff	*Popp* *Schnabl*	Betrug durch (unberechtigten) Widerruf einer Lastschrift; Betrug wegen fehlender anfänglicher Leistungsbereitschaft
JuS	2007	824 ff	*Dietmeier*	Diebstahl; Gewahrsamsbruch; Beisichführen eines gefährlichen Werkzeugs; Geringwertigkeit der Sache; Rücktritt
Jura	2007	787 ff	*Ihring* *Noak*	Akzessorietät; Eingriff in den Straßenverkehr; gefährliches Werkzeug; Mord; Rücktritt
JA	2007	509 ff	*Kasiske*	Verdeckungsabsicht bei § 211; Doppelirrtum; Aussageerpressung durch Folterandrohung
JuS	2007	1011 ff	*Knauer*	Gebotenheit der Notwehr; Körperverletzungsdelikte
JuS	2007	40 ff	*Koch* *Exner*	Diebstahl, Sicherungsstreifen als Schutzvorrichtung gegen Wegnahme, Nutzung genereller Zutrittserlaubnis zu deliktischen Zwecken als Hausfriedensbruch, Hehlerei durch Vortatbeteiligten
JuS	2007	651 ff	*Maier* *Ebner*	Dreieckserpressung; widerrechtliches Eindringen; Heimtücke bei vom Opfer geschaffener Notwehrlage; Abgrenzung mittelbare Täterschaft – Mittäterschaft
JA	2007	190 ff	*Namavičius*	Vermögensdelikte; Regressverbot
Jura	2007	712 ff	*Radtke* *Meyer*	Strafbarkeit einer Person, die sich als vermeindlicher Finder einer verlorenen Sache ausgibt und den ausgelobten Betrag erhält
Jura	2007	382 ff	*Reinbacher*	Zurechnungsfragen; Abgrenzung error in persona – aberratio ictus; Beleidigungsdelikte; Brandstiftungsdelikte; Straßenverkehrsdelikte
Jura	2007	623 ff	*Sengbusch*	strafrechtlicher Rechtmäßigkeitsbegriff iRv § 113; Aussagedelikte; Prozessbetrug; Vermögensbegriff
Jura	2007	305 ff	*Zöller*	Versuch und Vollendung von Regelbeispielen; räuberischer Diebstahl; Mordmerkmale; Beihilfe; Akzessorietätsverschiebung nach § 28
JuS	2008	345 ff	*Dannecker* *Gaul*	Unterlassen; Versuch und Rücktritt; Täterschaft und Teilnahme; Unterschlagung; Betrug; Brandstiftungsdelikte
JA	2008	429 ff	*Gierhake*	Raub- und Erpressungsdelikte; Konkurrenz von Rechtfertigungsgründen
JuS	2008	702 ff	*Goeckenjan*	Straßenverkehrsdelikte; Straftaten gegen die Rechtspflege; Täterschaft und Teilnahme
JuS	2008	884 ff	*Herzberg* *Putzke*	mutmaßliche Einwilligung bei § 142; Rechtswidrigkeit des Angriffs bei § 32
JuS	2008	236 ff	*Kett-Straub* *Stief*	Geltungsbereich des deutschen Strafrechts; sexueller Missbrauch von Kindern; Räuberischer Angriff auf Kraftfahrer; Beteiligung an einer Schlägerei; Landfriedensbruch

Zeitschrift	Jahrgang	Seite	Autor	Thema
JuS	2008	140 ff	*Krack Schwarzer*	unmittelbares Ansetzen bei mittelbarer Täterschaft; fehlgeschlagener Versuch; Anstiftung zum Versuch; versuchte Anstiftung
JuS	2008	1086 ff	*Jahn Ebner*	Leichenteil als fremde bewegliche Sache; schwerer Bandendiebstahl; Störung der Totenruhe
Ad Legendum	2008	117 ff	*Niehaus*	Straßenverkehrsdelikte; Tatbeteiligte als Gefährdete bei § 315c; eigenverantwortliche Selbstgefährdung bei Trunkenheitsfahrt
Jura	2008	147 ff	*Pape*	Gefährliche Körperverletzung; Mordmerkmale; Gefährlicher Eingriff in den Straßenverkehr; Rücktritt
StudZR	2008	93 ff	*Peterek Ingelfinger*	Unerlaubtes Entfernen vom Unfallort; Dreiecksforderungsbetrug; Gefährdung des Straßenverkehrs
Jura	2008	305 ff	*Vogt Brand*	Gewahrsamsbruch; Computerbetrug; Vermögensverfügung und Täuschungsbegriff bei § 263
JA	2008	192 ff	*Zieschang*	Betrug; Urkundenfälschung; mittelbare Falschbeurkundung
Jura	2009	72 ff	*Bott Kühn*	Züchtigungsrecht; Werkzeugbegriff bei § 224; Kindesentziehung; Bestimmtheit des Beihilfevorsatzes; Nothilfe; Mordmerkmale; übergesetzlicher entschuldigender Notstand; mittelbare Täterschaft
Jura	2009	554 ff	*Henseler*	Diebstahl; Gewahrsamsverhältnisse; Hehlerei; rechtswidrige Besitzlage; Konkurrenzen
JA	2009	25 ff	*Hinderer*	Anstiftung zur Unterlassungstat; besondere persönliche Merkmale; spezifischer Gefahrzusammenhang bei § 227; untauglicher Versuch beim Unterlassungsdelikt; Mord durch Unterlassen
JA	2009	513 ff	*Hoffmann-Holland Singelnstein Simonis*	Urkundendelikte; Betrugsstraftaten; Diebstahl; Unterschlagung
JuS	2009	830 ff	*Kaspar*	Eigentums- und Vermögensdelikte; § 201a; Einschränkung des Notwehrrechts bei „Chantage“
Jura	2009	623 ff	*Krumdiek*	Anstiftung; Beteiligung an einem Vorsatz-Fahrlässigkeitsdelikt; Rücktritt; Sachbeschädigung; Straßenverkehrsdelikte
JA	2009	347 ff	*Linke Hacke*	Urkundenstraftaten; aberratio ictus; § 16 II; Akzessorietätsprinzip
JuS	2009	341 ff	*Mitsch*	Unerlaubtes Entfernen vom Unfall
Jura	2009	307 ff	*Sengbusch*	Anwendbarkeit des deutschen Strafrechts; tatbestandsausschließendes Einverständnis; Betrug durch Unterlassen; Anstellungsbetrug
JA	2009	600 ff	*Stiebig*	Tötung; Körperverletzung; Vollendung und Versuch; Anstiftungsvorsatz; Exzess des Angestifteten

Zeitschrift	Jahrgang	Seite	Autor	Thema
JuS	2009	716 ff	*Stief*	Brandstiftungsdelikte; selbstschädigendes Opferverhalten
Jura	2009	465 ff	*Timpe*	Unmittelbarkeitszusammenhang bei § 227; Widerstand gegen Vollstreckungsbeamte; Waffenbegriff; gefährlicher Eingriff in den Straßenverkehr
JuS	2009	135 ff	*Weißer*	Abgrenzung Fremdtötung – Beihilfe zum Suizid; Beteiligung an Tötungsdelikten; Mordmerkmale
JuS	2009	430 ff	*Weßlau Otto*	Öffentlichkeitsmaxime; Strafzumessung; Beweisantrag
JuS	2010	42 ff	*Kühl Lange*	Betrug; Computerbetrug; Urkundenfälschung; Wahlfeststellung
JuS	2010	154 ff	*Neubacher Bachmann*	Beleidigung; Betrug; Verknüpfung zwischen Nötigungsmittel und Vermögensverfügung bei räuberischer Erpressung; Vollendung der Wegnahme iSv § 242; unbeweglicher Gegenstand als gefährliches Werkzeug
JA	2010	855 ff	*Celik*	Vermögensdelikte; fehlende Zueignungsabsicht bei Wegnahme, skuzessive Mittäterschaft; Betroffensein beim räuberischen Diebstahl
JA	2010	780 ff	*Haverkamp Kaspar*	Straßenverkehrsdelikte; v.a. neue Rechtsprechung zu §§ 315b, 315c und 142 StGB
JA	2010	117 ff	*Linke Steinhilber*	Tötungsdelikte; Mordmerkmale; Brandstiftungsdelikte
JA	2010	711 ff	*Neubacher Bachmann*	Diebstahl; gefährliche Körperverletzung; Freiheitsberaubung; Nötigung; Aussetzung; Nothilfe; Notstand; Festnahmerecht; Verbotsirrtum; Erlaubnistatbestandsirrtum; Doppelirrtum
JuS	2010	417 ff	*Radtke Steinsiek*	Vermögensdelikte; Betrug durch Unterlassen; Forderungsbetrug; Dreiecksverhältnisse; Untreue
JuS	2010	795 ff	*Seier Justenhoven*	Betrug; Provisionserschleichung; Stoffgleichheit; Untreue; Vermögensbetreuungspflicht
Ad Legendum	2010	336 ff	*Steinberg Stalberg*	(qualifizierter) Diebstahl; Erschleichen von Leistungen; Untreue; Betrug; Unterschlagung
JA	2011	672 ff	*Gaul Haseloff Zapf*	Rechtfertigungsgründe; Recht am eigenen Bild als notwehrfähiges Rechtsgut; Erlaubnistatbestandsirrtum; Schockschäden; Fahrlässigkeit; Disponibilität des Rechtsguts Eigentum bei Tieren
ZJS	2011	147 ff	*Kraatz*	Diebstahl; Regelbeispiele; Unterschlagung; unbefugter Gebrauch eines Fahrzeugs; Untreue, Aussagedelikte; Vortäuschen einer Straftat; sukzessive Beihilfe; Begünstigung
JuS	2011	335 ff	*Kühl Brutscher*	Betrug; Eingehungsbetrug; Schadenskompensation durch Werkunternehmerpfandrecht; Urkundsdelikte;

Zeit-schrift	Jahr-gang	Seite	Autor	Thema
JA	2011	426 ff	*Kühl Kneba*	(aktive) Sterbehilfe; Verhältnis des § 216 StGB zu anderen Delikten gegen die körperliche Unversehrtheit; Rücktritt vom Versuch; Teilnahme; besondere persönliche Merkmale beim Gehilfen; ärztliche Eingriffe; Erlaubnistatbestandsirrtum
ZJS	2011	268 ff	*Kreuzner Zetzmann*	Versuch; Rücktritt vom Versuch; Mordmerkmale; Heimtücke
Jura	2011	704 ff	*Müller Raschke*	Notwehrprovokation; „Stadionflitzer" als Hausfriedensbruch; Eigenverantwortlichkeit als Zurechnungsausschluss; erfolgsqualifizierter Versuch; Rücktritt
JuS	2011	1003 ff	*Petermann Savanovic*	Betrug; Gewinnmaximierung mittels Internetplattform; Dreiecksbetrug; Computerbetrug; Urkundsdelikte; Vermögensdelikte
JuS	2011	521 ff	*Radtke Meyer*	Straßenverkehrsdelikte; Garantenpflicht der Amtsträger bei Ermessensentscheidungen; Strafvereitelung im Amt; Teilnahmefähigkeit von Vorsatz-Fahrlässigkeitskombinationen
JuS	2011	50 ff	*Reschke*	Hypothetische Einwilligung; Problematik der Folterandrohung auf Rechtfertigungsebene; Körperverletzungsdelikte; Qualifikationstatbestände; Wichtigkeit eines Gliedes
JA	2011	756 ff	*Singelnstein*	Bedingter Vorsatz; Abweichung vom Kausalverlauf; Mordmerkmale; Mittäterschaft; antizipierter Rücktritt; prozessuale Zusatzfragen
JA	2011	539 ff	*Steinberg Stam*	Abgrenzung Raub - räuberische Erpressung; schwerer Raub; Raub mit Todesfolge; Rücktritt vom erfolgsqualifizierten Versuch; Freiheitsdelikte
ZJS	2011	530 ff	*Wagner Drachsler*	Körperverletzungsdelikte; Beteiligung an einer Schlägerei; Zurechnung; erfolgsqualifizierter Versuch; psychische Beihilfe
Jura	2012	553 ff	*Bergmann Rensch*	Diebstahl; (veruntreuende) Unterschlagung; Versuch in mittelbarer Täterschaft
JA	2012	37 ff	*Brand Kanzler*	Tötungsdelikte; Mordmerkmale; Rücktritt vom Versuch; Anstiftung; error in persona; Zurechnung
JA	2012	906 ff	*Fahl*	Betrug; Vermögensbegriff; individueller Schadenseinschlag; strafrechtlicher Fremdheitsbegriff; § 241a BGB als Rechtfertigungsgrund
JuS	2012	229 ff	*Kinzig Linke*	Raub; Raub mit Todesfolge; tatspezifischer Gefahrzusammenhang; Rücktritt vom erfolgsqualifizierten Versuch; Freiheitsdelikte
JuS	2012	911 ff	*Mitsch*	Diebstahl; Mitgewahrsam; Dreiecksbetrug; Schadenskompensation; Vermögensdelikte; Unterschied Drohung – Warnung; Strafantragsberechtigung

Zeitschrift	Jahrgang	Seite	Autor	Thema
JA	2012	668 ff	*Nix*	Urkundsdelikte; Übermalen einer TÜV-Prüfplakette; Brandstiftungsdelikte; gemischt genutztes Gebäude; Sachbeschädigung
JA	2012	265 ff	*Radtke Matula*	Abgrenzung Raub – räuberische Erpressung; Erfolgsqualifikation; Mittäterschaft
StudZR	2012	289 ff	*Sennwitz Haas*	Brandstiftungsdelikte; Einwilligung des Opfers; tätige Reue; Zurechnung; eigenverantwortliche Selbstgefährdung; Aussagedelikte; „Lügerecht" des Angeklagten; Strafvereitelung
ZJS	2012	807 ff	*Steinberg Müller*	(versuchter) Diebstahl; gefährliches Werkzeug; Versuch eines Regelbeispiels; Abgrenzung Täterschaft – Teilnahme
JA	2012	831 ff	*Straub*	Ehrverletzungsdelikte im Internet; Anstiftervorsatz; Mordmerkmal beim Brückenattentat; Irrtum bei Tötung auf Verlangen; mittelbare Täterschaft durch Abbruch von Rettungsmaßnahmen
Jura	2013	152 ff	*Merkel*	Abgrenzung Raub – räuberische Erpressung; Erpresserischer Menschenraub; Erpressung; Mittäterschaft
JA	2013	187 ff	*Borsci*	Erpressung; Raubqualifikation; Raub mit Todesfolge; Teilnahme; Mittäterexzess
JuS	2013	715 ff	*Brand Hotz*	Verkehrsstrafrecht; gefährlicher Eingriff in den Schiffsverkehr; Widerstand gegen Vollstreckungsbeamte; Vortäuschen einer Straftat
Jura	2013	288 ff	*Eiden*	Urkundsdelikte; Anstiftung; Anstellungsbetrug; Rücktritt bei mehreren Beteiligten
JA	2013	28 ff	*Esser Langbauer*	Tötungs- und Körperverletzungsdelikte; error in persona; Erlaubnistatbestandsirrtum; (Putativ-)Notwehr; Erforderlichkeit des Schusswaffengebrauchs
Ad Legendum	2013	201 ff	*Frister Krebs Theis*	Betrug; Schwarzfahrerfälle; Computerbetrug; unbefugte Verwendung von Daten; Untreue; Urkundenfälschung
JA	2013	829 ff	*Heger*	Diebstahl; Nötigung; Unterschlagung; Betrug
Jura	2013	1281 ff	*Herles Steinhauser*	Garantenstellung aus Ingerenz und Gefahrengemeinschaft; Irrtum über die Zumutbarkeit beim Unterlassungsdelikt; „Bei sich führen" einer Waffe; Sorgfaltspflichten beim Fahrlässigkeitsdelikt
JA	2013	511 ff	*Kudlich Herold*	Brandstiftung; Entwidmung; Versicherungsmissbrauch; Betrug; prozessuale Zusatzfrage
Jura	2013	408 ff	*Kühl Hoffmann-Holland*	Verkehrsdelikte; Anschlussdelikte; Urkundendelikte; Eigenverantwortliche Selbstgefährdung; Begriff des Unfallbeteiligten

Zeit-schrift	Jahr-gang	Seite	Autor	Thema
Jura	2013	844 ff	*Ladiges*	Betrug; konkludente Täuschung; Verbotsirrtum; Computerbetrug; Unbefugte Datenverwendung; Leistungserschleichung
JuS	2013	622 ff	*Ladiges Kneba*	Abgrenzung Raub – räuberische Erpressung; Gewahrsamsverhältnisse; Scheinwaffe; Untreue; Strafvereitelung; Vortäuschen einer Straftat
Jura	2013	1186 ff	*Lieb Wende*	Strafrechtliche Bewertung wissenschaftlicher Plagiate; inhaltliche Unrichtigkeit einer Urkunde; Wissenszurechnung beim Betrug; Anstellungsbetrug
JA	2013	756 ff	*Müller Schmoll*	Diebstahl; Versuch der Verwirklichung eines Regelbeispiels; unbefugter Gebrauch eines Fahrzeugs; versuchte gefährliche Körperverletzung mit (eingetretener) Todesfolge; fahrlässige Tötung; Nötigung
ZJS	2013	482 ff	*Oğlakcioğlu*	Körperverletzung; Actio libera in causa; Straßenverkehrsdelikte; Beteiligung an einer Schlägerei; Sachverhaltsungewissheiten
ZJS	2013	94 ff	*Paul*	Brandstiftungsdelikte; Tätige Reue; schwere Gesundheitsschädigung; „Retterproblematik“
JA	2013	433 ff	*Preuß*	Urkundsdelikte; Betrug; Bewusstseinsgrad bei Täuschung; Erschleichen von Leistungen; Missbrauch von Ausweispapieren
JA	2013	278 ff	*Rotsch*	Untreue; „Schwarze Kassen“
JA	2014	26 ff	*El-Ghazi*	Diebstahl; Irrtum; Hehlerei; Betrug
Jura	2014	104 ff	*Theile Gatter*	Betrug; Diebstahl; Körperverletzung; Raub; räuberischer Diebstahl
JuS	2014	238 ff	*Burghardt Bröckers*	Abgrenzung (Trick-)Diebstahl/(Sach-)Betrug; Versuchsbeginn beim Diebstahl; Freiwilligkeit des Rücktritts

Stichwortverzeichnis

Verwiesen ist jeweils auf die Randnummer.